TYRANS D'AFRIQUE

DU MÊME AUTEUR

Kadhafi, Perrin, 2017 ; rééd. coll. « Tempus », 2021.
Reines d'Afrique. Le roman vrai des Premières Dames, Perrin, 2014 ; rééd. coll. « Tempus », 2016.
Afrique : le mirage démocratique, CNRS Éditions, 2012.
L'Afrique en face. Dix clichés à l'épreuve des faits, Armand Colin, 2010.
Iran, l'état d'alerte, L'Express Éditions, 2010.
Les Sorciers blancs. Enquête sur les faux amis français de l'Afrique, Fayard, 2007.

A en outre collaboré en qualité de coauteur aux ouvrages suivants :

Le Siècle des dictateurs, Perrin/Le Point, 2019.
Enfants de dictateurs, First, 2014.
Le Siècle de sang, 1914-2014. Les vingt guerres qui ont changé le monde, Perrin/L'Express, 2014.
Les Derniers Jours des dictateurs, Perrin/L'Express, 2012.
Grands reporters : carnets intimes, L'Elocoquent, 2008.
Dix portraits pour la liberté de la presse, Le Monde/La Découverte, 1995.

Vincent Hugeux

TYRANS D'AFRIQUE

Les mystères du despotisme postcolonial

PERRIN

92, avenue de France
75013 Paris
Tél. : 01 44 16 08 00

ISBN : 978-2-262-07666-5
Dépôt légal : mars 2021

Mise en pages : Soft Office

En mémoire de tous les oubliés sans sépulture que l'insatiable appétit de pouvoir d'un Caligula subsaharien a jetés au fond d'un puits, d'un cachot, d'une fosse commune, à moins qu'il ne les ait livrés à la torture, à la potence, au peloton ou aux crocodiles. À celles et ceux, aussi, qui luttent sans trêve ni repos pour que justice leur soit rendue.

« La dictature n'est rien d'autre que de fabriquer du passé avec de l'avenir. »

Pierre Mertens

« La dictature s'épanouit sur le terreau de l'ignorance. »

George Orwell, *1984*

Prologue

La vérité sort de la bouche des enfants et jaillit de la plume des conteurs. Dans un roman picaresque paru en 1998 et intitulé *En attendant le vote des bêtes sauvages*, l'Ivoirien Ahmadou Kourouma raconte sur un ton sarcastique la résistible ascension de Koyaga, guerrier et maître chasseur, jusqu'à la présidence d'une république du Golfe imaginaire, quintessence des nations balbutiantes nées du démembrement de l'empire colonial français. Fils d'un tirailleur blessé dans les tranchées de Verdun, passé lui-même par l'Indochine et l'Algérie, Koyaga assassine son prédécesseur, liquide ses rivaux et instaure une implacable autocratie adossée à deux piliers : la force armée et la sorcellerie. Suivant en cela les conseils que lui prodiguent ses pairs, le putschiste manie bientôt tous les outils du kit du parfait tyran, tels le complot factice, prétexte à des purges ravageuses, un culte de la personnalité effréné ou la propension à confondre budget de l'État et cassette personnelle. Bien sûr, la fin annoncée du bras de fer Est-Ouest déprécie aux yeux de l'Occident la valeur géostratégique de cet allié caractériel, dont le trône vacille un temps. Il n'empêche : s'il tangue, le « Guide suprême » parvient à se maintenir à flot.

Soleil voilé

Récit à clés? Si tel est le cas, nul besoin d'être un as de la cambriole pour en forcer les serrures. Tout initié reconnaît, sous les traits de Koyaga et de ses homologues, quelques-unes des figures les plus éminentes du despotisme surgies sur les décombres de la chimère colonialiste: Félix Houphouët-Boigny (Côte d'Ivoire), patriarche madré à la bonhomie trompeuse, le féroce Ahmed Sékou Touré (Guinée), le rugueux Gnassingbé Eyadéma (Togo), le retors Mobutu Sese Seko (Zaïre), aussi aisément identifiables que le Centrafricain Jean-Bedel Bokassa, putschiste, président à vie puis empereur *made in France*. «L'Afrique, écrit le romancier malinké, est de loin le continent le plus riche en pauvreté et en dictatures.»

Déjà, trois décennies auparavant, le même Kourouma, griot fécond décédé en 2003, narrait dans *Le Soleil des indépendances* les mésaventures de Fama Doumbouya, commerçant ruiné par la balkanisation de l'Afrique-Occidentale française. Au fil d'une errance qui le mène jusqu'au cachot affleurent d'amères désillusions, à la mesure de l'espérance éveillée par l'accession à la souveraineté, si imparfaite et ambiguë soit-elle.

Plus de soixante ans après son lever, ce fameux «soleil», éclipsé çà et là par les sombres nuages de la régression démocratique, peine encore à éclairer l'espace subsaharien. Bousculés par les doléances et les rancœurs de jeunesses connectées, mondialisées, éprises d'équité, de liberté et de transparence, des potentats vieillissants plus ou moins bien élus, voire pas élus du tout, s'agrippent aux accoudoirs de leur fauteuil, quitte à épuiser le catalogue des martingales de l'autoritarisme. À commencer par la manipulation des antagonismes ethniques, le populisme, la fraude électorale, l'achat des consciences et le bricolage constitutionnel, lequel a notamment pour vocation de les affranchir du garde-fou de la limitation du nombre de baux présidentiels consécutifs. Et tant pis si le quinquennat de plus vire immanquablement au quinquennat de trop. Deux exemples. En Guinée-Conakry, le « Professeur » Alpha Condé, 82 ans, jadis farouche opposant à Sékou Touré, s'est adjugé le 18 octobre 2020 un troisième mandat, d'une durée portée à six ans, et ce, au prix d'un scrutin ô combien controversé, sur fond d'accrochages politico-ethniques meurtriers. Moins de deux semaines plus tard, l'Ivoirien Alassane Dramane Ouattara, crédité d'un score nord-coréen – plus de 94 % des suffrages exprimés –, lui emboîtait le pas dans un climat tout aussi délétère. Gare à l'illusion d'optique : en l'espèce, le sortant n'aura dû son triomphe romain qu'à l'appel au « boycott actif » lancé par ses rivaux et à l'abstention de bataillons d'inscrits encore traumatisés par la guérilla post-électorale qui a meurtri le pays une décennie plus tôt. En cela, les autocrates d'aujourd'hui perpétuent l'héritage de leurs aînés, assez habiles pour substituer au parti unique un multipartisme de façade. Du moins lorsque les pressions des « partenaires au développement » et des bailleurs de fonds internationaux, conjuguées aux rébellions civiques de leurs peuples, rendirent le *statu quo* intenable.

« L'autoritarisme se porte bien », constate Thierry Vircoulon, coordinateur de l'Observatoire de l'Afrique centrale à l'Institut français des relations internationales (IFRI), au détour d'un entretien paru voici peu dans la revue *Esprit*[1]. S'il pointe du doigt le délitement ou la faillite des États, patents au Sahel, de même que l'épidémie de

1. *Esprit* n° 446, juillet-août 2020.

révisions constitutionnelles *ad hoc*, le chercheur souligne aussi la mansuétude dont bénéficient, au nom de leur efficacité socio-économique alléguée, les régimes adeptes de l'« autoritarisme développementaliste », tels ceux du Rwanda et de l'Éthiopie. Le dirigisme et la coercition traceraient, selon ce pseudo-modèle, le chemin le plus court vers la performance. Et s'il faut, pour doper celle-ci, bâillonner les contradicteurs, ainsi soit-il. À cet égard, comment ne pas relever, parmi les incantations de la vulgate afro-optimiste en vogue, des raccourcis hasardeux tels que le « Singapour du continent » ou les « dragons africains » ? L'État faible, providence des hommes forts. L'État omnipotent, cimetière des insoumis. Là est bien le drame du « despote éclairé » : la lumière qui l'auréole et qu'il dispense finit toujours par faiblir puis s'éteindre. Ne persiste alors, dans la pénombre, que la silhouette de l'oppresseur. Dans un bref essai paru en juin 2020, l'ancien diplomate Pierre Jacquemot, qui fut ambassadeur à Nairobi, à Accra puis à Kinshasa, décrypte l'« essoufflement » de l'élan libérateur. Certes, on a recensé sur le continent, au fil des trois décennies écoulées, près de 600 scrutins, présidentiels, législatifs ou locaux. Reste que dans cette période, à peine une dizaine de ses 54 nations auront goûté au moins une fois aux délices épicés de l'alternance. L'élection, condition nécessaire mais certes pas suffisante de la maturité démocratique… Un autre indice ? Celui de la gouvernance que la Fondation Mo-Ibrahim – du nom du milliardaire anglo-soudanais qui l'a créée en 2006 – calcule chaque année. Dévoilé à la mi-novembre 2020, le dernier état des lieux en date, fruit de la combinaison de multiples indicateurs politiques, économiques et sociaux, atteste un léger recul. Du jamais-vu depuis dix ans. Quant au « prix du leadership d'excellence » de la même *Foundation*, censé distinguer un homme ou une femme de pouvoir jugé(e) exemplaire, il n'a pas été décerné depuis 2017.

Une indépendance piégée

Le 2 mai 2020, sur les ondes de Radio France internationale (RFI), Jean-Baptiste Placca, chroniqueur lucide et désenchanté des convulsions du continent, s'interrogeait en ces termes sur la nécessité, pour les nations concernées, de souffler les 60 bougies de leur indépendance : « Et s'il n'y avait au fond rien à célébrer ? » Puis d'énoncer de sa voix douce et traînante les fléaux apparus dès les premières heures du nouvel âge. À commencer par la propension à éliminer les rivaux réels ou supposés, jetés en prison ou contraints à l'exil, les faveurs accordées à l'ethnie du chef ou la « privatisation de la mangeoire » par la famille présidentielle et son clan. Autant de tares, avance l'implacable Placca, qui éclairent, sinon légitiment, la persistance de la tentation du coup de force. Sur la trentaine de pays ayant décroché dans les années 1960 le Graal de la souveraineté, souligne-t-il, seuls cinq voient le pouvoir en place survivre aux aventures putschistes survenues lors de la première décennie de l'ère postcoloniale. Quatre d'entre eux – le Cameroun, le Sénégal, la Côte d'Ivoire et le Gabon – doivent ce privilège à l'« assurance tous risques » que fournissent les accords de défense plus ou moins secrets scellés avec la France. Quant à la Guinée-Conakry, elle courbe déjà l'échine sous la férule de « Sékou ».

On entend d'ici les inepties essentialistes qu'inspirent, de ce côté de la Méditerranée comme chez plus d'un satrape subsaharien, les atteintes au pluralisme et à l'alternance ou la fuite en avant dictatoriale de telle Excellence.

« Convenons-en, mon cher, l'Afrique n'est pas mûre pour la démocratie. Et chacun sait que ces gens-là ont besoin d'un boss dont ils craignent les foudres. » Cette ritournelle pernicieuse ne résiste pas à l'examen : que l'on songe à l'histoire politique du Sénégal, du Ghana ou du Botswana, comme aux sursauts citoyens dont le Burkina Faso et le Soudan furent récemment le théâtre[2]. De surcroît, elle tend à enchaîner le berceau de l'humanité et ses 1,2 milliard d'âmes – le double à l'horizon 2050 – aux fers d'un funeste *fatum*. Or, il n'y a ni fatalité ni malédiction d'aucune sorte. « L'obsession du pouvoir, souligne l'écrivain guinéen Tierno Monénembo dans une tribune publiée en septembre 2020 sur le site *Le Point Afrique*, ne vient ni de notre climat ni de notre couleur de peau. Le pouvoir est une drogue. Qui y goûte en devient accro. »

L'invocation de ce prétendu sortilège trahit avant tout une méconnaissance navrante de la complexité des

2. Le Sénégal, où rivalisent à l'échelle nationale des partis structurés, a connu par le jeu des élections deux alternances en un peu plus d'une décennie. En 2000, le libéral Abdoulaye Wade, figure de l'« opposant historique », l'emporte sur le sortant socialiste Abdou Diouf, qui reconnaît aussitôt sa défaite. Douze ans plus tard, Macky Sall, qui fut Premier ministre de Wade puis président de l'Assemblée nationale, défie son ex-mentor et le devance largement lors du second tour de scrutin. Au Ghana, en 2016, c'est là aussi au verdict des urnes que le leader de l'opposition Nana Akufo-Addo doit de détrôner le président John Mahama, verdict que ce dernier admet sans barguigner. En décembre 2020, à la faveur du huitième scrutin pluraliste convoqué en près de trente ans dans l'ex-Côte de l'Or, le même Mahama tente vainement de prendre sa revanche. Devancé d'un souffle par le sortant, il finira par digérer une défaite contestée devant la Cour suprême ; de fort mauvaise grâce il est vrai, au point de bouder la cérémonie d'investiture de son rival. Au Botswana enfin, démocratie constitutionnelle multipartite, toutes les élections convoquées depuis l'indépendance (1966) l'ont été dans les délais prescrits.

sociétés africaines et de la richesse de leur histoire. Elle révèle la persistance d'une prétention à la supériorité qui, souvent, confine au racisme. Et, consciemment ou pas, implicitement ou non, elle exonère les colons d'hier de leur responsabilité dans le surgissement de figures despotiques et dans l'enkystement de pratiques totalitaires. Vu de Paris ou de Londres, les foucades et la vanité puérile d'un Bokassa, les lubies et la brutalité d'un Amin Dada ont quelque chose de rassurant. « Que voulez-vous ? On n'y peut rien. Ils sont ainsi. » Des bouffons sanguinaires, des rustauds primitifs, cruels, sadiques. Comme si les égocrates africains détenaient le monopole de l'abjection. Comme si, parmi les stratèges de la Shoah, ne figuraient pas nombre de mélomanes raffinés et d'amateurs d'art. « Les peuples les plus civilisés, écrivit le pamphlétaire monarchiste et voltairien Antoine de Rivarol, sont aussi voisins de la barbarie que le fer le plus poli l'est de la rouille. »

Des archétypes, des caricatures ? Soit. Mais, souligne l'africaniste Jean-François Bayart, auteur d'ouvrages de référence sur le phénomène des restaurations autoritaires, « des caricatures qui disent vrai, comme disaient vrai les dessins d'Honoré Daumier au XIXe siècle[3] ». Allusion au traitement réservé par ce satiriste de génie au roi Louis-Philippe, à la bourgeoisie et à la magistrature de son époque. Au fond, le Centrafricain « Papa Bok » et l'Ougandais *Big Daddy* ne furent, tout comme le Congolo-Zaïrois Mobutu, que les rejetons monstrueux de l'aberration coloniale, que celle-ci prît la forme d'un viol ou d'un mariage forcé, ce qui revient au même. Tous trois ont au demeurant forgé leur destinée dans le creuset de l'armée de la puissance

3. Entretien avec l'auteur, 1er septembre 2020.

tutélaire, française, britannique ou belge. Fleurons de la méritocratie militaire indigène, ils s'emparent des leviers du pouvoir à l'instigation, ou *a minima* avec l'aval, de parrains européens contraints sinon de s'effacer, du moins de réduire la voilure de leur emprise.

Tout manque en ce temps-là : les infrastructures, l'ossature administrative, les fondements institutionnels. Sous toutes les latitudes, hier comme aujourd'hui, l'enracinement des usages démocratiques requiert un long apprentissage, l'émergence de chefs de file intègres et de corps intermédiaires fonctionnels. La France n'a-t-elle pas mis un siècle à « muter » de l'ère révolutionnaire à la République ? Or, pour les maigres élites locales, la souveraineté ainsi octroyée suscite au moins autant de vertige que d'ivresse. Quelques-uns des personnages passés à la postérité en qualité de « pères de l'indépendance » ont d'ailleurs emprunté ce chemin truffé d'ornières à reculons. Dans son troisième volet, un envoûtant documentaire télévisé – *Afrique(s), une autre histoire du XX*e *siècle* – donne voix et visages à la défiance qu'inspire d'emblée le grand saut dans l'inconnu. « Partout où l'on a tenté le multipartisme, soutient l'Ivoirien Houphouët, nous avons ressuscité les querelles tribales. » Quant au « poète-président » sénégalais Léopold Sédar Senghor, il livre ce constat au lendemain de la fronde animée en décembre 1962 par le chef du gouvernement Mamadou Dia : « Le mieux, dans un pays sous-développé, est d'avoir sinon un parti unique, du moins un parti unifié, dominant, et que les contradictions se confrontent en son sein. »

Comment s'étonner que s'engouffrent dans cette béance des leaders dépositaires de la force réputée légitime et familiers des codes de l'ex-occupant ? « Sur un mode mimétique, relève Bayart, ils dupliquent alors les techniques coloniales de domination afin de conjurer les effets d'une démocratie que, fondamentalement, ils récusent. À l'instar de Mobutu, le Gabonais Omar Bongo passe maître dans l'art de diviser pour mieux régner. On peut ainsi créer des partis fictifs et acheter la complicité d'une opposition noyautée, qu'il s'agisse de l'inviter à étouffer les élans contestataires ou de l'inciter à un jusqu'au-boutisme voué à justifier la répression. Avec le temps, ces dirigeants agissent en fondés de pouvoir de conseils d'administration où siègent parents et barons du régime. Lesquels doivent leur influence au contrôle qu'ils exercent sur l'appareil répressif et sur les sources de financement de l'exécutif, du port autonome à la société pétrolière nationale. Ajoutons que, par cynisme ou par naïveté, la communauté internationale conforte l'assise du *primus inter pares* parvenu aux commandes, perçu comme le garant d'une forme de stabilité. » La boucle est bouclée.

Tant d'appelés, si peu d'élus

L'Afrique produit de l'or, noir ou jaune, du phosphate, du manganèse, du coton, du cacao, de l'anacarde, de l'arachide et des putschistes. Selon Alpha Oumar Konaré, qui fut tour à tour le président du Mali puis celui de la Commission de l'Union africaine, le continent a été le théâtre entre 1956 et 2001 d'environ 180 coups d'État ou tentatives de coup d'État. Depuis, la tendance n'a guère fléchi : sauf erreur ou omission, on dénombre au fil des deux décennies écoulées 15 pronunciamientos réussis et 12 avortés. Le dernier en date ? Celui qui aura été politiquement fatal en août 2020 au Malien Ibrahim Boubacar Keïta, alias IBK, réélu deux ans auparavant à la magistrature suprême. Au passage, on notera que Konaré, historien de formation, reste le seul chef de l'État de l'ancien Soudan français à avoir transmis – en 2002 – le témoin à un successeur élu au terme de son mandat, le second en l'espèce.

Venons-en à la distribution de la pièce en dix actes – et autant d'acteurs – qui suit. Aucun casting de ce genre n'échappe à la loi de l'arbitraire. Tant d'appelés, et si peu... d'élus : en matière de despotisme postcolonial, le seul embarras qui guette l'auteur est celui du choix. Trois facteurs ont guidé le nôtre. *Primo*, la dimension romanesque des personnages et de leur parcours. Qu'ils se distinguent par leurs outrances, par leur machiavélisme ou par leur effroyable froideur, nos « héros », les uns disparus ou détrônés, les autres toujours aux manettes, forment un dixtuor haut en couleur, fût-ce celle du deuil. Hormis Bokassa, Amin Dada, Eyadéma et Mobutu, déjà cités, le Zimbabwéen Robert Mugabe, maître de l'ex-Rhodésie du Sud de 1980 à 2017, n'a pas volé sa sélection, comme le lecteur pourra sous peu le constater. Pas plus au demeurant que le Guinéen Ahmed Sékou Touré, doyen de la bande et pionnier du genre. *Secundo*, le souci de ne pas se cantonner aux figures du défunt « pré carré » francophone et d'élargir le champ à l'Afrique de l'Est comme à l'Afrique australe. *Tertio*, la volonté, corollaire de l'impératif précédent, de sortir de l'ombre des dictateurs certes méconnus du grand public, mais qui méritent à l'évidence leur brevet de totalitarisme appliqué. D'où la présence du glaçant Issayas Afeworki (Érythrée), du faussement débonnaire Teodoro Obiang Nguema (Guinée équatoriale) et de l'ubuesque Yahya Jammeh (Gambie), tyran et charlatan. Quant au dixième de la bande, le Tchadien Hissène Habré, diplômé de Sciences Po Paris, chef rebelle, preneur d'otages, président, tortionnaire puis despote déchu rattrapé sur le tard en son exil dakarois par la justice des hommes, il incarne la dérive du maquisard intello calculateur, charismatique, couvé puis lâché par la France officielle.

Outre la subjectivité – sereinement assumée – du tri opéré ici, un écueil des plus classiques guette notre défilé d'antimodèles : l'anachronisme. Ou, plus précisément, la tentation de juger les satrapies d'hier et d'avant-hier à l'aune des valeurs d'aujourd'hui. C'est pour déjouer ce piège que l'on s'efforcera de décrire, fût-ce à grands traits, le contexte dans lequel chacun des acteurs a grandi, s'est formé, a conquis puis exercé son magistère. Autre traquenard, la méconnaissance d'un ressort crucial de la mécanique du pouvoir en Afrique : ce que Jean-François Bayart appelle « la force et la persistance de l'invisible ». Tyrannique ou pas, un chef d'État peut très bien revêtir les oripeaux de la modernité occidentale, en adopter les codes lexicaux, et s'en remettre la nuit venue au culte des ancêtres et aux présages de son marabout. « Il fut un temps, raconte le même Bayart, où trouver un féticheur à Brazzaville pendant le congrès du Parti congolais du travail, formation convertie à la logomachie marxiste-léniniste, relevait de l'exploit. Logique : toute la corporation hantait alors les couloirs de la réunion, louant ses services aux apparatchiks avides de se blinder contre une éventuelle disgrâce[4]. » Il arrive que le potentat, loin de se contenter du parapluie militaire fourni par la France, puise pour sa protection à toutes les sources du sacré. Ébranlé par un putsch inachevé survenu en avril 1984, œuvre de sa propre garde présidentielle, le Camerounais Paul Biya s'entoure bientôt d'une cohorte de conseillers spirituels, du père jésuite au prêtre vaudou béninois, *via* le zélote de l'ordre mystique de la

4. *Ibid.*

Rose-Croix. « Chargés de sa sécurité rapprochée, ajoute un témoin, les Israéliens lui ont même mis dans les pattes un rabbin qui l'a initié aux mystères de la Kabbale. »

Un mot sur la légion des grands absents. Sur ceux qui, sans nul doute, pouvaient prétendre eux aussi monter sur scène. Qu'ils ne désespèrent pas : on ne saurait exclure la parution ultérieure d'un second tome de cet opus. Ses têtes d'affiche potentielles ? Le Malien Moussa Traoré, décédé le 15 septembre 2020 à Bamako, fils d'un soldat de l'armée coloniale, engagé lui-même au sein de celle-ci à 18 ans, parvenu au pouvoir à 32 ans au prix d'un coup d'État militaire puis déposé à son tour en mars 1991 par une escouade d'officiers démocrates. Et ce, après plus de deux décennies d'une infâme tyrannie, avec son cortège de dissidents liquidés, d'opposants persécutés et de trépas suspects, dont celui de son prédécesseur Modibo Keïta, terrassé par un « œdème pulmonaire » dans la prison d'un camp de commandos parachutistes. Quelques jours avant sa mort, Traoré avait reçu les meneurs du putsch mentionné plus haut – le quatrième de l'histoire du Mali indépendant –, lâchant au sortir de l'audience ce commentaire déconcertant : « Ces jeunes colonels sont des enfants. Je leur dis les erreurs commises et ce qu'il faut éviter. J'espère qu'ils ont compris. »

Sur un registre moins brutal, citons Omar Bongo Ondimba, seul maître à bord du rafiot gabonais quatre décennies durant et gardien roué, sous Charles de Gaulle, Georges Pompidou, Valéry Giscard d'Estaing, François Mitterrand, Jacques Chirac puis Nicolas Sarkozy, du musée vivant de la Françafrique, ce faisceau d'intérêts incestueux dont il connaissait intimement les rouages. Assez à coup sûr pour les faire tourner dans le sens des aiguilles de sa montre. « En Afrique, on n'organise pas une élection pour la perdre », confiait volontiers à ses visiteurs du soir le très rusé Bongo. À moins qu'il ne préférât à cet axiome sa variante cynégétique : « Nul ne va à la chasse pour rentrer bredouille. » Autre lauréat pressenti, celui qui fut à la fois son cadet et son beau-père, le Congolais Denis Sassou Nguesso, parvenu plutôt deux fois qu'une au pouvoir à Brazzaville ; la première par les urnes, la deuxième par les armes, au prix de l'une de ces atroces guerres réputées civiles, à ceci près qu'elles sont menées par des soudards, militaires et miliciens mêlés. Le 23 janvier 2021, le même Sassou confirmait – ô surprise – sa candidature à la présidentielle programmée deux mois plus tard. On se gardera d'omettre le mutique Paul Biya, déjà mentionné, distant monarque d'un Cameroun sur lequel cet octogénaire règne depuis 1982, élu deux ans plus tard puis réélu en 1988, 1992, 1997, 2004, 2011 et 2018. Plus à l'est, l'Ougandais Yoweri Museveni, 76 ans, dont trente-six au palais, ne saurait échapper à la rafle. Ce fraudeur multirécidiviste a été réélu en janvier 2021 dès le premier tour pour un sixième mandat, et ce au terme d'une campagne d'une effarante brutalité. Dire que cet autocrate *vintage* passait jadis pour l'archétype du *new leader* censé arracher l'Afrique à ses vieux tourments et la plonger dans un bain de modernité... Citons enfin le Malgache Didier Ratsiraka, ancien élève du lycée Henri-IV puis de l'École navale de Brest ; lui tint d'une main – trop – ferme le gouvernail de l'île Rouge de 1975 à 1993 et de 1997 à 2002. On me permettra, au sujet de ce marxiste repenti épris de citations latines et de lui-même, une anecdote qui a pour seul mérite de mettre en évidence un travers commun à tous les autocrates entourés de courtisans serviles, donc à tous les autocrates : la vanité. J'en dois la teneur au défunt Claude Marti, conseiller en communication qui exerça ses talents de « sorcier blanc » à Antananarivo, mais aussi à Yaoundé, au Niger, en Côte d'Ivoire et à l'Élysée, au temps de la Mitterrandie[5]. En ce jour de février 2002, le griot franco-suisse se tient aux côtés de Ratsiraka à l'instant où on lui lit – rituel imposé par sa quasi-cécité, rançon d'un sévère diabète – une sélection d'articles de presse le concernant. Parmi ceux-ci, un reportage commis par l'auteur de ces lignes et paru dans *L'Express*[6]. Reportage intitulé « Le naufrage de l'Amiral », relatant pour l'essentiel l'escapade provinciale d'un chef d'État en sursis acharné à sauver son fauteuil malgré le désaveu des urnes, par ailleurs peu avare de confidences sur sa vie comme sur son œuvre. « Au fur et à mesure de la lecture, racontera Marti quelques années plus tard, on a vu le président blêmir. À la fin, après un lourd silence, il a hurlé ceci : "Les citations sont exactes, les scènes relatées sont justes, mais j'étais certain de l'avoir séduit !" » Plus tard, l'« Amiral » illustrera un autre invariant des despotes déchus : le fantasme napoléonien du retour et du recours. À nouveau candidat à la magistrature suprême en 2018, il recueille alors… 0,45 % des suffrages exprimés. On a les Cent-Jours qu'on peut.

Gayako, président !

Puisque nous venons d'évoquer deux des traits de caractère que partagent la plupart des tyrans d'hier et d'aujourd'hui, tâchons d'ébaucher, à la lumière du cursus de chacun des membres de notre Club des Dix, une manière de portrait-robot. Bien sûr, l'exercice a quelque chose de

---

5. Vincent Hugeux, *Les Sorciers blancs. Enquête sur les faux amis français de l'Afrique*, Fayard, 2007.
6. *L'Express*, 14 février 2002.

simpliste et d'artificiel. Les spécimens dépeints dans ces pages ne sortent pas d'un même moule. Les spécificités familiales, communautaires, historiques, géopolitiques ou culturelles font de chaque trajectoire une aventure singulière, irréductible à tout modèle univoque. Il n'empêche : de la blessure narcissique originelle à la pulsion messianique, de l'hérédité incertaine à la psychose complotiste, les similitudes semblent assez nombreuses et suffisamment troublantes pour inspirer l'esquisse d'un profil archétypal. En hommage à Ahmadou Kourouma, nous baptiserons notre personnage virtuel Gayako, anagramme de son héros Koyaga.

Issu d'un groupe tribal minoritaire, sinon marginal, Gayako voit le jour au sein d'une famille de paysans pauvres, au fin fond d'une province excentrée astreinte à l'arbitraire colonial. Orphelin de père dès la prime enfance, il est élevé par sa mère puis par un oncle, attachés l'une comme l'autre à la qualité de son éducation. Scolarisé dans une institution missionnaire, le petit Gayako n'en est pas moins bercé, tout au long de son enfance, par le récit des exploits de tel aïeul, rebelle à la cravache de l'occupant. Autant dire qu'éclot très tôt chez ce hors-caste un désir de revanche. Revanche sociale, revanche identitaire, revanche patriotique.

Si ses maîtres le destinent un temps à la prêtrise, cet élève vif et espiègle, volontiers indocile, préfère l'uniforme à la soutane, au point de s'engager au sortir de l'adolescence dans les rangs de l'armée des colons. D'emblée, ses supérieurs remarquent sa bravoure et sa loyauté, quitte à passer l'éponge, non sans condescendance, sur ses frasques. Qu'importe, le soldat Gayako voit du pays, cueille en chemin quelques décorations, parfait sa formation dans une école militaire métropolitaine et gravit à marche forcée les échelons du tableau d'avancement, jusqu'au grade de sergent-chef. En clair, le sous-officier sort du lot. Ainsi, quand approche l'heure de l'indépendance, il paraît promis au rôle de cadre, sinon de chef d'état-major, de la future armée nationale.

Un statut prestigieux, mais dont il se lasse très vite, tant l'irritent le déficit d'autorité et le clanisme du premier président de la nation embryonnaire. À la tête d'une escouade d'officiers, il renverse nuitamment celui-ci, suspend la constitution, dissout l'Assemblée nationale, purge l'administration et les services de sécurité, rassure l'ex-puissance coloniale et promet, au détour d'une adresse radiodiffusée, de rétablir l'ordre et de convoquer sous peu une série d'élections « inclusives et transparentes », prélude à la restitution des leviers de l'exécutif. Ce que, bien entendu, il s'abstient de faire sous divers prétextes. Plutôt que de redonner la main aux civils, Gayako civilise sa poigne, délaissant le treillis au profit du costard ou du boubou.

Qu'à cela ne tienne. Les premiers pas des conjurés galonnés, qui jouissent d'une indéniable popularité, sont prometteurs. Réforme agraire, relance de chantiers d'infrastructures en souffrance, construction d'écoles, de dispensaires et de logements sociaux, diminution du prix des denrées de base : le volontarisme du nouveau venu séduit. Tout comme plaisent sa sobriété et sa simplicité. On le voit parfois sillonner les rues de la capitale au volant de son indémodable Mercedes et engager un dialogue à bâtons rompus, ici avec une équipe de cantonniers, là avec les « mamans » du marché.

L'angoisse de l'« après »

Hélas, l'état de grâce ne dure qu'un temps. Très vite, le chef de la junte prend goût au pouvoir comme à ses fastes. Il s'arroge le titre de président et tolère de plus en plus mal les remarques dissonantes, assimilant la moindre réserve à une trahison. Parvenu au sommet au prix d'un putsch, il voit des putschistes partout. Y compris parmi ses compagnons d'armes, perçus comme autant de félons en puissance. La plupart échoueront d'ailleurs, au lendemain de parodies de procès, dans des cachots-mouroirs. Sort également infligé aux figures de proue de la contestation, opposants politiques ou militants des droits de l'homme.

Paranoïaque, colérique, Son Excellence le maréchal-président-fondateur Gayako coche désormais toutes les cases de l'épopée totalitaire : adhésion obligatoire au parti unique, anéantissement du moindre germe de dissidence, médias inféodés, propagande étouffante. Sur cet élan, il privatise de fait au profit de son clan les ressources du royaume, comme l'atteste le traitement de faveur réservé à son fief natal. Dès lors que l'on incarne la nation, à quoi bon distinguer les caisses du Trésor de sa « propre » fortune ? Puisqu'il faut bien sauver les apparences de la bienséance, le Grand Timonier se prête tous les cinq ans à un simulacre électoral d'autant moins périlleux qu'il mobilise tous les moyens de l'État pour battre la campagne et n'affronte que des challengers fantômes, son Conseil constitutionnel prenant soin d'invalider les candidatures embarrassantes.

Au demeurant, pourquoi le « père de la Nation », si friand de médailles et de titres ronflants, devrait-il se plier aux contingences de la loi commune ? Lui le miraculé, le protégé du Très-Haut et des esprits, qui a survécu à tant de mutineries et de tentatives d'assassinat, tantôt bien réelles, tantôt imaginaires ; lui que l'on a donné pour mort une fois ou deux et qui a surgi du néant, nimbé de l'aura propre aux invincibles et aux immortels. Son royaume, chacun en convient, n'est pas que de ce monde. Le temporel et le spirituel, le profane et le sacré, le visible et l'invisible, le dicible et l'indicible : souverain thaumaturge investi d'une mission d'essence divine, Gayako a hérité de facultés surnaturelles. Parfois, murmurent ses poètes de cour, le Créateur lui apparaît en songe afin de guider ses pas. Mais lui seul connaît le cauchemar récurrent qui enfièvre ses nuits : il s'y voit balayé par une insurrection soudaine, incarcéré puis traduit devant un tribunal africain, voire extradé vers La Haye (Pays-Bas), siège de la Cour pénale internationale. Une variante moins cruelle de ce vilain rêve l'envoie finir ses jours, rongé par la rancœur et l'ennui, dans un exil doré.

Le matin venu, pour mieux chasser ces spectres, le tyran tourmenté imagine un nouveau décret, une nouvelle purge, une énième « tournée triomphale » en province. Si celui que les réfractaires surnomment « Sa Majesté Gayako Ier » s'accroche tant à son trône, c'est qu'il redoute l'infamant désaveu de magistrats naguère à sa botte. Mais c'est aussi que lui le sauveur, le bâtisseur ne peut se résoudre à livrer à une bande d'aventuriers un pays qui lui doit tout et le mérite à peine. « Nul autre que vous ne peut guider notre peuple en ces temps troublés », lui susurrent en chœur et sans relâche son épouse, ses enfants, ses cousins, les caciques du régime et ses prébendiers. Bref, toutes celles et tous ceux qui ont tant à perdre à l'achèvement du règne et que tétanisent les incertitudes de l'« après ».

Trêve de défaitisme. Le despote doit-il dans l'immédiat redouter le courroux de ses pairs africains, des Nations unies ou des bailleurs de fonds internationaux ? Pas vraiment. En cette époque de guerre froide, Gayako, courtisé par l'URSS comme par la Chine, valorise habilement sa rente de situation géopolitique, quitte à recourir au chantage. Lui fait-on grief de son caporalisme ? Le flirt théâtral amorcé avec Moscou ou Pékin lui vaut aussitôt indulgence plénière. Quant à l'ex-tuteur colonial, il a trop d'intérêts à préserver pour s'aliéner un tel obligé, si capricieux et gourmand soit-il. Et tant pis s'il faut, à coups de rallonges budgétaires et de prêts dont nul n'attend le remboursement, régler les salaires des fonctionnaires ou financer l'achat d'un jet dernier cri. Pétrole, gaz, uranium, or, diamants : il va de soi que les ressources naturelles dont regorge son sous-sol confortent son assise. Comme tant de ses homologues, Gayako dansera jusqu'à son dernier souffle avec sa « seconde patrie », celle qu'à peine adulte il servit les armes à la main, un tango ambivalent. Entre attirance et répulsion, complicité et défi. Lui l'a compris d'emblée : on peut fort bien menacer du poing droit l'hydre néocolonialiste, posture électoralement payante, et, quand le besoin s'en fait sentir, tendre la main gauche pour quémander son dû.

On le sait depuis la plus haute Antiquité : goût du pouvoir et désir sexuel sont quasiment indissociables. Charmer si possible ; asservir au besoin. Dans la sphère intime, notre Narcisse ne connaît nulle autre loi que celle de son bon plaisir. D'où la fierté qu'inspire à ce prédateur son tableau de chasse en la matière, reflet de sa puissance et de son irrésistible magnétisme. Un vrai chef se doit de conquérir, à la hussarde si nécessaire, toutes celles dont il s'entiche, et de régner sur une progéniture pléthorique. Qui sait ? Quand affleurera la chimère dynastique, peut-être Gayako dénichera-t-il parmi les fils nés de ses œuvres l'héritier digne d'assumer le moment venu la succession. S'il paraît le plus souvent flanqué de son épouse officielle, première dame en titre, le président a contracté deux mariages coutumiers et collectionne les maîtresses occasionnelles. Combien d'enfants reconnus ? À en croire la rumeur qui flotte dans les antichambres du palais, une vingtaine, dont un bon tiers inscrit dans des universités renommées ou des pensionnats européens huppés.

En quête d'icônes

Tout dictateur est, avec plus ou moins de brio, shakespearien. Dans un essai paru, en version française, en 2019[7], l'Américain Stephen Greenblatt, exégète inspiré de l'œuvre du barde d'Avon, met à nu les ressorts de la fascination qu'inspire le tyran. Au risque du hiatus spatio-temporel, ce qu'il dit de Jules César, de Macbeth, de Richard III ou du Roi Lear semble inspiré par les personnages portraiturés au fil des chapitres à venir. Voyons. Qu'ont-ils en commun ? « Une estime de soi illimitée, l'indifférence ou l'hostilité envers la loi, le plaisir éprouvé à infliger une douleur, celui, compulsif, de dominer, énumère Greenblatt dans un entretien accordé à *L'Express*[8]. Le tyran par excellence est pathologiquement narcissique et extrêmement arrogant. Il attend une loyauté absolue mais se montre incapable de reconnaissance. » « On trouve dans chaque pièce de William Shakespeare, poursuit le pionnier du néohistoricisme[9], un chemin différent pour arriver au régime tyrannique : une figure impitoyable qui se lève en assassinant le dirigeant légitime ; ou un dirigeant légitime qui devient progressivement ou soudainement instable et autocratique ; ou

7. *Tyrans. Shakespeare raconte le XXIe siècle*, Éditions Saint-Simon.

8. *L'Express*, 5 juin 2019.

9. Le néohistoricisme – *New Historicism* en anglais – est un courant de pensée historiographique fondé sur le postulat selon lequel toute analyse d'un travail littéraire doit privilégier l'étude de sa production dans le temps, du lieu et des circonstances de sa composition. En revanche, il récuse l'idée que le contexte prédéfinit l'œuvre.

– l'un des cas les plus intéressants – un tyran qui est élu. Shakespeare associe ce dernier cas au populisme déchaîné et au nativisme[10], à la manipulation de l'Église, à des rumeurs de menaces militaires et à la fraude électorale. » Sur ce registre, il est tentant de voir dans Coriolan, sombre héros de la tragédie éponyme, « à la fois sauveur de Rome et son ennemi mortel », un ancêtre latin du Guinéen Ahmed Sékou Touré ou du Zimbabwéen Robert Mugabe.

Auteur quant à lui d'un ouvrage remarqué publié en 2018[11], le journaliste britannique Paul Kenyon, pilier de la BBC, impute à bon droit la longévité des tyrans africains à la « cupidité » et à la « complicité de l'Occident », ainsi qu'à l'« appétit insatiable » de celui-ci pour les richesses que recèlent la terre et les entrailles du continent noir. Il dénonce également la perverse complaisance des puissances européennes envers des despotes enclins à investir leurs avoirs « mal acquis » dans l'immobilier de luxe ou à les planquer dans des banques apatrides. Quoique irréfutable, son réquisitoire n'épuise pas le sujet.

D'abord, la permanence de tropismes despotiques peut obéir, en Afrique comme ailleurs, à des dynamiques internes, entretenues notamment par le souci de pérenniser au profit d'une communauté la confiscation du pouvoir et des privilèges qu'il procure. Ensuite, d'autres acteurs extérieurs, telles la Chine, la Russie et la Turquie, désireuses de capter une partie substantielle des précieuses ressources minières de l'Afrique, mais aussi de l'abreuver d'armes et d'y décrocher des méga-chantiers d'équipement ou de

10. Dans les nations forgées par des vagues d'immigration successives – États-Unis, Canada, Australie –, doctrine politique fondée sur le rejet de tout nouvel afflux d'étrangers.

11. *Dictatorland : The Men Who Stole Africa*, Head of Zeus, 2018.

BTP, s'accommodent par essence de la perpétuation de systèmes autocratiques, gages supposés de stabilité. Enfin, le déclenchement récent d'un *remake* de la guerre froide et l'enracinement du péril djihadiste – notamment dans l'aire sahélienne – tendent à revaloriser la rente géopolitique déjà évoquée. Un cas d'école ? Si la France s'obstine à soutenir des régimes discrédités, au risque de s'aliéner durablement les élites de demain et l'aile marchante de sociétés civiles intransigeantes, c'est qu'elle estime avoir besoin de leur concours dans le rude combat engagé contre le cancer terroriste, impératif jugé prioritaire. Même si un tel choix conduit quoi qu'on en dise à baisser la mire démocratique.

Terminons ce préambule par un paradoxe, qu'incarnent tant de futures étoiles de l'intelligentsia africaine, croisées sur les campus de Dakar, de Bamako ou de Kinshasa. Engagés, au péril de leur quiétude, voire de leur vie, dans une âpre lutte contre le prurit dictatorial, ces jeunes gens, hommes et femmes, vouent un culte fervent à quelques-uns des fossoyeurs des valeurs qu'ils professent. On peut ainsi les entendre invoquer, au nom d'un anti-impérialisme sélectif, les mânes – encore eux – de Sékou Touré ou de Mugabe. Comme s'ils ne retenaient de telles icônes que le combat contre le joug colonial et ses avatars modernes ; quitte à escamoter le désolant épilogue de leur règne. Il en va de même, à un moindre degré, pour le Ghanéen Kwame Nkrumah, pionnier de l'idéal panafricain, comme pour l'ardent capitaine Thomas Sankara, maître du Burkina Faso du 4 août 1983 au 15 octobre 1987, date de son assassinat. Leurs disciples ignoreraient-ils que le premier, que ses fidèles surnommaient le « Rédempteur », instaura le parti unique et s'octroya la dignité de président à vie ? Ou que le second céda parfois aux démons du purisme révolutionnaire ? Sans doute cette apparente contradiction résulte-t-elle d'un double phénomène : la vigueur intacte d'une conscience nationale pourtant malmenée et l'intense frustration qu'engendrent les ratés d'une indépendance inaboutie.

Quoi de commun entre Ahmadou Kourouma et le poète symboliste Gérard de Nerval ? À première vue, rien. Pourtant, quiconque a cherché un jour la chaleur ou la brûlure du *Soleil des indépendances* si cher au premier ne peut lire sans trouble la plainte du second. Du moins celle qu'exhalent ces deux vers d'*El Desdichado* (L'Infortuné) : « Ma seule étoile est morte, et mon luth constellé/ Porte le Soleil noir de la mélancolie. »

Bibliographie

Jean-François Bayart, *L'État en Afrique, la politique du ventre*, Fayard 1989 et 2006 (édition augmentée).

John Borneman, *Death of the Father : An Anthropology of the End in Political Authority*, Berghahn Books, 2003 (en anglais).

Stephen Greenblatt, *Tyrans, Shakespeare raconte le XXIe siècle*, Éditions Saint-Simon, 2019.

Pierre Jacquemot, *De l'élection à la démocratie en Afrique (1960-2020)*, Fondation Jean-Jaurès, 2020.

Paul Kenyon, *Dictatorland, The Men Who Stole Africa*, Head of Zeus, 2018 (en anglais).

Ahmadou Kourouma, *Le Soleil des indépendances*, Presses universitaires de Montréal, 1968 ; Seuil, 1970.

—, *En attendant le vote des bêtes sauvages*, Seuil, 1998.

1

Bokassa, un Ubu bien de chez nous

Son sacre afro-napoléonien fut et restera, jusqu'à la fin des temps, un sommet d'obscénité, une indécente bouffonnerie. Grotesque ? Dérisoire ? Pitoyable ? Le couronnement, en l'an de disgrâce 1977, de Sa Majesté Impériale Bokassa Ier mérite à coup sûr chacune de ces épithètes. Mais cette pantomime *made in France*, mise en scène dans l'étouffante moiteur tropicale d'un palais omnisports saturé de dorures et de tentures, aura surtout souillé d'une tache indélébile le blason de la Giscardie. Il arrive que l'équipée sauvage d'un dictateur raconte autant les perversions de ses mentors que la férocité de ses instincts ou les pulsions démentes de son ego. Ainsi en va-t-il du Centrafricain Jean-Bedel Bokassa, francophile incurable et meurtri, enfant de troupe et tirailleur zélé de l'armée coloniale, vétéran de l'« Indo » et du djebel algérien, gaulliste dévot, souverain d'opérette béni puis détrôné par la puissance tutélaire dont il avait été un si fidèle féal. Et plus précisément par Valéry Giscard d'Estaing – décédé le 2 décembre 2020 –, énarque brillantissime et chasseur compulsif, aveuglé par sa passion pour les safaris au point d'abdiquer tout discernement. *Vanitas vanitatum*... Mais comment s'étonner qu'un aristocrate de circonstance en vienne à adouber un empereur de pacotille ? Il n'y eut à coup sûr pas plus de faux-semblants chez celui-ci que de vrai sang bleu chez celui-là. Roi nègre grimé, costumé et couronné par des courtisans au teint pâle et à l'âme sombre, « Papa Bok » fut au fond à peine plus caricatural que les travers de ses parrains.

En mai 1981, moins de deux ans après son éviction, le tyran déchu tient sa revanche. Quand François Mitterrand terrasse dans les urnes le sortant VGE, dont l'arrogance parvient alors à élever au rang d'affaire d'État une largesse protocolaire banale – la fameuse plaquette de diamants reçue dès 1973 de son « cousin » et « cher parent » –, Jean-Bedel jubile. Non content d'avoir échappé à son marionnettiste, le pantin contribue alors, avec le concours d'une poignée de flibustiers hexagonaux, orphelins de l'Algérie française, à sa mise à mort politique.

Selon son CV certifié conforme, Jean-Bedel Bokassa voit le jour le 22 février 1921 dans le hameau de Bongombé, à 80 kilomètres au sud-ouest de Bangui, capitale de l'Oubangui-Chari – en clair, de la future République centrafricaine, ou RCA. Un État enclavé au cœur du continent et failli de naissance ; un pays de cocagne aux terres fécondes et aux entrailles farcies d'or, de diamants ou d'uranium, mais peuplé de miséreux, livré aux convoitises de caïds miliciens et de voisins voraces, comme il le fut jadis aux raids des trafiquants d'esclaves venus du nord. Guère de doutes quant au lieu de sa naissance. Pour le reste... La date ? Au mieux hasardeuse, aucun document d'état civil ne corroborant la version officielle. Le patronyme ? Exact, à une consonne près. Comme le précisent

Géraldine Faes et Stephen Smith, auteurs d'une biographie de référence[1], ce n'est qu'à l'âge de 37 ans que le lieutenant Mbokassa obtiendra l'ablation du « M » initial. Quant au prénom, il aurait été forgé, sous une forme contractée, en hommage à saint Jean-Baptiste de La Salle, fondateur à la fin du XVIIe siècle de la congrégation des Frères des écoles chrétiennes.

Au nom du père ?

Référence moins insolite qu'il n'y paraît : d'ethnie Ngbaka et, à en croire le plus illustre de leurs rejetons, d'ascendance pygmée, les parents ont embrassé le catholicisme. Sans pour autant que cette conversion les prémunisse contre les cruautés du sort : Jean-Bedel a 6 ans lorsque, au terme d'un procès expéditif, son père Mindogon Mgboundoulou, oncle du futur « père fondateur de la Nation » Barthélemy Boganda[2], est exécuté en public par des colons français sur la place de Mbaïki (Sud-Ouest), chef-lieu de la préfecture

1. Géraldine Faes et Stephen Smith, *Bokassa Ier, un empereur français*, Calmann-Lévy, 2000.

2. Né en 1910, Barthélemy Boganda fut le premier prêtre « indigène » ordonné en Oubangui-Chari. Député au Palais-Bourbon, il épouse une Française et quitte les ordres en 1950. Partisan de l'émergence d'« États-Unis de l'Afrique latine », censés faire pièce aux « périls » communiste et panarabe, Boganda sera tour à tour maire de Bangui puis président du Grand Conseil de l'Afrique-Équatoriale française (AEF), espace réduit à son grand dépit aux dimensions de la future RCA. Le 29 mars 1959, celui qui deviendra l'une des icônes du panafricanisme périt dans le crash – jugé suspect par ses fidèles – de son avion. Colonie française à compter de 1905, l'Oubangui-Chari, terre de savanes et de forêts équatoriales, avait été auparavant le théâtre d'une lutte d'influence entre les affairistes venus de métropole, titulaires de concessions privées, et les missionnaires hostiles au travail forcé.

de la Lobaye. Le crime de ce « chef de terre » – notable local – indocile, écœuré par la brutalité de l'administration coloniale et des gardes-chiourmes de La Forestière, puissante compagnie concessionnaire ? Avoir libéré par la force une poignée de villageois réduits en esclavage dans des plantations de coton. Une semaine plus tard, son épouse Marie-Yokowo, brisée par le chagrin, se suicide. Dans *Ma vérité*, plaidoyer *pro domo* paru en 1985 chez Carrère-Lafon et aussitôt interdit par décision de justice, l'empereur déchu soutient que les « assassins de [son] père » travaillaient pour une filiale de la SOFFO (Société financière pour la France et les pays d'outre-mer), que présida quatre décennies durant Edmond Giscard d'Estaing, le père de VGE. À l'instar de ses onze frères et sœurs, le garçonnet sera dès lors recueilli et élevé par son grand-père paternel Mbalanga. Patriarche vénéré, celui-ci veille aussi sur le cursus scolaire de l'orphelin, accompli à l'ombre de la croix. Gamin vif et espiègle, Jean-Bedel fréquente tour à tour l'Institution Sainte-Jeanne-d'Arc de Mbaïki, Saint-Louis de Bangui puis l'école Édouard-Renard de Brazzaville (Congo). Si les Pères blancs le destinent à la prêtrise, lui préfère de loin l'éclat du sabre à l'aura du goupillon. Ironie de l'histoire, ce n'est qu'au soir de sa vie que, emporté par un accès de mysticisme, il endossera l'aube du « Treizième Apôtre du Christ ».

Va donc pour l'uniforme. Le 19 mai 1939, en la mairie de Brazza, le dénommé Mbokassa s'engage de son plein gré dans l'armée coloniale. Ainsi commence une carrière certes honorable, mais que l'intéressé enrichira de quelques faits d'armes imaginaires. Lui prétend avoir débarqué en Provence en août 1944, sous les couleurs des Forces françaises libres (FFL) et dans le sillage de l'illustre général Jean de Lattre de Tassigny, avant de ferrailler l'année suivante sur le front rhénan. Pure légende : à l'époque, Jean-Bedel n'a pas encore posé le godillot hors d'Afrique. Intendance, logistique, transmissions : moins épique que routinier, son parcours passe par l'école militaire de Saint-Louis-du-Sénégal, vouée à la formation des cadres indigènes, et par Châlons-sur-Marne. De Saint-Louis, il sort sans diplôme : une altercation avec un officier métropolitain le prive de la session de repêchage censée rehausser une médiocre moyenne. Faute de mieux, le petit sous-off hâbleur, soiffard, coureur et fêtard empoche à son retour à Brazzaville un certificat de paternité : c'est là que naît Georges, son premier enfant reconnu, fruit de sa liaison avec une métisse de Cabinda, enclave angolaise coincée entre les deux Congo, prénommée Marguerite. Sur les rares clichés d'époque, le jeune papa porte beau. Visage rond, sourire franc et torse bombé. Bref, la cambrure avantageuse que tout conquérant se doit d'adopter pour gommer sa petite taille.

L'heure de l'aventure vietnamienne approche. Mais avant de s'envoler pour Saigon puis Hanoï, l'adjudant Mbokassa fait escale à Fréjus (Var), le temps de parfaire son expertise d'opérateur radio. Et de recevoir en bonne et due forme le sacrement du baptême, préparé sous la férule bienveillante de sœur Bernadette, une religieuse qu'amusent les frasques de sa « petite crapule[3] ». Les états de service de Jean-Bedel, en Indochine puis en Algérie, lui vaudront la croix de guerre et une Légion d'honneur, même si ses supérieurs soulignent au gré de leurs rapports les outrances de ce « queutard invétéré » volontiers colérique, « bon vivant mais un peu fantasque ». Il n'empêche. Tandis que point à l'horizon le « soleil des indépendances », le fils de Bongombé figure parmi les gradés promis à d'éminentes fonctions au sein du commandement d'une armée autochtone encore embryonnaire. Sans doute

3. Géraldine Faes et Stephen Smith, *Bokassa Ier...*, *op. cit.*

doit-il à sa francophilie affichée – et à l'intercession de Barthélemy Boganda, alors président du Conseil de gouvernement oubanguien – d'accéder à la fin des années 1950 au rang d'aide de camp d'Yvon Bourges, haut-commissaire de l'AEF et futur ministre de la Défense de Giscard. Entre-temps, le «fana-mili» bambochard, affecté à Pointe-Noire (Congo), puis deux années durant à Fréjus, dont il sillonne les artères au guidon de sa Vespa, aura étoffé son tableau de chasse conjugal. Lors de son séjour varois, Jean-Bedel, qui avait pris femme à Saigon, conquiert à la hussarde l'épouse, vietnamienne elle aussi, d'un de ses compagnons de chambrée... Rongée par le mal du pays, Nguyen Thi Hue, sa légitime moitié indochinoise, ne tarde pas à rentrer au bercail, emmenant leur fille Martine, héroïne bien malgré elle d'une imposture d'anthologie. Qu'on en juge: en 1970, le général-président demande au Quai d'Orsay de l'aider à rapatrier la princesse envolée, encore adolescente. Flairant l'aubaine, une usurpatrice, aussitôt traitée avec les égards dus à l'enfant prodigue, surgit sur l'avant-scène. La supercherie éventée, vient le moment pour la vraie Martine de rallier Bangui. «Mon père était tellement embêté, concède Jean-Serge, n° 15 de la fratrie et ancien ministre, qu'il a gardé les deux[4].»

Passage à l'acte

Au tournant des années 1960, l'heure est moins à la rupture qu'à la perpétuation, sous une autre forme, de

4. Entretien avec l'auteur, 27 août 2019. Bien qu'ayant retiré sa candidature à la présidentielle du 27 décembre 2020, scrutin fantôme remporté par le sortant Faustin-Archange Touadéra, Jean-Serge Bokassa a recueilli 8907 voix, soit 1,39 % des suffrages.

l'ordre colonial. Quand Jean-Bedel Bokassa retrouve la terre natale, c'est en qualité de lieutenant puis de capitaine de l'armée française et au titre de l'assistance technique. Sa mission, accomplie un temps sous les ordres du fameux général Marcel Bigeard : former et épauler les cadres des Forces armées centrafricaines (FAC) naissantes. Successeur du défunt Boganda à la présidence du « gouvernement centrafricain », son cousin David Dacko, d'ethnie Ngbaka lui aussi, promeut au grade de colonel celui qui sera son conseiller militaire puis, dès 1964, le chef d'état-major des FAC. Mais aussi – l'argent n'est-il pas le nerf de la guerre ? – son partenaire en affaires dans le négoce du café, de l'ivoire et du diamant. Hélas, la haute charge dont il hérite n'assagit nullement le très sanguin Jean-Bedel, embringué plus souvent qu'à son tour dans d'homériques bagarres d'après-boire. Il y a pis : si l'officier flambeur écume les dancings de Bangui et collectionne les appareils photo, sa brutalité, rançon d'une jalousie maladive, n'épargne pas sa compagne française Astrid Van Erpe, épousée en mars 1962.

Les aléas de la carrière n'arrangent guère son humeur. Très vite, Bokassa se sent marginalisé, voire méprisé par le clan Dacko. À l'évidence, son parent le sous-estime, au point de lui décocher au détour d'un dîner, en présence de diplomates estomaqués, cette humiliante saillie : « Toi, t'es trop con pour faire un coup d'État[5]. » Pour en faire un, peut-être ; mais pas pour détourner à son profit le putsch virtuel ourdi par d'autres… Suspendu de ses fonctions, exilé de fait en France, le colonel en disgrâce ne rentre qu'en octobre 1965 à Bangui, où enfle la rumeur d'un renversement imminent de David Dacko, personnage falot,

---

5. Géraldine Faes et Stephen Smith, *Bokassa Ier…*, *op. cit.*

pusillanime et dépressif. À qui revient, de l'avis général, le rôle du félon putatif? À Jean Izamo, le patron de la gendarmerie. Bokassa s'engouffre dans la brèche : avec le concours du lieutenant Alexandre Banza, il piège Izamo, le neutralise et, dans la soirée du 31 décembre, dépose son présidentiel cousin, contraint à la reddition. Reste à annoncer, sur les ondes de Radio Bangui, le succès de ce pronunciamiento passé à la postérité sous le nom de « coup d'État de la Saint-Sylvestre ». Ce sera chose faite avant l'aube. « Centrafricains, Centrafricaines, depuis ce matin, à 3h20, votre armée a pris le pouvoir de l'État, claironne l'ex-tirailleur d'une voix éraillée. [...] L'heure de la justice a sonné. La bourgeoisie de la classe privilégiée est abolie et une ère d'égalité entre tous les citoyens est instaurée. » Dacko a-t-il, comme le soutiendra son vainqueur, négocié en coulisse les modalités de son éviction ? Une certitude : invoquant auprès du colonel Alfred Mehay, l'attaché militaire de l'ambassade de France, la « malfaisance de l'entourage » du vaincu, les conjurés l'assurent d'emblée de leur attachement au maintien du *statu quo* avec Paris[6].

Qu'on ne s'y trompe pas. Si nul carnage n'endeuille ce singulier réveillon, le sang coule et coulera. À commencer par celui de Jean Izamo, torturé jusqu'à ce que mort s'ensuive. Dans la foulée, le nouveau maître de la RCA, promu général par ses propres soins, ordonne la liquidation de plusieurs piliers du système Dacko, promptement passés par les armes. Quant à son complice et bras droit Alexandre Banza, véritable cerveau du coup d'État, il sera sacrifié trois ans plus tard. Accusé de visées putschistes, condamné à la peine capitale par un tribunal militaire *ad hoc*, ce prétorien intègre et austère tombe sous les

6. *L'Histoire* n° 394, décembre 2013.

balles d'un peloton d'exécution en avril 1969. A-t-il été en outre tailladé au rasoir ou à la baïonnette sur la table du Conseil des ministres ? Plusieurs témoins l'affirment. Dans une note exhumée des archives du Service historique des Armées par l'historien Jean-Pierre Bat, un officier français familier des intrigues banguissoises confesse ses doutes en ces termes : « Banza est-il victime d'un coup monté par le général Bokassa, désireux de se débarrasser d'un personnage jugé encombrant, peut-être dangereux, avec lequel il ne peut plus composer ? » « Le seul vrai péril, écrit quelques jours plus tard le même initié, est celui qui pourrait naître des excès du président. »

Bien vu, mais n'anticipons pas. Pour l'heure, « Bok » prend la tête d'un Conseil révolutionnaire de dix membres, s'arrogeant la présidence, la primature et les portefeuilles de la Défense et de la Justice. Si son irruption sur l'avant-scène a quelque peu surpris sur les bords de Seine, Alfred Mehay, déjà cité, invite le Quai d'Orsay à avaliser le fait accompli. « Personnage discuté et, jusqu'au 31 décembre 1965, à peine toléré dans ses fonctions de chef d'état-major, le colonel Jean-Bedel Bokassa, onze mois après le coup d'État – qu'il l'ait ou non improvisé –, est aujourd'hui le maître incontesté de la RCA et il a bien l'intention de le rester. [...] Aussi, j'incline à penser que l'intérêt de notre pays est, malgré tout, de faire en sorte que le colonel Bokassa reste au pouvoir aussi longtemps qu'il saura demeurer suffisamment raisonnable. » Diagnostic à peine nuancé quinze mois plus tard par l'ambassadeur de France Jean Herly, qui, « dans le contexte purement centrafricain », confère au neveu de Boganda la dignité de « moindre mal »[7].

7. *Ibid.*

Une loyauté aux enchères

Cette relative mansuétude n'a rien d'incongru. Tantôt dansés, tantôt cadencés, les premiers pas du tombeur de Dacko apaisent les angoisses des plus méfiants. Populisme, moralisme, volontarisme : Bokassa s'engage à assainir les mœurs et à combattre l'oisiveté et le désœuvrement. À coups de décret, il supprime les « impôts impopulaires », bannit la polygamie – un comble au regard de son palmarès en la matière –, l'excision et la dot. Avocat du retour à la terre, l'ancien de l'« Indo » déclenche une ambitieuse réforme agraire et ébauche une stratégie de développement théorisée dans un bréviaire en deux volumes, modestement intitulé *Opération Bokassa*. Mieux, il prêche l'exemple, quitte à arpenter les bauges de sa ferme porcine de Bobangui. Serments incantatoires ? Pas seulement. Sur les fronts alimentaire, sanitaire et scolaire, les progrès sont patents. Dans la capitale, qui ne méritait plus guère son surnom de « Bangui la Coquette », surgissent une université, un hôpital, des écoles, un marché en dur et des lotissements. Attirés par les atouts naturels de l'ex-Oubangui-Chari – sols fertiles et potentiel diamantifère –, les investisseurs accourent.

Las !, l'embellie ne dure pas. Capitaine énergique, mais piètre intendant, l'impérieux général, entouré de courtisans cupides, tend à gérer le pays comme sa propriété privée. Au fil des mois, son domaine de Bobangui prend d'ailleurs des allures de conglomérat agro-industriel. On y élève cochons, bovins et volailles. Une scierie, une fonderie et un atelier de couture sortent de terre. Saisi d'une frénésie affairiste, l'ex-bidasse étend son emprise à la distribution de carburants et, prenant au pied de la lettre son titre de « premier bâtisseur de Centrafrique », s'aventure sur le marché du BTP. Plus tard, il louera à prix d'or à l'État qu'il dirige son avion, ses camions et ses immeubles[8]. Dépensier en diable, le gradé boulimique puise à pleines mains dans les caisses du Trésor public, ordonnant parfois à ses argentiers désemparés de brûler les factures jugées excessives. Et gare à celui qui aurait l'outrecuidance de freiner ses élans. Si l'équilibre ô combien précaire des finances centrafricaines repose sur les largesses de l'ancienne puissance coloniale, Bokassa récuse sèchement tout ambassadeur de France coupable d'émettre ne serait-ce qu'une prudente réserve, aussitôt relégué au rang de « comploteur ».

À Paris, on courbe l'échine, fût-ce en grommelant. C'est qu'en ces temps de guerre froide, l'Élysée ménage ses alliés subsahariens et scrute d'un œil inquiet les tentatives d'incursion des États-Unis ou d'Israël dans le pré carré francophone, tout en lorgnant le gisement d'uranium de Bakouma (Sud). Doté d'un solide instinct manœuvrier, le « bâtisseur » banguissois saura au fil des ans faire fructifier sa rente géopolitique, alternant les escapades adultérines chez l'ours soviétique ou l'ogre maoïste et les retours de flamme profrançais plus ou moins contrits. Sur un panneau du salon d'accueil de l'ambassade de Russie à Bangui, aperçu à l'automne 2018 par l'auteur de ces lignes, quelques clichés en noir et blanc retracent ainsi la visite à Moscou du camarade Jean-Bedel, millésime 1970. Un jour, celui-ci proclame sa conversion au « socialisme scientifique » ou le caractère « irrévocable » de l'« option progressiste révolutionnaire ». Le lendemain, le voilà de retour dans le giron de Marianne, serment d'allégeance à

8. Géraldine Faes et Stephen Smith, *Bokassa Ier…*, *op. cit.*

la boutonnière. En clair, de brouille en retrouvailles, de chantage en repentir, il met sa loyauté à l'encan. La France râle, rechigne, tance, admoneste, mais finit toujours par régler la note, combler le déficit, renflouer la pirogue.

Le « soudard » et le Général

Vigie africaine du gaullisme, le rusé Jacques Foccart s'acharne, avec un bonheur inégal, à canaliser les foucades du tirailleur étoilé. Et s'il faut, pour le détacher d'une union économique et douanière dissidente, gadget imaginé par le Zaïrois Mobutu Sese Seko, lui offrir un DC-4 tout neuf, qu'il en soit ainsi… En mars 1969, Bokassa réalise – enfin – le rêve de toute une vie : une rencontre, sous les lambris élyséens, avec son idole Charles de Gaulle. À vrai dire, l'affaire semblait mal engagée. Certes, l'année précédente, l'impétueux Jean-Bedel avait offert de sauter sur Paris à la tête d'un commando parachutiste pour sauver le contempteur de la « chienlit » de Mai 68. Certes, l'engagé volontaire de 1939 fait assaut de piété filiale envers le Général, abreuvé de lettres déférentes. Mais cette dévotion a le don d'irriter l'homme du 18-Juin, tout comme l'exaspère la propension du « soudard », du « couillon » – ainsi désigne-t-il en privé son admirateur – à lui donner du « Papa ». Apocryphe ou pas, l'anecdote qui suit vaut le détour. Au sortir du tête-à-tête tant attendu, le héros de la France libre enjoint à son visiteur de renoncer une fois pour toutes à l'appeler ainsi. « D'accord, Père », acquiesce alors Bokassa.

Qu'importe, l'équipée parisienne n'aura pas été vaine. Aux yeux du Grand Charles, dorénavant plus indulgent, le troupier si prompt à revendiquer le statut de « Blanc à peau noire» accède au grade de «brave bougre». Un brave bougre que foudroie, vingt mois plus tard, le trépas de son père d'élection. Lors des funérailles religieuses, célébrées à Colombey-les-Deux-Églises (Haute-Marne), l'affliction théâtrale du Centrafricain plonge ses voisins dans l'embarras. Courbé sur sa canne d'apparat, il geint puis fond en larmes, psalmodiant entre deux sanglots de pathétiques «Papa, papa…». Orphelin à 6 ans, l'enfant de troupe l'est à nouveau à l'orée de la cinquantaine.

Coïncidence? Dès la disparition de cette écrasante figure tutélaire, Jean-Bedel bascule. «Livré à lui-même, écrivent Géraldine Faes et Stephen Smith, le dictateur fantasque se mue en despote paranoïaque, Néron de la forêt équatoriale, perpétuellement en quête de fonds pour assouvir sa folie des grandeurs[9].» De fait, il instaure un régime de terreur, peuplé de délateurs et de mouchards, plaçant sur écoutes une foule de proches, épouses et enfants compris. Des heures durant, l'ancien putschiste s'échine, une bouteille de whisky à portée de gosier, à déceler au fil des conversations téléphoniques enregistrées l'indice de l'infidélité de celle-ci, les prémices de la trahison de celui-là. Son courroux n'épargne pas sa patrie de cœur: il peut aussi fort bien, sur un coup de sang et sous l'empire – en attendant mieux – de la boisson, nationaliser telle société ou… le bureau de l'Agence France-Presse, «supprimer» le consulat général, embastiller un coopérant militaire, virer les assistants techniques ou renvoyer vers l'Hexagone un détachement de paras.

Déjà, dans son rapport de fin de mission daté d'octobre 1969, l'attaché militaire de l'ambassade de France esquissait un portrait prémonitoire. «Comparé à ses

9. *Ibid.*

homologues africains francophones, écrit-il alors, le général Bokassa pourrait passer pour un interlocuteur peu compétent mais acceptable. Il est malheureusement affligé d'une méfiance maladive et d'une évidente mauvaise foi. Mégalomane, cyclothymique, trop facilement irritable et emporté, violent, tyrannique, autocrate, terrorisant son entourage, ses excès le rendent difficilement supportable[10]. » L'Élysée s'obstine pourtant à supporter, bien au-delà de toute raison, celui qui se proclame président à vie en mars 1972 puis maréchal deux ans plus tard. Entre ces deux promotions maison, une conjuration avortée, fatale au n° 2 du pouvoir Auguste Mbongo, affamé et saoulé de coups jusqu'à son dernier souffle, aura aggravé la psychose du complot et précipité un remaniement hors norme : désormais au faîte de sa puissance, Bokassa détient une dizaine de portefeuilles ministériels.

Quoique indulgent envers ce dernier, l'ex-Premier ministre puis président sénégalais Abdou Diouf se souvient encore des angoisses que suscitait toute venue du despote centrafricain. « Jusqu'au dernier moment, confie-t-il, on ignorait quelle épouse l'accompagnerait. L'impératrice ou la Roumaine [allusion à Gabriella, une ancienne danseuse de ballet que le renseignement français tenait pour une espionne dépêchée par Bucarest] ? Dans ses bagages, il emportait une tenue de maréchal d'Empire, se plaisant à l'étaler sous les yeux de ses visiteurs. "Ici, soupirait-il, je sais bien que je ne pourrais pas la porter[11]..." » Un volume entier de la Pléiade suffirait à peine à consigner les caprices et les foucades de l'excentrique satrape. Citons celle-ci, narrée par Jean-Paul Benoit, alors pilier du ministère de

10. *L'Histoire* n° 394, décembre 2013.
11. Entretien avec l'auteur, 11 juin 2019.

la Coopération. En amont d'une visite de travail, «Bok» atterrit à Châteauroux, non loin d'un des sept châteaux et manoirs qu'il possède dans sa seconde patrie. Alors qu'il boude dans le salon d'honneur, son ministre des Affaires étrangères apostrophe Benoit en ces termes: «Le Président à vie est très mécontent! Parmi les soldats de la garde d'honneur alignée au pied de l'avion, il a repéré deux jaunes – entendez des engagés d'origine asiatique – et des gars qui l'ont regardé de travers.» Il n'en faut pas davantage pour que l'ombrageux visiteur regagne Bangui à bord de sa Caravelle. Le surlendemain, à la faveur d'un dîner chez Lasserre, le chef de la diplomatie centrafricaine précise les exigences protocolaires de l'homme qui, fraîchement élevé au maréchalat, «a droit à des égards particuliers». Quels égards? Le doublement de son escorte motocycliste et la fermeture à la circulation des artères qu'emprunte son convoi[12]. Une fois de plus, Paris cède.

Peu après, le même Jean-Paul Benoit se voit contraint d'endosser un costume d'agent immobilier. C'est que Bokassa, qui tente vainement d'attirer Valéry Giscard d'Estaing dans l'une de ses propriétés solognotes, s'est mis en tête d'acquérir un domaine moins éloigné de Paris. Son choix se portera sur le château d'Hardricourt, dans les Yvelines. «J'ai donc prospecté le marché et veillé à ce que le montant de la transaction demeure dans les limites du raisonnable», raconte l'ancien haut fonctionnaire. Précaution légitime: depuis qu'il a entrepris d'étoffer son patrimoine en terre de France, l'ex-tirailleur épris de vieilles pierres passe pour la providence des aigrefins. Lesquels lui fourguent parfois au prix fort des bâtisses en piètre état. Or, le maître absolu de la RCA dépense sans

12. Entretien avec l'auteur, 21 mai 2019.

compter, quitte à plonger dans le rouge ses nombreux comptes ouverts en France. « À chacune de ses visites, s'amuse Benoit, je voyais défiler dans mon bureau des patrons de banques venus me supplier de faire en sorte que leur singulier client ne creuse pas trop son découvert. » Les ingrates missions dont il s'acquitte doivent-elles à l'« agent traitant » de la Coopé la gratitude de son protégé ? Pas vraiment : le lendemain de son emménagement à Hardricourt, celui-ci l'appelle, furieux. « Vos policiers m'épient, vocifère-t-il. C'est intolérable ! » Dans son esprit, les CRS déployés aux abords du château pour assurer, comme le veut l'usage, la protection de tout chef d'État en exercice ne peuvent être que des espions à la solde de ses ennemis.

Le châtelain et le chasseur

Envers de Gaulle, on l'a vu, Bokassa affichait une ferveur aussi religieuse que tonitruante. Avec Georges Pompidou, qui le juge « complètement cinglé », le courant ne passe guère. Mais quand Valéry Giscard d'Estaing, rencontré en marge des obsèques de l'ermite de Colombey, franchit le seuil de l'Élysée, l'ombre de son garde-chasse oubanguien s'engouffre dans son sillage. Elle ne le lâchera plus. Le premier safari centrafricain de VGE, alors ministre de l'Économie et des Finances, daterait de 1970 ; même si, dans un écrit ultérieur sujet à caution, son hôte situe la battue initiatique trois ans auparavant. Dès lors, le natif de Coblence accomplit chaque année ou peu s'en faut son pèlerinage cynégétique dans le vaste sanctuaire sauvage d'Obo, dans le nord-est du pays. « Il avait même fallu, confie un ex-ambassadeur, rallonger la piste de l'aérodrome local afin que l'avion de Giscard puisse s'y poser directement. » Au retour, la fine gâchette de Chamalières (Puy-de-Dôme), collectionneur de trophées de toute nature, déjeune ou dîne chez l'ami Jean-Bedel, soit en son palais de la Renaissance banguissois, soit dans le domaine familial de Berengo. À cette occasion, le président à vie remet au président à venir de – plus ou moins – menus présents, bombinettes à retardement dont nous mesurerons bientôt les ravages. Au détour de l'ouvrage banni mentionné précédemment, Bokassa jure avoir fait don à VGE d'une réserve de 200 000 hectares, nichée aux confins sud-est du pays ; et accuse cet adepte du gros calibre et ses amis d'avoir occis au total 150 à 200 éléphants.

En mars 1975, c'est à Bangui que se tient le deuxième sommet France-Afrique. Choix conforme au vœu de Giscard, lequel y débarque avec un retard remarqué, rançon d'une partie de chasse improvisée. Préposé aux embûches protocolaires, Jean-Paul Benoit, déjà cité, dissuade à grand-peine le maître de céans de venir l'accueillir en grande tenue de maréchal. S'il consent à revêtir un costume anthracite d'une insolite sobriété, Bokassa ne rend pas les armes sans combattre : sous les yeux d'une délégation française incrédule, il s'incline cérémonieusement devant un gigantesque portrait en pied... de lui-même en atours d'apparat, bicorne empanaché compris, accroché au balcon de l'aérogare[13]. Le « cher parent et ami » – formule chuintée par VGE au détour d'un dithyrambe risible – inflige ensuite à ses pairs un autre rituel égolâtre. Un soir, à la nuit tombée, tous sont conviés à l'inauguration, place de la Coopération franco-centrafricaine, d'une statue de leur hôte, drapé cette fois dans une toge d'empereur romain. « Mais qu'est-ce qu'on fait là ? », soupire le poète-président sénégalais Léopold Sédar Senghor.

13. Géraldine Faes et Stephen Smith, *Bokassa Ier...*, *op. cit.*

L'année suivante, le maréchal-président soumet de nouveau à rude épreuve ladite « coopération ». L'exercice 1976, il est vrai, commence mal. Le 3 février, Bokassa échappe à un attentat à la grenade orchestré par un gendre au prénom trompeur, Fidèle Obrou, commandant d'escadrille de son état, fusillé en compagnie de sept de ses complices à l'issue d'un simulacre de procès. Dieu reconnaîtra les siens et Allah saura faire de même : assidûment courtisé par le Libyen Muammar Kadhafi, engagé sur le front tchadien dans un rugueux bras de fer avec Paris, le miraculé abjure le christianisme et embrasse l'islam. Adieu Jean-Bedel, bienvenue Salah Eddine Ahmed Bokassa, Guide de la Révolution centrafricaine. Ministres, parents, enfants, tous sont sommés de lui emboîter le pas, quitte à troquer le costard contre la djellaba. Tarif de la conversion : un million de dollars et la création, en RCA, de quatre sociétés d'économie mixte richement dotées par Tripoli. Le néomusulman tiendra un trimestre. Pour ce viveur, amateur d'alcools forts et avide de chair fraîche, l'ascèse coranique a quelque chose d'inhumain.

D'une divinité l'autre… Adorateur émérite de Napoléon Bonaparte, l'apostat peut désormais se consacrer à son grand œuvre : sa marche triomphale vers le trône d'empereur, titre que seuls détiennent à l'époque le shah d'Iran et le Japonais Hirohito. Dès la fin de l'année 1975, Bokassa s'ouvre de ce dessein auprès du Gabonais Omar Bongo et du Zaïrois Mobutu, travaillés l'un et l'autre par la tentation monarchique. Le 4 décembre 1976, date anniversaire, à quarante-huit heures près, du sacre du vainqueur d'Austerlitz[14] et un an jour pour jour avant la pantalonnade

14. Immortalisée par le peintre Jacques-Louis David, la cérémonie du sacre de Napoléon eut lieu le 2 décembre 1804 en la cathédrale

du couronnement, sonne l'heure de la promulgation de l'Empire centrafricain, dont la constitution s'inspire de la loi fondamentale du royaume du Maroc. Le texte stipule que tout sujet appelé à saluer « Sa Majesté Impériale », qui résidera en son domicile ancestral de Berengo entouré d'une poignée de « ministres de cour », doit se tenir à six pas et « affecter une légère inclination de la tête en avant ».

Quand cécité fait loi

Gare au vertige. De la mascarade anachronique qui s'annonce, il n'y a rien à sauver. Rien. On peut visionner dix fois les vidéos d'époque, il n'est pas un plan qui ne suscite au mieux l'embarras, au pire la nausée. Parce que tout dans ce sacre, festival de l'esbroufe dorée sur tranche, sonne faux. Mais aussi et surtout du fait du pedigree des acteurs de ce carnaval tropical. Concepteurs, financiers, metteurs en scène, costumiers, figurants, tous, à de rares exceptions près, sont des Français de France. Ignorance ? Vanité ? Vénalité ? Cynisme ? Un peu de tout cela, sans doute. Mais là n'est pas le plus navrant. Consciente ou pas, une telle cécité dénote un mépris abyssal pour les Africains, leur histoire et leurs valeurs. Maints documentaires dévoilent les coulisses de ce ruineux naufrage. Mais sans doute le plus cruel reste-t-il celui tourné par une équipe de l'Établissement cinématographique et photographique des Armées (ECPA), dépêchée sur place sur

---

Notre-Dame de Paris. Le Petit Caporal s'était octroyé le titre de « consul à vie » en août 1802, soit cent soixante-dix ans avant que Bokassa ne s'arroge pour sa part la dignité de « président à vie ».

ordre de VGE[15]. On ne tire à l'époque, après montage, que trois copies du film. L'une sera offerte à l'empereur, les deux autres étant remisées dans un coffre de l'ECPA. Gardées au secret, elles n'en sortiront qu'en juin 2008...

Non contents d'être aveugles, l'Élysée et le Quai d'Orsay restent sourds aux alertes venues de RCA. Dans un télégramme explicite, l'ambassadeur Robert Picquet fait part de ses réticences. « Bangui, résume le diplomate, est le théâtre depuis bientôt deux ans d'un spectacle tragi-comique. Le président Bokassa semble aveuglé par la perspective de vivre sa propre apothéose, au point de vouloir tout subordonner au déroulement fastueux de ces instants. Mon devoir m'impose de vous alerter sur la tournure que prennent les choses ici. N'est-ce pas trop[16] ? » Peine perdue. À Paris, l'entourage de Giscard feint de croire que, rassasié par une telle épiphanie, Bokassa se bornera à régner de sa principauté de Berengo, abandonnant au gouvernement les rênes de l'État. Reste que, dans l'immédiat, c'est au colonel Philippe Arnold, aide de camp de VGE, qu'échoit le pilotage du versant militaire de la logistique sacrale, défi cauchemardesque. Transall, avions-cargos, Airbus : un pont aérien convoie jusqu'aux rives de l'Oubangui un bric-à-brac que Jacques Prévert n'aurait pas renié : 631 sabres de parade, empruntés à l'armurerie de Saint-Cyr, des dizaines d'uniformes napoléoniens confectionnés dans les ateliers de l'armée française, des

15. Logé à Ivry-sur-Seine (Val-de-Marne), l'ECPA sera rebaptisé en 2001 ECPAD, pour Établissement de communication et de production audiovisuelle de la Défense.

16. Cité dans un épisode de l'émission de France Inter *Affaires sensibles*, intitulé « Notre ami l'empereur, le sacre absurde de Bokassa Ier », diffusé le 21 mai 2018 et rediffusé le 17 mars 2020.

tombereaux de bottes, gants, épaulettes, ceinturons, épaulettes, bicornes et shakos. Mais où diable se procurer les parures de casoar censées orner ces derniers ? Auprès d'une costumière des Folies-Bergère, qui, son maigre stock épuisé, suggère de blanchir des plumes de poulet. Dans les soutes des gros-porteurs voyagent aussi 300 réfrigérateurs, 200 cuisinières à gaz, des piles d'assiettes en porcelaine de Limoges au chiffre de l'Empire, 10 tonnes de victuailles, des brassées de fleurs fraîches et de quoi doter un Salon de l'automobile délocalisé : 25 Citroën CX Prestige, 211 Peugeot, 69 Renault et 220 véhicules utilitaires. En cabine passagers prennent place entre autres deux agents du protocole élyséen, un officier de la Garde républicaine chargé de peaufiner *in situ* le défilé militaire, les musiciens de la fanfare des troupes de marine, une poignée de tireurs d'élite, une vingtaine de policiers de la brigade antigang de Marseille et une escouade d'ouvriers de divers corps de métier. Eux s'emploieront à réhabiliter hôtels et restaurants, à bâtir *ex nihilo* un arc de triomphe et quelques villas d'hôtes, à bitumer des axes cahoteux et à ressusciter l'éclairage public. Parmi les émissaires dépêchés sur place, un général qui, dans une vie antérieure, commanda l'ancien caporal de la Coloniale et que celui-ci aurait accueilli en ces termes : « Désormais, plus question de m'appeler "Ce con de Bokassa"[17] ! »

Tout a un prix et celui du déshonneur est prohibitif. Tout compte fait, les festivités auront coûté l'équivalent du quart du budget annuel de la RCA. Facture épongée pour l'essentiel par Paris. À la manœuvre, sur ce front-là, un certain François Giscard d'Estaing, directeur général de la Banque française du commerce extérieur (BFCE),

17. Didier Piganeau, *Le Roi chez l'Empereur*, La Table ronde, 2008.

cousin de « Valy » et – c'est de famille – fondu de chasse. Qu'il s'agisse d'accorder un prêt substantiel en amont ou d'effacer les dettes, tout passe par lui. Soyons juste. Au jeu de la collecte de fonds, Bokassa ne manque pas de répondant. Il ponctionne les caisses de l'État, assèche les réserves de la Sécurité sociale, rackette les sociétés étrangères, soumises au besoin à un chantage fiscal, ainsi que les commerçants libanais, français ou portugais. Quant au parti unique, le Mouvement de l'évolution sociale de l'Afrique noire, ou MESAN, il « invite » les citoyens-sujets, tous tenus d'y adhérer, à verser leur écot et à se porter acquéreur du pagne du sacre.

Un tout petit caporal

Côté intendance, un personnage méconnu fait feu de tout bois. Ancien d'Algérie, courtier en café, en sucre et en coton, Jean-Pierre Dupont gravite dans l'orbite du futur empereur. Lequel lui confie la gestion des préparatifs[18]. À ses visiteurs, l'ancien tirailleur projette volontiers le *Napoléon* de Sacha Guitry, long-métrage épique sorti en 1955. « Vous voyez bien, leur répète-t-il, qu'un petit soldat issu d'une famille pauvre peut gravir tous les échelons jusqu'à monter sur le trône impérial. » Déjà Bokassa Ier perçait sous Jean-Bedel… « J'ai aussi eu droit trois ou quatre fois au film du couronnement d'Elizabeth II, confie Jean-Paul Benoit. Lui tenait à l'égaler en lustre et en splendeur. De toute évidence, la pompe monarchique l'éblouissait. Quand je l'ai guidé à Versailles en compagnie de mon épouse, conservatrice du site, il voulait à tout prix racheter

18. Géraldine Faes et Stephen Smith, *Bokassa Ier…, op. cit.*

le mobilier du Petit Trianon, qu'il caressait d'une main possessive[19]. » Futé, le sculpteur, décorateur et compositeur Olivier Brice flatte les lubies de son impérial client. C'est à Gisors (Eure), dans l'atelier de ce Normand, par ailleurs propriétaire d'une maison de couture, que sera fondue l'ossature du trône du sacre, colossale extravagance de bronze doré en forme d'aigle aux ailes déployées dont le ventre creusé, capitonné de velours rouge, abrite le siège où se posera le moment venu l'auguste séant. « Entre l'empereur et moi, minaude le créateur au gré de ses interviews, ce fut tout de suite le coup de foudre. Il s'est amouraché de mon travail. Et je suis un peu tombé amoureux de lui. Je vis un merveilleux conte de fées, un conte de fées du XXe siècle. »

Dans cette foire aux vanités, tout est à l'avenant. Le lourd carrosse où prendront place Leurs Majestés ? On le déniche chez un artisan, fournisseur attitré de diverses sociétés de production cinématographiques, où il somnole depuis le tournage de *Caroline chérie* (1951), comédie gaillarde qui doit beaucoup aux charmes de Martine Carol. Encore faut-il le restaurer et toiletter ses flancs, peints en vert et ornés d'un « B » jaune d'or olympien. Quant aux chevaux... Acheminés par la voie des airs, les 32 demi-sang à robe claire viennent des Haras du Pin, dans l'Orne, où sont en outre initiés à la hâte une trentaine de cavaliers et cochers centrafricains. À l'arrivée des équidés, Bokassa, aux anges, les passe en revue, flattant le chanfrein de celui-ci, l'encolure de celui-là. Bien peu reverront leur Normandie. Anéanties par la chaleur – 40 °C environ –, rétives aux pesants harnais dont on les affuble, les pauvres montures se cabrent et suffoquent, voire meurent d'épuisement. Le jour J, on verra même, au départ du cortège, l'un de

19. Entretien avec l'auteur, 21 mai 2019.

ces forçats attelés au carrosse impérial s'affaisser sous le cagnard. Sans doute le maréchal Bokassa aurait-il dû méditer à temps cet aphorisme de son modèle Napoléon : « Du sublime au ridicule, il n'y a qu'un pas. »

Un pas franchi allègrement dès l'ultime répétition, calée le 4 décembre vers 2 heures du matin. En guise de couronne, Bokassa coiffe un béret basque, tandis qu'un manche à balai fait office de sceptre. Dans son sillage, la future impératrice Catherine masque à peine son agacement, déjà patent lors des séances d'essayage de ses robes et de son diadème d'or, serti de diamants, de rubis, d'émeraudes et de saphirs, et parsemé de 1 400 brillants. « Elle ne s'est prêtée au jeu qu'à reculons et ne se laissera jamais enivrer », avance Jean-Marc Simon, ambassadeur à Bangui de 1996 à 2001[20]. Admettons. Reste que cette boudeuse beauté, née d'un père centrafricain et d'une mère tchadienne, enlevée plus que séduite à l'âge de 14 ans, retoque une demi-douzaine de créations haute couture imaginées pour l'événement. Qu'importe : Jean-Bedel l'a préférée, pour endosser le rôle et la tenue, à deux autres de ses compagnes. La volcanique Gabriella et Marie-Reine Hassen, belle métisse à demi-bretonne, épousée contre son gré à 16 printemps à peine[21].

---

20. Entretien avec l'auteur, 4 juillet 2019.

21. Fille d'un ancien administrateur civil de la France d'outre-mer au destin chaotique – ministre de David Dacko, incarcéré au lendemain du coup d'État de 1966, réhabilité puis à nouveau disgracié –, Marie-Reine Hassen, dont Bokassa s'entiche lors d'un spectacle musical, tâte aussi de la prison. Unie malgré elle au général-président, elle feint la folie pour fuir la cage dorée où la confine son époux (*Le Journal du dimanche* du 20 décembre 2013). Formée en Occident, cette économiste sera

« Devant l'humanité tout entière »

Pour les médias, une telle kermesse est immanquable. Un demi-millier de journalistes et techniciens accourent à Bangui. Côté cathodique, Antenne 2, qui enverra sur place sept équipes de tournage, arrache de haute lutte à TF1 l'exclusivité de la couverture. En amont du sacre, deux des stars de la chaîne, Alain Duhamel et Jean-Pierre Elkabbach, consacrent à l'autocrate centrafricain un « Cartes sur table » hors norme. En marge de l'entretien, les duettistes ont droit à une visite guidée à bord d'un minibus aux armes de la « Cour impériale de Berengo ». Ici, la clinique ; là, l'école ; un peu plus loin, le mémorial aux fantassins du cru morts pour la France. Trônant sur un fauteuil kitsch tout en dorures, vêtu d'une saharienne beige, sa canne d'ébène à pommeau d'ivoire à la main, leur hôte se prête ensuite au jeu des questions, quitte à consulter ses notes ou à solliciter du regard le secours d'un assistant hors-champ. « Comment faut-il vous désigner, s'enquiert Elkabbach, Sire, Majesté, Votre Majesté Impériale ? » « Je préfère le mot soldat. » L'interroge-t-on sur le coût du cérémonial ? « On ne peut créer une grande histoire sans grands sacrifices, riposte-t-il. Et ces sacrifices sont acceptés par la population. » Ose-t-on enfin évoquer l'ordonnance de juillet 1972 qui régit le châtiment promis – une oreille coupée, les deux en cas de récidive – au voleur surpris en flagrant délit ? « C'est arrivé une seule fois, esquive Bokassa. Et ça ne se fera plus. Plus du tout. » Une seule fois, mais quelle fois… Pas facile d'effacer le souvenir du sort infligé en place publique et devant la

---

ambassadrice de RCA au Sénégal, plusieurs fois ministre, puis candidate malheureuse à la présidence en 2010 et 2015.

presse à 46 brigands, férocement bastonnés avant qu'on ne leur tranche un lobe. Un témoin de la scène jure avoir entendu le maréchal stimuler ainsi l'ardeur des policiers : « Vous pouvez même taper jusqu'à la mort. »

En ce dimanche caniculaire, le cortège s'ébranle enfin et descend l'avenue… Valéry-Giscard-d'Estaing, plantée de pins importés de France aux troncs dorés à la peinture. En tête, les calèches attribuées aux aînés du maréchal, géniteur prolifique, puis le carrosse de l'« Aiglon » Jean-Bedel Junior, 4 ans tout juste, suivi de celui du couple impérial, escorté par deux escadrons de lanciers, sabre au clair mais dont, par manque de bottes, on n'a chaussé que le pied visible. Le long du parcours se sont glissés dans la foule quelques instructeurs équestres, munis chacun d'une boîte de cirage, au cas où il faudrait, en cas de malheur, se noircir à la hâte le visage avant de bondir. Cap sur le palais des Sports, cadeau de la Yougoslavie titiste, rebaptisé comme il se doit palais du Couronnement, moquetté de vert et dont on a planqué les panneaux de basket et les buts de handball sous un déluge de tentures et de drapés.

Si la garde-robe du zélote napoléonien compte douze toilettes différentes, taillées et cousues par les petites mains d'Olivier Brice, le contrat conclu avec Jean-Pierre Dupont fournit un descriptif détaillé de la tenue du sacre : « Une aube brodée de perles blanches et de perles d'or. Dans le bas de l'aube est brodé un aigle dans le soleil, le tour de l'aube est rebrodé de feuilles de laurier et d'étoiles. Ceinture aux couleurs de l'Empire centrafricain, rebrodée de perles. Manteau de velours rouge rebrodé d'aigles dans le soleil, d'étoiles et de feuilles de laurier en Cornely, bordé d'une bande d'hermine, parsemé de queues du même animal. Chaussures rebrodées comme la robe avec l'initiale B rebrodée d'or. Gants rebrodés de perles[22]. » Ajoutons que la fameuse cape écarlate frangée de fourrure d'hermine mesure 12 mètres de long et pèse 38 kilos, que les gants susmentionnés sont en cuir d'antilope et que – retour du refoulé ? – une ceinture bleu-blanc-rouge barre la bedaine de l'intéressé. Catherine, elle, a droit à une robe « en organza de soie à traîne, à manches bouffantes, rebrodée de perles fines ».

« Sa Majesté Bokassa Ier, Empereur de Centrafrique. » Guidé par un chambellan hésitant et guindé, le « bâtisseur » avance à pas comptés vers l'estrade où l'attend sa Joséphine, aux accents d'une marche atrocement pompeuse, composée par l'inévitable Brice. En contrebas, Jean-Bedel Junior, engoncé dans un uniforme virginal, gigote sur son pouf cramoisi, escaladé à grand-peine, sans que sa casquette plate XXL ne dérobe aux regards les bâillements en rafale de ce gamin écrasé de chaleur et d'ennui. Le moment venu, son paternel entreprend de coiffer sa couronne d'or pur constellée de diamants, œuvre du joaillier parisien Claude Arthus-Bertrand, et dont le design s'inspire d'une pendule de cheminée en marbre et en jade aperçue dans un catalogue[23]. Manœuvre délicate. Certes, l'empereur n'est pas manchot, mais il a omis d'ôter au préalable les lauriers d'or qui lui ceignent le front et ne sait que faire de son sceptre scintillant. Le geste se voulait césarien. Il n'est que laborieux et emprunté, à plus d'un titre. « L'histoire se répète, écrivit un jour Karl Marx. La première fois comme une tragédie, la seconde comme une farce. » Suit la prestation de serment, une bible à la main. « Nous Bokassa Ier, martèle avec le discret concours d'un

---

22. Cité par Géraldine Faes et Stephen Smith, *Bokassa Ier…*, *op. cit.*
23. *Ibid.*

souffleur un Bokassa au visage perlé de sueur, jurons et promettons solennellement devant le peuple, l'humanité tout entière et devant l'Histoire, de tout mettre en œuvre pour veiller à la saine application de la constitution de l'Empire centrafricain… »

Royal canular

Dans l'assistance, point de faciès connu. À l'exception du Premier ministre mauricien, aucun des 101 chefs d'État et de gouvernement invités n'a daigné faire le voyage. Tout juste relève-t-on la présence du prince Emmanuel du Liechtenstein, de la première dame de Mauritanie et d'un légat pontifical. Quant au chasseur français, le « cher parent » Giscard, il a prudemment délégué son conseiller Afrique, René Journiac, ainsi que le ministre de la Coopération Robert Galley. Lequel aurait exigé un ordre écrit et avouera sur le tard avoir « failli périr de honte ». Comment masquer un tel fiasco diplomatique ? Très simple. Il suffit de garnir les travées dégarnies d'accortes figurantes. Voilà comment les coiffeuses et les manucures envoyées par la maison Carita se voient propulsées derrière une brochette d'ambassadeurs, tout comme cette cheftaine niçoise, venue superviser les majorettes locales, dont la troupe doit égayer la parade du lendemain.

Il y a plus cocasse. Dans un récit enlevé[24], Didier Piganeau, journaliste à *Sud-Ouest*, raconte le canular imaginé dans un bar de Poitiers, cité rabelaisienne il est vrai, un soir de picole. Intronisé deux ans auparavant « roi de la Basoche », dignité fantaisiste qui lui vaut de

24. Didier Piganeau, *Le Roi chez l'Empereur*, *op. cit.*

régner sur une quinzaine d'étudiants en droit et quelques troquets, le potache couronné parvient à se procurer, à sa grande stupéfaction, un bristol le priant d'« honorer de sa présence les cérémonies du couronnement ». Atours exigés : « Jaquette ou tenue de ville pour les hommes et tenue de ville ou tenue nationale pour les dames. » Reste à embarquer sur le vol charter, spécialement affrété, d'une compagnie autrichienne disparue depuis lors et, le jour dit, à revêtir, en fait de jaquette, la cape noire et rouge ourlée de lapin blanc, attribut du souverain basochien. Reste aussi, à l'instant où l'aboyeur de service annonce l'entrée de « Sa Majesté Didier Ier », à gagner sa chaise de plastique numérotée avec la sereine solennité qui sied à tout monarque. Reste enfin à garder son sérieux quand, au terme d'un rituel longuet, le même aboyeur prie l'assemblée de faire place au bonapartolâtre fraîchement couronné, « Empereur du berceau des Bantous, Empereur de Centrafrique, Père incontesté de l'Empire, de la réunification et – *sic* – de la décomplexation ».

Nul doute que Piganeau l'intrus goûte peu après tout le sel des refrains très profanes qu'exécute la musique militaire sur le chemin de la cathédrale Notre-Dame, prochaine étape des réjouissances et théâtre, faute de mieux, d'une messe d'action de grâces en latin et en français. Avec une mention spéciale aux « chevaliers de la Table ronde » et à « Non Lucien, tu n'auras pas ma rose ». Bien sûr, l'archevêque de Bangui, flanqué du nonce apostolique, accueille sur le parvis l'ancien élève des Pères blancs et son équipage. Mais au moins a-t-il refusé de prêter l'édifice à la farce du sacre. Et peut-être faut-il déceler dans l'épître de saint Paul aux Romains lue pour l'occasion un soupçon de subversion. « Que celui qui donne le fasse sans calcul ; celui qui préside le fasse avec diligence ; celui qui exerce la miséricorde en rayonnant de joie. » Subtile mise en garde couverte sous la nef par un fracassant *Te Deum* et, le Très-Haut nous pardonne, un *Messie* approximatif. C'est Haendel qu'on assassine.

Le sceptre et la chicotte

Après la pièce de boulevard, l'opéra bouffe. À table ! Dans la cour intérieure du palais présidentiel, où l'on donne au crépuscule un banquet de 10000 couverts, place au cliquetis des fourchettes, des couteaux et des verres de cristal entrechoqués. Au menu, caviar d'Iran, foie gras du Périgord, chaussons aux écrevisses, suprême de capitaine à l'oseille et antilope sauce grand veneur. Dire que le héros du jour, revêtu cette fois d'un uniforme de maréchal d'Empire griffé Cardin, se contente d'ordinaire de viande grillée et de manioc... Dans les cuisines officient plusieurs maîtres queux français dont un chef rémois révolté par l'ampleur du gaspillage. À l'heure des desserts apparaît devant la table d'honneur une pièce montée géante évidée en son centre et d'où est censé jaillir un envol de colombes. Raté. En manque d'air, terrassés par la chaleur, les volatiles agonisent au fond de leur cachette pâtissière. Quant à celui dont s'empare un serveur zélé pour le lancer vers le ciel, il ébauche quelques piteux battements d'ailes avant de piquer du bec entre deux assiettes[25]. Les convives, eux, ne risquent pas de succomber à la soif : venues de France, 40000 bouteilles de vin – bourgogne, bordeaux et blancs d'Alsace – et 24000 de champagne Moët et Chandon garnissent la cave des agapes.

---

25. *Ibid.*

«Une fête immense, ressassait au soir de sa vie l'empereur déchu. On ne reverra pas ça en Afrique avant mille ans.» Après non plus d'ailleurs, et c'est heureux. Ceux qui misaient sur le retour à la raison d'un Bokassa repu en seront pour leurs frais. Un semestre plus tard, Sa Majesté, en visite en France, fait part de son intention de doter son empire en toc de l'arme atomique. Mais l'ère de la complaisance touche à sa fin. Si Washington annule son aide dès le lendemain du sacre, Paris ne lâche qu'au ralenti cet ingérable protégé. Lequel semble s'ingénier à hâter le processus. Hors frontières, l'ex-Salah Eddine Ahmed ravive les braises de son idylle libyenne. Au pays, sa brutalité alarme. Déjà, à l'approche du couronnement, il avait assommé d'un coup de canne l'envoyé spécial de l'agence Associated Press, relégué au rang d'espion sud-africain, avant de l'expédier dans un cachot du sinistre pénitencier de Ngaragba, de l'en extraire pour l'embrasser comme du bon pain en présence d'une vingtaine de ses enfants et d'une douzaine de ministres, de lui infliger un monologue erratique de trois heures puis de l'expulser[26]. Plus tragiques, la destinée de ces trois rebelles, tabassés pour avoir diffusé des tracts raillant l'«An pire», ou celle de ce chauffeur battu à mort car suspecté d'entretenir une liaison avec Catherine. Saura-t-on jamais combien de rivaux imaginaires auront péri ainsi? «Il voyait des amants partout», confirme un ancien ambassadeur à Bangui. Et le jour où, à l'approche d'une énième paternité, ce polygame impénitent prie l'un de ses interlocuteurs français de lui procurer les coordonnées d'un gynécologue fiable, il assortit sa requête de cette précision: «Une femme. Pas un homme. On ne sait jamais...»

26. Géraldine Faes et Stephen Smith, *Bokassa Ier...*, *op. cit.*

La répression meurtrière, en janvier puis en avril 1979, d'insurrections lycéennes et étudiantes achèvera de dessiller les yeux des parrains les mieux disposés. L'étincelle ? L'obligation, pour tout écolier, de porter un uniforme – bleu ou kaki – sorti d'un atelier détenu par le clan Bokassa et dont le prix de vente équivaut au salaire mensuel minimum. Quand les élèves du lycée Barthélemy-Boganda, bientôt rejoints par leurs aînés, déferlent sur le centre-ville, le souverain ordonne à la Garde impériale d'ouvrir le feu sur les insurgés et les pillards. Elle obtempère, fauchant *a minima* une centaine de vies. Vain carnage, puisque boursiers indigents et enseignants sous-payés rallient la fronde. C'est dans ce contexte brûlant que survient la tragédie qui scellera le sort de « Papa Bok » : le décès par asphyxie et sous les coups d'une quinzaine de mineurs entassés dans trois cellules exiguës d'une prison banguissoise. Deux rapports ultérieurs – l'un rédigé par Amnesty International, l'autre par une équipe de juristes sénégalais – tiennent pour acquis que l'empereur a pris part à l'hallali. Aucun témoignage irréfutable n'étaye cette thèse ? Qu'à cela ne tienne : l'histrion couleur locale vient d'endosser la tunique de Nessus de l'assassin d'enfants. Dans *L'Aurore*, l'éditorialiste Dominique Jamet accable le « bouffon, toujours entre deux cuites et deux massacres ». Si sa culpabilité est établie, avertit l'Élysée, il devra s'effacer. Bientôt affleure une autre accusation infamante, d'autant plus imparable qu'elle flatte l'impensé raciste et ranime les fantasmes essentialistes de l'Occident : le cannibalisme. Il sera question, à l'heure de la chute, des restes d'un prof de maths découverts dans un congélateur de Berengo[27]. Et là encore, peu importe si les preuves

27. *The Economist*, 27 août 2016.

manquent. À la décharge de ses procureurs, l'ex-tirailleur cultive lui-même l'ambiguïté : pour peu qu'il se sente d'humeur facétieuse, il peut très bien, invoquant des usages jadis en vigueur chez les Pygmées, glisser au beau milieu d'un dîner à un diplomate épouvanté que celui-ci vient de déguster de la chair humaine.

Haro sur le paria

Sur le trône, les nuages s'amoncellent. Au sommet franco-africain de Kigali, en mai 1979, le président Giscard d'Estaing évite ostensiblement le parent indigne, que snobent à l'unisson ses pairs continentaux, tels le Sénégalais Senghor et l'Ivoirien Houphouët-Boigny. Trois mois plus tard, Paris lui coupe les vivres et le somme d'abdiquer au profit d'un conseil de régence, lui offrant en contrepartie la garantie de le laisser couler une retraite dorée dans l'un de ses châteaux. Rien n'y fait. Après avoir sollicité en vain un tête-à-tête avec VGE, l'empereur en sursis, comme mû par une pulsion suicidaire, file chez Kadhafi. Sans Catherine : voilà plusieurs jours que l'impératrice a posé à Hardricourt ses valises et sa collection de malles, où s'entassent garde-robe et bijoux.

Dans la nuit du 20 au 21 septembre, au prix de deux opérations successives – *Caban* (pour Centrafrique-Bangui), puis *Barracuda* –, les baroudeurs du SDECE[28], appuyés par les paras du 1er régiment d'infanterie de marine, mettent un terme en douceur à la mascarade impériale. Et réinstallent à la présidence David Dacko, le cousin

---

28. Créé en décembre 1945, le Service de documentation extérieure et de contre-espionnage devient en 1982 la Direction générale de la sécurité extérieure, ou DGSE.

renversé quatorze ans plus tôt, acheminé dans un transall frappé de la cocarde tricolore. Non sans mal au demeurant : le revenant, pétrifié par la trouille, tente plus d'une fois de se dérober. Sur place, nulle résistance. Les statues de Sa Majesté mordent la poussière et un de ses bustes de bronze atterrit dans la fosse commune du cimetière municipal. À propos d'enterrement, est-il vrai que des agents français foncent dès leur arrivée au palais de la Renaissance et à Berengo, histoire d'escamoter les documents compromettants gardés au secret ? Maints auteurs l'affirment et, au fil de ses exils, Bokassa n'aura de cesse de fustiger le « casse » ciblé de ses coffres-forts. Dans leur ouvrage, en revanche, Géraldine Faes et Stephen Smith nuancent le séduisant scénario du « nettoyage ».

Le ci-devant empereur apprend son infortune dans la suite d'un palace tripolitain. Arraché au sommeil par Ali Triki, le chef de la diplomatie libyenne, il sombre un temps dans l'hébétude, puis se ressaisit. Que faire ? Où aller ? À Berne (Suisse), dans la somptueuse villa qu'il y possède ? Non, en France, chez lui. Et tant pis si la patrie qu'il a tant servie vient de récuser sa citoyenneté. Cap sur Orly, où sa Caravelle n'atterrira jamais. Prises de court, les autorités hexagonales la détournent vers la base militaire 105 d'Évreux, dans l'Eure. Là 300 gendarmes encerclent le long-courrier et ses 26 passagers, tandis qu'un commando du fameux GIGN[29], placé sous le commandement des capitaines Paul Barril et Christian Prouteau, se tient prêt à intervenir. L'escale durera cinquante-six heures. Rivé à son téléphone, Journiac, le « Monsieur Afrique » de l'Élysée, cherche frénétiquement une terre d'asile. Las !,

29. Groupe d'intervention de la gendarmerie nationale.

pas un pays ami ne consent à accueillir l'indésirable[30]. Sur les instances de son épouse Thérèse, alertée par Catherine, Félix Houphouët-Boigny finit pourtant par céder. Il est vrai que Paris s'engage – promesse bien vite reniée – à couvrir les frais de séjour de l'importun, qui, dans l'immédiat, s'obstine à rester en France. Il faut agir. Pour endormir sa méfiance, Prouteau enfile un survêtement, monte à bord et le ceinture. Peu après, un DC-8 militaire décolle, direction Abidjan. Au pied de l'avion, Houphouët feint le soulagement. « Tu es là, mon fils ! Dieu est grand ! », lance-t-il à l'ex-empereur. L'Ivoirien pousse la sollicitude jusqu'à installer Bokassa et sa suite boulevard de la Corniche, dans ce qui fut sa résidence à l'aube de l'indépendance. Mais rien n'y fait. Miné par le dépit, imbibé de Chivas du matin au soir, l'exilé écoute en boucle des marches militaires, traque dans la presse les articles qu'inspire sa débâcle et remâche sans trêve ni repos sa haine envers Giscard et Dacko. À moins qu'il n'échafaude de fumeuses conspirations ou ne cherche querelle à femmes et enfants. Irrespirable. Catherine, qui l'avait rejoint, trouve refuge chez sa protectrice Thérèse. Marie-Joëlle, l'épouse gabonaise, jette l'éponge à son tour ; d'autant qu'entre-temps, Jean-Bedel s'est mis en ménage avec l'Abidjanaise Suzanne, que supplante bientôt Philomène, la secrétaire locale. Exaspéré par les coûteuses frasques de son hôte, qui se paye une Rolls et lui laisse des notes de téléphone stratosphériques, le patriarche du pays des Éléphants l'exfiltre vers un quartier moins cossu et lui enjoint de réduire son train de vie et de se faire plus discret[31]. Autant prier un pachyderme de passer par le chas d'une aiguille.

30. *L'Opinion*, 8 août 2017.
31. Géraldine Faes et Stephen Smith, *Bokassa Ier…*, *op. cit.*

En novembre 1983, c'en est trop. Au lendemain d'une « opération Scorpion » mort-née, moins venimeuse que pitoyable, Houphouët retourne le trublion à l'envoyeur. Le 4 décembre, six ans jour pour jour après son couronnement, Bokassa franchit à nouveau les grilles du domaine d'Hardricourt. Renonce-t-il pour autant à ses rêves chimériques de restauration ? Non. Et ce, d'autant moins que, sur ses îles d'Elbe successives, Abidjan hier, les Yvelines aujourd'hui, grenouille une camarilla de soldats perdus de l'extrême droite française, nostalgiques des rizières ou de la casbah, dont les boniments entretiennent vaille que vaille le fantasme du retour. En octobre 1986, muni d'un passeport au nom de Christian Solet et déguisé en steward, « Bok » embarque pour Bangui. Le stratagème ne trompe personne. La tour de contrôle ayant été alertée, le voilà cueilli dès l'atterrissage non par une foule en liesse, mais par le colonel Jean-Claude Mantion, alias – ça ne s'invente pas – le « proconsul », officier de la DGSE et « conseiller à la sécurité » d'André Kolingba, le tombeur de David Dacko. Une cascade de Waterloo et point de Cent-Jours pour le disciple de Napoléon...

Tapie, Le Pen et les « diams »

Point de Cent-Jours donc, et pas d'ennemi à droite. Alors seul maître à bord du Front national (FN), Jean-Marie Le Pen invite parfois l'ex-tirailleur en son domaine de Montretout, dans les Hauts-de-Seine. « En ma qualité de copain des parias, des vaincus, je l'ai reçu plusieurs fois quand il était dans la débine, raconte le vieil imprécateur. J'avais de la tendresse pour lui. Il m'avait d'ailleurs offert une épée du sacre, hélas détruite dans l'incendie de ma maison de Rueil, en janvier 2015[32]. » « Le cœur de papa penchait très à droite, confie en écho sa fille Marie-France Bokassa, installée à Meulan-en-Yvelines. Il a toujours voté FN[33]. » Par fidélité à la mémoire d'un père dont elle dépeint pourtant crûment les travers dans un récit implacable et douloureux[34], cette métisse afro-taïwanaise assistera le 6 février 2020 aux funérailles d'un autre compagnon de route de l'empereur en perdition : Roger Holeindre, cofondateur du Front, ancien d'Indochine, de l'Organisation Armée Secrète (OAS), la phalange des boutefeux de l'Algérie française, et de... *Paris Match*. Il faut dire que « Popeye » – tel était le surnom de cet ex-métallo – fut tour à tour le locataire, souvent impécunieux, puis l'acquéreur, à prix d'ami, du domaine berrichon de Neuvy-sur-Barangeon (Cher), joyau un rien décati du patrimoine Bokassa. Non pour y jouer les châtelains du dimanche, mais pour y réunir ses compagnons du Cercle national des combattants ou ses Cadets de France et d'Europe, scouts élevés dans l'exécration du bolchevisme.

À la même époque, un autre gaillard, armé de son culot, de son bagout et de son sens des « affaires », se fait les dents à l'ombre des castels et manoirs de « Papa Bok ». Son nom : Bernard Tapie. À la faveur d'une mission à Abidjan, le jeune ingénieur commercial parvient, avec l'aide des époux Houphouët, à rencontrer l'impérial exilé. Et le convainc de la saisie imminente, par les autorités françaises, de ses propriétés hexagonales. Ce qui lui permet de rafler, en présence d'un notaire angoumoisin, quatre châteaux, une ferme, un hôtel-restaurant et une

32. Entretien avec l'auteur, 14 avril 2016.
33. Entretien avec l'auteur, 12 septembre 2019.
34. Marie-France Bokassa, *Au château de l'ogre*, Flammarion, 2019.

villa niçoise. Le tout pour 12,5 millions de francs, soit moins de 2 millions d'euros. Une aubaine, doublée d'un joli coup : dans la foulée, le futur ministre de Mitterrand cède ses « masures » aux enchères – à New York, s'il vous plaît –, promettant d'offrir le produit de la vente à l'Unicef, le Fonds des Nations unies pour l'enfance. « En clair, concède aujourd'hui Tapie, j'ai menti à ce cinglé, à ce tueur d'opposants. Lui m'a cru car j'avais été introduit par Houphouët-Boigny qui, au passage, ne me pardonnera jamais d'avoir abusé sa confiance[35]. » Las !, le montage capote quand, en mai 1980, une cour abidjanaise annule la transaction initiale ; décision entérinée l'année suivante par le tribunal de grande instance de Paris.

L'ex-empereur, on l'a compris, se morfond sur la lagune Ébrié. Mais un éclair illumine son exil ivoirien : la défaite, au printemps 1981, du sortant VGE. « Maintenant, s'extasie-t-il alors, nous sommes tous les deux au chômage ! » On épargnera au lecteur le récit détaillé de l'« affaire des diamants », dévoilée par *Le Canard enchaîné*, pour n'en retenir que les facettes les plus révélatrices de la psyché du « cher parent » réprouvé. Sans omettre d'énoncer ce truisme : moins que la valeur... vénale de la plaquette incriminée, cet obscur objet du déni, de dix fois inférieure au montant avancé par l'hebdomadaire satirique, c'est bien le silence obstiné puis la suffisance glacée de Giscard qui lui seront fatals. Comment oublier la componction hautaine avec laquelle le futur ex opposa sur le tard à la « rumeur » un « démenti catégorique et j'ajoute, méprisant » ? Démenti suivi de cet aphorisme sentencieux : « Il faut laisser les choses basses mourir de leur propre poison. »

35. Entretien avec l'auteur, 12 août 2020.

« Bokassa, souligne un initié, distribuait les diams comme des bananes. » De fait, il exhibait volontiers ses chers « cailloux », stockés dans des bouteilles de verre ou des pots de confiture Bonne Maman. Si le Petit Poucet des forêts équatoriales les semait si volontiers, c'est sans doute qu'il espérait ainsi ne jamais s'égarer hors des sentiers de la gloire. Quand on songe qu'il finira son règne dans la peau de l'Ogre... Sorti le 10 octobre 1979, soit trois semaines après le naufrage de l'empire, le scoop retentissant repose pour l'essentiel sur un document dont il publie le fac-similé. En l'occurrence, une instruction adressée au Comptoir national du diamant de Bangui, datée d'avril 1973 et signée du « Général Jean-Bedel Bokassa ». Qu'y lit-on ? « Veuillez remettre à Mme Dimitri, secrétaire à la présidence de la République, une plaquette de 30 carats environ, destinée à M. Giscard d'Estaing, ministre des Finances de la République française. » Quarante ans après, un doute persiste quant à l'authenticité de cette pièce, transmise selon toute vraisemblance à Pierre Péan, fin limier du *Canard*, par Maurice Espinasse, ancien conseiller juridique à la Présidence centrafricaine. À Paris, pourtant, on impute alors la fuite au sulfureux Roger Delpey, journaliste, écrivain, vétéran de l'« Indo » et confident de « Bok »[36]. Une certitude : celui-ci avait bien fourni audit Delpey une liasse de feuillets blancs à en-tête ornés

36. Arrêté le 10 mai 1980 alors qu'il sort de l'ambassade de Libye, Roger Delpey sera incarcéré durant un semestre pour « espionnage ». Bien avant l'épisode des diamants, qui lui inspire divers ouvrages à charge, dont *La Manipulation* (1981) et *Prisonnier de Giscard* (1982), son expérience d'ancien combattant puis de correspondant de guerre au Vietnam avait offert à ce proche de Jean-Marie Le Pen, décédé en décembre 2007, la matière d'un saisissant récit en cinq tomes, *Soldats de la boue*.

de son paraphe. Dès lors, il y a fort à parier que des écrits antidatés, mitonnés à Abidjan ou sur les bords de Seine, auront brouillé les pistes de la vérité. En 1985, Bokassa trempe la plume dans l'encrier de la rancœur pour livrer la sienne. Au fil des 218 pages, généreusement illustrées, de *Ma vérité*, réquisitoire brouillon rédigé avec le concours de Roger Holeindre, le « parent » répudié règle ses comptes. Du moins le croit-il. Pétard mouillé : Valéry Giscard d'Estaing obtient du tribunal de grande instance de Paris l'interdiction et la saisie de ce pamphlet quasiment introuvable. Dans sa livraison du 10 juillet de cette année-là, *Jeune Afrique* relate la mise au pilon, deux semaines plus tôt, de près de 30 000 exemplaires, dont les deux tiers en cours d'impression. Canne d'ébène à la main, Bokassa assiste sous une pluie fine au broyage de son brûlot. Et de la plainte figurant en quatrième de couverture, dans un encadré jaune frangé d'un liseré rouge : « On m'a traité pire qu'un chien, y geint-il. Ami lecteur, ce n'est pas un chien qui a écrit ce livre, mais un homme comme vous, avec un cœur, des tripes, une âme, un homme avec ses qualités et ses défauts, qui ne méritait en rien la façon dont on s'est conduit avec lui. » D'un ouvrage l'autre... Trente-cinq ans plus tard, et un mois à peine avant le décès de son auteur, paraîtra le dernier roman de VGE, intitulé *Loin du bruit du monde*. Testament nostalgique ? Ultime clin d'œil ? L'académicien français y narre l'exil d'un ancien président du Sénat en terre centrafricaine où, surmontant sa répugnance, il s'initie à la chasse à l'éléphant...

Princes et princesses

Privé de sa cape rouge sang bordée d'hermine, le vieil enfant de troupe aurait-il endossé, comme le suggère le tandem Faes-Smith, la défroque du « manipulateur manipulé » ? Probable. Lui n'en démord pas : c'est à la « trahison » de l'ingrat broussard de luxe élyséen qu'il doit sa déroute. Deux félonies pour le prix d'une. Car à ce grief obsessionnel s'ajoute une rancœur intime. Bokassa jure à qui veut l'entendre que Catherine a cédé aux avances de VGE. En mai 1996, six mois avant sa mort, il reçoit en son ultime retraite banguissoise trois reporters français, Nicolas Poincaré, Jean-Pierre Montanay et Philippe Chaffanjon, flanqués de l'écrivain Gérard de Villiers, l'auteur de la saga *SAS*. « Giscard, couine le banni, il m'a piqué ma femme. Il m'a piqué l'impératrice Catherine. Ça ne se fait pas[37] ! »

Sauf erreur ou omission, le mari jaloux aura convolé avec 17 épouses et reconnu 54 filles et fils. Dont 36 héritiers couchés sur l'acte notarié établi en 2017, quand vient l'heure de partager le reliquat d'un pactole peau de chagrin. Mariaux, célestes ou surannés, leurs prénoms reflètent la dévotion qu'inspirait à l'engagé de Brazzaville cette France qui l'aura tant choyé puis si sèchement congédié. Des Jean en pagaille, des Marie à foison, mais aussi Saint-Sylvestre, Saint-Cyr et Charlemagne – tous deux disparus –, Sidonie ou Dieu-Béni[38]. Dans cette cohorte, l'artiste avant-gardiste de mère libanaise côtoie le vétérinaire en herbe devenu SDF, le chauffeur de limousine et la communicante. On y trouve une restauratrice établie à L'Île-Rousse (Corse), rue Napoléon, des repris de justice et un Jean-Bedel III, caporal-chef au 13e bataillon de chasseurs alpins de Chambéry, en Savoie. *Quid* du prince héritier, de ce garçonnet posé sur son pouf tel un

37. Entretien avec l'auteur, 10 août 2020.
38. *L'Express*, 30 octobre 2019.

bibelot à l'heure du sacre? «À vrai dire, je l'ignore, avoue Jean-Serge, le chef de file du peloton successoral. On le dit toujours en Suisse, où il aurait travaillé dans une maison de retraite[39].» Tel a contracté le virus du pouvoir, tel autre fut anéanti par la came ou le démon du jeu. Beaucoup ont navigué, au hasard des revers de fortune de «papa», entre une pension helvétique, un château francilien, un manoir solognot, une villa abidjanaise, un foyer de la DDASS, un couloir de métro. Voire, telle est la destinée du malfrat d'occasion, une cellule de Fleury-Mérogis. Ce qui, pour eux, pèse si lourd, c'est moins le «blaze» plombé que les blessures d'un âge tendre qui le fut si peu. Tous ou presque s'échinent à laver l'honneur du *pater familias* «diffamé», «diabolisé». «Il avait son caractère, concède Georges, l'aîné. Excentrique, exubérant, sujet à de brusques accès de colère, soit. Mais jamais il n'aurait tué un gamin. Lui aimait l'ordre et son pays, qui a toujours eu besoin à sa tête d'un homme à poigne[40].» «Ce monsieur a été la cible d'une cabale médiatique, renchérit Jean-Serge. Bien sûr, il a commis des erreurs. Mais n'oublions pas que, parti du néant, notre père s'est construit seul et a beaucoup œuvré pour sa patrie[41].» Député, candidat à la présidence, ministre puis dissident, le fils si dévoué aura fait peu de cas du conseil prodigué par l'auteur de ses jours: «Méfie-toi de la politique. Elle m'a tout pris: ma famille et mes biens.»

Retour à Hardricourt. Drôle de vie de château pour les enfants qui l'y rejoignent en 1983. Certes, il arrive à l'ex-empereur de les déposer à l'école du coin en uniforme de maréchal. Mais de maréchal sans autre troupe que sa

39. Entretien avec l'auteur, 27 août 2019.
40. Entretien avec l'auteur, 1er octobre 2019.
41. Entretien avec l'auteur, 27 août 2019.

progéniture. Le despote détrôné se mue en tyran domestique, miné par la parano au point d'accuser ses « bâtards » de l'espionner pour le compte de la France honnie. Consigné *de facto*, « Papa Bok » convoque les médias dans sa cuisine pour crier misère, le temps d'une conférence de presse tragi-comique. « Voilà ce que je donne à mes enfants, gémit-il en brandissant des paquets de riz et de farine de manioc. Ça ne suffit pas, il faut varier. Accepteriez-vous que mes petits meurent ? » Le décor se lézarde ; son envers vire à l'aigre. Dans l'essai mentionné précédemment, Marie-France, fille d'une serveuse dont se toqua Bokassa lors d'une tournée des rizières formosanes, raconte ses nuits d'hiver glacées, ses fugues et ses chapardages, rançons des brimades de ce patriarche irascible qu'il faut, le soir venu, dévêtir et coucher dans son lit à baldaquin, avant d'écouter tantôt le récit ressassé des splendeurs révolues, tantôt ses diatribes geignardes. Et mieux vaut ne pas oublier de servir à l'heure dite le whisky vespéral, sous peine de voir ses vêtements brûler en représailles au milieu de la cour. « On ne sort pas indemne d'une telle enfance », soupire Marie-France, tiraillée entre rancune et pardon, encore blessée par les retrouvailles ratées de 1994. Cette année-là, elle tente de renouer sur place les liens du sang, mais abrège de trois semaines son séjour, tant les embardées hargneuses du reclus la désarçonnent. À l'époque, il est vrai, le paternel s'entête à régenter sa misérable enclave en autocrate vindicatif, au point de placarder un avis interdisant nommément l'entrée à quatre de ses descendants.

Le Treizième Apôtre

Le 26 novembre 1986 s'ouvre à Bangui le procès de celui qui déjà, seize ans auparavant, avait écopé d'une condamnation à mort par contumace. Il durera six mois, le temps d'examiner au fil de 84 audiences les quatorze chefs d'inculpation retenus : assassinats, complicité d'assassinats, anthropophagie, empoisonnements, recel de cadavres, arrestations et séquestrations arbitraires, violences et voies de fait, coups et blessures sur enfants ayant entraîné la mort sans intention de la donner, détournement de deniers publics, de biens meubles et immeubles de l'État, atteinte à la sûreté intérieure et extérieure de l'État, intelligence avec une puissance étrangère, trahison. À l'ouverture, l'accusé, chemise rayée et barbiche grisonnante, repère sur le chemin du box une équipe de la télévision française, aussitôt prise à témoin. « Vous direz bonjour à tout le personnel d'Antenne 2, lance-t-il face caméra, à la France, au président de la République, au Premier ministre Jacques Chirac, à M. Jacques Foccart, à l'amiral Philippe de Gaulle [le fils unique du Général] et à toute la famille de Gaulle. Dites-leur que leur vaillant soldat Bokassa Jean-Bedel, Forces françaises libres, combattant exceptionnel parmi les combattants africains, a répondu à la justice de son pays. » À la mi-juin 1987, le verdict tombe : peine capitale. Sentence confirmée en appel, malgré l'abandon de dix des quatorze chefs précités, dont le cannibalisme, puis commuée en détention à perpétuité, et enfin réduite à dix ans. En fait, le détenu, qui navigue entre mysticisme et psychoses – il soutient mordicus que des appareils électroniques asservissent sa pensée –, n'en passera que six dans une cellule aménagée du camp militaire de Roux. Amnistié à la veille d'un scrutin présidentiel, il sera logé un temps dans une dépendance du palais de la Renaissance, puis assigné à résidence Villa Nasser, non loin de la cathédrale. Là même où réside aujourd'hui Catherine.

Au long de ses deux dernières années de captivité, il adresse à Géraldine Faes, alors journaliste à *Jeune Afrique*, de longues lettres écrites à la main sur papier quadrillé. «Un mélange de souvenirs émus, de réflexions politiques sensées, de rancunes recuites et de digressions délirantes, relatives notamment aux pouvoirs que lui conférait son statut de Treizième Apôtre du Christ, note sa correspondante. Deux obsessions hantent alors ses courriers comme l'entretien qu'il m'accorde peu après sa libération : les infidélités réelles ou supposées de l'impératrice ; et la cupidité de tous ceux qui l'ont remercié de ses bontés en le dépouillant. Ses bêtes noires ? Giscard, bien sûr, mais aussi Tapie, Holeindre ou Delpey. Toujours friand d'anecdotes salaces et de blagues de corps de garde, il vous bombardait de détails étonnamment précis, lieux, dates, noms, numéros de téléphone, certains exacts, la plupart fantaisistes[42]. » Celui qui, jeune officier, aimait à réciter par cœur des psaumes de la Bible se croit désormais investi d'une mission céleste et célèbre la messe chaque matin que Dieu fait. L'ancien ambassadeur Jean-Marc Simon n'oubliera pas de sitôt ce jour où, attendu chez le président Kolingba, il s'assoit dans l'antichambre près d'un petit vieillard vêtu d'une soutane blanche, ployant presque sous le poids de sa croix pectorale. «Bonjour, mon père», lui lance-t-il. «C'était Bokassa. Je ne l'avais pas reconnu[43]... » En mai 1996, tandis que de violentes émeutes embrasent Bangui, les envoyés spéciaux en mal d'angles «vendeurs» défilent Villa Nasser. Parmi eux, on l'a vu, Nicolas Poincaré, dépêché alors par France Info. «Bokassa a démarré au quart de tour sur Jésus, confirme

42. Entretien avec l'auteur, 12 août 2020.
43. Entretien avec l'auteur, 4 juillet 2019.

l'ancien reporter tout-terrain, avant de nous décrire l'effet qu'avait produit sur lui "l'apparition nocturne d'un barbu de 33 ans", au temps de sa scolarité chez des religieuses très impressionnées, à l'en croire, par sa piété. Puis il est parti en vrille sur VGE et les épreuves intimes de Catherine[44]. »

L'esprit s'égare. Le corps se délabre. Cataracte, arthrose, douleurs dentaires, affections rénales... Au soir du 3 novembre 1996, peu après son retour d'Abidjan, où il a été hospitalisé pour une congestion cérébrale, Jean-Bedel Bokassa, 75 ans, s'éteint. Le cœur a lâché. Six semaines s'écoulent avant qu'il ne soit inhumé en son fief « ancestral et sacré » de Berengo. Sous la dalle de béton, deux chambres funéraires. Dans l'une, on glisse le cercueil ; dans l'autre, son fauteuil favori, ses lunettes et sa bible[45]. Enterre-t-on ainsi un pestiféré ? Nullement. Il a eu droit à des obsèques nationales. Mieux, en décembre 2010, François Bozizé, chef de l'État une décennie durant, réhabilite « dans tous ses droits » l'homme qui le nomma général de brigade et lui confia l'écrasement du soulèvement lycéen de 1979.

Huit ans plus tard, l'auteur de cet essai, dûment accrédité par le ministère de l'Information de RCA, tentera de visiter le mausolée de feu Sa Majesté Impériale[46]. Chou blanc : planqué derrière le portail d'entrée du Centre d'instruction militaire de Berengo, un officier russe lui oppose un « Niet ! » franc et massif. L'oukase n'a rien de surprenant : ce mur d'enceinte de parpaings gris, strié de traînées noirâtres, abrite des regards la principale emprise du contingent d'« instructeurs » envoyé par Moscou dès janvier 2018. Tout juste entrevoit-on, au-delà de la guérite

44. Entretien avec l'auteur, 10 août 2020.

45. Géraldine Faes et Stephen Smith, *Bokassa Ier...*, *op. cit.*

46. *L'Express*, 28 novembre 2018.

qu'occupe une sentinelle des Faca – les forces armées locales –, la statue de bronze de «Papa Bok». C'est donc sous cet ultime vestige d'un domaine en déshérence, rongé par les humeurs tropicales, que repose l'enfant terrible de deux patries. Lui qui aura chéri à la folie l'une et l'autre, mais ne fut aimé vraiment d'aucune.

Bibliographie

André Baccard, *Les Martyrs de Bokassa*, Seuil, 1987.

Jean-Pierre Bat, *La Fabrique des barbouzes. Histoire des réseaux Foccart en Afrique*, Nouveau Monde éditions, 2017.

—, *Le Syndrome Foccart. La politique française en Afrique, de 1959 à nos jours*, Gallimard, «Folio Histoire», 2012.

Jean-Barthélemy Bokassa, *Saga Bokassa*, Les Portes du Soleil, 2009.

—, *Les Diamants de la trahison*, Pharos, 2009.

Marie-France Bokassa, *Au château de l'ogre*, Flammarion, 2019.

Roger Delpey, *La Manipulation*, Jacques Grancher éditeur, 1981.

Diane Ducret, *Femmes de dictateurs*, Perrin, 2012.

Géraldine Faes et Stephen Smith, *Bokassa Ier, un empereur français*, Calmann-Lévy, 2000.

Jacques Foccart, *Journal de l'Élysée*, t. 1-5, Fayard/Jeune Afrique, 1997-2001.

—, *Foccart parle. Entretiens avec Philippe Gaillard*, t. 1 et 2, Fayard/Jeune Afrique, 1995 et 1997.

Jean Français, *Le Putsch de Bokassa, histoire secrète*, L'Harmattan, 2004.

Valéry GISCARD D'ESTAING, *Loin du bruit du monde*, XO Éditions, 2020.
Michel LUNVEN, *Ambassadeur en Françafrique*, Éditions Guéna, 2011.
Charles ONANA, *Bokassa. Ascension et chute d'un empereur*, Duboiris, 1998.
Pierre PÉAN, *Bokassa Ier*, Alain Moreau, 1977.
Didier PIGANEAU, *Le Roi chez l'Empereur*, La Table ronde, 2008.
Jean-Pierre TUQUOI, *Oubangui-Chari, le pays qui n'existait pas*, La Découverte, 2017.

DOCUMENTAIRES

Bokassa Ier, empereur de Centrafrique, d'Emmanuel Blanchard, Program 33 et ECPAD, 2010.
Notre ami l'empereur Bokassa Ier, de Cédric Condom, France 3, 2011.
Le Couronnement de l'empereur Bokassa Ier, de Serge Viallet, Arte, 2012.

Suggérons enfin l'écoute de deux épisodes de l'émission de Fabrice Drouelle *Affaires sensibles*, accessibles *via* le site de France Inter (www.franceinter.fr). L'une intitulée « Bons baisers (empoisonnés) de Bangui », l'autre « Notre ami l'empereur, le sacre absurde de Bokassa Ier ».

2

Idi Amin Dada, l'ogre de Kampala

Au fil des ans, le souvenir de ce Falstaff tropical s'étiole. Comme s'estompent sa lourde silhouette de lutteur de foire, les traits de son visage replet et l'éclat trouble d'un regard tantôt rigolard, tantôt halluciné. Ne persiste que l'image de l'Ubu d'ébène, du Néron subsaharien, du bouffon cruel et tonitruant, dont on se demande s'il régna vraiment sur un fragment d'Afrique ou si, satrape grotesque d'une principauté imaginaire, il ne hante que les pages d'une saga tapageuse. Image au fond rassurante sous nos latitudes, puisqu'elle ravale le triste sire au rang d'incarnation d'un atavisme ancestral, monstrueux et fantasmé : le mythe du mauvais sauvage. Son patronyme même flatte l'inconscient raciste. Idi Amin Dada... Un nom d'antihéros de comptine enfantine. Y a bon Banania ; y a méchant Amin Dada.

Avatar colonial de l'ex-royaume du Buganda, sa patrie, l'Ouganda, semble elle-même surgie d'une antique légende. Seuls les initiés situent sur la carte cet ancien protectorat britannique, taillé dans le bassin du Nil, enclavé au cœur de l'Afrique des Grands Lacs, coincé entre le Kenya, la Tanzanie, le Rwanda, la République démocratique du Congo et le Soudan du Sud. Une manière d'éden lacustre aux terres fertiles, baigné au sud par le lac Victoria, à l'ouest par le lac Albert. Si les profondeurs de celui-ci recèlent des gisements de pétrole, si des promesses de cuivre et de cobalt affleurent çà et là, c'est bien de l'agriculture que vivent encore aujourd'hui le pays – deuxième producteur de thé et de café du continent, paradis du coton et de la canne à sucre – et les quatre cinquièmes d'une population estimée en 2020 à 46 millions d'âmes.

À l'orée du millénaire, à l'époque où l'on en recensait moitié moins, la littérature et le cinéma ont consacré l'aura romanesque d'Amin, colosse natif du septentrion ougandais. Sous la plume sarcastique de Giles Foden, *Le Dernier Roi d'Écosse* – l'un des titres fantaisistes revendiqués par *Big Daddy* – dépeint les tourments d'un jeune médecin britannique, Nicholas Garrigan, expédié dans un dispensaire rural de l'ancienne colonie de la Couronne puis propulsé, funeste faveur, au rang de médecin personnel du tyran. Tyran puissamment incarné à l'écran en 2006 par Forest Whitaker, star du long-métrage éponyme de Kevin Macdonald. En amont du tournage, l'acteur oscarisé et consciencieux sillonna l'Ouganda, apprit le swahili et l'accordéon.

Les mille rôles d'un acteur-né

Trois décennies plus tôt, une autre caméra, celle de Barbet Schroeder, avait paré l'ancien cuistot illettré, alors au faîte de son pouvoir, des oripeaux du personnage de fiction. « Dites-moi ce que vous voulez montrer de vous », suggère pour l'occasion le cinéaste et documentariste suisse au géant faussement débonnaire. Ainsi fut fait. À la clé, un film d'une heure et demie intitulé *Général Idi Amin Dada, autoportrait*, dont ledit général, accompagné par son « Suicide Revolutionary Jazz Band », signe d'ailleurs la musique.

Tiraillé entre amusement incrédule et malaise, le spectateur le voit jouer du « piano à bretelles », esquisser quelques pas de cha-cha-cha, se livrer à une danse tribale avec sagaie et bouclier, plonger dans la piscine de l'hôtel Niles Mansion de Kampala pour y improviser successivement un sprint au crawl heurté, qu'il survole après avoir assommé deux concurrents, figurants terrorisés, puis une interview, accoudé au rebord, de l'eau jusqu'au thorax. On l'aperçoit encore à la barre d'une pirogue à moteur, glissant sur le Nil majestueux et saluant de la main hippopotames, éléphants et crocodiles ; lesquels, à l'en croire, lui rendent son hommage. On le contemple enfin, dans un stand de tir, posant fièrement devant une cible stylisée criblée d'impacts à hauteur du cœur ou, vêtu d'un treillis de combat, se livrant au pied d'une colline proche de la capitale à son jeu de rôle favori : la reconquête, à la tête d'une poignée de blindés et mitraillette à la main, du plateau syrien du Golan, envahi par Israël en juin 1967. Un *war game* récurrent qu'Idi Amin Dada inflige à la plupart de ses hôtes de marque. Ah, si seulement le *raïs* égyptien Anouar al-Sadate et son homologue damascène Hafez al-Assad avaient écouté celui qui prétendit, dans une lettre adressée au roi Fayçal d'Arabie saoudite, au grade de « généralissime des armées arabes réunies », Tel-Aviv et Jérusalem seraient tombées en cinq jours...

« Mes commandos-suicides sont prêts, insiste-t-il alors. Tout comme mes volontaires étrangers, français, japonais, vietnamiens, ma marine et mon arme secrète. » En l'occurrence, une unité d'hommes-grenouilles aguerris dans les eaux du *Victoria Lake*.

Pathétique ? Dérisoire ? Pas seulement. Car Schroeder ne se borne pas à arpenter le décor de ce théâtre aux armées ni à capter les rodomontades de l'ex-soudard du 4e bataillon des King's African Rifles (KAR), fleuron des troupes coloniales british. Il filme aussi la mise à mort d'une douzaine de « rebelles » alignés sur un pont du Nil, diffusée pour l'exemple à la télévision. Dès la sortie du « docu », à l'été 1974, l'affaire se corse. Alerté par ses protégés indépendantistes de l'Irish Republican Army (IRA), Idi Amin Dada somme les ambassadeurs ougandais en poste à Londres et à Paris de lui fournir un rapport détaillé sur l'impact – dévastateur – du fameux « autoportrait ». « Chef-d'œuvre de comique inconscient », grince le *Times* ; un « Führer noir », assène *L'Aurore*, tandis que dans les colonnes du *Nouvel Observateur*, Claude Roy flétrit ce « tyranneau burlesque », cet « ogre rieur, inculte et allègrement assassin à ses heures ».

Aussitôt, l'ogre ainsi étrillé, connu pour collectionner les caricatures, dûment encadrées, que lui consacre la presse occidentale, exige des coupes, chantage à l'appui : il consigne dans un palace de Kampala 132 citoyens français – des coopérants et leurs familles –, à qui il fournit le numéro de téléphone de Barbet Schroeder. Nul ne s'étonnera que l'antihéros dépité ait obtenu, avant diffusion sur la 3e chaîne française, le caviardage âprement négocié d'une demi-douzaine de passages. *Exit* la scène d'exécution mentionnée plus haut, les menaces proférées en Conseil des ministres à l'encontre de Michael Ondoga, titulaire du maroquin des Affaires étrangères, admonesté pour avoir échoué à « faire aimer l'Ouganda à l'étranger » et dont on découvrira bientôt le corps, déchiqueté par les crocodiles, flottant sur les eaux du Nil. Escamotés, l'échange aigre-doux avec un amphi de médecins ou l'allusion aux dépouilles démembrées qui parfois enrayent les turbines du barrage hydroélectrique d'Owen Falls.

Il n'empêche, le mal est fait. Fût-ce dans sa version expurgée, l'exercice fige à jamais les traits du Janus ougandais, moitié clown tragique, moitié massacreur. Et 100 % hors-caste : fils d'une ethnie nilotique marginale et hostile aux élites sudistes de souche bantoue, adepte d'une confession ultra-minoritaire – l'islam –, élevé dans une langue qui ne l'est pas moins – le swahili – et appelé à servir au sein d'une arme méprisée par l'aristocratie galonnée, les blindés. La vérité, implacable et crue, la voilà : huit années durant, entre 1971 et 1979, le maréchal-président à vie Idi Amin Dada a asservi sa patrie avec une cruauté glaçante. Laissant dans son sinistre sillage, selon les décomptes, de 300 000 à un demi-million de cadavres, 200 000 veuves et 800 000 orphelins. Bilan d'autant plus effarant que l'Ouganda compte alors moins de 10 millions d'habitants.

Un dadaïsme tropical

Toute légende, si navrante soit-elle, a sa part de mystère. Un brouillard dense drape ainsi les origines et l'état civil d'Idi Amin Dada Oumee, à moins que son vrai nom de naissance ne fût Idi Awa-Ongo Angoo. À en croire la rumeur la plus cocasse en la matière, l'intéressé aurait été affublé du « Dada » passé à la postérité – « sœur » en langue swahilie – par ses compagnons de chambrée, que distrayait sa propension à faire passer pour des frangines les conquêtes qui défilaient sous sa tente de troufion. Le garçon à la fratrie pléthorique a-t-il vu le jour en 1923, en 1925 ou en 1928 ? Ses biographes se perdent en conjectures. En revanche, la plupart d'entre eux le croient originaire de Koboko, province du Nil occidental (Nord-Ouest), terroir aride et désolé aux confins du Soudan et de l'ex-Zaïre. Seul Fred Guweddeko, chercheur de l'université Makerere, le dit natif de Kampala. Une certitude au moins quant à l'identité des parents ? Presque. Membre de l'ethnie nubienne des Kakwa, le père, Andreas Nyabire, servit tour à tour au sein d'un régiment colonial établi dans le Sud soudanais puis dans la police ougandaise ; converti à l'islam, il aurait abandonné les siens dès 1931. Quant à la maman, Assa Aatte, fille d'un chef tribal, elle devait son prestige à sa science des plantes médicinales et des rites divinatoires, voire de la sorcellerie. Talents qui lui valurent de veiller sur la santé d'un influent *kabaka*, monarque local, qu'Andreas soupçonnait dit-on d'être l'authentique géniteur du futur tyran.

L'enfance de celui-ci, gardien de chèvres à la scolarité embryonnaire, eut les couleurs de l'errance. Le voici hébergé chez un cheikh, puis chez un oncle maternel, avant de remettre ses pas dans ceux d'une mère qui exerce son art occulte auprès de garnisons ancrées sur les rives du lac Victoria. Art parfois fatal, murmure-t-on : son amant, un fringant caporal, aurait péri, foudroyé par un mal inexpliqué. À Lugazi, l'ado Idi trime un temps parmi ses frères nubiens dans la plantation de canne à sucre d'une famille indienne prospère ; à Jinja, lieu de cantonnement des KAR, il vend des biscuits ou joue les grooms sur le seuil d'un hôtel. C'est là paraît-il qu'un officier britannique remarque sa stature – 1,92 mètre, 120 kilos – et son enjouement. En 1946, il rejoint donc les rangs d'un bataillon local des Rifles, mais par la porte de service : avant d'accéder à la dignité de soldat, la recrue fruste et turbulente à l'anglais rudimentaire passe par les cuisines et la buanderie. Fut-il, comme il le prétendra, de l'illustre campagne de Birmanie, qui mit aux prises Alliés et puissances régionales de l'Axe, Japon et Thaïlande ? Rien n'est moins sûr : ladite campagne s'est achevée à l'été 1945, et l'enfant de Koboko, volontiers vantard, a souvent enluminé ses faits d'armes et ses états de service.

Puncheur poids lourd

Quant à ses états de sévices… D'emblée, au gré de missions accomplies au Kenya ou en Somalie, là où opèrent des gangs de voleurs de bétail, le néofantassin se distingue par son zèle ravageur. Sur le théâtre kényan, Idi Amin laisse libre cours à sa férocité lors de l'écrasement de l'insurrection des Mau Mau, au long de la décennie 1950[1]. Puis, de retour au pays, à l'occasion de la répression d'une révolte survenue dans la région du Karamoja (Nord-Est). Si un insoumis rechigne à dévoiler l'emplacement d'une cache d'armes, le titan nubien brandit une machette et menace de lui trancher le pénis. Plus tard, en 1962, il sera incriminé dans le massacre, en territoire kényan là encore,

1. Déclenchée en 1952, cette rébellion vise à défendre le peuple Kikuyu du Kenya, opprimé par l'Empire britannique. Selon l'historienne Caroline Elkins, on dénombrait à la fin de l'année 1956 plus de 100 000 tués, insurgés et civils mêlés.

de plusieurs dizaines de paysans d'ethnie Turkana, dont certains brûlés vifs[2].

Par quel prodige *Big Daddy* échappe-t-il alors à la cour martiale ? Fondateur de l'Uganda People Congress et promis au destin de premier chef de gouvernement de l'ère postcoloniale, son complice de l'époque, Milton Obote, nordiste lui aussi, plaide auprès du tuteur britannique en faveur d'un simple rappel au règlement. Déjà, lors de ses « bavures » antérieures, son naturel singulier, mélange de zèle et de pitrerie, lui avait valu la mansuétude de ses supérieurs. *« A splendid chap »* – un mec formidable –, hélas faiblement pourvu en matière grise, dit de lui l'un de ceux-ci. Il faut dire que le *chap* en question sculpte sa légende naissante à coups d'uppercut : terreur des rings de boxe, il rafle neuf titres de champion d'Ouganda mi-lourd ou poids lourd à compter de 1951 mais aussi, deux ans plus tard, une couronne est-africaine. Un type qui, pour la gloire de sa section des KAR, gagne haut la main le cross opposant des biffins lestés de casiers à bière, version martiale et maltée de la course des garçons de café, peut-il être foncièrement mauvais ? Pourquoi diable se méfier d'un rustaud « fanatiquement probritannique », loyal, respectueux, si prompt à claquer d'impeccables garde-à-vous ? N'est-ce pas à lui qu'échoit en 1954 le privilège de commander le détachement auquel incombe l'accueil de la jeune reine Elizabeth, puis, l'année suivante, la garde d'honneur formée pour le retour d'exil de Muteesa II, dernier roi du Buganda et futur président de la république d'Ouganda ? Pas de quoi toutefois effacer une vieille fêlure, rançon

2. La communauté Turkana est essentiellement implantée sur le flanc occidental du lac éponyme, dans le nord-ouest du Kenya.

de l'ostracisme colonial. Chacun à sa place : si le pilier Idi Amin conquiert sans peine sa place au sein du pack du Quinze du régiment, pas question de le laisser caser sa carcasse, à l'heure de la troisième mi-temps, dans les fauteuils de cuir capitonnés du Nile Rugby Football Club. La vengeance est un plat qui se mange cru : en 1972, ce temple de l'entre-soi sera, à l'instar de maintes propriétés britanniques, emporté par l'ouragan des nationalisations.

Une anecdote donne la mesure de la rusticité du bonhomme. Un jour de 1949, le major écossais Iain Grahame accompagne Idi Amin, fraîchement promu caporal, dans une banque de Jinja, histoire d'y ouvrir un compte. Au guichet, le sous-off s'échine à crayonner une signature digne de ce nom, dépose sa solde – 13 livres sterling – et empoche un carnet de chèques. Le soir même, son découvert avoisine les 2 000 *pounds*. Et pour cause : le client tout neuf a écumé l'artère commerçante de la ville, s'offrant une voiture, une machine à coudre, un costard chic et un carton d'alcools. Achats qu'il lui faut aussitôt restituer. Désormais, tous ses chèques devront être contresignés par Grahame[3]. Un quart de siècle plus tard, celui-ci, devenu fermier dans le Suffolk, confie ses souvenirs à l'hebdomadaire *Newsweek*[4]. Il dépeint un « leader-né », patriote, impitoyable, sanguinaire, désinhibé et doté d'un « incroyable sens de l'humour », mais handicapé par un « terrible déficit d'éducation ». En écho, un instructeur israélien, qui croisa le gaillard à la faveur d'un stage paracommando au demeurant inachevé, le gratifie

3. *L'Express*, 28 août 2003.
4. *Newsweek*, 6 mai 1974.

de quatre « C » : *cunning* (rusé), *courageous, concupiscent and crazy*.

Malgré ses travers et ses outrances, malgré ses piteux résultats aux tests de culture générale, l'ancien berger analphabète gravit les échelons, au point de décrocher, en décembre 1959, ses galons d'*effendi*, le grade le plus élevé dont puisse rêver un Noir servant au sein des KAR. À l'automne 1962, quand vient enfin le temps de l'indépendance, le lieutenant Amin Dada est l'un des deux seuls officiers *native* de l'Ouganda émancipé. Major, puis colonel, il se voit promu dès 1964 chef d'état-major adjoint par son ami Obote, Premier ministre. À l'époque, les deux comparses forment un robuste tandem, soudé jusque dans la transgression. Ils trempent l'un et l'autre dans un juteux trafic, livrant des armes aux insurgés congolais Simba – lesquels défient tour à tour Moïse Tshombé puis Mobutu Sese Seko[5] –, en contrepartie de cargaisons d'or, d'ivoire ou de café. Ce qui leur vaut le surnom de « jumeaux à la poudre d'or ».

---

5. Anticommuniste et pro-occidental, Moïse Tshombé décrète en juillet 1960 la sécession de la riche province du Katanga, dont il préside l'« État » jusqu'en 1963. Dans son bras de fer avec les autorités de Kinshasa, il bénéficie du soutien de la Belgique et des réseaux du Français Jacques Foccart. Délogé à l'usure par un contingent des Nations unies, Tshombé s'exile pour revenir à Kinshasa, en qualité de Premier ministre de la République démocratique du Congo (juillet 1964-novembre 1965). Démis, incriminé dans l'assassinat de Patrice Lumumba, condamné à mort par contumace, il est incarcéré en Algérie, où il succombe en juin 1969 à une « crise cardiaque ». Sur Mobutu, voir p. 150 le chapitre qui lui est consacré dans cet ouvrage.

Vainqueur par K.-O.

Muni de relevés bancaires accablants, un député proche du *kabaka* Muteesa II, alias « King Freddie », porté à la présidence le jour même de l'indépendance, dénonce en février 1966 de grossiers détournements de fonds publics. Conscient de devoir son nouveau titre, purement honorifique, à une manœuvre d'Obote, le souverain se rebiffe et ordonne aussitôt une enquête, signant ainsi son arrêt de mort politique. S'il tue dans l'œuf d'embarrassantes investigations, le coup d'État qui s'ensuit, orchestré par le duo, sonne aussi l'heure de la revanche de communautés nordistes longtemps marginalisées par les élites de Kampala. Patron de l'armée, Idi Amin dirige en personne la mise à sac du palais du *kabaka* déchu. Et ce, avec l'aval de Milton Obote, qui, pour sa part, suspend la constitution, abolit les monarchies traditionnelles et s'empare des leviers de l'exécutif. Des cohortes de jeunes fidèles au trône dressent des barricades aux abords de la résidence royale ? Qu'importe : les putschistes se frayent un chemin à la mitrailleuse et au mortier, laissant dans leur sillage des centaines de cadavres.

Deux caïmans dans le même marigot… On connaît la chanson : c'est très vite un de trop. Ancien instituteur d'ethnie Langi, Obote ne tarde pas à soupçonner son chef d'état-major, enclin à placer ses féaux aux postes clés de l'appareil militaire, de convoiter son fauteuil. Suspicion légitime, comme l'atteste l'épisode troublant du 19 décembre 1969. Ce jour-là, le tombeur de Muteesa II échappe *in extremis* à un attentat. *Quid* d'Idi Amin ? Un temps porté disparu, il s'enlise dans un plaidoyer *pro domo* des plus confus, au point de se voir traité de déserteur par le brigadier général Pierino Okoya, n° 2 de l'armée. Audace fatale : on retrouve bientôt dans le jardin de leur villa les dépouilles de l'accusateur galonné et de son épouse. Neuf mois plus tard, l'échec d'une nouvelle conjuration incite le président à museler le compère devenu rival et à confier à ses frères Langi l'essentiel des prérogatives déléguées jusqu'alors au clan de *Big Daddy*. Soucieux d'éloigner le félon, il le dépêche aux funérailles du *raïs* égyptien Gamal Abdel Nasser, lui suggérant d'accomplir ensuite un pèlerinage à La Mecque. Peine perdue : le général Amin Dada rentre discrètement au pays, ce qui lui vaut quelques jours de résidence surveillée. C'est alors que Milton Obote commet une bourde majuscule. Avant de s'envoler pour Singapour, théâtre d'un sommet du Commonwealth, le chef de l'État en sursis convoque son ex-allié et l'avertit qu'à son retour d'Asie, il lui demandera des comptes sur divers dossiers brûlants. En l'occurrence, la liquidation d'un officier, la disparition inexpliquée d'armements dans plusieurs casernes et celle, tout aussi suspecte, de 2,6 millions de livres sterling des caisses de l'armée.

La comparution n'aura jamais lieu. Alerté par un fidèle de l'imminence de son arrestation, le prétorien en disgrâce prend les devants et lance sa soldatesque à l'assaut du palais. Le 25 janvier 1971, vers 15 h 45, Radio Uganda diffuse un communiqué, lu par un sous-officier. Si l'anglais du porte-parole de ce putsch préventif manque de fluidité, le message, lui, est limpide : dissolution du Parlement pour une durée de cinq ans, interdiction des partis et des syndicats. D'emblée, Idi Amin, président, Premier ministre et chef du Conseil de défense, promet de combattre la corruption et le népotisme, ce qui ne l'empêche nullement de confier à son beau-frère le portefeuille des Affaires étrangères… «Je ne suis pas un politicien, juste un soldat professionnel préoccupé par le devenir de son pays et de son peuple», martèle-t-il. Et de promettre la libération des prisonniers politiques, le bannissement du tribalisme, la fin du favoritisme ethnique au sein de l'armée et le retour prochain d'un pouvoir civil, au terme d'«élections libres et justes». Dans l'immédiat, le putschiste en uniforme d'apparat prête serment sous l'œil d'un magistrat emperruqué. *«So Help Me God.»*

De fait, à cet instant, on jurerait que Dieu l'assiste. Le colosse se plaît à fendre une foule fervente à bord de sa Jeep découverte. À Londres et dans les milieux d'affaires, on veut voir dans ce géant jovial le fossoyeur des chimères socialistes d'Obote. Pour le *Financial Times*, qui lui décerne le trophée d'«Homme de la semaine», Idi Amin incarne l'«antithèse bienvenue de maints leaders africains». Quant au *Daily Telegraph*, il voit en lui un «ami sûr de la Grande-Bretagne». Sanglé dans son treillis, colt à la hanche, l'ancien cantinier enchaîne tournées des popotes et visites d'inspection. Ici, il sermonne des cantonniers indolents avant de prêcher l'exemple, pelle en main. Là, dans cette caserne provinciale, il éconduit les gradés, recueille les doléances des hommes du rang, fait venir les caisses de bière et enfile les blagues de corps de garde.

Au bonheur des bourreaux

Voilà pour l'avant-scène. Dans la coulisse, les sicaires du nouveau boss – à commencer par les agents de la Public Safety Unit, lunettes de soleil et chapeau tyrolien – traquent les officiers tenus pour hostiles au putsch[6]. Certains sont décapités, d'autres massacrés à la dynamite dans leur cellule. Une vaine contre-offensive, déclenchée par Obote depuis son exil tanzanien, intensifie la purge : haro sur ses frères nordistes d'ethnie Langi et Acholi, dont plusieurs centaines abattus à la mitrailleuse dans l'enceinte de la caserne de Mbarara. *Idem* pour les villageois ankole qui, dans le Sud-Ouest, ont eu le malheur d'acclamer les revenants. Au total, 9 000 soldats supposés déloyaux, soit les deux tiers des effectifs de l'armée, seront ainsi liquidés. Idi Amin tient à assister en personne à l'exécution de gradés passés par les armes. Et met en scène le rituel du peloton : on revêt les condamnés d'une chasuble blanche, afin de rendre plus éclatant aux yeux de tous le rouge du sang ainsi répandu.

Bientôt, le catalogue de la barbarie s'enrichit d'une atrocité promise à un grand avenir : contraindre des captifs à battre à mort tel ou tel de leurs codétenus. À l'abri de l'exil, un ancien ministre de la Justice racontera sa visite d'une prison-mouroir. Un récit hanté par l'ingénieuse panoplie des instruments de torture, les crânes fracassés à coups de marteau, les opposants et autres « traîtres », ministres compris, balancés dans la fosse aux crocodiles, les cadavres flottant sur le Nil ou dans les eaux du lac Victoria, les dépouilles brûlées dans la savane et livrées aux vautours[7]. Et que dire de ces suppliciés dont on

6. À l'instar du State Research Bureau, tout autant craint et détesté, la Public Safety Unit, formée de mercenaires nubiens, s'apparente à une police politique officieuse à qui le régime confie ses basses œuvres.

7. *L'Express*, 28 août 2003.

tranche la verge, aussitôt enfoncée dans la gorge jusqu'à l'étouffement ?

Pour les suspects d'élite, universitaires, médecins, hauts fonctionnaires, magistrats, hommes d'Église, le calvaire s'achève souvent dans les sous-sols d'un petit immeuble du centre de Kampala, siège du State Research Bureau, tout à la fois agence de renseignements et police politique, où règnent les nordistes Kakwa et les Nubiens, descendants des supplétifs soudanais de l'armée britannique[8].

À son tableau de chasse, Idi Ami épingle au fil des ans quelques proies de choix. Du *Chief Justice* – patron de la Cour suprême – et ex-Premier ministre Benedicto Kiwanuka à l'archevêque anglican Janani Luwum, *via* l'ancien gouverneur de la Banque centrale Joseph Mubiru ou le vice-chancelier de la Makerere University, Frank Kalimuzo, liquidé dès octobre 1972. Trois ans plus tard, le putschiste, coiffé d'une toge et paré d'un lourd collier, s'octroie les dignités de chancelier et de docteur *honoris causa* de ladite université, sous les yeux effarés d'un jeune coopérant français, Michel Faure, futur grand reporter à *L'Express*[9]. Cette année-là, *Big Daddy* s'offre aussi ses galons de maréchal et s'arroge le titre de président à vie.

Les foucades d'un « Hitler noir »

1975, millésime prodigieux. En juillet, Kampala accueille le 12e sommet de l'Organisation de l'unité

8. *L'Express*, 27 juillet 2011.

9. *L'Express*, 28 août 2003. Michel Faure est aussi l'auteur d'une biographie remarquée du dictateur chilien Augusto Pinochet, parue en janvier 2020 chez Perrin.

africaine (OUA). Folkloriques et dispendieux, les fastes déployés à cette occasion par le maître de céans plongent ses pairs dans l'embarras. Citons le rallye automobile auquel il prend part au volant d'une Citroën SM à moteur Maserati, l'élection d'une « Miss OUA » ou les manœuvres militaires orchestrées sur les rives du lac Victoria, avec en guise de point d'orgue un simulacre de conquête de la métropole portuaire sud-africaine du Cap par une armée placée sous les ordres de l'hôte ougandais. Rien ne manque au happening ; ni le pilonnage d'un îlot qui ne méritait pas cela, ni le désarroi d'invités noyés dans la fumée des raids aériens. Deux voisins auront au moins échappé à l'enfumage : le Zambien Kenneth Kaunda et le Tanzanien Julius Nyerere, qui ont boycotté le barnum. À ce dernier, l'Ougandais expédie un jour un télégramme ainsi libellé : « Je veux vous assurer que je vous aime beaucoup. Si vous étiez une femme, j'envisagerais de vous épouser, même si votre tête est couverte de cheveux blancs. »

Manquait donc à ce sidérant one-man-show une apothéose conjugale. La voici : pendant le sommet, Idi Amin Dada épouse en... cinquièmes noces Sarah Kyolaba, 18 printemps, danseuse vedette du « Suicide Revolutionary Jazz Band », orchestre d'un régiment mécanisé d'élite déjà mentionné, alors enceinte des œuvres de son compagnon, prénommé Jessy ; lequel, porté disparu peu après que le polygame suprême se fut entiché de Sarah, a sans doute été liquidé sur ordre. Dire que ce musicien, fondateur d'un big band fameux, « The Cranes », avait chanté les louanges d'Amin, souhaitant « longue vie » au « héros soldat ». Le témoin du – plus si – jeune marié ? Un certain Yasser Arafat.

En mai 1988, après avoir joué les mannequins lingerie en Allemagne puis ouvert à Londres un boui-boui aux cuisines infestées de cafards, la même Sarah refait surface sur le plateau des « Bains de minuit », le talk-show mi-glamour mi-trash de Thierry Ardisson. Sa gêne est palpable. Que retenir de ses réponses évasives et chuchotées ? Qu'elle a quitté cinq ans auparavant le maréchal-président déchu. Pourquoi ? « Des problèmes insolubles, esquive-t-elle. Il a fait ce qu'il a pu pour le pays. Tout le monde a ses défauts. » Une certitude : pas un téléspectateur ne croit cette rescapée craintive quand elle avance que « rien chez lui ne me faisait peur ».

Le sommet à grand spectacle de Kampala vaut au *president for life* son bâton de… maréchal. Une année durant, il sera le visage et la voix de l'instance panafricaine. Une voix sujette à l'extinction volontaire : en octobre, à New York, théâtre de l'Assemblée générale des Nations unies, Idi Amin confie à l'un de ses ministres le soin de lire son discours à la tribune, car il refuse de s'exprimer « dans la langue de l'impérialisme ».

Sûr de son étoile, le rebelle ne dédaigne pas pour autant les parrainages mystico-magiques. Dont ceux du Ghanéen John Obiri Yeboah, alias « Prophet John », ou d'un médecin zambien qui, en sa qualité de « plus grand devin d'Afrique », avait eu le mérite de prédire la chute d'Obote. Un ouvrage entier ne suffirait pas à recenser les rodomontades du Narcisse ventru, mégalomane au dernier degré. On se bornera donc à en dresser un florilège. Il se dit, au choix, le « leader le plus influent d'Afrique », le « chef d'État le plus puissant au monde », le « conquérant de l'Empire britannique » ou, en plus biblique, le « Seigneur de toutes les créatures de la Terre et de tous les poissons de la Mer». Bien avant le Zimbabwéen Robert Mugabe[10], *Big Daddy* revendique le surnom infamant de «Hitler noir», raccourci repris dans ses télégrammes par un ambassadeur des États-Unis à Kampala. Sur un registre plus anodin, il invoque à tout propos sa force herculéenne et ses performances sportives, enjolivées au besoin. «Je veux vous parler comme un champion poids lourd de boxe, un rugbyman, deuxième ligne ou trois-quarts aile, lance-t-il un jour à un groupe d'athlètes ougandais fraîchement médaillés. Moi, je courais le 100 yards – soit 91,44 mètres – en neuf secondes huit dixièmes. Qu'il s'agisse de sport ou de politique, je recours aux mêmes tactiques pour gagner par K.-O.»

«El Hadj Docteur Idi Amin Dada», qui adore les parades militaires, les fanfares écossaises, le pas lent et glissé des officiers à stick, collectionne titres à rallonge et décorations, volontiers imaginaires. Sa Victoria Cross, distinction suprême de l'armée britannique? Une «Victorious Cross» maison, gravée à sa demande par un joaillier londonien. Un cortège d'initiales aussi prestigieuses que fantaisistes escorte d'ordinaire son patronyme: DSO, pour Distinguished Service Order, MC pour Military Cross ou encore CBE pour Commander of the British Empire. Sa fascination puérile pour les breloques l'incite aussi à arborer l'insigne décerné par une amicale suisse de moniteurs de ski[11]. Et l'on sent sa vanité égratignée lorsqu'il croise le Centrafricain Jean-Bedel Bokassa, enclin lui aussi à parader le poitrail piqué de médailles. Peut-on rêver tête-à-tête plus tintinnabulant?

10. Lire le chapitre qui lui est consacré, p. 195.
11. *L'Express*, 28 août 2003.

Mao-Pinochet-Kadhafi ou la trinité d'Amin

La rumeur, tenace, impute à Amin et à « Sa Majesté Impériale » un autre vice commun, bien moins véniel : le cannibalisme. L'Ougandais, avancent ses détracteurs, gardait dans un congélateur la tête d'une poignée d'ennemis liquidés. À en croire les plus acharnés, il aurait même en 1974 tué et mangé l'un de ses fils, prénommé Moses. Calomnie, s'insurge Jaffar, un autre héritier, convaincu que son frangin coule des jours tranquilles en France[12]. Il n'empêche : le *pater familias* entretient lui-même la funeste légende. Auteur d'un témoignage saisissant – éloquemment intitulé *A State of Blood* –, son ancien ministre de la Santé Henry Kyemba soutient que *Big Daddy* avoua à deux reprises en sa présence avoir goûté à la chair humaine, qu'il jugeait « plus salée que la viande de léopard ».

Une certitude : dans les bas quartiers rôdent la faim et la misère. Ni lait, ni œufs, ni poulet, et guère plus de sel, de sucre, de café ou de médicaments. L'électricité ? Aléatoire. L'essence ? Rationnée. Quand la machine à capsules de la brasserie de Kampala flanche, la bière elle-même vient à manquer. La rue gronde, les casernes bruissent de rumeurs de mutinerie. Décrétée en juin 1975, la nationalisation des terres agricoles amplifie le désastre. Et quand les coffres de la Banque centrale sonnent creux, le boss ordonne à son ministre des Finances d'« imprimer plus de billets ». À la clé, une inflation démente qu'Idi Amin combat à sa manière : il déboule sur le marché central de Kampala et supervise la bastonnade des commerçants coupables

12. *Foreign Policy*, 7 avril 2015.

d'avoir revu les prix à la hausse. Chaque soir, le maréchal se plante devant son téléviseur. Si le JT le déçoit, si le programme lui déplaît, il appelle son ministre de l'Information et lui intime l'ordre de diffuser des archives à sa gloire. Rédac' chef impérieux, Amin joue aussi les cadreurs : il se balade volontiers armé d'un Polaroïd, voire d'une caméra Betamax importée de Dubai.

Sur l'échiquier mondial, *Big Daddy* se pare des atours très tendance de pionnier de l'anti-impérialisme. Gratifiés de la nationalité ougandaise, la chanteuse sud-africaine Miriam Makeba et son époux américain Stokely Carmichael, figure de la mouvance radicale des Black Panthers, sillonnent le pays pour chanter les louanges de leur hôte. En Europe, les tocades du titan amusent plus qu'elles n'alarment. Dès septembre 1971, Georges Pompidou reçoit à l'Élysée le cygne noir du Commonwealth, flatteusement dépeint dans les colonnes du *Monde* sous les traits d'un « puncheur souriant ». Quatre ans plus tard, Idi Amin franchit non les portes du paradis, mais celles de Castel Gandolfo, résidence d'été du pape Paul VI ; lequel avait accompli à l'été 1969 un pèlerinage apostolique en Ouganda, première visite d'un successeur de Pierre en terre d'Afrique. Égard insolite pour un tortionnaire enclin à persécuter les élites chrétiennes et qui, en décembre 1972, a viré de son royaume les missionnaires étrangers, relégués au rang d'espions ou de mercenaires. Fidèle à sa légende, le visiteur musarde en route et débarque chez le souverain pontife avec une bonne demi-heure de retard.

Ses embardées géopolitiques distraient ou affolent – c'est selon – les chancelleries. Admirateur de Mao Zedong, Idi Amin tient néanmoins à féliciter le Chilien Augusto

Pinochet, tombeur en septembre 1973 du président socialiste Salvador Allende. S'il juge Henry Kissinger « peu intelligent », le Néron ougandais s'étonne que le secrétaire d'État américain ne daigne pas deviser en sa compagnie sur l'avenir du monde. Et, en 1974, invite son *dear brother* Richard Nixon à venir se remettre en terre ougandaise du désastre du Watergate. Un jour, devant une cohorte de journalistes français, il brandit le « plan secret » de l'État d'Israël, accusé par ailleurs d'avoir tenté d'empoisonner les eaux du Nil, pour asservir le monde et annexer les Lieux saints de l'islam, à commencer par La Mecque et Médine. En fait de plan secret, un exemplaire des *Protocoles des Sages de Sion*, ce faux grossier concocté par la police tsariste à l'orée du XXe siècle et qui reste à ce jour le vade-mecum de l'antisémite névrotique. « Je vous le prête, vous le lisez et me le rendrez, lance-t-il à ses auditeurs interloqués. S'ils [entendez les stratèges juifs] apprennent que je sais, ils achèteront tous les exemplaires en vente. » Au gré de ses interviews, *Big Daddy* invite les Noirs à s'emparer du pouvoir aux États-Unis, somme Washington de quitter le Vietnam et prétend avoir refusé les fortunes offertes par la CIA, le Royaume-Uni ou les puissances asiatiques en contrepartie de l'annulation des expulsions des commerçants étrangers. À l'instar de son mentor Muammar Kadhafi, il renvoie dos à dos communisme et capitalisme, se bornant à emprunter à l'une et l'autre doctrine « ce qui peut être utile ». À l'évidence, le magnétisme du Guide libyen opère. Magnétisme très prosaïque : Tripoli règle volontiers la solde des militaires ougandais, accueille officiers et sous-officiers en stage et enverra un contingent lors du désastreux conflit territorial qui opposera l'Ouganda à la Tanzanie voisine entre octobre 1978 et avril 1979.

Kadhafi louange le commando palestinien qui massacre onze Israéliens lors des Jeux olympiques de 1972 ? Son disciple adresse à l'Autrichien Kurt Waldheim[13], secrétaire général des Nations unies, un télégramme déplorant qu'Adolf Hitler, qu'il tient pour « un grand homme et un grand conquérant », n'ait pas exterminé davantage de Juifs.

Le désastre d'Entebbe

La ferveur des convertis ? Jusqu'à cette brutale volte-face, l'État hébreu inspirait à l'Ougandais, friand de conseillers militaires et de coopérants venus d'Israël, une intense fascination. Mieux, il s'enorgueillissait d'avoir dîné chez Moshe Dayan, ministre de la Défense et ancien chef d'état-major de Tsahal. Lequel le jugeait au demeurant « fou à lier ». Plus tard, il confie à ses parrains israéliens la formation de sa garde rapprochée ainsi que l'installation de son système de communications cryptées ; puis réserve à la rugueuse Golda Meir sa première sortie officielle en qualité de président. Pour avoir peu après refusé de livrer les armements exigés par son impétueux visiteur, la « Dame de fer » d'Israël deviendra, à son corps défendant, la figurante d'un psychodrame très « dadaïste ». Dépité, Idi Amin ordonne à sa ministre des Affaires étrangères, princesse tribale et avocate diplômée d'Oxford, de lui expédier

13. Secrétaire général de l'ONU de 1972 à 1981, puis président fédéral de la république d'Autriche, Kurt Waldheim, décédé en juin 2007, a été rattrapé par son passé nazi au milieu de la décennie 1980. Un comité international d'historiens militaires met alors en évidence l'implication de Waldheim, officier de renseignements de la Wehrmacht, dans des atrocités commises en Macédoine et au Monténégro.

un télégramme injurieux. La belle Elizabeth Bagaya de Toro – tel est son nom –, déjà coupable d'avoir repoussé les avances présidentielles, résiste. Elle paiera cher cette double audace : en novembre 1974, le maréchal l'accuse d'avoir fauté avec un Blanc dans les toilettes de l'aéroport d'Orly et la vire pour « comportement honteux et dégradant ». Suspectée en outre d'entretenir des contacts clandestins avec les services américains et britanniques, la princesse déchue n'a d'autre choix que de trouver refuge au Kenya.

Au lendemain de son escapade tripolitaine, *Big Daddy* fonce à La Mecque puis, de retour au pays, annonce la construction à Kampala d'une mosquée géante, financée par le Saoudien Fayçal, et offre à l'Organisation de libération de la Palestine (OLP) les locaux désertés de l'ambassade d'Israël. Saisi d'un soudain accès de pudibonderie, ce viveur invétéré enjoint à ses « sœurs » ougandaises de renoncer à la minijupe, aux perruques, aux bijoux et au pantalon, vêtement coupable de « souligner leur anatomie de manière inesthétique ».

Survenu le 27 juin 1976, un épisode aussi fameux que tragique scelle le divorce israélo-ougandais et achève de ruiner l'image du Caligula de Kampala[14]. Ce dimanche-là, quatre pirates de l'air – deux membres du Front populaire de libération de la Palestine et deux Allemands du groupe Baader-Meinhof[15] –, montés à bord à l'escale d'Athènes,

14. *The New Yorker*, 27 juin 2016.

15. Fondée en 1968, animée par Andreas Baader, étudiant en arts plastiques, l'éditrice Gudrun Ensslin et la journaliste Ulrike Meinhof, la Rote Armee Fraktion (« Fraction Armée rouge ») est une organisation terroriste allemande d'extrême gauche, adepte de la « guérilla urbaine » et active jusqu'en 1998.

détournent vers Benghazi (Libye) puis Entebbe (Ouganda) l'Airbus A300 d'Air France censé rallier Paris au départ de Tel-Aviv. À son bord, 246 passagers, dont 83 Israéliens, et 12 membres d'équipage. Trois jours plus tard, les terroristes libèrent les non-Israéliens. Dans la nuit du 3 au 4 juillet, un commando de Tsahal, dirigé par Yonathan Netanyahu, frère aîné de l'actuel Premier ministre, donne l'assaut – qui lui sera d'ailleurs fatal –, détruisant au passage plusieurs Mig-21 de la chasse ougandaise. Fou furieux, Idi Amin Dada, qui prétendait jouer les médiateurs, sacrifie alors Dora Bloch, une passagère de 73 ans extraite de l'hôpital où elle avait été transférée, puis assassinée dans une forêt proche de la capitale. Interrogé sur le sort de la septuagénaire anglo-israélienne, il livre cette effroyable réponse : « Oubliez cette femme. Elle a été achevée. »

Qui l'eût cru ? C'est à la Couronne britannique que l'ancien biffin du King's African Rifles réserve ses traits les plus acérés. En juillet 1973, il enjoint ainsi à Elizabeth II de lui envoyer un avion de la flotte royale censé le convoyer jusqu'à Ottawa, siège d'une conférence du Commonwealth, ainsi qu'une escorte de Scots Guards. Outré par le silence de Buckingham Palace, l'Ougandais boude le rendez-vous canadien.

Qu'à cela ne tienne : à la faveur du 4e anniversaire de son coup d'État, Idi Amin fait défiler dans les rues de Kampala la fanfare d'un régiment de Nubiens avec kilts et cornemuses. Très attaché à son statut, le « dernier roi d'Écosse » met en garde le Scottish National Party contre toute tentation de compromis avec Londres. Et informe par télégramme Pékin et Moscou de son accès à la dignité de leader d'un improbable « gouvernement provisoire écossais ». « Ma chère Reine, écrit-il un jour à la fille aînée du défunt George VI, j'aimerais que vous organisiez pour moi une visite de l'Écosse, de l'Irlande et du pays de Galles afin de me permettre d'y rencontrer les chefs des mouvements révolutionnaires qui combattent votre oppression impérialiste. »

God Save The Queen

Au pays, le « puncheur souriant » se plaît à humilier les sujets de Sa Gracieuse Majesté. On le verra ainsi, en novembre 1975, contraindre au détour d'un insolite serment d'allégeance une douzaine d'ex-officiers britanniques à jurer de prendre les armes pour combattre sous ses ordres le régime d'apartheid sud-africain. Quatre mois plus tard, lors du mémorable sommet de l'OUA évoqué plus haut, Idi Amin se rend à une réception protocolaire dans une chaise à porteurs que meuvent à grand-peine trois hommes d'affaires et un consul de Suède, sommés de siffler en rythme la musique du *Pont de la rivière Kwaï*, tandis qu'un autre Scandinave, muni d'un immense parasol, protège l'écrasant fardeau des morsures du soleil. Parmi les portefaix, un marchand de voitures nommé Robert Scanlon, que l'adoption de la nationalité ougandaise ne prémunira nullement des délires d'un régime paranoïaque. Arrêté par les agents du sinistre State Research Bureau, accusé d'espionnage, ce notable sera torturé et, à en croire certains témoignages, achevé à coups de marteau[16].

16. *Foreign Policy*, 7 avril 2015.

Un autre Britannique, Dennis Hill, aura échappé de peu à un sort analogue. Le crime de cet enseignant sexagénaire ? Avoir commis un roman non publié, intitulé *Le Potiron blanc,* dans lequel il traite Idi Amin de « tyranneau de village ». Jugé et condamné à mort pour « haute trahison », Hill doit la vie aux intercessions du Somalien Siyad Barre et du Zaïrois Mobutu, mais aussi et surtout à la venue du secrétaire au Foreign Office James Callaghan, astreint à une humiliante séance de contrition. Canossa, Kampala, même combat.

Plus subtilement, l'Ougandais s'ingénie à témoigner à l'ancienne puissance coloniale, alors plongée dans un profond marasme, une sollicitude railleuse. Au cœur d'un très rude hiver assombri par la flambée des cours pétroliers, il se propose ainsi de « sauver la Couronne de la ruine » en lui livrant chèvres et bananes, pourvu qu'on lui envoie un avion-cargo avant que « les denrées ne se gâtent ». *Idem* pour ce camion de légumes et de farine, cadeau du district de Kagezi (Sud-Ouest). Mieux, le maréchal annonce la naissance du « Save Britain Charity Fund », censé collecter des dons destinés aux « Anglais nécessiteux ». À l'été 1976, une autre calamité – la sécheresse, cette fois – aiguise son inspiration : « Un châtiment divin, assène-t-il. Voilà les Britanniques punis d'avoir tué tant de Kikuyus au Kenya, d'avoir laissé Israël occuper la Palestine et fomenté les troubles en Rhodésie et en Afrique du Sud. » Dès décembre 1972, un éditorialiste du quotidien britannique *The Guardian* avait dressé ce constat désolant : « Idi Amin a fait davantage pour le suprématisme blanc que quiconque en un siècle[17]. »

17. *The Guardian*, 9 décembre 1972.

Nul doute qu'à l'ère des «twittos» compulsifs, Idi Amin Dada aurait rivalisé avec Donald Trump. Pour preuve, les télégrammes dévoilés en janvier 2005 par les Archives nationales de Grande-Bretagne. Citons-en deux. Celui du 28 mai 1973, adressé au Premier ministre Harold Wilson, dans lequel le puncheur nubien offre ses bons offices sur le front nord-irlandais. Et le message adressé à Lord Snowdon peu après la rupture du couple tumultueux que ce photographe formait avec la princesse Margaret, sœur cadette d'Elizabeth: «Une leçon pour tous les hommes, écrit-il au portraitiste, car il ne faut jamais épouser une femme au-dessus de sa condition.»

Un péril auquel ne s'exposa guère Idi Amin, pourtant marié sept fois et père d'une quarantaine de rejetons reconnus. Polygame, il prend soin de loger ses compagnes dans des villas distinctes. Dans l'ordre d'apparition en scène, voici Maryam, ou Malyamu, fille et sœur de ministres en rupture de ban, avec qui il convole en 1966 et qu'il répudie huit ans plus tard. Issue d'un clan influent, la réprouvée fuit à Londres après avoir échappé de peu au camion militaire qui fonce sur elle à tombeau ouvert. «Pas sûr que mon mari soit le commanditaire, esquive-t-elle alors. Il faut se méfier des rumeurs.»

Destinée moins tragique que celle de Kay Adroa, fille d'un ami révérend. Épousée elle aussi en 1966, l'étudiante conquiert le statut de *First Lady*, entre œuvres caritatives et parrainage d'aspirants ministres. Las!, sa liaison avec le Dr Peter Mukasa, qu'attestent des écoutes téléphoniques, lui sera fatale. Elle périt atrocement des suites d'un avortement pratiqué par son amant; et c'est dans le coffre de la voiture de ce dernier que l'on découvre son cadavre démembré. Après avoir sommé le praticien de reconstituer tant bien que mal le corps, le maréchal-président traîne quatre de ses enfants jusqu'à la morgue de l'hôpital Mulago. « Priez Allah pour votre mère, leur enjoint-il, car elle est morte dans le péché. » Place à Madina Najjemba, unie dès 1972 à l'insatiable colosse. Devenue veuve, cette ancienne danseuse au « déhanché légendaire » se confiera au documentariste Joel Soler, auteur de la série télévisée *Despot Housewives*. « Ce n'était pas un grand sentimental, admet-elle. Ne pas voir ses enfants pendant un certain temps ne le gênait pas. Cela dit, il invitait chacune de ses femmes, à tour de rôle, à passer deux ou trois jours au palais. » S'il veille ainsi à la paix de ses trois ménages, Idi Amin congédie en bloc. Au point d'annoncer un soir à la radio son triple divorce. D'autant que « Suicide Sarah », évoquée plus haut, occupe désormais sa couche et ses pensées.

Fatale fuite en avant

Féroce dans la sphère intime, le tyran ougandais agit dans l'espace public avec une extrême brutalité. En août 1972, cinq mois après avoir expulsé les résidents israéliens, il déclare la « guerre économique », accordant quatre-vingt-dix jours aux Indiens et aux Pakistanais, relégués au rang de parasites ou de saboteurs, pour décamper. La valise ou le cercueil ? À tout le moins, le ballot ou le cachot. Décision inspirée à l'en croire par Dieu, apparu en songe. À défaut de vision, Idi Amin a des visions. En trois semaines, l'opération *Mafuta Mingi* – « beaucoup de fric » en swahili – chasse 80000 Asiatiques, accusés pour certains de s'être noirci le visage au cirage ou au charbon de bois pour échapper à la rafle. Jamais la « perle de l'Afrique »

– ainsi Winston Churchill désignait-il l'Ouganda, colonie de cocagne aux terres fécondes – ne se relèvera de cet oukase inepte. Et pour cause : accusés de « traire la vache sans jamais la nourrir », les proscrits faisaient tourner le commerce et la petite industrie. Thé, café, canne à sucre, la production s'effondre tandis que fondent recettes fiscales et réserves de change, et qu'enfle la menace de la pénurie. La farine, les allumettes, les pièces détachées ? Introuvables. Les services sociaux ? Naufragés. Suicide, mode d'emploi.

Un demi-siècle après, le diplomate Bruno Joubert, ex-conseiller Afrique à l'Élysée, dont le père Benoît animait alors en Ouganda un programme de développement des Nations unies, garde un souvenir vivace du fiasco. « La populace, ivre de saccages et de pillages, était aux anges, raconte-t-il. Mais on sentait bien que tout s'écroulait, que le pays sombrait dans la spirale de la pauvreté et de la violence. À l'heure de le quitter, nous savions que cette histoire finirait mal, d'autant que planait déjà le spectre de la guerre avec la Tanzanie[18]. »

Une guerre suicidaire, épilogue de la fuite en avant d'un régime aux abois, dont deux phénomènes concourent à saper l'assise à l'automne 1978 : l'effondrement des cours du café et l'éclosion simultanée de plusieurs mutineries. En octobre, Idi Amin ordonne l'invasion d'une enclave tanzanienne, à l'ouest du lac Victoria, s'exposant à la riposte implacable déclenchée par son homologue et ennemi juré Julius Nyerere, qui le traite de « fasciste noir ». En décembre, au retour du front, son convoi échappe de peu à une embuscade. Le rescapé a le cuir tanné : selon

18. Entretien avec l'auteur, 8 juillet 2019.

des sources diplomatiques, il aurait survécu à six tentatives d'assassinat en 1974 et 1975. Six, comme le nombre de sosies censés déjouer les complots que lui prête la rumeur. La débâcle est telle que Kampala tombe après dix jours de siège. Le 11 avril 1979, Milton Obote, épaulé par les forces de Dar es-Salam, tient sa revanche. Déboussolé, *Big Daddy* fuit, se planque dans un village zaïrois et appelle à la rescousse son mentor Kadhafi. Lequel exfiltre par avion le boxeur vaincu par chaos.

Pour l'encombrant tyran déchu, l'heure de l'errance dorée a sonné. Ce sera la Libye, l'Irak, puis enfin l'Arabie saoudite, refuge des potentats sunnites déchus. Flanqué de deux de ses épouses et d'une suite pléthorique – 80 parents et fidèles –, l'exilé jette l'ancre à Djeddah, en vertu d'un pacte clair. Luxueusement logé, pensionné à hauteur de 26000 dollars par mois, Idi Amin s'engage en contrepartie à élaguer son entourage, à se tenir coi et à s'abstenir de tout activisme politique.

Un contrat qu'entaillent quelques coups de canif. En 1986, les services saoudiens interceptent aux abords de la résidence de leur *guest* l'africaniste britannique Richard Dowden, invité à déjeuner. Quelques mois plus tard, l'Ougandais, rongé par l'ennui, s'offre une escapade au Nigeria. Et en 1989, il tente un retour clandestin au pays *via* le Zaïre. Repéré à Kinshasa, le revenant est renvoyé illico chez les Saoud. Avec le temps, son univers se rétracte. Le quotidien ? Les balades sur la corniche de Djeddah, les baignades et les parties de pêche dans la mer Rouge, les virées au Safeway, son supermarché favori, la télé, les séances de massage et les déjeuners dans un modeste restaurant pakistanais. On l'aperçoit parfois, vêtu d'une djellaba blanche et chaussé de bottes, filant à l'aéroport au volant de sa Cadillac, histoire de prendre livraison des bananes plantain et du manioc nécessaires à la confection du *matoke*, plat national. En 1997, le journaliste italien Riccardo Ozio se voit accorder, privilège rare, un entretien avec ce singulier retraité. « Je suis un bon musulman, lui confie El Hadj Idi Amin. Tout ce qui m'intéresse aujourd'hui a trait à l'islam. Je récite le Coran, je joue de l'orgue et de l'accordéon. Une vie paisible. Pas de remords, juste de la nostalgie. » Et la crainte diffuse des outrages de l'âge. Pour prévenir le déclin de sa virilité, celui qui signe parfois ses correspondances Abu Faisal Wangita engloutit jusqu'à 30 oranges par jour. Ce qui lui vaut le sobriquet de « Dr Jaffa ».

Terminus Djeddah

À une consonne près, le prénom de son fils Jaffar, le dixième de la fratrie, sauf erreur ou omission. Domicilié à Kampala avec femme et enfants, cet héritier loyal s'échine, *via* son compte Facebook, à réhabiliter son géniteur. « Son but ultime, insiste-t-il, était de briser les chaînes du colonialisme, de rompre le collier qui nous enserre le cou[19]. » Soucieux lui aussi de laver l'honneur du père, un autre fiston, Hussein Lumumba, publiera en juillet 2019 dans l'hebdomadaire britannique *The Observer* un plaidoyer intitulé « Amin est le père de l'économie ougandaise », dans lequel il tente, maladroitement, de justifier *a posteriori* les expulsions massives d'immigrés asiatiques.

---

19. *Foreign Policy*, 7 avril 2015.

Sentant sa fin approcher, l'exilé, qui souffre d'hypertension aiguë, émet le vœu de rentrer mourir au pays. Madina, son ultime compagne, implore en ce sens le chef de l'État ougandais. En vain : « Il doit expier ses péchés et être jugé pour ses atrocités », réplique Yoweri Museveni[20]. Placé dans l'unité de soins intensifs de l'hôpital du Roi-Fayçal de Djeddah, le banni s'éteint le 16 août 2003, à l'âge de 78 ans. Conformément au rite musulman, il est inhumé sans délai au cimetière al-Ruwais. Avait-il prédit cet épilogue ? À l'en croire, oui. « Idi Amin n'a peur de rien, claironnait-il devant la caméra de Barbet Schroeder. De même que j'ai rêvé qu'il fallait expulser les Asiatiques d'Ouganda, j'ai vu en songe les circonstances de ma mort, son lieu et sa date. Ainsi, personne ne peut rien contre moi. Dieu parle par ma bouche. » Cette prémonition avait pour lui valeur de talisman. En mars 1974, aux prises avec un embryon de putsch, Amin offre son poitrail aux conjurés et les défie en ces termes : « Tirez donc. Vous ne savez pas l'heure de mon trépas. Moi, si. » Le lendemain du décès, David Owen, chef de la diplomatie britannique de 1977 à 1979, admettra avoir vainement préconisé la liquidation physique du « dernier roi d'Écosse ». Lequel ne fut pas, pour le malheur des siens, que le personnage d'un roman, d'un film et d'un envoûtant documentaire.

20. Parvenu à la présidence en mai 1996, le très autoritaire Yoweri Museveni, 76 ans, a été réélu en janvier 2021 pour un sixième mandat consécutif.

Bibliographie

James Barter, *Idi Amin*, Lucent Book, 2004 (en anglais).
Giles Foden, *Le Dernier Roi d'Écosse*, éditions de l'Olivier, 2000.
Ryszard Kapuscinski, *Ébène, Aventures africaines*, Plon, 2000.
Henry Kyemba, *A State of Blood*, Corgi, 1977 (en anglais).
David Martin, *General Amin*, Transatlantic Arts, 1975 (en anglais).
Pierre Merle, *Amin Dada ou les sombres exploits d'un sergent de l'armée britannique*, éditions Régine Deforges, 1978.
Jean-Louis de Montesquiou, *Idi Amin Dada*, Perrin (à paraître).

3

Gnassingbé Eyadéma, le tirailleur tiraillé

Terrassé entre ciel et terre par une attaque cardiaque un samedi de février 2005, ce lutteur implacable et madré emporte cinq semaines plus tard dans la tombe un trophée que nul ne peut lui disputer : Gnassingbé Eyadéma, à la tête du Togo trente-huit années durant, fut et restera en terre d'Afrique le premier putschiste galonné de l'ère postcoloniale. Une figure pionnière à la postérité profuse : depuis son abordage millésime 1967, les chroniqueurs du pronunciamiento ont recensé sur le continent une centaine de coups d'État « réussis » et presque autant de tentatives avortées.

Le 15 mars suivant, dans le caveau familial de Pya, non loin de Kara (Nord), on aurait pu inhumer auprès du gisant bien d'autres titres et symboles. La dignité de doyen des chefs d'État africains, conquise au lendemain du trépas du roi Hassan II du Maroc[1], survenu en juillet 1999, des

1. Dignité que lui disputait, tout en affectant de n'accorder qu'une importance mineure au « doyennat », le Gabonais Omar Bongo, né lui aussi en 1935. Fils du sultan puis monarque Mohammed V, Hassan II

insignes de sous-officier de la Coloniale, la partition de *La Madelon*, une paire de lunettes noires, une bouteille de champagne rosé, un casier de bière chinoise, une fiole d'alcool de ginseng nord-coréen et une montre au mécanisme infaillible, talisman horloger d'un fanatique de la ponctualité. À ce reliquaire imaginaire, les plus dévots n'auraient pas manqué de joindre le lot des surnoms glanés au fil des ans : le « Tirailleur », le « Timonier national », le « Messie », le « Rédempteur », le « Baobab de Kara », le « Vieux » ou, en plus familier, « Gnass' ».

Riche collection pour le fils le plus illustre d'un micro-pays tout en hauteur, pris en étau entre le Ghana anglophone à l'ouest et le Bénin à l'est, dont la tête bute sur le Burkina Faso et dont les pieds pataugent dans les flots du golfe de Guinée. Une Afrique miniature aux 8,6 millions d'âmes avec, du sud au nord, ses cocotiers côtiers, ses vallées, ses montagnes, sa savane piquée de baobabs et ses terres prolifiques : en surface, on y cultive le coton, le café, le cacao et une multitude de plantes vivrières ; du sous-sol, on extrait le phosphate, minerai dont le Togo est le cinquième producteur de la planète. Ultime atout : le port en eau profonde de Lomé, seul de sa catégorie dans la sous-région et précieux portail maritime pour ses voisins enclavés.

Un lutteur en « Indo »

En vertu d'une règle commune à maints despotes, un halo de mystère nimbe l'enfance et la jeunesse du chef,

---

a régné d'une main de fer sur le Maroc durant plus de trente-huit ans. À sa mort, le 23 juillet 1999, son fils Sidi Mohammed lui succède sous le nom de Mohammed VI.

prénommé Étienne à la naissance. À en croire sa biographie certifiée conforme, il aurait vu le jour au sein d'une famille paysanne de l'ethnie minoritaire Kabiyé le 26 décembre 1935. Date hautement fantaisiste : d'autres sources situent sa venue au monde en 1936, en 1937, voire au tout début de cette décennie. Guère de doutes en revanche quant au lieu de la délivrance. En l'occurrence, la bourgade septentrionale de Pya, à 420 kilomètres au nord de Lomé, capitale d'une nation à la destinée singulière. Protectorat allemand, le « Togoland » se voit placé au lendemain de la Grande Guerre, à l'initiative de la Société des Nations, sous la double tutelle de la France et du Royaume-Uni. Son flanc ouest, le futur Ghana, échoit à la Couronne britannique sous le nom de *Gold Coast*, ou Côte de l'Or, le versant oriental du territoire passant dans l'orbite de Paris.

Autre certitude, le garçonnet fréquente l'école primaire de la mission protestante locale, mais n'ira pas au-delà du cours élémentaire. Les parents ? Faute de mieux, on s'en remettra à la pieuse bande dessinée parue en 1976, premier tome d'une collection dédiée aux potentats du continent, diffusée avec ardeur par le Rassemblement du peuple togolais (RPT), parti unique à la dévotion du « Timonier »[2]. Selon ce récit épique à l'imagerie naïve, le père d'Étienne, réfractaire aux travaux forcés imposés par l'administration coloniale, aurait succombé sous les coups de miliciens supplétifs de l'occupant, dont le chef sera, à l'heure de la vengeance, liquidé sur ordre du fils orphelin.

Adolescent, Étienne obtient une place de métayer chez un agriculteur de Kabou-Sara, à l'ouest de Kara. C'est là que le cueille le virus de la grande aventure. Avec la bénédiction de son mentor, le pasteur évangélique de Pya,

2. *Eyadéma, Histoire du Togo* (Afrique Biblio Club, 1976).

il file au printemps 1953 à Ouidah (Dahomey, le futur Bénin), haut lieu de la traite négrière transatlantique, pour s'engager dans les rangs des tirailleurs de l'armée française. Après un semestre de classes à Fréjus, dans le Var, la recrue s'envole pour l'Indochine. Dépaysement garanti. Cap sur Saigon puis sur la région du cap Saint-Jacques, le « Deauville vietnamien », rebaptisé depuis lors Vũng Tàu. Loyal, dur au mal, doté d'une musculature forgée à la rude école de la lutte traditionnelle kabiyé, dont il fut un cador, le Togolais délaisse en 1954 les rizières pour le djebel algérien. Cantonné à Saïda, il sera rapatrié peu après le « putsch des généraux » (avril 1961). Retour à la case dahoméenne, avant une ultime affectation au Niger. Arbore-t-il alors, comme le prétend la version officielle, des galons d'adjudant ? « Pas sûr, nuance un diplomate familier des convulsions postcoloniales. À ma connaissance, il n'a pas dépassé, au mieux, le grade de sergent-chef. »

Qu'importe. Démobilisé en septembre 1962, désormais à la disposition du pays natal, le « sous-off » doit à ses états de service son admission à l'École des officiers de Fréjus. Las !, le président Sylvanus Olympio, premier chef d'État du Togo indépendant, met son veto à ce retour sur la côte varoise ; tout comme à sa promotion au grade de sous-lieutenant et à son intégration au sein de la gendarmerie. Pourquoi ? Deux motifs pour le prix d'un. D'abord, le maître de Lomé, Ewé du Sud, redoute l'emprise des cadres nordistes sur son armée naissante ; ensuite, ce « progressiste » acquis à la cause du Front de libération national algérien (FLN) n'a que mépris pour les revenants de la Coloniale. « Tous des mercenaires !, peste-t-il. Qu'ils aillent au diable[3] ! » Affronts inexpiables, qu'Eyadéma ne

3. *Le Figaro*, 3 décembre 1971.

tardera pas à laver dans le sang. D'autant qu'Olympio reste sourd à ses plaidoyers en faveur des « petits soldats », ces demi-soldes négligés par l'exécutif. Désormais sous surveillance, le lutteur Kabiyé est interpellé à plusieurs reprises, notamment pour « détention d'armes de guerre ».

La détresse d'Olympio

Dans la nuit du 12 au 13 janvier 1963, l'adjudant-chef Emmanuel Bodjollé et lui, épaulés par une demi-douzaine de frères d'armes, passent à l'action. Le commando attaque la villa présidentielle, dont le locataire s'éclipse pour se planquer dans une Buick en panne garée sur le parking de la chancellerie des États-Unis voisine, tandis que les assaillants saccagent la résidence et malmènent son épouse Dina. Eyadéma aurait alors appelé l'ambassadeur de France Henri Mazoyer pour lui livrer ce troublant message : « Nous ne l'avons pas trouvé. » Ce n'est qu'une question de temps... Alerté, le chef de la mission diplomatique américaine, Leon Pulada, découvre le fuyard, parlemente avec les conjurés et fonce chez lui, au prétexte d'aller chercher les clés de son ambassade. On ne le reverra pas. Au lever du jour, trois coups de feu claquent[4].

Le captif tombe-t-il alors sous les balles du militaire rancunier ? L'ancien tirailleur revendiquera l'assassinat avant de se rétracter sur le tard. « Je l'ai descendu », admet-il devant l'envoyé spécial de *Paris Match*, car il « refusait d'avancer »[5]. Aveu réitéré auprès de Philippe Decraene,

4. *Jeune Afrique*, 18 janvier 2013.
5. *Paris Match*, 26 janvier 1963.

l'africaniste du *Monde*, de son homologue du *Figaro* et d'un journaliste américain de *Time Magazine*. « Si c'était à refaire, confie-t-il à un ex-ambassadeur de France, je le referais. » Une décennie plus tard, le putschiste nuance ses aveux. Au reporter de *L'Express* Claude Feuillet, il jure que le président honni, qui « tentait de fuir », a été fauché par le « tir accidentel » d'un des insurgés.

« C'est bien lui qui l'a buté », tranche aujourd'hui Michel de Bonnecorse, patron de la cellule africaine de l'Élysée sous Jacques Chirac, de 2002 à 2007[6]. À en croire les Mémoires de Jacques Foccart, son très influent et très controversé prédécesseur, Charles de Gaulle ne doutait guère de l'implication du meneur des mutins. « Alors comme ça, vous avez zigouillé Olympio !, lui lance tout à trac le Général lorsqu'il le reçoit en septembre 1967. Cela, tout le monde le sait ; je n'ai pas de commentaire à vous faire, mais enfin, il est manifeste que vous avez eu tort. »

Vraiment ? Une autre version, avancée en septembre 2011 par un parent de la veuve d'Olympio devant la Commission Vérité, Justice et Réconciliation togolaise, impute le coup de grâce à un adjudant de gendarmerie français, Georges Maîtrier[7], qui passe pour un agent de Foccart à Lomé. À l'appui de leur thèse, les adeptes de ce scénario barbouzard invoquent l'aversion que Sylvanus Olympio inspirait sur les bords de Seine. « Il n'était pas un de nos amis », concède le sorcier blanc du gaullisme[8]. Résolu à quitter la zone Franc pour créer

6. Entretien avec l'auteur, 17 mai 2019.

7. RFI.fr, 18 septembre 2011.

8. *Foccart parle. Entretiens avec Philippe Gaillard*, t. 2 (Fayard/Jeune Afrique, 1997).

une monnaie togolaise, l'indocile président avait sollicité la garantie de la Bundesbank allemande en vue du lancement d'une nouvelle monnaie, imprimée qui plus est en Angleterre. La veille de sa mise à mort, il aurait même refusé d'inaugurer le Centre culturel français de Lomé. Et le surlendemain, son ministre des Finances devait signer à Paris la convention de divorce entre le Togo et la Banque de France.

L'insoumis éliminé, ses bourreaux installent à la présidence son beau-frère Nicolas Grunitzky, ingénieur de formation bien mieux en cour à Paris. Parrainage insuffisant : jugé trop enclin aux palinodies politiciennes, ce métis germano-togolais sera déposé le 13 janvier 1967, soit quatre ans jour pour jour après l'exécution d'Olympio. Fétichisme des dates ? Une évidence : là encore, le désormais lieutenant-colonel Étienne Eyadéma, promu à la tête de l'armée en 1965, dirige la manœuvre. Trois mois durant, il avance à couvert, planqué derrière le colonel Kléber Dadjo, figure de proue en titre de la junte et éphémère président de transition. À en juger par les souvenirs de Jacques Foccart, le marabout de l'ère gaulliste, ce nouveau coup de force ne surprend personne, sinon Grunitzky lui-même. « L'année précédente, écrit-il, reçu par le Général, [le président démis] lui avait dit que son chef d'état-major avait un caractère impossible, mais qu'il était fidèle et loyal. » Peu convaincu, de Gaulle adresse au « loyal » Eyadéma une mise en garde explicite le 14 juillet 1966, à la faveur de la réception donnée à la suite de la traditionnelle revue des troupes. Il lui serre la main puis le retient par le bouton de sa veste : « Vous savez, colonel, vous avez un excellent président, un très bon régime, et votre devoir est de les soutenir. — C'est bien mon intention, répond son visiteur. — Très bien, je vous en fais mon compliment et je compte sur vous.» Message reçu. Du moins à court terme. Quatre mois plus tard, l'armée qu'il dirige étouffe sans mal un embryon d'insurrection civile à l'amateurisme touchant.

«Du fil à retordre»

Charité bien ordonnée... À la mi-avril 1967, l'ex-tirailleur aux pommettes scarifiées et aux mains larges comme des battoirs s'empare du gouvernail au grand jour. Bas les masques: le voilà chef de l'État, Premier ministre et ministre de la Défense. Massif, voûté, un peu raide, un peu gauche, mais droit dans ses rangers. À ce capitaine, désormais seul maître à bord, il faut un équipage docile et dévoué. Ce sera le Rassemblement du peuple togolais (RPT), fondé en novembre 1969 sur le modèle du Mouvement populaire de la Révolution, parti unique à la botte du Congolais Mobutu Sese Seko. Deux ans plus tard sonne l'heure du premier «congrès statutaire» du RPT, réuni au stade de Kpalimé, à 120 kilomètres au nord-ouest de Lomé. Là, au milieu des siens, le général-président évoque sa «fausse sortie» de 1966. À l'en croire, il avait à l'époque songé à la «quille» avant d'y renoncer et de «rempiler». Coquetterie récurrente: au gré des discours-fleuves et des monologues radiodiffusés, on l'entendra dévoiler son intention de s'effacer et de «remettre le pouvoir aux civils», puis claironner que, l'armée ayant accompli son devoir – la restauration de l'ordre, de la stabilité et de l'unité du pays –, il juge le moment venu de céder les manettes. Immanquablement, ces adieux de diva déclenchent un défilé de délégués atterrés. Abreuvé de suppliques, le « Combattant suprême » – dignité empruntée cette fois au Tunisien Habib Bourguiba –, le « Grand Timonier national », le « Guide éclairé de la Nouvelle Marche » consent à différer l'échéance fatale.

De quoi dissiper les effets de l'invitation à l'humilité reçue de Charles de Gaulle lors de l'entretien élyséen mentionné plus haut. « Vous êtes arrivé au pouvoir d'une façon brutale, lui avait signifié l'homme du 18-Juin. Soyez modeste. Surtout auprès de ceux que je considère comme les grands anciens, tel [le président ivoirien Félix] Houphouët-Boigny, qui vous aime bien. Il me l'a dit. » « Mensonge patent mais utile, note Jacques Foccart dans ses Mémoires. Et, en définitive, simple anticipation. » De fait, le très francophile Houphouët, ministre d'État sous la IVe République, s'acquittera avec zèle de sa mission de tuteur du « rustaud » Eyadéma, dont on attend qu'il évince les vieux politiciens, promeuve de jeunes talents et terrasse les chimères socialo-communistes. « Jamais, disait pourtant du tombeur d'Olympio le "bélier de Yamoussoukro", je ne serrerai la main de cet individu. »

Une romance contrariée ? Foccart, quelque peu inquiet, note que l'« individu » ne tarde pas à prendre de l'embonpoint et de l'assurance. Abrupt, sinon « désinvolte », il tend à pilonner ses interlocuteurs parisiens de requêtes hétéroclites. « J'en arrive à la conclusion, écrit le conseiller de l'ombre, qu'Eyadéma sera un partenaire difficile, qui nous donnera beaucoup de fil à retordre. C'est un personnage assez fruste, assez primitif et d'un caractère qui deviendra de plus en plus insupportable. » À Paris, on veut néanmoins croire que le farouche prétorien cédera bientôt les rênes du pouvoir aux civils. Erreur de jugement. L'intéressé s'obstine avec une ténacité que le maître espion

Maurice Robert impute à un accès de « délire mystique ». « À l'écouter, ironise celui-ci dans *"Ministre" de l'Afrique*, Dieu lui a confié le pays et personne ne peut aller à l'encontre de la volonté divine, même pas lui[9]. »

Tandis qu'à La Boisserie de Gaulle couche sur le papier ses *Mémoires d'espoir*, son successeur Georges Pompidou reçoit à son tour Eyadéma dès septembre 1969. Sur le perron de l'Élysée, le jeune potentat togolais, étonnamment à l'aise, salue la « compréhension touchante » que lui témoigne l'ancien banquier de chez Rothschild. Deux ans plus tard, en amont d'une nouvelle escapade parisienne, le Timonier reçoit l'envoyé spécial de *L'Express*. Lequel a droit à un régime de faveur : son hôte fait ouvrir un réfrigérateur où repose une énorme tête de lion. « Le deuxième que je tue cette année », lance-t-il, visage balafré plissé d'un large sourire[10]. Promu par lui-même – qui d'autre l'aurait pu ? – général de division durant cette visite, l'ex-tirailleur s'offre un long périple hexagonal, faisant escale à Angers, Rouen, Le Havre, Nice et – séquence nostalgie – Fréjus, théâtre de ses classes. Là, au Centre d'instruction de l'infanterie et des troupes de marine, il gratifie sa suite d'une démonstration de tir au fusil et au pistolet automatique.

Eyadéma, qui revendique le titre de « meilleure gâchette d'Afrique », se plaît à mimer un exploit probablement apocryphe. Lors d'une partie de chasse, ayant repéré une crinière émergeant d'un tronc couché, il épaule et fait

---

9. Dans ce livre d'entretiens paru en 2004 au Seuil, Maurice Robert, qui fut tour à tour chef du département Afrique du Service de documentation extérieure et de contre-espionnage, le fameux SDECE, ambassadeur au Gabon puis « M. Afrique » du géant pétrolier Elf, raconte à sa manière les dessous de diverses aventures françafricaines.

10. *L'Express*, 29 novembre 1971.

feu. La toison réapparaît. Nouvelle salve, toute aussi vaine semble-t-il. Car le manège se répète deux fois encore. Vexé, Eyadéma approche et découvre, derrière l'arbre abattu, les cadavres de quatre fauves. Que lit-on dans la notice biographique mise en ligne sur le site officiel de la république du Togo en janvier 2005, à l'heure du 38e anniversaire – le dernier – de son accession au pouvoir ? Que le patron, « connu pour ses terribles colères, de celles qui font trembler les murs », ne fume pas et « n'abuse pas de l'alcool ». Mais aussi que « poursuivre en Jeep, en hélicoptère ou à pied un sanglier, un cerf ou une antilope constitue sa passion favorite[11] ». En janvier 1983, quand François Mitterrand amorce à Lomé une brève tournée ouest-africaine, Eyadéma tient à lui montrer en préambule du banquet le buffle abattu en son honneur.

Carnet pare-balles

Dans sa musette à anecdotes, l'enfant de Pya puise volontiers cette autre scène de genre, sujette à quelques variantes : « Un soldat de ma garde, un jour, a braqué sur moi sa mitraillette à deux mètres de distance. Il m'a raté. Je l'ai renvoyé de l'armée. Pour maladresse. Aux mauvais tireurs, je ne pardonne pas. » Mansuétude aussi noble que suspecte. L'incident date du 24 avril 1967. Ce lundi-là, le lieutenant-colonel Eyadéma passe en revue le peloton d'honneur de la gendarmerie. Avide de venger un cousin, officier de haut rang « cassé » et embastillé, le caporal-chef Boko Bosso braque soudain son arme sur le

11. *Le Monde*, 8 février 2005.

chef d'état-major. Par miracle, le bloc-notes que celui-ci tient à la main dévie la balle[12]. Blessé au pouce, le général miraculé, qui invoque la «providence divine», exhibe à la faveur d'une conférence de presse convoquée à la hâte sa manche de chemise trouée et le carnet perforé. Lequel, placé sous verre, trônera longtemps sur le bureau de sa résidence du quartier de Lomé II – toute proche du camp militaire de Tokoin – avant de garnir l'une des vitrines du musée ouvert à Pya en avril 2007. Selon des sources concordantes, le «capo-chef» félon, condamné à mort, aurait été gracié pour la galerie puis liquidé en catimini.

À l'évidence, le rugueux magnétisme d'Eyadéma opère sur la presse française. Laquelle brosse du personnage un portrait flatteur, truffé de stéréotypes essentialistes. Il arbore, lit-on dans *Le Monde*, le «port athlétique des hommes du nord du Togo, dont la race est plus vigoureuse que dans les régions méridionales». «Doué d'une grande intuition», doté du «flair du pisteur», «il mène son pays avec énergie et rigueur, et gère avec scrupule les deniers publics», écrit Philippe Decraene, prompt à louanger l'«honnêteté» et l'«ardeur au travail» d'un guide magnanime.

S'il aime le pouvoir, le Timonier togolais en dédaigne les fastes. Loin de collectionner les berlines hors de prix, il éprouvera longtemps la robustesse de sa Mercedes 280 SEL blindée à la robe vert olive, désormais exposée elle aussi au musée de Pya. Même cravaté, même vêtu d'un costume ivoire ou bleu électrique, l'ancien sous-off se meut du pas lourd et saccadé du soldat qu'il demeurera jusqu'à son dernier souffle. Quoique élu puis réélu,

---

12. *Le Figaro*, 7 février 2005.

au prix d'artifices aussi rustiques que la candidature unique, le général préside moins qu'il ne commande. Un signe : il réside au cœur du camp militaire du régiment interarmes togolais (RIT), dans le quartier de Tokoin, et se rend dès l'aube au palais comme on va au boulot. À en croire ses hagiographes, Eyadéma, l'« homme qui ne dort jamais » et « ne prend jamais de vacances », se lève à 4 heures et trône dès 6 h 15 dans son bureau sombre et climatisé, où règne en permanence un froid glacial. Deux fois la semaine, ce crapahuteur impénitent entraîne une cohorte d'officiers dans une marche forcée de 14 kilomètres, suivie d'un exercice de tir à la cible. Les premiers de cordée auront le privilège de l'accompagner lors d'une partie de chasse. Pour les « cancres », en revanche, retour à pied à la case départ.

Maniaque de l'exactitude, le président-baroudeur au maintien martial peut fort bien convoquer un ministre à 6 h 42 ou à 7 h 09, et mieux vaut pour l'intéressé se pointer à l'heure dite. Diplomates et journalistes n'échappent ni aux sommations matinales, ni aux appels nocturnes. Chef du bureau local de l'AFP à l'orée de la décennie 1980, Jean-Christophe Mitterrand, fils de François et futur patron de la cellule africaine de l'Élysée, se souvient d'un coup de fil reçu en pleine nuit. « Viens tout de suite, lui enjoint Eyadéma. On a trouvé une cache d'armes. La preuve d'un projet de putsch[13]. » Une décennie plus tard, le néo-ambassadeur Bruno Delaye, 38 ans, fraîchement arrivé à Lomé, sursaute quand résonne la sonnerie de son téléphone gris, celui de la « ligne directe ». « On se voit demain au camp militaire, 6 heures du matin, lui intime

13. Entretien avec l'auteur, 22 février 2006.

le chef de l'État. — À cette heure-là, je suis dans le coma, Monsieur le Président. Vous voulez recevoir un ambassadeur de France ou un zombie ? » « Il a éclaté de rire et raccroché, raconte aujourd'hui Delaye. Je venais de vivre mon rite initiatique[14]. » Déjà, un parfum de bizutage avait flotté sur la remise des lettres de créance de l'envoyé de Paris, pourvu par ses supérieurs de ce seul viatique : « Eyadéma est un ami de la France. Il ne faut pas le bousculer. Tiens-lui tête, mais sans le braquer. » Le jour dit, le président toise le nouveau venu puis lui lance : « Vous êtes bien jeune… Mais enfin, si Mitterrand vous a choisi, c'est que vous êtes un bon. » Pétri d'idéaux tiers-mondistes, le néophyte sera très vite affranchi. Peu après, tandis qu'il plaide au palais en faveur de la tenue de scrutins ouverts et transparents, son hôte se braque. Puis, comme pour détendre l'atmosphère, ordonne à son aide de camp d'apporter un champagne estampillé « Cuvée du Bicentenaire », cadeau du président Mitterrand en souvenir des cérémonies du 200e anniversaire de la Révolution française. Avec un enjouement inattendu, l'ancien tirailleur emmène ensuite un Delaye interloqué à l'étage, dans sa chambre. Là, il l'attire jusqu'au balcon et ouvre les rideaux. En contrebas, un bon millier de Togolais acclament leur Timonier aux cris de « Eyadéma, oui ! Élections, non ! ». « Sous l'œil des caméras, soupire l'ancien diplomate, il me passe alors le bras autour des épaules, tout sourires. Les images ont fait l'ouverture du JT le soir même. Un traquenard absolu… »

14. Entretien avec l'auteur, 17 mai 2019.

Champagne et brochettes

En fait de rite, il en est un autre, convivial, qu'aucun officiel étranger reçu à Lomé II ne risque d'oublier. Fût-ce à l'heure du laitier, on sert au visiteur un vin de champagne rosé, parfois tiède, et des brochettes d'agneau pimentées. Eyadéma, lui, préfère arroser son gibier de brousse d'une bière chinoise ou d'un verre d'un breuvage connu sous le nom de « racine ». « En fait, précise l'avocat Jean-Paul Benoit, directeur de cabinet au ministère de la Coopération sous Valéry Giscard d'Estaing, un alcool à base de ginseng nord-coréen aux multiples vertus supposées. Quasiment imbuvable[15]... » « Jacques Chirac avalait cet épouvantable tord-boyaux sans ciller, s'amuse en écho Michel de Bonnecorse. D'autant qu'une complicité empreinte de fraternité d'armes liait les deux hommes, qui se tutoyaient et se tapaient sur l'épaule. » L'ex-« Monsieur Afrique » de l'Élysée se souvient d'avoir entendu plus d'une fois Chirac apostropher Eyadéma en ces termes : « Ah, on était quand même plus fringants au temps du djebel[16] ! »

Incollable sur le répertoire des chansons à soldats, le lève-tôt de Lomé, amateur de pétanque, peut entonner au débotté *La Madelon*. Et il n'est pas rare que la musique de la Garde républicaine accueille un visiteur de marque aux accents d'*Auprès de ma blonde*. « J'ai deux patries, claironne volontiers le nostalgique de la Coloniale, le Togo et l'armée française. » Soit. Reste que cette double allégeance, dont Foccart joue sans retenue, connaît quelques

---

15. Entretien avec l'auteur, 21 mai 2019.
16. Entretien avec l'auteur, 17 mai 2019.

trous d'air passagers. Pour preuve, le séjour contrasté des époux Pompidou, en novembre 1972. Certes, *France-Soir* publie en bonne place la photo de Claude, la première dame en visite, tenant dans ses bras Sandrine, dix jours, dernière-née de « Mme Hubertine Eyadéma, la jolie présidente togolaise », et ce, sous les yeux d'un de ses aînés prénommé Leclerc en hommage au héros de la 2e DB[17].

Mais l'impromptu intimiste n'effacera pas l'accrochage qui assombrit le dîner de gala servi dans un salon du siège du RPT. À l'heure des toasts, le maître de céans, frac et nœud papillon, réclame sans préavis et au nom de la « justice » un « réajustement » de la parité du franc CFA, plaidant en faveur d'un taux « plus favorable à nos peuples ». Au passage, l'orateur glisse que la Chine populaire lui a promis un « important prêt à long terme sans intérêt ». Une « diatribe inattendue » – *dixit* Foccart – qui a le don d'ébranler la placidité proverbiale du normalien cantalou. Lequel, la « pommette subitement enflammée », délaisse le texte de son allocution pour improviser un blâme exaspéré. « Nous sommes prêts à toutes les évolutions, grince-t-il, mais sous une réserve : l'indépendance et la souveraineté des États africains trouvent leurs limites dans les garanties que donne Paris. » Garanties sans lesquelles « le CFA s'effondrerait demain ». « Un chef d'État responsable, lâchera-t-il peu après en privé, évite ces manifestations publiques. » La suite ? Foccart la relate ainsi dans ses Mémoires : « Le lendemain, à 6 heures du matin, Eyadéma m'a tiré du lit. J'ai fait une connerie, m'a-t-il dit. Je ne voulais pas du tout dire ce que vous avez compris. Comment réparer cela ? Écrivez-moi un discours ! »

17. *France-Soir*, 25 novembre 1972.

Ainsi fut fait : le sorcier de la Françafrique l'aide à polir l'allocution qu'il doit prononcer quelques heures plus tard. Incident clos ? « Tout s'est fini par des chansons », assure *L'Aurore*. Dont cette ode, entonnée par les jeunes du RPT : « Ô Pompidou, flambeau du gaullisme[18]. »

Il n'empêche. Dès cette époque, Paris s'alarme de la dérive narcissique, voire du caporalisme « fascisant » du Timonier kabiyé, enclin à copier les pompes de la propagande nord-coréenne, embrigadement de masse compris, tout comme le culte de la personnalité dansé et chanté instauré par le grand frère Mobutu Sese Seko[19]. À l'heure du générique du journal télévisé, on frôle le plagiat : comme son modèle zaïrois, un Eyadéma ailé descend du ciel parmi les siens, fendant les nuages. De même, tout comme Mobutu avait abandonné son nom de baptême chrétien – Joseph-Désiré – en vertu de l'impératif d'« authenticité », lui récuse Étienne au profit de son patronyme kabiyé, Gnassingbé. L'Agence Togo-Presse salue alors la « renonciation par le chef de l'État à son prénom juif », reflet d'un « divorce radical d'avec l'impérialisme sous toutes ses formes ». Retour aux écrits de Jacques Foccart : « Soumis à une influence croissante de [Yakubu] Gowon [général nigérian, au pouvoir de 1966 à 1975]

18. *L'Aurore*, 24 novembre 1972.

19. Sur Mobutu, lire la biographie de référence que Jean-Pierre Langellier a publiée chez Perrin en 2017. S'agissant de la fascination qu'exerce alors sur Eyadéma la République populaire démocratique de Corée, tout indique qu'elle n'a rien d'une tocade. En 1974, peu après une visite à Pyongyang, où il est reçu par Kim Il-sung, le chef de l'État togolais rompt avec Séoul et expulse les diplomates sud-coréens. Au plus fort de la guerre froide, le « Royaume ermite » fournit à Lomé assistance, équipements et conseillers militaires.

et de Mobutu, Eyadéma n'écoute plus ni Houphouët-Boigny, ni moi, ni les meilleurs de ses conseillers, accroît son autoritarisme, s'ingère dans les affaires de ses voisins, le Dahomey, et surtout le Ghana. » De fait, il fomente et finance en 1973 une insurrection de la communauté Ewé, rattachée malgré elle à l'ancienne Côte de l'Or.

Baraka

Écoliers et fonctionnaires sont tenus de chanter les louanges et la geste épique du « Rédempteur ». Sur les ondes de Radio Lomé et Radio Kara résonne chaque jour ce cantique : « Président Eyadéma, c'est Dieu qui t'a mis la couronne royale. » Et t'a sauvé plus d'une fois d'une mort certaine… L'aura du chef se mesure, on le sait, à l'aune de son aptitude à narguer la Grande Faucheuse. Le 24 janvier 1974, le DC-47 Skytrain de la Présidence, venu de Lomé, s'écrase en pleine savane, non loin de Sarakawa (Nord). Si le crash épargne Eyadéma, qui s'en tire avec une blessure au visage, ainsi que son ami le pasteur François Roux, jadis aumônier militaire en Algérie, il coûte la vie à trois généraux togolais et à deux officiers français, détachés au titre de la coopération technique, le commandant de bord Jean Cattin et son copilote Bertrand Delaire. Aussitôt, Lomé dénonce une tentative d'assassinat maquillée en accident. Complot ourdi, à en croire le ministère de l'Information, en représailles à l'octroi de la commercialisation du phosphate à une société d'État, et ce, au détriment de la Compagnie des mines du Bénin, ou Cotomib, que contrôlent des intérêts français. Le 2 février suivant, sur le seuil de la Maison du RPT, le rescapé avalise la thèse du sabotage visant à le « liquider physiquement ». « On a voulu ma peau, mais on m'a raté», tonne-t-il. Scénario absurde, objecte Jacques Foccart, puisqu'il prête aux deux conseillers militaires français une vocation de kamikazes. «La cause réelle est simple, écrit "La Foque" dans les Mémoires déjà cités: le pilote n'avait pas été assez ferme pour refuser de décoller avec un appareil surchargé.»

Qu'à cela ne tienne. La date du 24 janvier accède à la dignité de «Jour de la libération économique». Et un mémorial surgit sur les lieux mêmes de la catastrophe. En l'espèce, un patio dessiné autour de la carcasse de l'appareil, planté d'une statue monumentale du général-président, œuvre de sculpteurs... nord-coréens, et de trois autels à l'effigie des généraux défunts. «Notre ambassadeur croyait Eyadéma mort, ce dont je doutais, raconte Jean-Paul Benoit. Le président l'a appris et m'en a été reconnaissant. "Vous êtes un peu sorcier", m'a-t-il dit lorsque le pasteur Roux me l'a passé au téléphone[20].» Élevé de la sorte au rang de demi-dieu, le Togolais polygame – un nombre de compagnes indéterminé et une cinquantaine d'enfants reconnus – allie dans un creuset syncrétique, à l'instar de nombre de ses pairs, le legs du catéchisme chrétien et les préceptes des religions traditionnelles. Non sans avouer la perplexité que lui inspirent certains dogmes monothéistes. Témoin, à l'été 1994, cet échange insolite avec le musulman Abdou Diouf, alors président du Sénégal, en marge des cérémonies du 50e anniversaire du débarquement des Alliés en Provence. «Diouf, qui peut croire que Marie a enfanté sans avoir connu d'homme? — Ne dis jamais ça à Élisabeth [l'épouse du chef d'État sénégalais, pieuse catholique]! Et n'oublie

20. Entretien avec l'auteur, 21 mai 2019.

pas que Maryam est la seule femme que mentionne le Coran. — Mais en fait, toi aussi, tu es catho[21]… »

La baraka, qui rehausse toute légende à la feuille d'or, ne lâche pas le survivant. La même année, au surlendemain de Noël 1974, son Grumman Gulfstream II se crashe non loin de l'aéroport. Les deux pilotes, américains cette fois, périssent. Mais pas leur présidentiel passager, qui avait choisi de rentrer de Niamey à bord de l'avion de son homologue nigérien Seyni Kountché. À en croire sa « bio » officielle, « Gnass' », qui aurait échappé par miracle aux fellagas algériens dans le massif des Aurès, survit entre 1977 et 1986 à sept complots ou tentatives d'assassinat, dont deux orchestrées avec le concours de mercenaires étrangers. Survenu deux mois avant la tenue à Lomé du 13e sommet France-Afrique, l'épisode de septembre 1986 mérite une brève escale. Ébranlé par l'incursion nocturne d'un commando venu du Ghana, l'ancien sous-off obtient l'envoi d'une escouade de soldats français. Le péril ainsi conjuré, il pointe un index accusateur sur l'afro-marxiste Jerry Rawlings, au pouvoir à Accra, mais aussi sur le capitaine Thomas Sankara, boutefeu tiers-mondiste aux commandes du Burkina Faso depuis trois ans. Deux mois plus tard, la Haute Cour de justice de Lomé condamne Gilchrist Olympio, fils du défunt président exilé au Ghana, déjà incriminé dans une vague d'attentats à la bombe perpétrés l'année précédente, à la peine de mort par contumace. « Nous sommes tenus en captivité par un autre Amin Dada », avait confié Olympio Jr au *New York Times* cinq ans auparavant[22].

---

21. Entretien avec l'auteur, 11 juin 2019.
22. *The New York Times*, 8 juin 1980.

D'autres ébauches de putsch suivront, dont, en mars 1993, une attaque à la roquette dans l'enceinte même de la caserne où le « Timonier national » a élu domicile. Agression imputée à un « commando terroriste » venu du Ghana voisin, sanctuaire de l'opposition radicale, même si l'hypothèse d'un putsch tramé par une faction de la hiérarchie militaire court alors dans les chancelleries[23]. Une certitude : fatal au chef d'état-major particulier du président ainsi qu'au n° 2 des Forces armées togolaises (FAT), l'assaut fournit le prétexte à une purge d'envergure. Ancienne, la propension au recrutement clanique et à la promotion exclusive d'officiers nordistes a désormais valeur de loi. Le président broussard bichonne au grand jour ses fiefs. Les liasses de billets pleuvent lors de ses passages à Pya. Tandis qu'au fil des ans jaillissent à Kara une université, un CHU, un aéroport international, des antennes ministérielles, un palais des congrès et – on ne se refait pas – des garnisons[24].

À l'étroit dans son petit Togo, Eyadéma convoite très tôt un statut de « sage » appelé à prévenir ou à résoudre les conflits de voisinage qui déchirent le continent. Dès 1974, il propose sa médiation dans le contentieux frontalier survenu entre le Mali et la Haute-Volta, future Burkina Faso. Trois ans plus tard, lui qui a reconnu au grand dépit du Maroc la République arabe sahraouie démocratique œuvre à la libération de huit otages français détenus par les combattants du Front Polisario. Il offrira, avec un bonheur inégal au demeurant, ses bons offices de la Côte d'Ivoire au Tchad, *via* le Liberia, la Guinée-Bissau, le Zaïre, le Burundi et la Centrafrique.

23. *Le Monde*, 27 mars 1993.
24. *La Croix*, 5 novembre 2007.

De même, Eyadéma s'emploie à déminer le litige territorial de la presqu'île de Bakassi, amère pomme de discorde entre le Cameroun et le Nigeria. Sur le front tchadien, le vétéran du djebel paie de sa personne. En mai 1980, il aurait ainsi traversé le fleuve Chari en pirogue et sous les balles pour arracher un cessez-le-feu aux frères ennemis Hissène Habré et Goukouni Weddeye. Deux décennies plus tard, c'est à Lomé que les autorités sierra-léonaises et les rebelles du *Revolutionary United Front* signent un fragile accord de paix. Il faut dire que l'ex-Togoland aura longtemps joui de l'image flatteuse de « pôle de stabilité ». La « Suisse de l'Afrique de l'Ouest », osent ses avocats les plus audacieux. Périlleux raccourci : comment oublier que le Rwanda fut la Suisse des Grands Lacs, le Liban celle du Proche-Orient et la Bosnie-Herzégovine celle des Balkans ?

Au pays, Gnassingbé Eyadéma régente l'échiquier politique comme on sonne la charge : à la hussarde. Aux aléas de la compétition électorale, ce uhlan tropical préfère le cavalier seul plébiscitaire. « Confirmé » par référendum à la présidence en janvier 1972 – 868 941 « oui » contre 878 « non », soit 0,1 % de téméraires –, il renouvelle l'exploit en 1979 puis en 1986. Et lorsque enfin, un septennat plus tard, le sortant perpétuel tolère l'irruption de rivaux inoffensifs, aussitôt laminés dans les urnes, voilà plus d'un quart de siècle qu'il règne sur le pays. « Il n'y a pas d'opposition au Togo, se plaît-il à marteler. Que quelques jaloux qui ne nous pardonnent pas d'avoir réussi là où ils ont échoué. »

Disparu en 2003, l'écrivain ivoirien Ahmadou Kourouma doit à son cuisinier togolais le titre d'un roman corrosif et charnel mentionné dès le prologue de cet essai, *En attendant le vote des bêtes sauvages*. « Si les hommes refusaient de voter pour Eyadéma, lui avait confié le cuistot, les animaux sortiraient de la brousse pour l'élire. » En rangs de plus en plus clairsemés. Car dès les années 1980, le déclin des cours du phosphate fragilise l'assise économique du Togo, tandis qu'enfle la dette. À reculons, « Gnass' » consent à discuter avec certaines figures de l'opposition tolérée et approuve la création d'une Commission des droits de l'homme. Concessions minimalistes, anéanties par l'écrasement meurtrier des troubles sociaux qui assombrissent l'exercice 1990. Sur injonction de François Mitterrand, le dieu vivant du RPT se voit dès lors contraint d'avaliser l'instauration du multipartisme.

Un Timonier dans la tempête

Le vent a tourné. Et le Timonier togolais ploie sous les bourrasques libératrices qui balaient alors l'espace subsaharien. Le 8 juillet 1991 s'ouvre dans un salon de l'Hôtel du 2 Février une « conférence nationale » que préside Mgr Philippe Kpodzro, évêque de Lomé et futur président du Haut-Conseil de la République, Parlement de transition appelé à rédiger une nouvelle constitution. À la faveur de ce défouloir théâtral et cacophonique, les « anti-Gnass' », fraîchement rentrés d'exil pour la plupart, accablent le régime, dénonçant la torture et les emprisonnements arbitraires. « Un bateau ivre, concède Bruno Delaye, alors ambassadeur de France au Togo. Eyadéma en a pris plein la tronche[25]. » Enfermé dans son bureau de Lomé II, impuissant et furieux, le chef de l'État ainsi défié convoque le diplomate. « C'est n'importe quoi !, éructe-t-il. Et ça va très mal se terminer. »

---

25. Entretien avec l'auteur, 17 mai 2019.

Pas faux. Pour lui, la pilule est amère. Car le happening participatif le prive de l'essentiel de ses prérogatives et lui impose de cohabiter avec un Premier ministre hors-caste. Paris plaide en faveur de Joseph Kokou Koffigoh, président de la Ligue togolaise des droits de l'homme, adoubé par les conférenciers. « Eyadéma a très mal digéré la fin du parti unique, confirme le diplomate Jean-Marc Simon, éminent "Africain" du Quai d'Orsay. À ses yeux, le chemin le plus court vers la chienlit. D'autant que le noyau dur de l'armée le jugeait trop souple[26]. » Alors à la tête du Sénégal, Abdou Diouf admoneste par téléphone son ami togolais : « Gnassingbé, que fais-tu donc ? — Je ne peux rien. La troupe ne veut pas de ça. Si je flanche, ses chefs se déchaîneront contre moi[27]. »

De fait, même si le président en rajoute à dessein, il y a du putsch dans l'air, tant les faucons galonnés kabiyé enragent. Le 1er octobre 1991, ils s'emparent de la radio-télévision, somment Koffigoh de démissionner et exigent la formation d'un nouveau cabinet, sous peine de « réduire Lomé en cendres ». Une semaine plus tard, un commando tente vainement d'enlever le chef du gouvernement, reclus dans les locaux de la primature et désormais placé sous la protection d'une équipe du Groupe de sécurité de la présidence de la République (GSPR) dépêchée sur place par l'Élysée. À Bruno Delaye, Eyadéma ressert la même antienne : « J'ai tenté de raisonner les militaires dissidents, couine-t-il, duplice en diable. En vain. Ils ne m'obéissent plus. » Au lendemain de la deuxième attaque, l'ambassadeur fonce à Lomé II. Dans le vaste bureau présidentiel,

26. Entretien avec l'auteur, 4 juillet 2019.
27. Entretien avec l'auteur, 11 juin 2019.

l'atmosphère est sibérienne. Et pas seulement à cause de la clim. Delaye : « Je m'assieds. Lui signait son parapheur, sans lever les yeux. Je toussote. Il me fixe, frappe son écritoire du plat de sa paluche et m'apostrophe ainsi : "Vous voulez ma place ? Prenez-la !" » Une autre fois, le jeune diplomate retrouve Eyadéma dans le hall d'accueil du palais, entouré de ses fidèles. « Je sais que la France va m'attaquer, lui lance le général aux abois. Sachez que nous sommes prêts à mourir les armes à la main pour sauver la patrie. » Psychose ? Pas tout à fait. De l'aveu même d'un témoin privilégié, Paris est alors le théâtre d'une « bataille des lobbies ». « À la différence du Quai d'Orsay, précise notre source, Pierre Joxe [alors titulaire du maroquin de la Défense] était favorable à une intervention militaire. »

Le 3 décembre 1991, au terme d'un assaut meurtrier, le Premier ministre assiégé baisse pavillon et accepte de transiger avec « son » président. Il gardera ses fonctions, en partie vidées de leur substance, jusqu'aux législatives de février 1994. À l'inverse, le Timonier entravé, libéré de ses liens, retrouve l'essentiel de ses pouvoirs. Et il en fait usage. En butte à la colère de la rue, dont témoigne la grève générale de l'automne 1992, il couvre la répression aveugle des défilés du 25 janvier suivant. Le sang coule et des dizaines de cadavres jonchent les avenues de Lomé. Cette fois, c'est est trop, la Communauté européenne, le Fonds monétaire international et la Banque mondiale suspendent toute coopération avec le Togo. Dans l'immédiat, « Gnass' » n'en a cure. Lors du scrutin présidentiel d'août 1993, dont Gilchrist Olympio a été exclu, il rafle 96,42 % des suffrages. Un contre-modèle du genre : seuls deux candidats fantômes défient le sortant ; quant au taux officiel de participation, dûment gonflé, il atteint péniblement les 36 %.

Répit éphémère. Car une telle mise au ban pour cause de « déficit démocratique » étrangle le pays. Soucieux de lever au plus vite cette coûteuse hypothèque, le chef d'État contesté recrute, parfois à prix d'or, des bataillons de conseillers en communication. Quitte à congédier en bloc ses « sorciers blancs » dès lors qu'il juge dérisoire le retour sur investissement[28]. Mal à l'aise dans l'arène médiatique, il lui arrive aussi d'enrôler une star du « paysage audiovisuel français », censée l'initier aux rudiments de l'interview. « Un client impossible, confesse Jean-Luc Mano, qui fut tour à tour chef du service politique de TF1 puis directeur de l'information de France 2, avant de céder aux douteux attraits de la com politique. J'ai d'abord tenté un *media training* de base, qui n'a servi à rien. Puis la répétition d'une émission de la campagne officielle. Indiffusable. Eyadéma était archi-bloqué sur tout[29]. »

Au demeurant, sa vision de la mission du journaliste s'avère au mieux simpliste. Lorsque la tonalité d'un article du magazine *Jeune Afrique* lui déplaît – cas de figure rarissime –, il adresse à la rédaction une note comminatoire. Un temps correspondant de l'AFP au Togo, Alain Bommenel se souvient d'avoir épuisé ses réserves de tact pour déjouer l'embarrassante générosité de la Présidence, laquelle tenait à le gratifier d'une pièce à choisir parmi les collections du musée de la capitale et d'une caisse de champagne haut de gamme. Lorsque, conformément à sa politique de régionalisation, l'AFP dégarnit le bureau de Lomé au profit d'Abidjan, le chef de l'État, dépité, exige vainement le maintien du *statu quo*, quitte à régler la note.

28. Vincent Hugeux, *Les Sorciers blancs…*, *op. cit.*
29. *Ibid.*

Le malentendu, il est vrai, vient de loin. Au temps où Jean-Christophe Mitterrand officiait pour l'Agence, « Gnass' » lui envoyait parfois pour avis le texte de ses discours. « Un style très ampoulé, avance le correcteur. Je ne touchais à rien sur le fond, mais suggérais des allégements de forme. Et il en tenait compte[30]. » Pour services rendus, celui qui a conquis en Afrique le sobriquet de « Papamadit » aura droit aux insignes de chevalier de l'ordre du Mono, la plus prestigieuse des breloques de la République. Souvenir piquant : en épinglant la décoration, Eyadéma lui égratigne le torse.

Les baobabs qu'on abat

« S'il se montrait patriarcal et autoritaire, s'il agissait en chef de village, l'homme était plus complexe et moins brutal qu'on le dit, soutient l'avocat et ex-député européen Jean-Paul Benoit. Chaleureux, non dénué d'humour, profondément attaché à la France et fidèle en amitié[31]. » Parfois trop. Parmi ses conseillers de l'ombre au teint pâle, un personnage fait tache : François Barazer de Lannurien, ancien de la Waffen-SS, Division Charlemagne, rencontré à l'époque où ce nazi impénitent, tour à tour chasseur d'épaves, producteur de cinéma et patron d'un élevage de pur-sang, dirigeait une aciérie à Lomé. « Pour Eyadéma, nuance Bruno Delaye, l'alternative était simple : je séduis ou je brise, j'achète ou je casse. La confrontation avec lui était quasiment physique. Car il dégageait une force vitale incroyable[32]. »

30. Entretien avec l'auteur, 22 février 2006.
31. Entretien avec l'auteur, 21 mai 2019.
32. Entretien avec l'auteur, 21 mai 2019.

Usure du pouvoir au long cours? L'aura du chef, chichement réélu en juin 1998 – 52,13 % des voix –, se ternit avec le temps. D'autant qu'une cascade de rapports finit par dessiller les yeux des plus candides. Dans une enquête éloquemment intitulée «Le règne de la terreur dans un climat d'impunité», publiée en mai 1999, Amnesty International impute aux gardes-chiourmes du régime la mort de centaines d'opposants lors de la campagne électorale de l'année précédente. D'autres ONG fustigent le recours systématique à la torture dans les commissariats, la servilité d'une justice aux ordres et l'engorgement de prisons surpeuplées. Plus inquiétant encore pour le Togolais, un document des Nations unies l'accuse de tremper dans un trafic de diamants au profit des rebelles angolais de l'Unita[33].

Quoique fourbu, le lutteur de Pya cherche à desserrer l'étau mortel des sanctions. En 2003, il donne à Jacques Chirac sa «parole de général» de s'effacer et de se retirer sur ses terres. Sans vraiment convaincre: quelques mois plus tôt, au détour d'une révision de la loi fondamentale de 1992, l'article 59, qui limitait à deux le nombre de mandats présidentiels consécutifs, a été opportunément

33. Fondée par Jonas Savimbi, leader charismatique, l'Union nationale pour la libération totale de l'Angola (Unita), d'inspiration maoïste à l'origine, combat tout à la fois l'ordre colonial portugais et ses frères ennemis du Mouvement populaire de libération de l'Angola (MPLA), d'obédience marxiste. Cette rivalité conduit l'Unita à opérer un spectaculaire virage pro-occidental et à pactiser avec Lisbonne. Au lendemain de l'indépendance, arrachée en 1975, elle plonge aussi le pays dans une longue et meurtrière guerre civile, qui tourne à l'avantage du MPLA. Connue pour avoir financé ses luttes par le trafic d'ivoire et de diamants, l'Unita se mue en parti d'opposition. Lors des législatives de 2017, elle remporte 51 des 220 sièges de députés.

abrogé. Cousue de fil blanc, la retouche doit beaucoup au juriste français Charles Debbasch, virtuose du bricolage constitutionnel et conseiller très en cour d'Eyadéma[34].

À la fin de l'été, la rumeur du trépas de celui-ci, née au sein de la diaspora togolaise des États-Unis, rebondit en Allemagne. Fausse alerte : traité dans une clinique milanaise pour un œdème pulmonaire, « Gnass' » rentre au pays. L'occasion pour François Soudan de dégainer dans *Jeune Afrique*, sous le titre « Eyadéma ressuscité ! », une de ces odes dont il a le secret. Au grand dam de ses opposants, écrit le directeur de la rédaction de *« JA »*, le chef de l'État « se porte comme un charme ». « Sa convalescence, lit-on ensuite, évolue rapidement. Et favorablement, l'auteur de ces lignes peut en témoigner. » Quatre jours après son retour, « l'Eyadéma de toujours semblait avoir ressurgi, tenant trois audiences à la fois dans trois salons séparés ». Le revenant enchaîne les audiences, recevant une délégation biélorusse, des assureurs suisses, un ambassadeur de France sur le départ, un émissaire sénégalais puis la veuve de Félix Houphouët-Boigny, avant de présider un Conseil des ministres et de livrer ses directives aux gradés chargés de mettre en scène le défilé du 23 septembre. « Certains, me dit-on, s'apprêtaient à sabler le champagne, confie-t-il à son visiteur. Qu'ils viennent se mesurer à moi sur le parcours du combattant[35] ! »

Le 7 mars suivant, le même François Soudan, friand de métaphores sylvestres, dédie une nouvelle élégie à l'« indéracinable baobab », lequel a droit en prime, au cœur de l'été, à un ébouriffant abécédaire. « Parcourant les pièces à grandes enjambées, raconte le Las Cases de ce Bonaparte

34. Vincent Hugeux, *Les Sorciers blancs…*, *op. cit.*
35. *Jeune Afrique*, 15 août 2004.

tropical, il reprend la conversation là où il l'avait laissée il y a quinze ou trente minutes, parfois au mot près. Sa mémoire des dates, des heures et des noms est en effet assez phénoménale. [...] Remarquablement informé, soucieux du moindre détail, il est un interlocuteur plutôt redoutable qui sait depuis des lustres comment doser la crainte qu'il inspire parfois et la bienveillance dont il sait faire preuve[36]. »

À la lettre « P » comme « Paix », le lecteur apprend que le « baobab » jouit d'une « santé bien meilleure qu'on le dit et le croit ». Pas au point toutefois de survivre au malaise cardiaque qui, le 5 février 2005, le foudroie dans le ciel tunisien à bord du Boeing 707 Togo 01 que pilote le Français Michel Restout. Après une brève escale à l'aéroport de Tunis-Carthage, l'avion présidentiel, qui faisait route vers un hôpital de Tel-Aviv, redécolle et rebrousse chemin. Cap sur Niamtougou, près de Kara. Le chasseur kabiyé avait-il senti approcher la camarde ? Après le décès de son aîné Kabissa, un mois plus tôt, il avait confié ceci à ses intimes : « Mon frère est parti là-haut préparer ma venue. »

Grave, solennel, le Premier ministre Koffi Sama apparaît à la télévision, le temps d'une allocution aussi concise qu'affligée. « Le Togo vient d'être frappé par un grand malheur, annonce-t-il. Une véritable catastrophe nationale. Le président n'est plus. » C'est ainsi que fut plongé dans un sommeil éternel l'« homme qui ne dort jamais ». Non sans que *Jeune Afrique* se fende d'une oraison funèbre au lyrisme tellurique : « Lorsque, minés par l'âge et les orages, les termites et la sécheresse, lorsque, privés de la sève qui ne monte plus de leurs racines mortes, les baobabs s'écroulent dans la savane, le bruit qu'ils font réveille les

36. *Jeune Afrique*, 22 septembre 2003.

morts et glace le sang des vivants. Le Grand Baobab de Pya, lui, s'est éteint en silence et en apesanteur, à dix mille mètres au-dessus de la terre des hommes, sur un lit d'avion, entouré de bouteilles d'oxygène, si loin de son village, de ses parfums et de ses sortilèges[37]... »

Aussitôt, l'Élysée publie un message de condoléances qui doit davantage à la « profonde tristesse », sans nul doute sincère, de Jacques Chirac qu'aux usages protocolaires. « Avec lui, confesse le Corrézien, disparaît un ami de la France qui était pour moi un ami personnel. [...] Je suis certain que l'Afrique ressent cruellement la perte de celui qui, depuis tant d'années, consacrait ses efforts à la coopération régionale, à la médiation et à la recherche de la paix. » La genèse de ce communiqué en dit long sur la force du lien tissé entre les deux anciens d'Algérie. Ce samedi de février, Chirac s'apprête à décoller pour Brazzaville quand son aide de camp vient l'informer du décès du vieux tirailleur. À sa demande, Bruno Joubert, alors à la tête de la cellule africaine de la Présidence, rédige en plein vol un texte « plutôt convenu ». L'ancien maire de Paris le lit et ajoute de sa main la référence à l'« ami personnel ». « Il tenait Eyadéma sous sa protection et ne voulait pas qu'on lui cherche noise, confie Joubert. Lequel Eyadéma l'appelait d'ailleurs en direct, sans passer par nous[38]. » « Chirac l'aimait bien et imputait ses bourdes à son entourage, confirme Michel de Bonnecorse. La seule vraie fâcherie date de 2002, quand notre allié togolais s'est senti dépossédé de son rôle de médiateur dans le conflit qui, en Côte d'Ivoire, opposait Laurent Gbagbo à la rébellion nordiste. Il l'a très mal pris, au point d'appeler plusieurs de

37. *Jeune Afrique*, 14 février 2005.
38. Entretien avec l'auteur, 8 juillet 2019.

ses pairs africains pour leur faire part de sa consternation. D'autant que le courant passait très mal avec Dominique de Villepin, alors patron du Quai, dont les longs monologues géopolitico-philosophiques atterraient Eyadéma[39]. »

Un héritage écrasant

Veillée à Niamtougou, la dépouille du « baobab » ne sera transférée à Lomé que le 13 mars, date de l'ouverture des funérailles officielles. De l'aéroport, le cortège rallie le Palais des Congrès, siège de l'Assemblée nationale, où patientent près de 3 000 invités. Le long de la route, des citoyens éplorés brandissent l'effigie du disparu, ainsi légendée : « Papa Eyadéma, du haut des cieux, protégez toujours votre peuple. » Sur place, on dispose le catafalque au centre d'une vaste scène, tandis que deux Alphajet et un essaim d'hélicoptères survolent la capitale à basse altitude[40]. Au pied de l'estrade, les intimes, veuves, enfants et petits-enfants, occupent une centaine de sièges. Combien d'épouses ? « Un bataillon », répond en souriant un journaliste togolais à Jean-Pierre Tuquoi, l'envoyé spécial du *Monde*. Les initiés repèrent aussi une trentaine de Français, débarqués l'avant-veille d'un vol spécial. Parmi eux, quelques dignitaires protestants, des avocats parisiens, une poignée d'hommes d'affaires et un marchand d'armes fameux. Côté liturgie, les obsèques obéissent pour l'essentiel aux canons de l'Église évangélique et presbytérienne du Togo. Quatre heures durant, les cantiques gospel rythment le défilé des pasteurs, imams, chefs coutumiers,

39. Entretien avec l'auteur, 17 mai 2019.
40. *Le Monde*, 15 mars 2005.

prêtres vaudous et familiers. « Tu as été le grand arbre sous lequel nous nous abritions, lance Behaza, l'une des filles du défunt. Nous ne te pleurons pas, nous te chantons. » Suit un déluge d'éloges, parfois inattendus. On louange ainsi le « chantre du dialogue » et, mieux encore, le « penseur des droits de l'homme ». Deux jours plus tard, retour à Pya, *via* Kara, pour l'inhumation dans le caveau des ancêtres, aux accents de *Ce n'est qu'un au revoir, mes frères*, ballade écossaise francisée par un jésuite, exécutée pour l'occasion par la fanfare des Forces armées togolaises.

En guise d'héritage, feu Gnassingbé Eyadéma laisse dans son sillage un pays exsangue, meurtri par des décennies de violence et d'arbitraire, rongé par une vénéneuse polarisation Nord-Sud. Rien ne rend mieux compte de l'étendue des dégâts que le scénario de la succession, piteuse mascarade orchestrée par Charles Debbasch, archétype du juriste dévoyé[41]. Dès le lendemain du « grand malheur », le chef d'état-major des FAT « confie » un pouvoir qu'il ne détient pas à Faure Essozimna Gnassingbé, fils du chef et ministre de l'Équipement, des Mines et des Télécommunications depuis juillet 2003. Encore faut-il, pour sauver – grossièrement – les apparences, propulser à

41. Natif de Tunis, ce brillant juriste, auteur de manuels et de traités de référence, a enseigné le droit public à Aix-Marseille III, université qu'il préside de 1973 à 1978. Un temps conseiller à l'Éducation et à la Culture de Valéry Giscard d'Estaing, il « inspire » ensuite de nombreuses constitutions africaines, sévissant notamment au Maroc, au Gabon, en Côte d'Ivoire, au Congo et au Togo, pays dont il adoptera la nationalité. En janvier 2021, il réside toujours à Lomé, où il a rang de ministre et prodigue ses avis à l'actuel président Faure Gnassingbé. L'auteur de cet ouvrage a consacré au « doyen » Debbasch un long portrait dans un essai paru en 2007 chez Fayard, *Les Sorciers blancs…*, *op. cit.*

la hâte ce trentenaire introverti, formé à Paris-Dauphine et aux États-Unis, au perchoir de l'Assemblée et distordre la constitution de manière à lui octroyer la magistrature suprême jusqu'au terme du mandat en cours, échu en 2008. Le tollé est tel, au Togo, en Afrique et ailleurs, que l'héritier doit se résoudre à convoquer dès le 24 avril un scrutin présidentiel, qu'il remporte, fraudes massives à l'appui. « Je n'étais pas vraiment préparé, admettra-t-il trois ans plus tard devant l'auteur de ces lignes. Le président Eyadéma et moi n'en avions jamais discuté. Lui croyait au destin, au choix de Dieu. » Et pensait, à l'image de son « parrain » Houphouët, qu'il ne faut jamais désigner un successeur de son vivant, sous peine d'affaiblir l'emprise exercée sur les siens[42].

Largement réélu – du moins si l'on en croit le verdict officiel – en février 2020, « Faure », tiraillé entre la volonté de solder le passif paternel et la crainte de profaner le mausolée familial, ne s'est jamais délesté de son fardeau originel. Ses efforts n'y suffiront pas : le moment venu, il emportera lui aussi dans la tombe ce sceau d'infamie, cette malédiction.

42. *L'Express*, 2 juillet 2008.

BIBLIOGRAPHIE

Claude FEUILLET, *Le Togo « en général ». La longue marche de Gnassingbé Eyadéma*, Afrique Biblio Club, 1976.
Jacques FOCCART, *Journal de l'Élysée*, t. 1 et 2, Fayard/Jeune Afrique, 1997 et 1998.
—, *Foccart parle. Entretiens avec Philippe Gaillard*, t. 1 et 2, Fayard, 1997.
Vincent HUGEUX, *Les Sorciers blancs. Enquête sur les faux amis français de l'Afrique*, Fayard, 2007.
Ahmadou KOUROUMA, *En attendant le vote des bêtes sauvages*, Seuil, 1998.
Patrick PESNOT, *Les Dessous de la Françafrique*, France Inter et Nouveau Monde poche, 2014.
Maurice ROBERT, *« Ministre » de l'Afrique*, Seuil, 2004.
Serge SAINT-MICHEL et Dominique FAGES, *Eyadéma. Histoire du Togo* (bande dessinée), Afrique Biblio Club, 1976.
Comi M. TOULABOR, *Le Togo sous Eyadéma*, Karthala, 1986.

DOCUMENTAIRE

Éric DEROO, *Eyadéma, président, tirailleur, général*, Les Films du village, 2001.

4

Mobutu : la débâcle du léopard

Au fil des ans, à mesure que s'estompent les méandres du cours de sa vie, le souvenir laissé par le despote se rétracte et se fige jusqu'à tenir en quelques clichés. Un portrait, une posture, un titre ronflant, un attribut vestimentaire, une formule choc passée à la postérité. Ainsi en va-t-il de Mobutu Sese Seko, le défunt « roi du Zaïre », aujourd'hui République démocratique du Congo, ou RDC[1]. « Un coffre-fort ambulant coiffé d'une toque de léopard », lâcha un jour Bernard Kouchner, tour à tour pionnier de l'épopée humanitaire des *French Doctors* puis ministre sous François Mitterrand, Jacques Chirac et Nicolas Sarkozy. Comme tout stéréotype, ce raccourci a

1. Allusion au titre du documentaire du cinéaste belge Thierry Michel, *Mobutu roi du Zaïre*. Le Congo belge devient la République du Congo le 30 juin 1960, jour de l'accession à l'indépendance, puis, en 1964, la République démocratique du Congo. En 1971, le pays est rebaptisé Zaïre. La rébellion qui détrône Mobutu au printemps 1997 rétablit la dénomination en vigueur sept années durant.

sa part de vérité. Et comme tout stéréotype, réducteur par essence, il rabote les aspérités d'un personnage cynique, retors et calculateur, dont la bonhomie matoise masquait à peine la volonté de fer et l'insatiable appétit de pouvoir. De son ascension, météorique, à sa chute, vertigineuse, le parcours du « maréchal-président », maître trois décennies durant d'un pays-continent misérable aux richesses prodigieuses, si vaste qu'on pourrait y loger quatre fois la France ou quatre-vingts Belgique, raconte aussi les ambiguïtés et les perversités de l'aventure coloniale. Car Mobutu fut le poulain des services secrets occidentaux et leur supplétif au temps de la guerre froide, avant d'endosser successivement les costumes de restaurateur de l'« authenticité » africaine, d'autocrate de droit divin, de kleptocrate hors-sol et, enfin, d'empereur sans empire, impuissant et amer[2]. À sa décharge, l'immensité de cet empire éclaté peuplé de centaines d'ethnies, mosaïque de chefferies ancestrales aux frontières floues, mettrait au supplice l'administrateur le plus intègre et le plus inventif de l'histoire de l'humanité.

Le 14 octobre 1930, à l'heure où Joseph-Désiré – son prénom chrétien – voit le jour à Lisala, village fluvial de la province septentrionale de l'équateur, le Congo belge, autrefois propriété privée du roi Léopold II[3], vit sous le

2. Jean-Pierre Langellier retrace minutieusement les étapes de cette trajectoire dans une biographie de référence parue en 2017 chez Perrin, ouvrage auquel ce chapitre doit beaucoup.

3. En août 1885, au lendemain de la conférence de Berlin, le roi des Belges Léopold II avalise la souveraineté de l'« État indépendant du Congo ». Souveraineté illusoire, puisque l'immense territoire devient de fait sa propriété, partagée entre le domaine de la Couronne et des concessions privées où l'exploitation du caoutchouc et de divers

régime de la conscription obligatoire et, dans les mines ou les plantations, du travail forcé. Issu d'une lignée de piroguiers et de pêcheurs d'ethnie Ngbandi, venus selon toute vraisemblance du Sud-Soudan, le garçon hérite d'emblée d'une identité tronquée qu'il traînera comme un fardeau. Et pour cause : il ignore celle de son géniteur. « Un enfant de père inconnu conçu entre deux mariages de sa mère Marie-Madeleine, la seule personne qu'il aurait réellement respectée », écrit le politologue Jean Omasombo Tshonda[4]. Lorsqu'elle accouche, la maman vénérée a déjà connu son lot d'épreuves. Unie contre son gré à un chef coutumier, mari de sa tante stérile, elle fuit à Lisala, cette bourgade blottie sur la rive droite du fleuve Congo. Là, « Mama Yemo » rencontre Albéric Gbemani, cuisinier au service d'un magistrat belge nommé Delcourt qu'elle épouse deux mois avant la naissance de l'« Homme-Léopard » en devenir.

L'enfance d'un « Jeff »

Dès lors, la famille navigue au gré des affectations du substitut du roi, dont la femme se prend d'affection pour

---

minerais se fait au prix d'un abject asservissement des populations autochtones. Exposées par ailleurs à la convoitise de trafiquants d'esclaves arabes, celles-ci voient leurs effectifs diminuer de moitié entre 1880 et 1926. Entre-temps, en 1908, le Congo quitte le patrimoine du souverain et passe sous la coupe du royaume, sous le nom de Congo belge. Sur l'histoire tourmentée du pays, lire l'ouvrage magistral de David Van Reybrouck intitulé *Congo, une histoire*, paru chez Actes Sud en 2012, lauréat la même année du Prix Médicis essai.

4. *Nord-Ubangui, l'État-Zaïre englué dans l'identité ethnique de Mobutu*, ouvrage collectif, Africa Museum, 2019.

le petit Joseph, à qui elle enseigne la lecture, l'écriture et le calcul. Cap sur « Léo » – Léopoldville, la future Kinshasa –, puis Coquilhatville, l'actuelle Mbandaka. En 1938, à la mort du père adoptif, retour à Kawele, le fief équatorial de Marie-Madeleine. Là, un grand-père et un grand-oncle initient le gamin à la chasse, à la pêche et à l'agriculture. Dans le sillage de sa mère, qui bourlingue d'une mission catholique à l'autre, l'enfant suit un cursus fragmenté mais prometteur chez les Frères des écoles chrétiennes. On le dit excellent dans toutes les matières, indocile, batailleur, hâbleur, blagueur et, sur les terrains de football pelés, talentueux gardien de but. Surnommé « Jeff », il se plaît autant à imiter l'accent flamand d'un missionnaire qu'à animer la rédaction d'un journal scolaire, *Perspectives laborieuses*. Quand l'appel du large se fait trop impérieux, Jeff brave les interdits et s'offre une virée à « Léo ». C'est au retour d'une escapade prolongée qu'il aurait été viré de son collège pour avoir arrosé d'encre un prof au teint pâle[5].

À 19 ans, le brillant rebelle se voit, comme le veut la règle, versé d'office dans la Force publique, ou FP, l'armée coloniale, en qualité de comptable adjoint. À l'école des sous-officiers indigènes de Luluaburg (aujourd'hui Kananga), il peaufine sa formation tout en tâtant de temps à autre de la chicotte pour indiscipline. Ce qui n'empêche pas ce lecteur compulsif de décrocher en janvier 1953 son diplôme de secrétaire-dactylographe-comptable, se hissant au deuxième rang de sa promotion. Ainsi lancé, Joseph-Désiré gravit tous les échelons jusqu'au grade de sergent-major, le plus élevé dont puisse rêver un autochtone.

5. *The Sunday Times*, 21 février 1972.

Tout « local » sortant du lot voit affluer les mentors avides de le prendre sous leur aile. Citons l'officier belge Jean Powis de Tenbossche, cousin du roi Baudouin et futur intendant de la Présidence congolaise, qui le repère à Luluaburg, mais aussi et surtout le colonel Pierre Marlière, chef réputé progressiste de la FP, lequel lui confie le bimensuel de l'armée en langue lingala[6]. Leur complicité est telle que Marlière jouera un temps les conseillers de l'ombre de l'étoile montante du Congo indépendant. Mieux, Mobutu le choisit pour parrain de son premier enfant, Jean-Paul, fruit précoce de son union avec Marie-Antoinette Gbiatene, 14 ans, bientôt connue sous le surnom affectueux de « Mama Sese ».

Ayant goûté à l'un comme à l'autre, Mobutu choisit alors de lâcher le fusil pour la plume. Va pour le journalisme à plein temps, sous le pseudonyme aristocratique de Jean de Blanzy. D'abord à *L'Avenir*, journal socialisant, puis au sein de son supplément *Actualités africaines*, où il sera propulsé dès 1958 dans le fauteuil de rédac' chef. Daté du 19 avril 1956, son premier papier connu plaide en faveur de l'émergence de juristes noirs, tout en saluant les mérites « civilisateurs » de la mère patrie belge. Bientôt, Blanzy-Mobutu sillonne Kin-la-Belle au guidon de sa « pétrolette » en quête de matière pour sa chronique, intitulée « La cité sans voile ». Le ton est celui d'un nationaliste mesuré doté d'une fibre démocratique et sociale, enclin à fustiger le fétichisme ou l'adultère. Ce qui, au regard de ses exploits à venir, laisse songeur.

---

6. Le lingala, parlé pour l'essentiel dans l'ouest de la RDC, est avec le swahili, pratiqué dans l'est, l'une des langues dominantes de l'ancien Zaïre.

Au fil de la plume et de l'épée

Son brio vaut à Jeff d'être dépêché une première fois en Belgique pour un séjour de longue durée dès le printemps 1958. Sa mission : couvrir en octobre l'Exposition universelle de Bruxelles, ainsi qu'un Congrès international de la presse coloniale. Au quotidien *Le Soir*, où il est accueilli quelques semaines, on juge ce stagiaire « sympa et plutôt réservé ». Interviewé alors par la télévision du royaume, le jeune Congolais, nœud papillon et lunettes cerclées, apparaît peu à l'aise, truffant son propos hésitant et convenu de « n'est-ce pas » et autres belgicismes. De retour au pays, Mobutu rencontre Patrice Émery Lumumba, alors directeur commercial des Brasseries du Bas-Congo, futur martyr de l'anticolonialisme. À l'évidence, l'ardent engagement du fondateur du Mouvement national congolais (MNC), à qui il consacre plusieurs articles élogieux, l'impressionne. En mars 1959, après un stage à l'Office d'information du Congo, ou Inforcongo, Joseph-Désiré s'installe à Bruxelles avec femme et enfants. Il y restera plus d'un an, fréquentant, avec une assiduité aléatoire, l'école de journalisme de l'Association de la presse belge et l'Institut supérieur d'études sociales. Déjà, l'ambitieux expatrié a deux fers au feu : familier des cénacles nationalistes congolais, au point d'adhérer au MNC et de confectionner nuitamment des calicots à la gloire de son leader, il passe alors à juste titre pour un précieux indicateur de la Sûreté belge. Mieux, ou pis, certains de ses « tuyaux » parviennent jusqu'à l'antenne locale de la Central Intelligence Agency américaine (CIA), dont le chef de poste Larry Devlin couve ce dandy plein d'avenir. « Un jeune homme idéaliste et dynamique, confiera-t-il plus tard, qui donnait aux États-Unis tout ce qu'ils voulaient. »

Pari judicieux. Dans les coulisses de la table ronde bruxelloise censée dessiner les contours de la souveraineté du Congo, promise pour le 30 juin 1960, l'enfant de Lisala, promu secrétaire particulier de Lumumba, joue un rôle crucial[7]. Tant lors du premier épisode, portant sur les modalités de l'indépendance, qu'à l'occasion du second, où il s'agit d'explorer les aspects économiques et financiers de la métamorphose amorcée. Si la direction du MNC n'ignore rien des soupçons de duplicité pesant sur Mobutu, son chef choisit de lui accorder sa confiance. Sans doute Patrice Lumumba, devenu Premier ministre, aurait-il dû prêter davantage attention à la boutade lâchée en août suivant par son secrétaire d'État à la présidence du Conseil : « Tous des espions, ces journalistes. Je le sais, je l'ai été. »

Il fut aussi militaire, et ne l'oublie jamais. Désormais titulaire du portefeuille de la Défense, le sergent-major, bientôt promu colonel, puis patron de la nouvelle Armée nationale congolaise (ANC), mouille le treillis sur deux fronts : les mutineries qui enfièvrent la Force publique et la sécession, à l'été 1960, de la riche province du Katanga (Sud-Est), aux entrailles farcies de cuivre, de bauxite, de cobalt, de diamants et d'uranium. Dissidence décrétée par le gouverneur Moïse Tshombé, avec le concours d'officiers belges et des stratèges de l'Union minière du Haut-Katanga, tandis qu'éclot au Kasaï (Centre-Sud) un autre

---

7. Pour l'anecdote, la « Table ronde congolo-belge », réunie du 20 janvier au 21 février 1960, puis du 26 avril au 16 mai de la même année, était de forme carrée.

foyer insurrectionnel[8]. Non sans bravoure, Jeff parvient à pacifier le premier. En revanche, la mise au pas de la rébellion kasaïenne donne lieu à d'épouvantables massacres. Sur l'échiquier politique, un bras de fer suicidaire oppose Patrice Lumumba, enclin à solliciter le soutien de l'URSS, à Joseph Kasa-Vubu, porté à la présidence de l'État naissant par le Parlement dès le 30 juin 1960. Sur fond de révocation réciproque, Mobutu annonce la couleur. « Moi, je suis franchement pour la réconciliation, claironne-t-il. Et au besoin, l'ANC l'imposera. »

Le 14 septembre, six jours après avoir été élevé au grade de major général, il grimpe sur une table de l'hôtel Régina de Léopoldville, théâtre d'une conférence de presse improvisée. « Mes chers confrères, déclame-t-il, pour sortir le pays de l'impasse, l'armée congolaise a décidé de neutraliser le chef de l'État, les deux gouvernements en présence, ainsi que les deux chambres législatives. » Message relayé en ces termes sur les ondes de la radio nationale : « Allô, allô, chers compatriotes. Ici c'est le colonel Mobutu Joseph, chef d'état-major de l'Armée nationale congolaise, qui vous parle de Léopoldville. [...] Il ne s'agit pas d'un coup d'État militaire, mais plutôt d'une simple révolution pacifique. L'armée ne s'empare pas du pouvoir, elle accorde une trêve aux politiciens. » Renvoie-t-il ainsi dos à dos les protagonistes ? Illusion d'optique. Seul Patrice Lumumba se voit assigné à résidence. « Je ne comprends pas son acte, confesse ce dernier entre amertume et désarroi. Il a sa conscience. »

---

8. Selon Maurice Robert, qui fut chef du département Afrique du SDECE, le service de renseignements extérieur français, Paris juge alors Joseph Mobutu trop inféodé à Washington et voit d'un bon œil l'émergence de l'« État indépendant du Katanga », où opère le mercenaire Bob Denard. Lequel naviguera ensuite entre Tshombé et Mobutu.

L'invincible fantôme de Lumumba

Le 28 novembre, celui que l'on dépeint désormais sous les traits d'un féal du marxisme-léninisme s'évade de sa villa. Sursis illusoire : arrêté quatre jours plus tard au Kasaï, il est ramené *manu militari* à Léopoldville, à bord d'un DC-3. Filmée en noir et blanc sur le tarmac de l'aéroport de Ndjili, son humiliante reddition confortera, au sein des élites du continent, un statut d'icône du combat contre l'oppresseur impérialiste et ses affidés africains. On y voit ce trentenaire hagard et longiligne, chemisette blanche et fine moustache, le visage tuméfié, les bras encordés dans le dos, hissé brutalement sur la plate-forme d'un camion. Puis brinquebalé jusqu'au pied de la résidence de Mobutu, où des soldats rigolards le malmènent et le houspillent. Ensuite, plus rien. Tout juste sait-on qu'il sera exfiltré clandestinement vers le Katanga et fusillé le 17 janvier 1961 non loin d'Élisabethville (Lubumbashi), en compagnie de deux de ses compagnons. Crime imputé à des « villageois en colère », mais perpétré en fait par des soudards de la Force publique et des gendarmes katangais, avec l'aval de Moïse Tshombé, de la Sûreté belge, de la CIA et de Jacques Foccart, le stratège des coups tordus coloniaux de l'ère gaulliste. À Paris, il est vrai, on redoute que la contagion subversive n'enjambe le fleuve et ne gagne Brazzaville, où règne un obligé, Fulbert Youlou[9].

9. Premier président du Congo-Brazzaville, l'abbé Fulbert Youlou, foncièrement anticommuniste, ne tarde pas à décevoir les espoirs placés en lui. Confronté à l'été 1963 à une vigoureuse contestation sociale, rançon des errements de sa gouvernance, cet autocrate excentrique se raidit, instaure le parti unique et emprisonne plusieurs leaders syndicaux, déclenchant ainsi le soulèvement révolutionnaire qui l'emportera.

Enterré en catimini, le cadavre de Lumumba, apprendra-t-on ultérieurement, sera exhumé, dépecé à la scie par un commando d'équarrisseurs que dirige le policier brugeois Gérard Soete, puis dissous à l'acide sulfurique ou, selon une variante, à la soude.

Mobutu a-t-il ordonné l'assassinat ? Rien ne l'atteste. Mais il aurait pu l'empêcher et, en Ponce Pilate tropical, s'en est abstenu. Pis, il a favorisé, en liaison avec le ministre de l'Intérieur du Katanga Godefroi Munongo, un transfert qu'il savait fatal. Mesurés à cette aune, ses hommages postérieurs au disparu, « victime des machinations colonialistes » élevée à la dignité de « héros national », flirtent avec l'obscénité. Le 30 juin 1966, à la faveur du 6e anniversaire de l'indépendance, il prononce ce serment : « Je réussirai là où la mort a volé sa victoire à Patrice Lumumba. » Il faut oser.

« Je n'ai pas pris le pouvoir, se défausse l'orchestrateur du putsch en trompe l'œil. Quel pouvoir ? Il n'y en avait plus ! » Dorénavant, il y en a un. Dont l'inclination ne fait guère de doutes. Le prétorien Mobutu, prompt à dénoncer les ingérences de Moscou, donne quarante-huit heures aux ambassadeurs d'URSS et de Tchécoslovaquie pour quitter le pays. À ses côtés, une poignée de jeunes « commissaires généraux » forment le noyau dur de la junte, connu sous le nom de « groupe de Binza », ainsi baptisé en référence au quartier résidentiel de Léopoldville où se réunissaient les conjurés hostiles à Lumumba. Parmi eux, le futur ministre des Affaires étrangères Justin Marie Bomboko et le sécurocrate Victor Nendaka, directeur de la Sûreté nationale.

Déchéance d'autant plus inévitable que Charles de Gaulle, qui le tient en piètre estime, refuse de voler à son secours.

Tous tomberont de leur piédestal au fil des purges à venir. « Non Jeff, t'es pas tout seul », chantait Jacques Brel. Du moins pas encore.

En Belgique, la figure de proue du clan séduit. « Le Congo, lit-on dans le quotidien *Le Matin*, a besoin non d'un seul Mobutu, mais de milliers de Mobutu pour s'en sortir. » Conviction partagée par les leaders du « monde libre », dont John Fitzgerald Kennedy, qui le reçoit en juin 1963. « Si vous n'aviez pas été là, lui lance le président démocrate, c'est tout le Congo qui se serait effondré, et les communistes en auraient profité. » Allusion aux rébellions qui ensanglantent une nation déchirée de naissance. À commencer par celle déclenchée dans le Kwilu (Ouest) par les maquisards du maoïste Pierre Mulele, ancien ministre de l'Éducation nationale de Lumumba fraîchement rentré de Pékin. Une insurrection paysanne puissante, féroce et tenace, mâtinée de sorcellerie, qui perdure jusqu'en 1966. C'est d'ailleurs avec le concours de conseillers américains et de mercenaires anticastristes cubains que l'ANC en vient à bout. Quant à Mulele lui-même, piégé par une fallacieuse promesse d'amnistie, il quitte son refuge de Brazzaville. De l'autre côté du fleuve l'attend une atroce agonie. Dans la nuit du 2 au 3 octobre 1968, ses tortionnaires du camp Kokolo lui arrachent les yeux, lui tranchent le nez, les oreilles, le sexe, lui mutilent les membres avant de l'achever et de jeter aux crocodiles du fleuve ce qui reste de sa dépouille. Interpellé par une poignée d'officiers hostiles, Mobutu tente piteusement de se dédouaner du crime barbare dont il fut le scénariste.

Peu après son passage à la Maison-Blanche, l'ancien journaliste forge une autre alliance. Aux commandes d'une escouade de militaires congolais, il file parfaire sa formation en Israël, où il séjourne trois mois sur la base de Lod, près de Tel-Aviv. C'est là que le Premier ministre Levi Eshkol lui remet son brevet de parachutiste, sous les yeux de Golda Meir, alors aux commandes des Affaires étrangères.

À visage découvert

Sur le front katangais, la reconquête s'avère laborieuse. Il faut deux ans à un contingent de l'ONU, mobilisé à la demande de Léopoldville, pour en chasser Tshombé, contraint de fuir vers la Rhodésie du Nord – l'actuelle Zambie –, puis l'Espagne franquiste. Pas pour très longtemps. Dès 1964, le voici de retour à Kinshasa, aux manettes d'un gouvernement de coalition. Étrange destinée que celle de cet insurgé chronique : démis l'année suivante par le président Kasa-Vubu, il reprend le chemin de l'exil en 1966, écope d'une condamnation à mort par contumace pour « haute trahison » au printemps 1967, peu avant que son avion, en vol pour Ibiza, ne soit détourné sur Alger à l'instigation d'un agent français au trouble pedigree. Placé en résidence surveillée, ce Moïse en mal de Terre promise succombera à une « crise cardiaque », le président algérien Houari Boumediene ayant vainement exigé, pour prix de son extradition, la rupture des relations diplomatiques que Léopoldville entretient avec l'État hébreu et Formose, la future Taïwan.

N'anticipons pas. Entre-temps, la donne a changé. En novembre 1965, une impasse politique providentielle – le choix du prochain Premier ministre met aux prises Kasa-Vubu et le Parlement – fournit à Mobutu le prétexte d'un nouveau coup de force. À la tête de ses paras, celui qui a dit-on lu et relu *Le Prince* de Machiavel s'engouffre dans la brèche. À visage découvert cette fois, et sans coup férir : les députés approuvent le fait accompli couleur kaki par acclamation. Le 25, vers 5 h 30 du matin, il annonce à la radio la destitution du président, reprenant son antienne favorite : « Il ne s'agit pas d'un coup d'État. » Une antiphrase que ne renierait pas le René Magritte de *La Trahison des images*, fameux tableau ainsi légendé : « Ceci n'est pas une pipe. »

« Pendant cinq ans, assénera ensuite le général, le Congo a été détruit par les politiciens. Il m'en faudra cinq pour le reconstruire[10]. » Avec qui ? Avec l'ancienne puissance coloniale, restée maîtresse des leviers de l'économie. « Le rêve de ma vie, avoue le putschiste, est que la Belgique et moi puissions rebâtir ce pays. » Dans *Le Soir*, un certain Étienne Ugeux brosse le portrait, hagiographique en diable, de « Mobutu, militaire pacifique[11] ». À Bruxelles comme à Washington, le soulagement est palpable. À l'inverse, Moscou stigmatise la « marionnette » inféodée à la « racaille colonialiste » et Pékin flétrit le « chien courant de l'impérialisme ». Bref, chacun joue sa partition.

Ci-gît la Première République, livrée selon son fossoyeur au « chaos », au « désordre » et à l'« incompétence ». À l'orée de ce quinquennat fait main, Joseph-Désiré Mobutu s'arroge les maroquins de la Défense et de l'Information, quatre mois avant de s'emparer du pouvoir législatif. Désormais, celui qui se lève avant l'aube et préfère au palais de Kasa-Vubu le confort spartiate d'un camp de

10. *L'Histoire*, n° 319, avril 2007.

11. *Le Soir*, 28 novembre 1965. L'auteur de cet essai n'a aucun lien de parenté avec son quasi-homonyme Étienne Ugeux…

paracommandos gouvernera par décrets-lois. « Ce dont les Congolais ont le plus besoin, assène le Ganelon de Lumumba, c'est de discipline[12]. » Parole de despote ? Allons donc. « On dit partout que Mobutu est un dictateur, feint-il de s'indigner. Ce n'est pas vrai. Si j'avais écouté mes officiers... Eux voulaient arrêter tout le monde[13]... » Déjà, l'ancien sous-off de la Force publique se met en scène à la troisième personne. Simple galop d'essai : en septembre 1967, lorsque paraît sous sa plume un essai intitulé *Le Gouvernement légitime*, quelles effigies ornent la couverture ? Celles de Jules César et la sienne. *Ave* Joseph, ceux qui vont mourir te saluent...

Plus lucides ou moins naïfs que d'autres, certains de ses visiteurs décèlent d'emblée ce prurit nombriliste. L'envoyé spécial du magazine *Jeune Afrique* remarque la « nonchalance affectée » de l'ex-confrère, puis « la torpeur hautaine, le narcissisme, la coquetterie » de celui qui « s'écoute et fixe ses bagues quand on parle de lui »[14].

Rien de tel, pour asseoir un pouvoir sans partage, que le complot déjoué. Le 1er juin, au terme d'un procès public sans réquisitoire ni plaidoiries, un tribunal militaire condamne à la pendaison publique un quatuor de « félons » manipulés : l'ancien chef du gouvernement Évariste Kimba, les ministres de la Défense et des Affaires foncières et le fils spirituel de Simon Kimbangu, fondateur d'une influente Église messianique. Le sort des « martyrs de la Pentecôte », suppliciés aux yeux crevés dont la potence se dresse sur le pont Cabu, suscite un émoi planétaire.

12. *Time*, 22 juillet 1966.
13. *Le Figaro*, 30 novembre 1965.
14. *Jeune Afrique*, 26 mars et 12 décembre 1965.

Mais ni l'intercession du pape Paul VI ni l'appel à la clémence venu de Washington ne fléchissent Mobutu. « Nous ne sommes pas des Occidentaux, argue celui-ci le soir même à la radio. Nous sommes des Bantous et le restons. Nous avons nos mœurs. Le respect dû au chef est sacré. Il fallait un exemple. »

D'autres périls, bien moins fictifs, guettent le « chef bantou ». Déclenchées par d'anciens « gendarmes katangais » sous la houlette de mercenaires venus d'Afrique du Sud, de Rhodésie ou d'Europe, des mutineries meurtrières enfièvrent l'est du pays, de Stanleyville à Bukavu, tandis que flotte la rumeur d'un come-back martial de Tshombé. Le Congo passe alors non sans raison pour le paradis des « Affreux », ces chiens de guerre à la loyauté monnayable. Trois d'entre eux naviguent ainsi entre l'ANC et les insurgés : le Belge Jean Schramme, le Français Bob Denard et le Sud-Africain Mike Hoare. Épaulé par ses protecteurs occidentaux, le général-président finit par « pacifier » son flanc oriental, théâtre çà et là de bains de sang punitifs. Pour autant, l'épreuve laisse des traces. Harassé, aux abois, il descend à l'époque deux bouteilles de whisky par jour. Mais au moins fait-il preuve, sur le terrain, d'une réelle bravoure. Notamment ce jour où, tenu en joue par une horde de mutins, le roué Ngbandi, amateur de poker, parvient à les désarmer un à un, par le verbe et le culot.

Il n'en a pas pour autant fini avec ces anciens gendarmes insoumis. Pour preuve, la double guerre du Shaba – ex-Katanga –, en mai 1977 puis mai 1978. Cette fois, Mobutu devra son salut au roi du Maroc Hassan II. Sollicité, Valéry Giscard d'Estaing se borne à persuader le souverain chérifien d'expédier un contingent que la France consent à convoyer par avion. Mais la déliquescence des

Forces armées zaïroises (FAZ) est telle que l'Élysée doit se résoudre à envoyer ses paras à Kolwezi, bastion minier conquis par les insurgés, théâtre d'une sanglante chasse aux Européens. Engagement meurtrier : en mai 1978, six gradés missionnés au titre de l'assistance militaire technique sont arrêtés et exécutés, tandis que tombent au combat un sous-officier et quatre légionnaires du 2e régiment étranger de parachutistes. De cet épisode, il subsiste un récit épique signé Pierre Sergent – *La Légion saute sur Kolwezi* (Presses de la Cité, 1979) –, un film éponyme, sorti l'année suivante, mais aussi ces images de Mobutu déboulant au sommet franco-africain de Paris, coiffé d'un casque lourd et vêtu d'un treillis… léopard, justifiant en ces termes son équipage insolite : « Désolé, je viens du front. Je n'ai pas eu le temps me changer. » À l'époque, le Zaïrois aux abois peut miser sur le concours – insolite il est vrai – de son compère ougandais Amin Dada. Le 28 avril 1977, lit-on au détour d'une note confidentielle rédigée par un officier du SDECE, *Big Daddy* fonce à Kinshasa à bord d'un avion bourré de canettes de Coca-Cola. De même, il dépêchera sur place une cohorte de combattants pygmées, persuadé que les pouvoirs magiques que leur prête la rumeur terrorisera l'ennemi.

« Mobutu a surgi tel un tourbillon, note l'ancien président sénégalais Abdou Diouf. Mais nul ne peut nier qu'il a mis de l'ordre, renforcé l'unité de son pays, imposé une forme de stabilité. En clair, il a fait du futur Zaïre un État[15]. » Il n'empêche : sa Deuxième République ressemble à s'y méprendre à un Premier Empire. Le faux frère de Patrice Lumumba redessine les contours du Congo,

---

15. Entretien avec l'auteur, 11 juin 2019.

réduisant le nombre de provinces de 21 à 12, puis à 8, avant d'assister en janvier 1967 aux funérailles parodiques de l'Union minière, nationalisée sur son injonction. De même, l'ancien Bruxellois d'adoption se garde d'enrayer une vague d'émeutes antibelges, rançon de la conquête, par Schramme et sa troupe, de Bukavu, siège d'un éphémère et fantomatique « Gouvernement de salut public ».

La martingale de l'« authenticité »

Avec le recul, le millésime 1967 apparaît comme l'un des crus les plus corsés de la cuvée Mobutu. Au fil de cet exercice, le tombeur de Kasa-Vubu, qui reçoit sur les hauteurs de la capitale à deux pas de la cage où feule le léopard « Mimi », forge l'armature de son trône. Après une tournée « triomphale » de quinze jours, il dévoile le 20 mai le « manifeste de N'Sele », charte fondatrice du Mouvement populaire de la Révolution (MPR), appelé notamment à absorber le Corps des volontaires de la République, ou CVR, avant-garde militante apparue l'année précédente dans les milieux estudiantins. Tout Congolais, « y compris les ancêtres et les fœtus », est censé adhérer au parti, dont l'appareil caporalise campus, mouvements de jeunesse et syndicats. En juin, un référendum au verdict écrasant – plus de 98 % de « oui » – valide l'adoption d'une nouvelle constitution, nationaliste et populiste, socle d'un régime ultra-présidentiel. Le bipartisme, toléré en théorie, disparaîtra de la version révisée en 1970. À nouveau retouchée quatre ans plus tard, la loi fondamentale institutionnalise alors la dictature. Le MPR, « Parti-État », a valeur d'antidote présumé infaillible contre le désordre, le tribalisme et le colonialisme. L'opposition ? Entrave superflue, argue le président-fondateur, « puisque nous faisons nous-mêmes, en permanence, la critique de notre action ».

À vos tourne-disques : soucieux de répandre la bonne parole, le pouvoir diffuse un double 33-tours intitulé *Peuple du Congo, le président Mobutu te parle*. Manière de tracer son sillon... À entendre son credo, à lire sa prose et ses discours, le Timonier galonné semble grisé, enivré, bouffi d'orgueil. « Le peuple congolais et moi-même, décrète-t-il, sommes une seule et même personne. » Adossé au culte d'un sauveur qui ne se situe « ni à droite, ni à gauche, ni au centre », le mobutisme se définit à ce stade moins par ce qu'il postule que par ce qu'il récuse. Renvoyant dos à dos le capitalisme et le communisme, il prône le non-alignement et le « neutralisme actif », promettant une « révolution vraiment nationale, qui n'a rien à voir avec celles de Pékin, de Moscou ou de Cuba », et ne saurait être fondée « ni sur des théories toutes faites ni sur des doctrines empruntées »[16].

Soit. Mais elle se heurte toutefois à des écueils très prosaïques. À commencer par une inflation démente, estimée à 700 % en rythme annuel. Le 24 juin 1967, au détour d'un discours en lingala, le « président-fondateur » annonce une dévaluation de 300 % du franc congolais, rebaptisé zaïre. Sur le nouveau billet de 100, il apparaît coiffé d'un béret de para, se retroussant les manches, imité, en arrière-plan, par un bataillon de fonctionnaires cravatés et hilares. L'adversité peut prendre un tour plus brutal. En 1969, les forces de l'ordre normalisent à la cravache l'université catholique Lovanium de Léopoldville, foyer contestataire promis à la nationalisation. Les témoignages recueillis alors font état de dizaines de morts, de cadavres

16. *Jeune Afrique*, 6 mai 1972.

escamotés et du transfert de 2000 étudiants vers des camps militaires. Pas de quoi ternir pour autant l'éclat du plébiscite présidentiel de novembre 1970. Seul candidat en lice, Mobutu rassemble sur son nom plus de suffrages que d'électeurs inscrits. Et seuls 157 bulletins « non », de couleur rouge, le privent d'un blanc-seing unanime.

L'élu trop élu a les coudées franches pour lancer, à l'automne suivant, la croisade de l'« authenticité » et de la « zaïrianisation ». Quatre ans après la monnaie, le pays et le fleuve nourriciers sont rebaptisés Zaïre. Et tant pis si ce nom passe pour un héritage linguistique de l'incursion d'explorateurs portugais au XVe siècle. Comment désigner ses habitants ? « Des Zaïrois, et non des Zaïriens, car mieux vaut être roi que rien », s'amuse l'omnipotent président, qui, décidément en verve, évoque « un recours, et non un retour » aux valeurs authentiques. Il s'agit de « retrouver notre âme que la colonisation avait quasiment effacée de nos mémoires », de « se dégager des conséquences de l'aliénation coloniale »[17]. « Nous voulons, insiste-t-il, que le citoyen ne se sente plus intimement tiraillé à hue et à dia entre deux cultures, qu'il se sente bien dans sa peau, libéré de tout complexe. » Une harangue ultérieure précise la portée politique de ce postulat : « Démocratie libérale, démocratie populaire, régime parlementaire, régime parlementaire à bipartisme, régime parlementaire à multipartisme, partis de gauche, de droite, d'extrême gauche, d'extrême droite, centre gauche, centre droit, centre tout court, bipartisme souple, rigide... On n'a rien à envier à tous ces régimes. [...] De mon vivant, le bipartisme, le multipartisme au Zaïre, jamais ! C'est clair et net ! »

17. *Ibid.*

En mai 1972, lors du premier congrès ordinaire du Mouvement populaire de la Révolution, le chanteur Gérard Madiata entonne le nouveau viatique militant : « Le Zaïre, c'est mon pays/ Le zaïre, c'est ma monnaie/ MPR est mon parti. » Un parti – unique – qui, selon Mobutu, « est un peu la carrosserie d'une voiture dont l'authenticité serait le moteur ». Du passé, faisons table rase. Le drapeau, l'hymne national, le nom des villes et de certaines provinces, tout change. Léopoldville devient Kinshasa – « marché au sel » en langue kikongo –, Stanleyville Kisangani, Élisabethville Lubumbashi et le Katanga le Shaba. L'axiome vaut pour les civilités et les titres comme pour la garde-robe. On ne dit plus « monsieur », mais « citoyen ». Chacun doit, au nom de la « dignité généalogique », zaïrianiser prénom et patronyme. Prêchant l'exemple par anticipation, Joseph-Désiré avait adopté l'année précédente une identité à tiroirs : Mobutu Sese Seko Kuku Ngendu Wa Za Banga. Ce qui, en lingala, signifie au choix « le-guerrier-tout-puissant-qui-laisse-le-feu-dans-son-sillage-et-vole-de-conquête-en-conquête-sans-que-rien-ni-personne-ne-puisse-l'arrêter » ou « le-guerrier-intrépide-et-fils-de-la-terre-qui-ne-peut-être-vaincu-du-fait-de-son-endurance-et-de-son-inflexible-volonté » ; voire, dans une acception plus triviale, « le-coq-qui-ne-laisse-aucune-poulette-intacte ». Les variantes ne manquent pas. Le « général de corps d'armée » devient Bobutu-Sese dans *Combat* et Mobutu Sese dans les colonnes du *Time*.

Adieu aux ministres, place aux commissaires d'État, ou « cométats ». Plus de députés, mais des commissaires du peuple. Aux oubliettes la bise en public et la musique occidentale. Le code vestimentaire *new look* bannit le port du pantalon chez les femmes. Au retour d'un voyage en Chine, en janvier 1973, Mobutu institue le *salongo*, séance hebdomadaire de travail collectif, et prescrit l'« abacost » – pour « À bas le costume ! » –, tenue inspirée de la tunique à col Mao. En revanche, il ne renonce ni au champagne rosé Laurent-Perrier, Taittinger ou Moët et Chandon, qu'il aime « bien pétillé » et savoure dès le petit déjeuner, ni à l'osso buco, son mets favori.

Le Trône et l'Autel

Point d'orgue d'un exercice très nomade – cent cinquante jours hors Zaïre pour 26 pays visités –, cette escapade pékinoise mérite une brève escale. D'autant qu'elle amorce une volte-face spectaculaire : la rupture avec Taïwan, bienfaiteur prodigue en financements et en coopération agricole, prélude à l'établissement, en novembre 1974, de relations diplomatiques avec la Chine communiste dont Mobutu, hostile à l'admission de Pékin à l'ONU, jugeait jusqu'alors l'action « particulièrement néfaste[18] ». Allusion au soutien actif fourni aux rébellions congolaises. « J'ai de l'admiration pour vous, lui confie Mao Zedong. Vous êtes courageux. J'ai procuré des armes, des munitions et de l'argent à vos ennemis. Et vous avez gagné. » La même année, à la veille de la guerre du Kippour (octobre 1973), Mobutu révoque son alliance avec Israël. Lors de l'Assemblée générale des Nations unies, il prononce un discours implacable, rédigé dans sa cabine du paquebot *France*, au fil de sa traversée transatlantique. Discours qui déchaîne un déluge d'ovations dans les rangs arabes et africains. « Trahison grossière ! », s'étrangle Abba Eban, le ministre des Affaires

18. *Ibid.*

étrangères de l'État hébreu. Grossière, mais réversible. En 1982, Mobutu renoue avec ses vieux amis de Tsahal, leur confiant sa sécurité rapprochée ainsi que l'encadrement de la Division spéciale présidentielle (DSP), garde prétorienne ô combien redoutée.

Radicale, la croisade « authentique » hérisse l'Église catholique. Entre le Trône et l'Autel, entre le sabre d'apparat et le goupillon, le combat sera féroce. Un homme cristallise la colère que suscitent, au sein du clan mobutiste, les résistances de l'épiscopat, ultime écueil sur la voie du pouvoir absolu : le cardinal Joseph-Albert Malula, archevêque de « Léo » depuis 1964. Premier curé noir de la capitale, il avait l'année suivante accordé au coup d'État l'onction d'un *Te Deum* et « reconnu l'autorité » de son auteur. Concorde révolue : à l'heure de la « zaïrianisation », le pouvoir lui attribue, à tort d'ailleurs, un éditorial critique de l'hebdomadaire *Afrique chrétienne*. Haro sur le « prélat caméléon, vipère, agitateur sempiternel et réactionnaire pathologique », chassé de sa résidence et privé de l'ordre national du Léopard, la plus haute distinction du pays. Furieux, Mobutu ordonne la fermeture du grand séminaire Jean-XXIII et menace de « tout nationaliser » si les écoles confessionnelles persistent, *via* des séances de prières, à afficher leur soutien au cardinal Malula, accusé de « miner la nouvelle politique d'authenticité ». Paul VI, qui avait vainement plaidé sa cause, se résout à le rappeler à Rome. « Les prêtres et les missionnaires, tonne le général-président lors d'un meeting, ne sont que des agents subversifs. » En décembre 1972, il justifie en ces termes la dissolution des mouvements de jeunesse religieux : « Mobutu d'abord, le pape, le prophète Kimbangu ou Martin Luther après. Le Zaïre d'abord, le Vatican après. »

« Il n'y aura jamais au Zaïre, moi vivant comme chef de l'État, de problèmes entre Dieu, Mobutu et les Zaïrois, insiste-t-il en avril suivant au détour d'un entretien accordé au quotidien belge *Le Soir*. Mais entre Dieu, Mobutu, les Zaïrois et les hommes d'Église, oui. Nous croyons en Dieu et c'est sous ma dictée que le nom de Dieu a été inscrit dans le préambule de la Constitution. L'Occident n'a pas reçu de Dieu mandat d'imposer aux races et peuples de l'univers la manière de le concevoir et de le prier. » Déjà, en mai 1972, il avait établi ce distinguo : l'homme privé est croyant, le président de la République est le chef d'un État laïc, et les membres du clergé sont des citoyens comme les autres. Suivait cette perfidie : « Qu'ils relisent plutôt l'Évangile. On y apprend qu'il faut rendre à César ce qui est à César[19]. » « Mobutu, relève Abdou Diouf, a toujours aimé truffer ses propos de citations bibliques. Fût-ce à mauvais escient[20]. »

Le régime, note Jean-Pierre Langellier, instaure alors un « national-paganisme » mâtiné de « césarisme tropical ». De fait, dans l'espace public, le portrait du Léopard Suprême supplante crucifix et statues pieuses. « Mobutu, prêche en décembre 1974 un commissaire aux Affaires politiques, est le seul sauveur envoyé de Dieu par l'entremise de ses ancêtres. Il est le nouveau Messie noir. Le mobutisme est la seule religion acceptable au Zaïre. » Religion d'État définie comme le « mariage du peuple zaïrois avec son chef » par ce dernier, grand prêtre enclin à assimiler la mission des commissaires politiques – les membres du bureau politique du MPR – à celle des théologiens et des

19. *Ibid.*
20. Entretien avec l'auteur, 11 juin 2019.

Docteurs de l'Église. Dès lors, une alternance d'accalmies et de poussées de fièvre rythme l'âpre dialogue entre le Saint-Siège et le « Messie noir », néanmoins ravi de recevoir à deux reprises Jean-Paul II, en 1980 et 1985.

Si, comme on l'a vu, Mobutu Sese Seko se dit homme de foi, reste à savoir en quoi et en qui il croit, sinon en lui-même. D'après ses intimes, le guide omnipotent, hanté par des peurs ancestrales, dort peu la nuit tant il craint les esprits. D'ordinaire, le Léopard s'assoupit vers 11 heures du matin et somnole jusqu'au milieu de l'après-midi. Contemple-t-il chaque jour que Dieu fait ou défait le générique du journal télévisé vespéral ? On l'y voit descendre du ciel, figure christique portée par un nuage, exaltant en voix off la « grandeur » du Zaïre et de son « majestueux fleuve ». « C'est le début de la fin », grince Mgr Malula, effaré par cette tocade démiurgique. Le tout début d'une interminable fin…

Pour l'heure, le satrape déifié, paré par les flatteurs de titres grandiloquents, tutoie l'éternité. Au choix, Guide suprême du peuple, Grand Timonier, Président-Soleil ou Génie de Gbadolite, du nom du domaine pharaonique qui surgit dans la décennie 1980 au cœur de son équateur natal. Côté bestiaire, le Grand Léopard peut troquer ses griffes contre les serres de l'Aigle de Kawele, référence au fief maternel. Un rapace très à cheval sur le protocole. Pourquoi faut-il se résoudre à reporter la visite officielle programmée en juin 1971 au Royaume-Uni ? Parce que le Zaïrois exige en vain un décorum analogue à celui réservé à l'époque à l'empereur du Japon Hirohito. Trente mois plus tard, il tient sa revanche : Sa Gracieuse Majesté l'accueille en personne à Victoria Station puis l'héberge au palais de Buckingham.

Sauvé par le gong ?

Mobutu, qui a placé les dignitaires coutumiers, désormais révocables, sous l'autorité du ministère de l'Intérieur, dirige son Zaïre en chef de village. Fidèle à ses attributs, telles la toque en peau de léopard et la canne en bois d'ébène sculptée à double tête d'oiseau, il ne dédaigne pas l'usage du *tipoy*, chaise à porteurs ancestrale[21]. Au début des années 1990, lorsque son homologue sénégalais Abdou Diouf, qu'il bombarde de conseils, lui objecte le nécessaire respect de normes démocratiques élémentaires, Mobutu lâche ce constat dépité : « En clair, toi, tu gouvernes peut-être, mais tu ne règnes pas[22] ! »

Lui règne sans partage, à coups d'oukase et de caprice au besoin. La légende du despote pittoresque et paternel n'abuse guère les initiés. Lesquels se chuchotent des histoires de cadavres largués de nuit par hélico au fleuve ou à la mer et de lettres de dénonciation barrées de cette mention manuscrite : « Faire disparaître[23]. » Quiconque gravite dans l'entourage du chef navigue à vue entre la roche Tarpéienne et le Capitole. Un homme incarne à merveille cette précarité : Nguza Karl-i-Bond, « commissaire d'État » aux Affaires étrangères à trois reprises, un temps directeur politique du MPR, le voici en 1977 accusé de haute trahison, torturé et condamné à mort. Absous, il accède à la primature deux ans plus tard, fuit à l'étranger

21. *Jeune Afrique*, 17 mars 1969.

22. Entretien avec l'auteur, 11 juin 2019.

23. Ce procédé de liquidation fut employé en février 1978 aux dépens d'une douzaine d'officiers conjurés, au lendemain de l'échec d'une tentative de putsch lancée alors que Mobutu séjournait en Europe.

en 1981, fustige de son exil le « tyran » Mobutu, qui en fait son... ambassadeur à Washington en 1986, avant de lui confier, neuf mois durant, au début des années 1990, les rênes du gouvernement[24].

Place aux foucades. Le 30 octobre 1974, sous son auguste parrainage, Kinshasa accueille le « combat du siècle », passé à la postérité, en version anglaise, sous le nom de *Rumble in the Jungle* (« Rugissement dans la jungle »). Sur le ring, dressé au beau milieu du stade du 20-Mai, Mohammed Ali défie George Foreman, tenant du titre de champion du monde des poids lourds de boxe. « Un cadeau du président Mobutu au peuple zaïrois et un honneur pour l'homme noir », trompettent les affiches placardées pour l'occasion[25]. L'ex-Cassius Clay accède au rang d'icône en l'emportant par K.-O. au huitième round, tandis que Mobutu, hôte de ce choc de légende, rafle la mise médiatique, bouclant en beauté, côté jeux du stade, une année contrastée. En football, le Onze national, vainqueur de la Coupe d'Afrique des nations, décroche – exploit inédit pour une sélection subsaharienne – son ticket d'entrée pour le Mondial allemand. Hélas, l'épopée s'achève piteusement : pour une sombre histoire de primes impayées, les Léopards zaïrois lèvent la patte face à la Yougoslavie, qui leur inflige un cuisant 9-0. Des jours durant, le « boss » ne décolère pas.

Orchestrateur de la joute Ali-Foreman, un homme d'affaires germano-américain, Frederic Weymar, donne

24. *L'Histoire* n° 319, avril 2007.

25. Ce sommet pugilistique aura inspiré écrivains et cinéastes de renom. Citons *Le Combat du siècle*, de Norman Mailer (Gallimard, « Folio »), et les films *When We Were Kings* de Leon Gast, *The Greatest*, de William Klein, et *Ali*, de Michael Mann.

corps à l'autre lubie du Timonier céleste, qui a reçu à l'automne 1969 les trois astronautes d'Apollo 11 : l'aventure spatiale. Il lui présente l'astrophysicien Lutz Kayser, pilier de la société allemande Otrag, productrice de lanceurs à bas coût. Mobutu Sese Seko, qui tient à s'offrir « son » satellite, concède à ses partenaires un gigantesque terrain de jeu – 100 000 km² – dans la province du Shaba. Après deux essais à demi prometteurs, l'équipe remet le couvert en juin 1978, sous les yeux cette fois du président et de sa suite. Reste de cet épisode une vidéo aussi brève que pathétique : on y voit le général, vêtu d'un treillis et coiffé d'un képi festonné, contempler le pas de tir, logé au sommet d'une falaise abrupte, d'où s'arrache la fusée de six mètres. Las !, après avoir décrit une courbe gracieuse, l'engin s'écrase dans la jungle. Le vol a duré douze secondes. « Défaillance d'une valve », commente Kayser avec aplomb à l'adresse de son invité d'honneur. Lequel, abasourdi par cet humiliant fiasco, tâche néanmoins de faire bonne figure. Ainsi s'achèvent un péché d'orgueil stratosphérique et une aventure que, en ces temps de guerre froide, Washington, Moscou et leurs protégés africains surveillaient d'un œil suspicieux. Un romancier aurait-il pu imaginer métaphore plus fracassante des rêves de grandeur de Mobutu et des naufrages à venir ?

Avec la Belgique, la réconciliation paraît scellée dès novembre 1969, à la faveur d'un séjour bruxellois que conclut une touchante scène de genre. Lorsque le roi Baudouin escorte son hôte au pied de l'avion, l'une des fillettes de Mobutu lui saute au cou. « Nous n'avons plus de rapports de colonisé à colonisateur, soutenait déjà l'année précédente l'ancien sergent de la Force publique.

On traite maintenant d'égal à égal[26]. » Comme on le verra sous peu, cette romance postcoloniale tournera court.

Un temps strié d'orages, le ciel franco-congolais s'éclaircit quant à lui au fil des ans. Certes, l'ancien journaliste impute l'éclatement de l'Union des États de l'Afrique centrale – éphémère alliance forgée avec le Tchad et la Centrafrique – aux ingérences d'une « certaine France », incriminant nommément Jacques Foccart. Il n'empêche : lors de la rentrée scolaire 1970, c'est flanqué du même Foccart et d'une demi-douzaine de gardes du corps qu'il accompagne trois de ses filles jusqu'au portail de l'Institution Notre-Dame de Reims. Quelques semaines plus tard, à l'Olympia, la star de la rumba congolaise Tabu Ley Rochereau chante les louanges de son bienfaiteur, lui promettant une destinée de centenaire.

Au printemps suivant, écrit *L'Aurore*, le singulier parent d'élèves débarque à Paris « en pleine force de l'âge, auréolé du prestige d'unificateur d'un pays qu'il a su, en un peu plus de cinq ans, arracher aux forces centrifuges qui menaçaient son unité[27] ». Mobutu, lit-on ailleurs, a droit à un « faste jamais déployé en l'honneur d'un chef d'État africain ». De fait, au théâtre Louis-XV de Versailles, on donne en son honneur *Monsieur de Pourceaugnac*, comédie-ballet de Molière. Hommage, là encore, à l'« homme miracle » qui a « réussi à tirer le Congo de l'abîme pour en faire un modèle de stabilité politique et de prospérité économique »[28].

Sous Georges Pompidou, puis sous Valéry Giscard d'Estaing, la France affiche à l'égard du Guide suprême,

26. *Jeune Afrique*, 28 juillet 1968.
27. *L'Aurore*, 30 mars 1971.
28. *Africasia*, 25 avril 1971.

qui a l'heureuse idée de lui acheter dès 1973 dix-sept chasseurs Mirage-V et une trentaine d'hélicoptères Puma, une complaisance empressée. Au point de censurer deux brûlots parus chez Maspero. L'un signé de l'avocat belge Jules Chomé, l'autre, éloquemment intitulé *La Grande Mystification du Congo-Kinshasa. Les crimes de Mobutu,* de l'ex-ministre des Affaires étrangères Cléophas Kamitatu. Tout comme son éditeur, l'auteur – par ailleurs agressé à Liège par un commando d'étudiants mobutistes – sera condamné pour « offense envers un chef de l'État » par la 17e chambre du tribunal de grande instance de Paris[29].

Le royaume de Belgique, qui n'a pas ces pudeurs, refuse d'interdire les ouvrages à charge, quitte à plonger dans une fureur noire le général-président. Lequel rappelle son ambassadeur, annule une session de la Commission belgo-zaïroise puis, en mai 1974, rompt le traité d'amitié scellé quatre ans plus tôt. « Seul un accident de l'Histoire, accuse un communiqué vengeur, a permis à la petite Belgique de coloniser, donc de piller systématiquement, le grand Zaïre. Cela ne l'autorise plus à insulter 22 millions de Zaïrois et de Zaïroises. »

« Enrichissez-vous ! »

Avec le concours de la cellule « Mobilisation propagande et animation politique », ou Mopap, une coterie de caudataires veille sur l'image du chef avec un soin maniaque.

29. *Politique Hebdo*, 28 février 1974. Sans doute convient-il de nuancer l'héroïsme du procureur Kamitatu : dans un courrier adressé à Mobutu et daté du 1er juin 1971, l'intéressé présente ses excuses et précise que Maspero serait disposé à renoncer à la publication en échange d'une coquette somme.

Lorsque, sous la plume de Jean de La Guérivière, *Le Monde* publie en mars 1974 une série incisive, le « commissaire d'État à l'Orientation nationale » dénonce par courrier la riposte des « milieux financiers juifs » à la conversion proarabe de Mobutu, évoquée plus haut. Diffusée à partir de 1977 jusque dans les villages les plus reculés, la bande dessinée édifiante intitulée *Il était une fois Mobutu* n'encourt pas ce procès. Pas plus que la radio-télévision nationale, dotée au cœur de « Kin » d'un complexe dernier cri, la Cité de la Voix du Zaïre, œuvre du français Thomson, dont ne subsistera bientôt qu'une tour de dix-neuf étages prématurément rongée par le délabrement. En 1986, Jean-Paul Benoît, ancien directeur de cabinet du ministre de la Coopération et futur député européen, publie chez Berger-Levrault *Indispensable Afrique*, essai dans lequel figure un portrait – « nuancé », admet-il – de celui qui s'est octroyé l'année précédente le grade de maréchal. Lequel l'invite à déjeuner chez Lasserre et lui décerne ce satisfecit en demi-teinte : « Dans l'ensemble, c'est plutôt bien. Mais vous les Français, vous ne pouvez pas vous empêcher d'invoquer tout le temps les droits de l'homme[30]. »

En fait de droits, l'Aigle de Kawele exerce sans retenue celui de s'enrichir. Impossible d'établir une distinction entre le Trésor public et sa fortune personnelle, évaluée au soir de sa vie à plus de 5 milliards de dollars, soit 4,5 milliards d'euros. Le kleptocrate galonné possède plusieurs hôtels en Afrique et, en Europe, une vingtaine de joyaux immobiliers. Citons son palais vénitien, le domaine portugais du Faro, dans l'Algarve, le château Fond'Roy, à Uccle, commune huppée du Grand Bruxelles, celui de Savigny,

30. Entretien avec l'auteur, 21 mai 2019.

en Suisse, qui sera cédé aux enchères en 2001 à un colon belge rongé par la nostalgie, la résidence des Miguettes, sur les hauteurs de Lausanne, où il ne posera que deux fois valises et mallettes, le luxueux appartement parisien de l'avenue Foch ou la Villa del Mar de Roquebrune-Cap-Martin, sur la Côte d'Azur, théâtre en 1988 d'une fiesta d'anthologie. Parmi les invités, ce soir-là, l'ancien Premier ministre Raymond Barre, l'ex-chef d'état-major des armées Jeannou Lacaze et Jean-Christophe Mitterrand, alors conseiller aux affaires africaines de son président de père. Rien ne manque aux réjouissances. Ni l'orchestre de cha-cha-cha, ni le champagne millésimé, ni la pièce montée XXL, ni la fausse une de *France-Soir* à la gloire de « Madame la Présidente », dont on fête l'anniversaire.

« Madame la Présidente », soit, mais laquelle ? Nous avons déjà croisé Marie-Antoinette, décédée en octobre 1977 à Lausanne[31]. Vint ensuite, entre autres compagnes, Mama Movoto, alias Mama 41, benjamine des veuves de son frère aîné, recueillie à la mort de son époux conformément à la tradition ngbandi et qui doit ce sobriquet au numéro de la villa qui lui a été allouée. Le 1er mai 1980, Mobutu convole avec sa maîtresse « régulière » Bobi Ladawa, institutrice de formation. Ce qui ne le dissuade nullement, en vertu d'une forme de bigamie gémellaire consentie, de partager la couche de la sœur jumelle de celle-ci, prénommée Kosia[32]. Combien de rejetons ? Une vingtaine, sauf erreur ou omission, dont trois fils fauchés par le sida. Parmi les rescapés,

31. La mort jugée suspecte de cette femme de caractère, qui eut avec son époux des désaccords tonitruants, y compris en présence du résident de la CIA Larry Devlin, aura alimenté des rumeurs aussi tenaces qu'invérifiables.

32. Vincent Hugeux, *Reines d'Afrique*, Perrin, coll. « Tempus », 2016.

on retiendra Nzanga, fondateur de l'Union des démocrates mobutistes (Udemo), candidat aux scrutins présidentiels de 2006 et 2011, ministre de l'Agriculture puis de l'Emploi, du Travail, de la Prévoyance et des Besoins sociaux de base, révoqué pour absentéisme chronique. « Pauvre Mobutu, soupire un de ses confidents. Il n'a pas enfanté de léopard... » Côté féminin, une figure sort pourtant du lot : celle de Ngawali, la fille préférée, qui deviendra sur le tard, à la mort de son aîné Nywa, la conseillère diplomatique du *pater familias*[33]. Entre elle et Bobi, le courant passe mal. Témoin, la lettre adressée dès juin 1981 à son petit ami, dans laquelle Ngawali fustige l'influence néfaste de cette « sorcière de femme », acharnée à convaincre ce père « malade et fatigué » de s'accrocher à son trône. « Comme ça, grince l'héritière, elle peut bien profiter. » « Alors que tout marche mal maintenant, conclut-elle, au lieu de se tirer à temps, il insiste[34]. »

Dans un Zaïre où règnent le clientélisme, l'achat d'allégeances et le *matabiche* – pot-de-vin –, la probité est l'autre nom de la niaiserie. En la matière, Mobutu... parle d'or. « Enrichissez-vous, lance un jour ce Guizot tropical. Et si vous volez, ne volez pas trop en même temps. Volez intelligemment, un peu à la fois. » Charité bien ordonnée commençant par soi-même, Mobutu et sa cour, peuplée de barons cupides et de pique-assiettes, piétinent cet éloge de la retenue. Caoutchouc, cacao, élevage : le patron a annexé une quinzaine de plantations et domaines agricoles. Côté

33. *Enfants de dictateurs* (First, 2014). Voir en particulier le chapitre intitulé « L'amère rumba des enfants du Léopard ».

34. Cité par Nguza Karl-i-Bond, *Mobutu ou l'incarnation du mal zaïrois* (Rex Collings, 1982).

rapacité, l'Aigle de Kawele prêche l'exemple : lorsqu'il ordonne la confiscation des biens de l'affairiste Augustin Dokolo, fondateur de la première banque privée du pays, les consignes sont claires : « Prenez tout. Laissez-lui sa voiture et sa maison. » Dans les ruelles défoncées des bas quartiers de Kinshasa circule cette boutade, inspirée par les retards proverbiaux de la compagnie aérienne nationale : « Dans ce fichu pays, il n'y a qu'Air Zaïre qui ne sache pas voler. »

Rien ne rend mieux compte des outrances patrimoniales du Léopard Suprême que le complexe résidentiel de Gbadolite, gardé par 300 soldats et où s'affairent des centaines de domestiques, cuisiniers et jardiniers[35]. Desservi par un aéroport international à la piste assez longue pour que s'y pose le Concorde, le domaine doit son alimentation en énergie à la centrale hydroélectrique *ad hoc* bâtie sur l'Oubangui. De plus, on verra surgir dans ses parages une usine Coca-Cola et un hôtel cinq étoiles, le Nzekele. Dans le plus vaste des trois palais[36], un couloir ourlé de dorures mène à la chambre de Sa Majesté. Deux panneaux coulissants dévoilent le lit, lui-même hissé du sous-sol à la demande et flanqué de deux déesses de bronze, Le Sommeil et L'Éveil. À l'intérieur, tout n'est que marbre de Carrare, tapisseries d'Aubusson, mobilier Louis-XIV et colossaux lustres de cristal de Murano. Au-dehors, nichées dans des jardins fabuleux, peuplés de palmiers de l'île Maurice, de manguiers ivoiriens, de kapokiers d'Argentine et de conifères provençaux, deux piscines et des fontaines à jets d'eau dont la musique ambiante, classique ou grégorien, module le débit et l'éclairage. Formé par des

35. *The Guardian*, 10 février 2015.

36. En 1988, Mobutu fait bâtir une autre demeure, dotée d'une pagode, à Kawele, village situé à une dizaine de kilomètres de Gbadolite.

pépiniéristes suisses, un horticulteur en chef veille sur les rosiers importés d'Europe, les buissons de jasmin et les parterres d'ylang-ylang[37].

À table, les soirs de fête, une cohorte de serveurs en livrées garnissent la vaisselle de porcelaine de saumon, de cailles rôties, de mets locaux – antilope, anguilles ou poissons du fleuve – et, à l'heure du dessert, de pâtisseries venues par avion de chez Gaston Lenôtre, l'un des chefs favoris, avec Paul Bocuse, du maître de céans. Lorsque Yakpwa, l'une de ses filles, épouse le gandin belge Pierre Janssen, fils de la bourgeoisie de Courtrai, une flottille aérienne achemine invités et victuailles, dont une pièce montée glacée. Et il arrive à beau-papa de faire venir de Zeebruges des moules congelées, que l'on arrose de vins de Loire, de pétrus ou de château-cheval-blanc. Le petit peuple du cru a droit, lui aussi, aux miettes du festin : chaque dimanche, après la messe, des centaines de villageois viennent banqueter à l'invitation de « Papa Maréchal ». C'est aussi par la voie des airs que, chaque mois, déboule un coiffeur new-yorkais, histoire de rafraîchir coupes et brushings ; et c'est à bord d'un Concorde que les petits-enfants du Génie de Gbadolite volent dans le sens inverse vers le Disneyland californien.

Une fièvre équatoriale

Au fil des ans défilent ici têtes couronnées et chefs d'État. Mobutu y reçoit le roi Baudouin et la reine Fabiola, Jean-Paul II, François Mitterrand, le Centrafricain Jean-Bedel

---

37. *Le Monde*, 10 août 2018.

Bokassa, ou le directeur de la CIA William Casey. Cette retraite irréelle accueille aussi, en juin 1989, la signature de l'accord de cessez-le-feu scellé par les frères ennemis angolais, José Eduardo dos Santos et Jonas Savimbi. Alors président du Sénégal, Abdou Diouf se souvient d'une visite un rien déroutante, en 1984. «Je suis arrivé à bord d'un avion piloté par Mobutu lui-même, raconte-t-il. En trois jours, pas une discussion de fond. Comme je m'en inquiète, mon hôte me répond ceci : "Pas besoin, nos collaborateurs s'inspireront des toasts échangés lors du dîner officiel." À cette époque, il avait une obsession, la création d'une Ligue des États noirs, sur le modèle de la Ligue arabe. Devant mes réticences, il retient les deux journalistes qui couvraient mon voyage, choyés et sermonnés par ses soins. À leur retour, l'un et l'autre publieront de vibrants plaidoyers à la gloire de son dessein[38]. »

Au fil du temps, le centre de gravité du pouvoir glisse vers ce refuge équatorial. Certes, Mobutu dispose à N'Sele, à l'est de Kinshasa, d'un domaine présidentiel pourvu d'une piscine, d'un centre de conférences, d'un parc animalier – zèbres et singes – et d'une pagode chinoise ceinte d'une fosse à crocodiles[39]. Mais il se méfie de « Kin-la-Belle/Kin-la-Rebelle », capitale insolente, lui préférant, quand l'orage gronde et que le doute le gagne, son « Versailles dans la jungle » ou son orgueilleux ermitage flottant, un bateau blanc aux allures de steamer du Mississippi, long de 90 mètres, doté de quatre ponts, de deux puissants moteurs et d'un système de communications cryptées. Bâtiment baptisé le *Kamanyola*, en souvenir

38. Entretien avec l'auteur, 11 juin 2019.
39. *Libération*, 16 mai 2017.

d'une position de l'Est congolais que le colonel Mobutu reprit au péril de sa vie aux rebelles katangais en 1964, le fusil-mitrailleur à la main. Dans un récit saisissant, l'africaniste Stephen Smith, alors journaliste au *Monde*, relate une entrevue crépusculaire avec le capitaine déboussolé du rafiot zaïrois, survenue en septembre 1993[40]. Invité à bord *via* l'intendant français du maréchal, Henri-Albert Buisine, l'envoyé spécial découvre la salle de réception « drapée de velours carmin », le salon de coiffure, les appartements réservés aux visiteurs de marque, la balancelle du chef, le bureau vierge de tout dossier et les étagères où sont alignées boîtes à musique et toques tachetées. Son hôte, qui a reçu là Juan Carlos d'Espagne et son épouse Sophia, les VIP du royaume de Belgique ou le Roumain Nicolae Ceausescu, est d'humeur maussade[41]. Il maugrée, lui l'« allié sûr », contre l'ingratitude des Occidentaux et les « faux démocrates ». Au cœur de la nuit, alors que le *Kamanyola* fait halte en lisière d'un village de pêcheurs, Smith entrevoit Mobutu, debout sous les vivats, les bras au ciel, la canne ouvragée brandie, tandis que pleuvent les liasses de billets et que l'équipage décharge les cadeaux, presse à briques, casiers à bières et médicaments. Loin des clameurs, l'amer Timonier se plaît à contempler les flots

---

40. *Le Monde*, 12 août 2002.

41. Surnommé par ses détracteurs Sesesescu, le « roi du Zaïre » fut traumatisé par l'exécution du Conducator roumain et de son épouse Elena, en décembre 1989 ; au point de tancer le patron de la télévision nationale, coupable d'avoir diffusé les images de leur « procès » expéditif. L'année précédente, à Bucarest, l'auteur de ces lignes, faux touriste et vrai journaliste, avait eu la surprise de voir Ceausescu et Mobutu, côte à côte dans une limousine décapotée, parcourir à vive allure une avenue déserte de la capitale.

sombres et limoneux du fleuve-dieu. « On disait qu'il allait parler avec l'eau », confie au reporter Zizi Kabongo, figure légendaire de l'audiovisuel zaïrois.

Qu'a-t-il alors à lui dire, sinon son désarroi ? Pour le seigneur de Gbadolite, contesté sur ses terres, snobé par l'Occident, voilà des années que le vent a tourné. Indexée sur le conflit Est-Ouest, sa rente géopolitique voit son cours s'effondrer. Et les bourrasques contestataires qui, en Afrique comme ailleurs, décoiffent les autocrates l'épargnent d'autant moins qu'il tend à se claquemurer dans sa tour d'ivoire. Le « roi du Zaïre » croit pouvoir sauver son sceptre et garder la main en engageant un cycle de « consultations populaires ». Erreur : il ouvre ainsi les vannes où s'engouffrent le dépit et la colère des hors-caste. Ébranlé, le Léopard édenté hésite, tâtonne, consulte ses oracles. Et, le 24 avril 1990, joue son va-tout. En tenue d'apparat, médailles et épaulettes dorées comprises, le maréchal annonce sa démission du MPR, la fin du Parti-État et l'avènement de la Troisième République. « Face aux bouleversements du monde, déclame-t-il d'un ton grandiloquent, j'ai estimé, seul devant ma conscience, qu'il fallait de nouveau tenter l'expérience du pluralisme politique. [...] Je prends ce jour congé du Mouvement populaire de la Révolution pour lui permettre de se choisir un nouveau chef. » À cet instant précis, l'orateur s'interrompt et, les yeux embués, glisse un mouchoir sous la monture d'écaille de ses lunettes. « Comprenez mon émotion... » Larmes de vieux saurien ? Qui sait ? Si l'acteur Mobutu mérite à coup sûr un Oscar, il n'en va pas de même du stratège politique. Car le scénario dérape. Loin de céder au chantage du patriarche, les militants bronchent à peine. Çà et là, au contraire, on fête son « sacrifice » et l'on sort des tiroirs les cravates, remisées au nom de la sacro-sainte « authenticité ». La *vox populi* implore l'enfant du pays de remonter sur son trône quand il parcourt les rues de Gbadolite au volant de sa Jeep rouge ? Maigre consolation. Pris à son propre piège, Mobutu tente de s'en dégager par la force, comme l'atteste le massacre punitif perpétré dans la nuit du 11 au 12 mai sur le campus de Lubumbashi. Un raid au bilan incertain qui déclenche une énième crise aiguë entre « Kin » et Bruxelles.

De fait, le léopard aux griffes émoussées renie ses adieux de diva. Mais la ruse ne prend plus. En Europe comme en Amérique, l'ère de la mansuétude s'achève enfin. Bruxelles et Washington suspendent leur aide. Quant au Canada, il obtient que le 4e sommet de la Francophonie, programmé à l'automne 1991 à Kinshasa, se tienne sous d'autres cieux, en l'occurrence ceux de Paris. Cinglant camouflet pour le maréchal, qui avait décidé de bâtir à N'Sele une réserve animalière, un parc aquatique et, pour y loger ses hôtes, des villas de standing, réservant la plus chic à François Mitterrand. Dire qu'en amont de sa première rencontre avec le tombeur de son ami Giscard, Mobutu avait sacrifié à un rituel d'envoûtement, piétinant quatre fois l'effigie du socialiste, placée sur une peau de léopard...

« Que devient le chef dans tout cela ?, avait-il feint de s'interroger lors du fameux discours d'octobre 1990. Il se tient au-dessus des partis, il est l'arbitre, l'ultime recours. » Mais qui d'autre que lui-même feint encore d'y croire ? Les digues ont sauté. Le despote en sursis n'a d'autre choix que de convoquer au Palais du Peuple de Kinshasa une « conférence nationale souveraine », défouloir pagailleux que ses fidèles s'échinent à noyauter. Tout juste parviennent-ils à retarder l'échéance. De suspension en manigance, le happening s'étirera sur dix-huit mois, tandis que valsent les Premiers ministres. Période jalonnée de psychodrames parfois meurtriers. En septembre 1991, des militaires en mal de solde mettent à sac la capitale, où débarquent bientôt des paras belges et français, envoyés à la rescousse de leurs compatriotes. Le 16 février suivant, la répression d'une « marche de l'espoir » des chrétiens, interdite par les autorités, coûte la vie à une trentaine de militants prodémocratie. En janvier 1993, sur fond d'émeutes, une rafale fauche l'ambassadeur de France Philippe Bernard.

Tropique du cancer

Persona non grata sur les bords de Seine comme en Belgique, y compris pour les obsèques du roi Baudouin, l'Aigle blessé s'agrippe à son aire. Il mise un temps sur l'éphémère retour en grâce que lui vaut l'effroyable génocide rwandais, qu'il s'agisse de l'afflux dans l'est du Zaïre de hordes de Hutu, civils et tueurs mêlés, du déploiement au départ de Goma (Nord-Kivu) du très ambivalent dispositif français Turquoise, ou des craintes de propagation du chaos dans toute l'Afrique centrale. De fait, en novembre 1994, à l'heure du sommet Afrique-France de Biarritz (Pyrénées-Atlantiques), le dernier de l'ère Mitterrand, l'indésirable apparaît bel et bien sur la photo de famille. Mais lorsqu'il reçoit, dans la suite d'un palace biarrot, une poignée de journalistes français, son enjouement forcé sonne faux. Otage de ses illusions, Mobutu Sese Seko veut pourtant croire que l'accession à l'Élysée de Jacques Chirac, au printemps suivant, le remettra en selle. Chirac, ce « très cher ami » qui, sept ans plus tôt, s'extasiait sur sa « forme éblouissante », exaltant « l'estime et le respect dont [le Zaïrois] jouit en France comme en Europe». Lente et inexorable, l'agonie politique fait écho à une déchéance physique que précipite un cancer récurrent de la prostate.

Le mal vient de loin. À en croire l'Américain William T. Close, directeur de l'hôpital général de Kinshasa, médecin personnel du Léopard quinze années durant et, accessoirement, père de l'actrice Glenn Close, la morosité ronge ce patient singulier dès le milieu des années 1970. Dans les colonnes du magazine belge *Le Vif*, le praticien décrit la métamorphose d'un Mobutu charmeur, jovial, amateur de pêche au tilapia et enclin à tricher aux échecs, lâchant tout sourires un «J'ai failli perdre» au terme de chaque partie ainsi volée; mais bientôt gagné par le stress, irascible et cassant[42]. Quand enfin le Dr Close le convainc de s'offrir une pause dans un établissement thermal de Baden-Baden, le curiste grognon s'empresse d'enfreindre ses consignes, boudant massages et balades pour se cloîtrer dans la suite de son palace en galante compagnie. Année après année, l'abus d'alcool, les accès de déprime et le cancer minent sa santé. Déjà fleurissent dans sa bouche d'amers anathèmes. «J'ai tant fait pour ce peuple, bougonne-t-il. Je ne lui dois rien. C'est lui qui me doit tout.» Et cette variante nihiliste: «Avant moi, le déluge. Après moi, le déluge.» Insomniaque, le Léopard s'aigrit, s'empâte, s'abreuve de décoctions aphrodisiaques, s'entoure de marabouts guinéens ou sénégalais et de masseurs chinois, s'adonnant parfois à la magie noire. Si la hantise de l'empoisonnement le taraude, il lui arrive, jure un de ses ex-conseillers, de vider un verre de sang humain.

42. *Le Vif*, 15 juin 2007.

À nouveau opéré dans une clinique de Lausanne en août 1996, le maréchal prend ses quartiers de convalescent à l'hôtel Beau-Rivage, où il reçoit la visite de Dominique de Villepin, alors secrétaire général de l'Élysée. L'émissaire de Jacques Chirac l'invite à rejoindre son havre de Roquebrune et à avancer son retour au pays, où une rébellion venue de l'est fonce à marche forcée vers Kinshasa sous la férule de Laurent-Désiré Kabila, alias LDK, un ancien disciple de Mulele sous influence rwandaise. Le 17 décembre, amaigri et olympien, armé de ses attributs légendaires – la toque et la canne –, l'Aigle fourbu atterrit à Ndjili, où l'attendent sa Cadillac et une foule fervente. Il n'avait plus posé le mocassin à « Kin » depuis près de sept ans[43]. « Cette liesse sans précédent, déclare-t-il d'une voix altérée, quitte à forcer le trait, conforte plus que jamais ma foi profonde dans la solidité des bases sur lesquelles repose la nation zaïroise. »

« Papa Maréchal » croit-il vraiment à ses propres incantations ? Une certitude : il sous-estime Kabila et ses parrains. Sur son armée, désormais encadrée par des mercenaires belges, français et serbes, flotte des relents de débâcle[44]. Kisangani, l'ancienne Stanleyville, tombe à la mi-mars 1997 en l'absence du maréchal, hospitalisé dans une clinique monégasque. Certes, le revenant reviendra, mais son ultime come-back a les couleurs du deuil. Plus d'ovations à la sortie de l'aéroport, mais des huées. Cloîtré dans sa résidence du camp Tshatshi, le président fantôme reçoit ses rares visiteurs sous un manguier centenaire. Le 4 mai 1997, après avoir accepté puis récusé une reddition dictée

43. *L'Express*, 26 décembre 1996.
44. *L'Express*, 27 février 1997.

par un envoyé de Washington, il consent à rencontrer LDK à bord d'un navire de guerre sud-africain ancré au large de Pointe-Noire, le bastion pétrolier du Congo-Brazzaville. Et ce, sous les auspices de Nelson Mandela, qui lui enjoint de s'effacer. Kabila jubile ; lui s'éteint. Un second sommet, prévu dix jours plus tard, disparaît des agendas.

Un fauve à l'agonie

Le 16, Mobutu et son clan embarquent à bord du Boeing *Ville de Lisala*. Cap sur Gbadolite, sanctuaire chimérique : assiégé à « Kin », le maréchal l'est aussi en son fief, que menacent des fantassins mutinés. Il lui faut fuir la colère de la troupe abandonnée, mais aussi – un comble – la rage des unités d'élite, Garde présidentielle et DSP, qui réclament leur dû. Des splendeurs frelatées de sa retraite équatoriale, il ne reste aujourd'hui, écrit un reporter du *Monde*, qu'un « décor baroque et déglingué » dévoré par la forêt, où vivotent un demi-millier de gueux, entassés dans des « taudis de terre et de bambou », adossés à des murs décrépis que ronge l'humidité[45]. Quant à la crypte de la chapelle Marie-la-Miséricorde, où reposaient Marie-Antoinette et plusieurs des héritiers du Léopard, elle a été profanée. Jamais le palais ne se remettra des quatre journées de razzias dantesques lancées à l'heure de la débâcle par une armée de pillards, villageois et soldats perdus mêlés.

En ce samedi 17 mai, la Mercedes du proscrit s'engouffre dans la soute d'un Iliouchine de l'Unita angolaise, seul appareil disponible. Au moment du décollage,

45. *Le Monde*, 10 août 2018.

l'avion-cargo essuie quelques rafales de kalachnikov. « Même les miens me tirent dessus, soupire l'empereur déchu. Je n'ai plus rien à faire dans ce pays. Ce n'est plus mon Zaïre. » À l'escale de Lomé (Togo), on cherche fébrilement un pays d'accueil. Le Congo-Brazza, le Gabon et la République centrafricaine se dérobent. Ce sera donc le Maroc. Direction Rabat et l'hôpital militaire Mohammed-V. Là, Miss Bobi et sa première dauphine Kosia veillent au coude à coude au chevet du fauve moribond. Mobutu n'a pas 67 ans et, vidé par les hémorragies, pèse 40 kilos. Il expire le 7 septembre et on l'inhume peu après dans un sobre caveau du cimetière européen de la capitale marocaine, entretenu et fleuri depuis lors. Chaque année, à cette date, une messe de requiem réunit le dernier carré des fidèles en la cathédrale de Rabat.

Le Léopard défunt reposera-t-il un jour en terre congolaise ? Maintes fois promis, le transfert de sa dépouille alimente en RDC un piteux feuilleton. Maître du pays de 2001 à 2019, Joseph Kabila, fils et successeur de Laurent-Désiré, s'engage en octobre 2013 à mettre un terme à l'exil posthume. Six ans plus tard, le Premier ministre Sylvestre Ilunga annoncera devant l'Assemblée nationale, sans en préciser la date, le « rapatriement du corps du feu président Mobutu Sese Seko », et ce, « au nom de la réconciliation nationale ». Que craint-on de ce cadavre ? Quel maléfice ? Redouterait-on que renaisse un culte, que déferlent en ville comme en brousse des rafales de nostalgie ? Ou qu'un tel retour montre à quel point les fléaux qui ravagent l'ex-Zaïre ont survécu à celui qui les incarnait ?

Dans la langue ngbandi, Mobutu signifie poussière. Peut-être l'enfant de Lisala doit-il son nom de naissance à la piété de « Mama Yemo », sa mère. « Tu es poussière, et tu retourneras à la poussière » (Genèse 3:19). Amen.

Bibliographie

Abbas, Jo Morvan et Rafael Ortiz, *Mohammed Ali, Kinshasa 1974*, récit graphique et photographique, Magnum Photos et Aire Libre, 2020.

Colette Braeckman, *Le Dinosaure. Le Zaïre de Mobutu*, Fayard, 1992.

Enfants de dictateurs, sous la direction de Jean-Christophe Brisard et Claude Quétel, First Histoire, 2014.

Jules Chomé, *L'Ascension de Mobutu*, Petite Collection Maspero, 1979.

William T. Close, *Médecin de Mobutu. Vingt ans au Congo parmi les puissants et les misérables*, Le Roseau vert, 2007.

Pierre Janssen, *À la cour de Mobutu*, Michel Lafon, 1997.

Live Joris, *Danse du Léopard*, Actes Sud, 2002.

Cléophas Kamitatu, *La Grande Mystification du Congo-Kinshasa. Les crimes de Mobutu*, François Maspero, 1971.

Nguza Karl-i-Bond, *Mobutu ou l'incarnation du mal zaïrois*, Rex Collings, 1982.

Jean-Pierre Langellier, *Mobutu*, Perrin, 2017.

Isidore Ndaywel è Nziem, *Nouvelle Histoire du Congo, des origines à la République démocratique*, Afrique Éditions, 2009.

Nord-Ubangui, L'État-Zaïre englué dans l'identité ethnique de Mobutu, ouvrage collectif sous la direction de Jean Omasombo Tshonda, Africa Museum, 2019.

Karine Ramondy, *Leaders assassinés en Afrique centrale (1958-1961)*, L'Harmattan, 2020.

Serge Saint-Michel et Dominique Fages, *Histoire du Zaïre. Il était une fois Mobutu*, bande dessinée, Casterman, 1977.

David Van Reybrouck, *Congo, une histoire*, Actes Sud, 2012.

Marc Witz, *Il pleut des mains sur le Congo*, Magellan & Cie, 2015.

Vidéothèque

Plusieurs documentaires, truffés d'archives, éclairent l'aventure du Léopard Suprême d'une lumière pénétrante. Citons *Mobutu roi du Zaïre, une tragédie africaine,* de Thierry Michel (Cinélibre, 1999), *Une fusée pour Mobutu,* d'Oliver Schwehm, diffusé le 23 février 2020 sur Arte, et *Afrique(s), une autre histoire du XXe siècle,* série en quatre volets d'Elikia M'Bokolo, Philippe Sainteny et Alain Ferrari (coproduction Temps Noir, INA et France 5, 2010).

5

Robert Mugabe, messie et démon

À quoi tient une destinée de dictateur ? Quelle chiquenaude du hasard propulse le gamin chétif et dépenaillé hors des sentiers battus de l'anonymat, l'arrache à la grisaille du *fatum* ? Quel aléa le fait idole, quel maléfice le rend odieux, et par quel sortilège devient-il si souvent l'un, puis l'autre ? Bien sûr, pas une vie d'homme ne tiendrait tout entière sur un divan de psychanalyste. Mais il arrive que les blessures intimes de l'enfance, la brûlure du mépris, les stigmates d'un humiliant désamour, le désir de revanche et la quête rageuse de la reconnaissance vous guident ou vous égarent plus sûrement que la boussole des idéologies. S'il est un despote subsaharien qui incarne cette errance, c'est bien Robert Gabriel Mugabe, maître trente-sept années durant du Zimbabwe, jeune nation dont il fut tour à tour le libérateur puis le fossoyeur. Le 6 septembre 2019, lorsque le nonagénaire, évincé de son trône deux ans plus tôt, rend l'âme dans une clinique de Singapour, une folle espérance et une cruelle désillusion périssent avec lui.

Rendons-lui cette justice : aucune fée ne s'était penchée sur son berceau, pourvu qu'il en eût un, le 21 février 1924, jour de sa naissance au cœur de la mission catholique de Kutuma (Centre). À l'époque, le Zimbabwe s'appelle encore la Rhodésie du Sud, et la capitale Harare se nomme toujours Salisbury[1]. Pas une fée, donc, mais peut-être un fantôme : celui de la prêtresse guerrière Nehanda, figure de proue de l'insurrection du peuple Shona contre l'odieuse servitude coloniale britannique, capturée et pendue en 1898.

Deux épreuves, que rien n'effacera jamais, endeuillent la prime jeunesse de Robert. D'abord, la mort de son frère adoré Michael, de cinq ans son aîné, terrassé par un empoisonnement accidentel. Ensuite, la disparition de son père Gabriel, charpentier et paysan, parti chercher travail et fortune à Bulawayo. Plus qu'un départ, une trahison : le *pater familias* se remarie et abandonne les siens à leur sort. Le petit « Bob », relève sa biographe sud-africaine Heidi Holland, en conçoit à son endroit une « haine pathologique ». À l'inverse, il révère sa mère Bona, bigote exaltée et dépressive, qu'il accompagne chaque matin à la messe. Vénération réciproque : mortifiée par le décès d'un autre fils, la femme délaissée, catéchiste à ses heures, choie ce garçon malingre et contemplatif, qu'elle rêve un temps

1. Colonie britannique à compter de 1923, la Rhodésie du Sud avait pour voisins le protectorat du Bechuanaland – l'actuel Botswana –, la Rhodésie du Nord, aujourd'hui Zambie, le Mozambique et l'Afrique du Sud. La minorité blanche au pouvoir, qui avait instauré un implacable régime d'apartheid, proclame unilatéralement l'indépendance en 1965, cinq ans avant de rompre tout lien avec le Royaume-Uni. En 1980, après un bref retour sous la tutelle de Londres, la « république de Rhodésie » conquiert sa pleine souveraineté sous le nom de Zimbabwe.

de voir embrasser la prêtrise. Une certitude l'habite : la grâce divine promet Robert à un destin prodigieux. Si les réserves de vivres s'épuisent, c'est sans états d'âme l'« élu » que l'on nourrit en priorité.

Un « fayot » pontifiant

Directeur de l'école locale, le père Jerome O'Hea conforte cette intuition. Car ce jésuite irlandais tient lui aussi pour acquis que l'élève modèle, si prompt à porter son cartable de prof et à effacer au chiffon le tableau noir, sort du lot. « Un esprit et un cœur exceptionnels », décrète-t-il. Mieux, *Father Jerome*, bien moins austère et puritain que le Français Jean-Baptiste Loubière, fondateur de la mission de Kutuma, apparaît aux yeux de l'orphelin meurtri comme une figure paternelle de substitution. Mais aussi comme un mécène – il règle une partie de ses frais de scolarité – et un éveilleur de conscience politique : l'Irlandais raconte volontiers à son protégé l'âpre lutte menée par la Verte Erin pour s'affranchir de la tutelle de Londres. Nul doute que ce récit épique sème dans les pensées de l'ado Mugabe les germes de rébellions à venir.

Toute médaille, y compris celle de *primus inter pares*, a son revers. Aux yeux de ses camarades, Bob, le benjamin de la classe, passe pour un « fayot » introverti, cérébral, peureux, solennel et pontifiant, toujours fourré dans les jupes de maman ou les plis de la robe sombre du *Father*. Apparemment imperméable aux moqueries, l'intéressé ne fait rien pour modifier son image, boudant bagarres et parties de foot endiablées. Aux mêlées de son âge, il préfère la quiétude de longues séances de lecture solitaire. Lorsqu'il conduit au pâturage le maigre troupeau de la famille, c'est une badine à la main et un livre calé sous le coude. «Ses seuls copains étaient ses bouquins», confiera plus tard son cadet Donato. Et quand vient l'heure de faire boire le bétail, Robert attend patiemment près de la rivière qu'une colombe succombe aux attraits d'un piège d'herbes et de feuillages patiemment tressés, tout en se récitant à voix haute poèmes, théorèmes et définitions. Le futur despote serait-il un adepte du *No sport!*, maxime chère à Winston Churchill? N'exagérons rien. Au lycée d'élite Saint-François-Xavier de Kutuma, il s'adonne au tennis avec une hargne incurable. Ses adversaires d'alors le dépeignent en mauvais perdant, jouant sa vie sur chaque point, enclin à ponctuer ses coups gagnants de cris belliqueux, et à fuir le court sans un mot, la tête basse, en cas de défaite.

L'estrade plutôt que l'autel. En fait de sacerdoce, Robert choisit celui de l'enseignant. Diplômé de l'école normale de Kutuma, il quitte le bercail quatre années plus tard pour voler de poste en poste, au gré des affectations, tout en perfectionnant en autodidacte sa formation de pédagogue. Ce parcours sans faute lui vaut d'obtenir une bourse de l'université sud-africaine de Fort Hare, la seule ouverte aux Noirs sous le régime de l'apartheid, racisme d'État alors en vigueur. Là, au cœur de cette pépinière de futures icônes de l'anticolonialisme, que fréquenta une décennie plus tôt Nelson Mandela, le prof ambulant découvre les écrits de Karl Marx et la doctrine du Mahatma Gandhi, héros indien de la résistance au joug *british*.

À 28 ans, le nomade revient au pays. À 31, sa fringale de savoir le conduit dans un institut pédagogique de Lusaka, capitale de la Rhodésie du Nord – l'actuelle Zambie. Fringale ou boulimie? Robert Gabriel Mugabe épingle à son tableau de chasse un diplôme de la London University, décroché par correspondance. Plus tard, quand viendra le temps de la prison, il enrichira ainsi derrière les barreaux sa collection de parchemins. Droit, économie, histoire, latin : comment ne pas déceler, dans cette course aux honneurs académiques, l'aiguillon de l'orgueil, mais aussi la volonté inflexible de dompter l'adversité et l'impérieux désir de prouver à tous, la mère, le mentor, l'ami, l'ennemi, soi-même, que l'on mérite un fauteuil au club des élites ? Un fauteuil de cuir, pas un tabouret ni un strapontin.

Quand Bobby rencontre Sally

La cavalcade passe en 1958 par la case Ghana. Logique. Indépendante dès l'année précédente, l'ancienne Côte de l'Or, ou *Golden Coast*, apparaît comme le laboratoire et la vitrine de tous les élans libérateurs, la Mecque du panafricanisme et le royaume de son prophète, Kwame Nkrumah. Au collège d'Accra où il enseigne, Bob tombe sans combattre sous le charme de sa collègue Sally Hayfron, fille d'un professeur d'agronomie proche de Nkrumah. Elle si belle, si enjouée, si exubérante ; lui austère, grave, presque gauche. Qu'importe, l'alchimie opère. Au point qu'en mai 1960 l'ex-élève des jésuites remet le cap sur Kutuma, histoire de présenter sa promise à la famille, puis de l'épouser.

Très vite, le couple renonce à rentrer à Accra, préférant descendre dans l'arène militante. D'autant que le vent de la révolte se lève sur la Rhodésie. La rue gronde, le pouvoir réprime, mais en vain. À peine interdits, les mouvements réfractaires à l'ordre inique imposé par la minorité blanche renaissent sous un autre nom. Tel est le cas de l'Union du peuple africain du Zimbabwe (Zapu) de Joshua Nkomo, syndicaliste du rail et prédicateur laïc d'une église méthodiste, surgie sur les cendres du Parti national démocratique (NPD). Deux sauriens dans la même mare... Ainsi commence le tango saccadé que danseront pendant des lustres Nkomo le Ndebele et Mugabe le Shona, parfois alliés, souvent rivaux[2]. Celui-ci juge celui-là trop candide, trop frileux et excessivement conciliant. Il lui en veut d'avoir, à l'initiative des Britanniques, avalisé un accord bancal, bientôt renié. Trop tard : le mal est fait, la fièvre monte et, dans tous les camps, les radicaux prennent la main. Tandis que le très marxiste *Comrade Bob* – « Camarade Bob » –, un temps exilé en Tanzanie, fonde avec une aile dissidente de la Zapu la Zimbabwe African National Union, ou Zanu, le Rhodesian Front du suprémaciste blanc Ian Smith[3], résolu

---

2. Les Ndebele – « ceux qui disparaissent sous leurs longs boucliers » – sont implantés dans les environs de la capitale sud-africaine Pretoria et au Zimbabwe, où on les désigne également sous le nom de Matabele. Quant aux Shona, nettement majoritaires dans l'ancienne Rhodésie du Sud, ils sont également présents dans le sud du Mozambique et en Zambie.

3. Issu d'une famille d'immigrants britanniques de confession presbytérienne, Ian Douglas Smith, pilote de chasse durant la Seconde Guerre mondiale et fermier prospère, fut député puis Premier ministre de Rhodésie du Sud. En récusant, en 1965, la tutelle de Londres, Smith ouvre une ère d'isolement pendant laquelle il supervise la lutte contre les guérillas nationalistes noires, d'obédience marxiste pour la plupart. Au lendemain de l'accord de paix de 1979, le fondateur du Rhodesian Front cède le pouvoir pour animer l'opposition parlementaire. En novembre 2007, vingt ans après avoir quitté l'échiquier politique, ce personnage controversé s'éteint au Cap (Afrique du Sud).

à larguer les amarres avec Londres, s'engage sur la voie de l'indépendance unilatérale. Laquelle sera proclamée le 11 novembre 1965.

Entre-temps, Robert a tâté du régime réservé aux « subversifs » et aux « séditieux » emprisonnés. Prélude à un procès joué d'avance, sa seconde arrestation, en décembre 1963, ouvre une longue parenthèse carcérale. Elle durera au total, d'un pénitencier à l'autre, près de onze ans. Sally n'est pas en reste. Pour avoir au détour d'un discours expédié, fût-ce métaphoriquement, la reine Elizabeth II au diable, la compagne ghanéenne écope de six semaines de détention. Son époux, lui, s'accommode très vite de la rigueur monacale de sa réclusion : le « prof » dort peu, ne mange guère et potasse sans trêve ni repos, partageant son temps entre ses traités ou manuels et les cours dispensés à ses codétenus. En décembre 1966, une terrible épreuve anéantit le proscrit : la malaria vient de foudroyer son fils Nhamodzenyika – « le pays souffrant », en langue shona –, tout juste âgé de 3 ans. Et c'est en vain qu'il sollicite une brève permission de sortie, le temps d'assister aux funérailles, célébrées au Ghana, où Sally s'était repliée.

Jamais il n'oubliera ni ne pardonnera à ses geôliers leur inutile cruauté. Inutile et inepte, en ce qu'elle lègue au père meurtri un inépuisable gisement de rancœur et de rage. Une autre brimade, essuyée en 1970, aiguisera son appétit de vengeance. Cette année-là, les autorités britanniques signifient à Sally, alors établie à Londres, son expulsion imminente. Du fond de sa cellule, Robert adresse au *Home Secretary* – ministre de l'Intérieur du royaume – James Callaghan, puis au Premier ministre travailliste Harold Wilson des suppliques argumentées, touchantes et déférentes, les implorant de consentir à son épouse, ébranlée par la perte du petit « Nhamo », le statut de résidente. Peine perdue. Quand ses lettres parviennent enfin au 10 Downing Street, siège de la primature, Wilson a cédé la place au conservateur Edward Heath. Et si la mère inconsolable échappe au départ forcé, elle le doit à la vigueur d'une campagne internationale en sa faveur, non à la mansuétude du gouvernement.

Un camouflet made in Britain

Là encore, une fissure irréparable, rançon d'un aveuglement paradoxal. Car en dépit de l'âpreté des empoignades postcoloniales, il n'était écrit nulle part que les relations entre Londres et Harare glisseraient au fil des ans de la bienveillance à l'aigreur, puis de l'aigreur aux anathèmes, que Mugabe glapit d'une voix haut perchée en boxant l'air d'un poing hargneux, l'écume aux lèvres. C'est ainsi : le faste monarchique et les rites enluminés de l'ère victorienne exerçaient sur le *Freedom Fighter*, « combattant de la liberté » communisant, un tenace magnétisme. « On ne comprend rien au personnage si l'on ignore sa fascination pour la Couronne et l'aristocratie anglaise », constate Richard Boidin, ambassadeur de France à Harare de 2016 à 2020[4].

En 1980, raconte sa biographe Heidi Holland, à l'heure de présider sa première réunion de cabinet, il sermonne en ces termes les novices vêtus d'une veste à col Mao ou d'une chemise hawaïenne : « Si vous tenez à être traités en *cabinet ministers*, habillez-vous comme tels[5] ! » À State

4. Entretien avec l'auteur, 28 août 2019.
5. *The Guardian*, 5 avril 2008.

House, siège de la présidence, un serveur en livrée et gants blancs verse le thé Earl Grey dans d'exquises tasses de porcelaine *made in England*. Bardé de diplômes londoniens, Mugabe parle un anglais quasiment oxfordien, excelle dans l'art de l'ironie *so british*, adore le cricket, ce sport de *gentlemen* qu'il envisage un temps de rendre obligatoire, roule en Rolls-Royce, séjourne fréquemment sur les bords de la Tamise et fait ses emplettes chez Harrods. Mieux, *Mister Bob* s'entend fort bien avec la Dame de fer Margaret Thatcher, à qui il voue un culte fervent. En 1994, quand Sa Gracieuse Majesté l'anoblit, lui conférant la dignité de chevalier de l'ordre de Bath, le chef de l'État zimbabwéen rayonne d'une fierté aussi intense que le dépit que lui inspire, quatorze ans plus tard, le retrait de ce titre ; déchéance que Buckingham Palace imputera aux « violations des droits de l'homme » perpétrées par son régime et à son « mépris abject » envers les normes démocratiques.

Qu'à cela ne tienne : il arrive que les larmes lui montent aux yeux quand on l'entretient des tourments des Windsor. En avril 2005, à la faveur des obsèques du pape Jean-Paul II, le vieux Bob, devenu infréquentable, parvient à piéger le prince Charles, héritier en titre du trône, contraint de lui concéder une poignée de mains. « Nous aimons toujours la famille royale », lui glisse au passage l'importun. Voilà bien son drame, avance Heidi Holland : il veut être à la fois africain et britannique. Cette « ambivalence identitaire » confine sur le tard à la schizophrénie. Où donc les Mugabe, déclarés en 2004 *personae non gratae* par l'Union européenne, prennent-ils leurs quartiers d'hiver ? De préférence à Singapour ou à Hong Kong, anciennes possessions de l'Empire. C'est d'ailleurs dans un quartier chic du « port aux parfums », rétrocédé à la Chine en 1997, qu'ils s'offrent, moyennant 4,5 millions d'euros, une luxueuse résidence de trois étages.

Libéré en décembre 1974, le fondateur de la Zanu file quatre mois plus tard au Mozambique voisin, d'où il orchestrera désormais le combat. Exfiltration rocambolesque, menée avec la complicité d'un aumônier de prison, Emmanuel Ribeiro. Le prêtre planque Bob dans sa paroisse puis le glisse dans un combi Volkswagen jaune, au milieu d'une troupe de vieilles religieuses dominicaines en balade. La providence est de leur côté : lors d'un contrôle policier, le fuyard traqué parvient à se faire passer pour le factotum de la congrégation ; mieux, aux abords de la frontière, il sème *in extremis* ses poursuivants en s'échappant par la fenêtre d'une coopérative agricole, théâtre de son ultime nuit en territoire rhodésien.

Une décennie de captivité a durci l'homme et trempé ses convictions : place au révolutionnaire intransigeant, allergique au compromis, adepte de la lutte armée et partisan de l'instauration d'un régime marxiste à parti unique. Smith et son « gang de criminels » ne méritent que la damnation ; quant aux « exploiteurs blancs » qui règnent en seigneurs sur de vastes fermes, il leur faudra céder jusqu'au dernier arpent de terre. Officiellement, Mugabe et Nkomo font cause commune. Illusion d'optique : à l'été 1977, le premier, soutenu par la Chine, tire seul les ficelles de la guérilla ; quant au second, il se résout à engager des tractations secrètes avec Salisbury. Le vent a tourné. Le jusqu'au-boutisme du maquisard surdiplômé exaspère ses protecteurs, tels le président mozambicain Samora Machel ou son homologue zambien Kenneth Kaunda. D'autant qu'en représailles, les forces rhodésiennes pénètrent fréquemment sur le territoire de ces derniers, le temps de lancer des raids dévastateurs sur les bases arrière et les lignes d'approvisionnement de la Zanla, l'aile militaire de la Zanu.

Trop c'est trop. Le moment est venu d'enrayer l'hécatombe – 27 000 morts en sept ans – et d'ébaucher une issue négociée, parrainée par le Royaume-Uni. En septembre 1979, *Comrade Bob* consent enfin à faire le voyage de Londres. Mais il s'y rend comme on va à Canossa. De même, c'est à reculons qu'il signe, le 21 décembre, les accords de Lancaster House, censés régir l'accession à l'indépendance. « J'ai senti d'emblée que nous avions été floués, admettra-t-il plus tard. Que nous avalisions ainsi un pacte qui d'une certaine manière nous volerait la victoire que nous espérions arracher sur le terrain. » De fait, le compromis réserve à titre transitoire 20 % des sièges du Parlement aux Blancs et leur concède 40 % des terres agricoles.

Éphémère euphorie

Ses interlocuteurs britanniques de l'époque brossent de lui un portrait pour le moins anguleux. « Un zélote idéologue de formation jésuite, implacable et inflexible », assène David Owen, *Foreign Secretary* de février 1977 à mai 1979[6]. « Pas humain, abonde son successeur Peter Carrington. Vous pouviez admirer ses qualités et son intellect, mais Mugabe était terriblement fuyant. »

Le temps des griefs viendra. Mais dans l'immédiat, l'heure est à l'euphorie, comme l'atteste son triomphal

6. *The Independent*, 30 mars 2008.

retour au pays, le 27 janvier 1980. Point d'orgue de cette séquence, la cérémonie solennelle qui, au soir du 17 avril suivant, dans l'enceinte du stade Rufalo de Salisbury, porte sur les fonts baptismaux le Zimbabwe indépendant, ainsi nommé en hommage à un monument de pierre légendaire, emblème d'une cité médiévale et berceau symbolique de la civilisation shona. Peu après minuit, l'Union Jack glisse le long de sa hampe tandis que monte le drapeau à bandes vertes, jaunes, rouges et noire, frappé de l'étoile, rouge elle aussi, et de l'oiseau sacré. Le prince Charles, émissaire de l'ancienne puissance coloniale, remet le texte de la constitution à Canaan Banana, premier président de la nation naissante. Le Jamaïcain Bob Marley, sorcier inégalé de la musique reggae, peut monter sur scène et entonner l'hymne composé pour l'occasion : *Every Man Gotta Right to Decide His Own Destiny* (« Tout homme a le droit de choisir sa propre destinée »). Et tant pis si le concert, gâché par les coupures de courant et la débandade d'une foule affolée, noyée sous les gaz lacrymogènes, sombre dans le chaos.

Premier ministre depuis mars, Robert Gabriel Mugabe tient alors un discours étonnamment modéré, quitte à dérouter ses lieutenants. Oubliées, les références au marxisme et à la révolution. Il n'est question que de dialogue, de réconciliation, de garanties dues aux communautés blanche, asiatique et métisse, de protection de la propriété privée, voire de la « philosophie humaniste » de la Zanu, laquelle « ne connaît ni race, ni couleur, ni foi ». Où est donc passé celui qui martelait quatre ans plus tôt que « les bulletins de vote du peuple et les fusils du peuple sont des jumeaux inséparables » ?

« S'il vous plaît, répète-t-il, restez avec nous dans ce pays pour former une nation unie fondée sur une identité commune. [...] Si hier vous me haïssiez, vous ne pouvez récuser l'amour qui nous lie désormais. » Ian Smith, qui voyait au choix en *Comrade Bob* un « gangster communiste » ou l'« apôtre de Satan », le juge à cet instant « sobre, responsable, mesuré et civilisé ». Le 15 mai 1980, date de l'inauguration du nouveau parlement, les deux hommes pénètrent côte à côte dans l'hémicycle. D'autres gages suivent : l'ancien taulard maintient dans ses fonctions une année durant Ken Flower, patron du Central Intelligence Office – le renseignement intérieur – et cerveau, à ce titre, de plusieurs attentats manqués dont lui-même fut la cible. « Ne me demandez pas d'applaudir vos échecs », lui glisse son hôte, goguenard. De même, il reçoit discrètement Peter Walls, le chef d'état-major des Forces rhodésiennes, lui inflige une leçon sur les analogies entre le message de Karl Marx et celui du Christ et le prie de poursuivre sa tâche. Quitte à surjouer l'humilité, le novice se confesse en ces termes à Lord Christopher Soames, gendre de Winston Churchill et ultime gouverneur britannique de la *South Rhodesia* : « Je n'ai aucune expérience de la gestion d'un pays [...]. Nous avons besoin de votre aide. »

Sur le front social, les débuts sont prometteurs. Près d'une décennie durant, écoles, dispensaires et logements sociaux surgissent de terre. Au point de propulser le jeune Zimbabwe au rang de modèle postcolonial. Qu'il s'agisse de croissance annuelle, de taux d'alphabétisation, de mortalité infantile ou d'espérance de vie, Harare survole les palmarès continentaux. Daté d'avril 1980, un mémorandum de la CIA américaine émet un pronostic à court terme des plus rassérénant, en dépit de la persistance du dessein affiché d'instaurer une société socialiste[7].

7. *Libération*, 26 septembre 2019.

Sans doute son auteur sous-estime-t-il la duplicité du lénifiant Mugabe. Dès octobre, cet admirateur de Mao Zedong fonce à Pyongyang solliciter le concours du Timonier nord-coréen Kim Il-sung. Lequel s'empresse de lui fournir une cohorte d'instructeurs militaires, appelés à former et à encadrer la 5e Brigade, unité d'élite dont nous relaterons sous peu les ravages.

God Save The Kim

Tout, dans le « Royaume ermite », conservatoire d'un communisme écrasant, envoûte l'ex-maquisard : la loyauté d'airain due au parti et à son leader, le culte servile rendu au dieu vivant, l'implacable efficacité des instruments de propagande, les défilés militaires, les meetings de masse chorégraphiés avec un soin maniaque. Mais aussi cette aptitude à tuer dans l'œuf le moindre embryon de dissidence, à formater les esprits, à « rectifier », « corriger », « réorienter ». À compter du trépas de Kim Ier, en juillet 1994, la Zanu, devenue entre-temps la Zanu-PF – pour Patriotic Front – au prix d'une fusion léonine avec la Zapu, organise chaque année un mois de cérémonies à sa gloire. Et quinze ans plus tard, les zélotes du « mugabisme » se plongeaient encore dans le *Juche*, recueil des écrits et discours doctrinaux du cher disparu nord-coréen, espérant y dénicher les sources de la pensée du *Comrade Bob*. Dans le panthéon de ce dernier, un autre aîné en tyrannie a droit à sa stèle : le Roumain Nicolae Ceausescu. La chute du Conducator et son infamante exécution, le jour de la Noël 1989, hanteront un temps les nuits de Mugabe, tout comme elles troubleront le sommeil du Zaïrois Mobutu. Reste que le prestige dû à la figure de proue des « pays

COUSINAGES. Le 5 mars 1975, Jean-Bedel Bokassa accueille son « cher parent » Valéry Giscard d'Estaing à Bangui, théâtre d'un sommet franco-africain. L'ancien sous-off de la Coloniale n'est alors « que » président à vie, maréchal et, accessoirement, garde-chasse de son hôte, que l'on sait épris de safaris. Moins de trois ans plus tard, il s'octroie la dignité de Majesté Impériale à la faveur d'un plagiat tropical du sacre de Napoléon. Une mascarade *made in France*, grotesque et ruineuse. Las !, ni la couronne, ni le sceptre, ni la lourde cape frangée d'hermine ne protégeront des foudres élyséennes ce « cousin » dont les frasques, les pulsions tyranniques, les scintillants cadeaux et le flirt libyen scelleront le sort. Choyé comme un favori un rien capricieux, congédié tel un domestique.

JANUS. Qu'il plastronne en tenue d'apparat, le torse cousu de médailles, ou qu'il manie – en mars 1979 – le lance-roquettes sur le front d'une guerre inepte et suicidaire livrée à la Tanzanie voisine, Idi Amin Dada peaufine son profil de colosse débonnaire. Image trompeuse : fondu de boxe, de rugby et de danses tribales, l'ancien soudard de l'armée coloniale britannique fera preuve, au pouvoir, d'une effarante férocité, semant dans son sillage des monceaux de cadavres. Certes, l'ubuesque *Big Daddy* aura inspiré maints romanciers et cinéastes européens. Mais qu'a-t-il inspiré aux Ougandais jusqu'à ce que sonne l'heure de l'exil saoudien, sinon une intense terreur ?

© CameraPix/Camerapress//Gamma-Rapho

© Keystone-France/Gamma-Rapho

BAOBAB. Lunettes noires, gants blancs et raideur toute militaire. Le 13 janvier 2005, à Lomé, Gnassingbé Eyadéma célèbre le 38e anniversaire de son accession aux commandes du petit Togo. Ce sera le dernier : trois semaines plus tard, l'ancien tirailleur de l'armée française, passé par l'« Indo » et l'Algérie, rend l'âme entre ciel et terre à bord du Boeing présidentiel, foudroyé par une attaque cardiaque. Allié loyal et sans états d'âme de la France néogaulliste, le « Baobab », droit dans ses rangers, sera pourtant ébranlé par les bourrasques démocratiques qui, à l'orée des années 1990, balaient l'Afrique subsaharienne.

DISGRÂCE. Trois décennies séparent ces deux clichés. Trois décennies et un gouffre abyssal. En haut, le jeune putschiste Joseph-Désiré Mobutu, seigneur de l'immense Zaïre, alors au faîte de sa gloire, regard braqué sur l'horizon, sûr de son aura, de son génie manœuvrier et de la bienveillance que lui vaut, en Occident, son anticommunisme. En bas, le fantôme de Mobutu Sese Seko – ainsi rebaptisé dès 1972 au nom de l'impératif d'« authenticité » –, assis aux côtés de Nelson Mandela, à bord d'un navire sud-africain ancré au large de Pointe-Noire (Congo-Brazzaville). Il s'agit alors, sous l'œil goguenard de Laurent-Désiré Kabila (à droite), figure de proue d'une rébellion venue de l'est, de négocier les termes d'une « transition pacifique ». En clair, les modalités de la reddition. Vaincu, humilié, lâché par tous, rongé par le cancer, le Léopard Suprême s'éteint au Maroc quatre mois plus tard, le 7 septembre 1997.

© AFP PHOTO/Desmond Kwande

© Jekesai Njikizana/AFP

NAUFRAGE. Héros vénéré de la lutte contre le colonialisme britannique puis le racisme d'État instauré par la minorité blanche de Rhodésie, Robert Mugabe glisse au fil des ans vers un despotisme hargneux et narcissique. Et plonge le Zimbabwe, hier grenier à céréales de l'Afrique australe, dans le dénuement. Chaque année, son anniversaire – ici, le 85e, célébré en février 2009 – donne lieu à de fastueuses agapes ; l'occasion, saisissant raccourci, de partager avec femme et enfants le gâteau du pouvoir. Huit ans plus tard, au détour d'un meeting de la Zanu-PF, le parti à sa dévotion, *Comrade Bob* adoube sur fond de guérilla de succession sa très ambitieuse, très cupide et très impopulaire épouse, Grace. Erreur fatale, puisque ce complot conjugal précipite sa propre déchéance.

OBSESSIONS. Ahmed Sékou Touré, icône de la souveraineté guinéenne, lors d'une visite officielle à Londres, en novembre 1959. L'année précédente, cet ancien dandy francophile avait infligé à Charles de Gaulle, venu promouvoir son modèle d'« association » postcolonial, un cinglant camouflet. Lequel confère à « Sékou », seul à prôner le « non » au référendum du 28 septembre 1958, et que l'on voit ici proclamer six jours plus tard l'indépendance du pays à l'Assemblée nationale, une stature de héros anti-impérialiste. D'autant qu'il survit à maints complots, ourdis ou avalisés par une France revancharde. Hélas, dans l'adversité, l'ancien leader syndical se raidit jusqu'à la paranoïa, au point d'imposer une implacable dictature, que symbolise le camp Boiro, immonde mouroir où s'entassent par centaines les « traîtres » réels ou supposés.

ORWELLIEN. Bien sûr, il faut se garder, sur le continent noir comme ailleurs, de juger les hommes de pouvoir sur la mine. Reste qu'Issayas Afeworki, impérieux Timonier de l'Érythrée depuis 1993, semble s'ingénier à cultiver sa réputation d'autocrate implacable et revêche. Regard d'acier, mâchoires serrées, moustache broussailleuse, maintien martial, cet ex-maquisard maoïste a fait de sa citadelle de la Corne de l'Afrique l'un des pays les plus fermés et les plus répressifs de la planète, sinon une caserne à ciel ouvert. Quiconque se hasarde à contester son emprise se voit réduit à cette alternative : l'exil ou le cachot.

PATRIARCHIE. Teodoro Obiang tient d'une main ferme, et depuis plus de quarante ans, les rênes de la Guinée équatoriale, minuscule émirat pétrolier hispanophone. On le voit ici en visite à Pretoria (Afrique du Sud) en mai 2009, posant entre un lion empaillé et une lionne bien vivante, l'influente première dame, prénommée Constancia, connue pour son sens des affaires et de la famille. Francophone appliqué et francophile contrarié – car pris dans la rafle des « biens mal acquis » –, cet amateur de samba carioca enrobe d'une avenante bonhomie son impitoyable autoritarisme. Et semble s'être résolu à céder son sceptre, le moment venu, au fiston Teodorin, bambochard impénitent et collectionneur de berlines hors de prix.

CHARLATAN. Parvenu au pouvoir en juillet 1994, Yahya Jammeh a régné sans partage sur la Gambie, étroite langue de terre fichée dans le flanc du Sénégal, jusqu'en janvier 2017. Battu à la surprise générale lors du scrutin présidentiel du 1er décembre précédent, ce pieux musulman s'agrippe à son trône, mais en vain. La mort dans l'âme, il trouve refuge en... Guinée équatoriale. Peut-être Jammeh persiste-t-il dans sa retraite dorée à exercer ses talents frelatés de roi thaumaturge. S'il impose ici la main sur le front d'un fidèle, lors d'un festival culturel organisé en mai 2014 dans son village natal de Kanilai, l'ancien officier prétend guérir entre autres, à l'aide d'un onguent verdâtre de sa composition, le sida, le cancer et l'impuissance masculine.

© Raymond Depardon/Magnum Photos

MÉPRIS. Passé par Sciences Po Paris, le jeune et prometteur Hissène Habré rallie à son retour au Tchad la rébellion nordiste. Dans cette grotte du Tibesti, l'objectif de Raymond Depardon a saisi la panoplie de l'insurgé : le treillis, la kalach et la machine à écrire. Mais le ravisseur de l'ethnologue française Françoise Claustre, traité à Paris avec les égards dus à l'ennemi juré du Libyen Muammar Kadhafi, cède bientôt aux démons de l'égocratie et du clanisme. Maître absolu de N'Djamena huit années durant (1982-1990), Habré châtie tout opposant, fût-il imaginaire, avec une abjecte cruauté. Condamné en 2016 à la perpétuité par une juridiction *ad hoc* siégeant à Dakar, où il coulait une tranquille retraite, le maquisard dévoyé affiche à la barre, envers les rescapés de ses crimes et les ayants droit de ses victimes, une morgue infâme.

© Seyllou/AFP

de la ligne de front», coalition des États engagés contre le régime d'apartheid sud-africain, lui vaut auprès de ses pairs indulgence plénière. De 1986 à 1989, Mugabe, reçu partout avec les honneurs, préside le Mouvement des non-alignés, alliance tiers-mondiste sous influence soviétique.

Le rapport de la CIA cité plus haut prédit que le *Freedom Fighter* devra «composer avec les traditions shona de prise de décision par consensus, de même qu'avec les factions fondées, au sein du parti, sur les allégeances personnelles ou claniques». Son défi n° 1 ? «La base attendra de la Zanu qu'elle honore les promesses relatives à la réforme agraire, au plein-emploi, aux hausses de salaires, à la gratuité de l'enseignement public, au logement et à la santé.» Diagnostic imparable. Las !, l'endettement que suppose ce vaste programme atteint une ampleur telle que le pays se voit bientôt contraint de passer sous les fourches Caudines du Fonds monétaire international (FMI). Place à l'austérité et à son corollaire, la grogne sociale. Ainsi s'achève pour les «Zimbos» – les Zimbabwéens – la parenthèse enchantée.

Sur l'échiquier politique, l'état de grâce tourne court plus vite encore. Le futur *Prime Minister*, qui a supplanté son rival Joshua Nkomo à la faveur d'un scrutin douteux promptement validé par Londres, échappe à deux tentatives d'assassinat avant son accession au sommet. La première, le 6 février 1980, pèche par amateurisme : une grenade échoue sur l'un des murs de la maison achetée dans l'ex-enclave blanche de Mount Pleasant. L'autre, perpétrée quatre jours plus tard, ébranle *Comrade Bob* : une charge explose au passage de son convoi, sur la route de l'aéroport de Fort Victoria, la future Masvingo (Centre-Sud). S'il en sort indemne, Mugabe accuse le coup. Désormais, des voitures leurres garnies d'un mannequin à sa ressemblance se glisseront dans les cortèges, truffés d'anges gardiens surarmés. La paranoïa ambiante doit aussi beaucoup aux services sud-africains et à leurs agents infiltrés, experts en sabotage. En décembre 1981, au cœur d'Harare, un attentat à la bombe dévaste le quartier général de la Zanu et la boulangerie voisine. Bilan : 7 morts et 124 blessés. Huit mois plus tard, le raid aérien lancé sur la base de Thornhill cloue au sol une douzaine d'aéronefs de l'armée de l'air zimbabwéenne. Il n'en faut pas davantage pour que se dissipe la chimère de l'harmonie raciale. L'ancien élève des jésuites ressort son lexique de boutefeu : haro sur les « vampires » et les « esclavagistes ». « Allons tuer ces serpents, les écraser jusqu'au dernier », vocifère-t-il.

Les charniers du Matabeleland

« *No more internal power struggle* », psalmodiait Marley sur le podium du stade Rufalo. Plus de luttes intestines pour le pouvoir. Vaine exhortation : dès février 1983, Mugabe prive Nkomo, soupçonné de complot, du portefeuille de l'Intérieur pour le reléguer dans un ministère subalterne. Aussitôt, la province du Matabeleland (Sud-Ouest), fief de l'ethnie Ndebele, s'embrase. Résolu à tuer dans l'œuf cette dissidence, le disciple de Kim Il-sung y dépêche aux premières heures de 1983 la 5th Brigade et ses « conseillers » nord-coréens. Un carnage. Deux années durant, les soudards de l'opération *Gukurahundi* – « la pluie précoce qui disperse l'ivraie », en shona – bastonnent, torturent, violent, massacrent, incendient villages et récoltes, laissant dans leur sillage plus de 20 000 cadavres. « Ne pleurez pas si vos proches sont tués, assène Mugabe à l'adresse des Ndebele. Quand des civils nourrissent les rebelles, nous les débusquons et les exterminons. » « Un moment de folie », concédera le vieux Bob au soir de sa vie. Mais, à l'entendre, une démence légitime, imputable au compagnon déchu, ravalé au rang de « cobra dans la maison ». On l'aura compris : le statut de frère d'armes ne vaut nullement immunité. Le 26 décembre 1979, Josiah Tongogara, cerveau de la lutte armée puis artisan du compromis de Lancaster House, périt dans un « accident de la route » d'autant plus improbable que ses amis relèvent sur son cadavre plusieurs impacts de balles. Deux décennies plus tard, le très redouté Solomon Mujuru, tour à tour commandant de la guérilla au temps du *bush* puis chef d'état-major, meurt dans l'incendie suspect de sa résidence. « C'était un gros fumeur », arguera Mugabe au soir de sa vie. Le tabac tue, c'est bien connu.

Maître du politburo de la Zanu depuis 1984, le Camarade suprême confisque méthodiquement tous les leviers du pouvoir. Le 30 décembre 1987, au lendemain d'un référendum taillé sur mesure, le voilà chef de l'État et du gouvernement et commandant des forces armées. Il peut à loisir dissoudre le Parlement – dont il nommera bientôt 22 des 150 députés –, briguer un nombre illimité de mandats, décréter la loi martiale et proroger l'état d'urgence tous les six mois. Un élu à sa dévotion, aussitôt promu vice-ministre, le compare alors au « second fils de Dieu ». Pourquoi second ? Avec l'âge, le narcissisme de son idole prend un tour maladif. En avril 2016, à bord d'une limousine découverte, il passe en revue un détachement militaire. Arrivé à hauteur d'un cadre à son effigie, le véhicule présidentiel s'immobilise, et Mugabe s'incline cérémonieusement devant son portrait[8].

8. *The New York Times*, 7 mai 2016.

Tout despote tend à se raidir dans l'adversité. Pas plus qu'aucun autre, Mugabe n'infirme ce théorème. Mais une autre fêlure, conjugale celle-là, aura précipité son naufrage : le décès, en janvier 1992, de son épouse Sally, terrassée par un cancer du rein. Non que Monsieur fût un compagnon fidèle. Mais l'ancienne institutrice ghanéenne exerçait sur l'irascible *Magaba* – « l'Homme cruel » en shona – une influence modératrice. Elle seule savait prévenir et contenir ses sautes d'humeur. « Il faut que j'en parle à Sally » : la formule résonnait chaque fois qu'affleurait un dilemme, se souvient Simba Makoni, compagnon des temps héroïques[9]. « J'ai connu le bon Mugabe, confie en écho l'ex-président sénégalais Abdou Diouf. Avec sa première femme, il marchait droit. Mais dès la mort de Sally, il est tombé sous l'exécrable emprise de cette femme avide et arrogante[10]. » Allusion à sa secrétaire puis assistante Grace Marufu, de quatre décennies sa cadette. « Couple étrange, soupire un ambassadeur européen : Grace le frappait, tandis que lui zigouillait d'une manière ou d'une autre tous ses amants. »

Grace, femme fatale

À l'heure où agonise *Amaï* – « la mère de la Nation » –, voilà cinq ans que le président entretient une liaison avec cette native d'Afrique du Sud arriviste, cupide et bipolaire. Liaison féconde, cimentée par la naissance de deux rejetons semi-clandestins, Bona et Robert Jr[11]. Au détour

9. *The Guardian*, 16 octobre 2010.
10. Entretien avec l'auteur, 11 juin 2019.
11. Vincent Hugeux, *Reines d'Afrique*, *op. cit.*

d'un documentaire télévisé d'une complaisance burlesque, diffusé en 2013, Bob tente de justifier sa double vie avec une rare élégance. Sa propre mère l'ayant pressé de lui donner des petits-enfants avant son trépas, il finira par prier la *First Lady* officielle, mourante, d'adouber l'intruse. « Sally est restée calme, raconte-t-il sans ciller, mais m'a demandé si je l'aimais toujours. J'ai répondu oui. "Alors, ça va", m'a-t-elle dit. » Suit une sidérante leçon de machisme, inspirée par la destinée maritale de sa fille Bona : « Elle aura des gamins et l'essentiel de son charme disparaîtra. Il ne faudra pas que [son mari] la compare à des femmes plus jeunes. Ce que font la plupart des gens. Et voilà comment on a tant de divorces. » Faites ce que je dis…

Une certitude : jamais la parvenue n'éclipsera dans le cœur des « Zimbos », qui l'affublent du sobriquet de *Disgrace* – « la Honte » –, la vaillante rebelle passée par la prison et l'exil. Connue pour sa boulimie consumériste et ses razzias dans les boutiques de luxe de Londres, Paris ou New York, elle glanera au fil des ans d'autres surnoms, tels « Gucci Grace » ou *The First Shopper*, la « Première acheteuse ». Son tropisme bling-bling tranche avec la frugalité de Robert. Frugalité à géométrie variable : en janvier 2000, qui rafle le premier prix – l'équivalent de 2400 euros – de la loterie de la Zimbank, établissement contrôlé en partie par l'État ? Un certain Mugabe Robert. Il n'y a pas de petits profits. Qu'à cela ne tienne. À en croire son entourage, l'heureux gagnant mène une vie d'ascète. Il se lève vers 4 heures pour commencer sa journée par une heure de gym et de yoga, ne fume ni ne boit guère et se nourrit chichement, boudant viande et poisson au profit de poêlées de légumes et de *sadza*, une bouillie de maïs traditionnelle.

À l'été 1996, le couple scelle en grand arroi son union, en l'église de la mission de Kutuma. Contraint d'officier, l'archevêque d'Harare céderait alors volontiers le montant de la quête pour échapper à cette pompeuse parodie, prélude à un voyage de noces par épisodes étalé sur dix mois. Les témoins ? Le président sud-africain Nelson Mandela et son homologue mozambicain Joaquim Chissano. Au banquet, le soir venu, se pressent paraît-il 12 000 convives. La venue de l'iconique « Madiba », libéré six ans plus tôt des geôles de l'apartheid après plus d'un quart de siècle de réclusion, ne saurait faire illusion. *Comrade Bob* jalouse l'aura planétaire et quasiment mystique du bagnard de Robben Island, astre dont l'éclat éclipse sa propre épopée. « Mugabe était l'étoile dans le ciel de l'Afrique, lâche un jour le prophète de l'African National Congress (ANC), exaspéré par le sectarisme de son cadet. Puis le soleil s'est levé. » Riposte de l'intéressé : « Mandela est allé un peu trop loin dans la bonté envers les communautés non noires, parfois aux dépens des siens. C'est un être trop bon, trop saint. »

Le Zimbabwéen, lui, n'encourt il est vrai nul procès en canonisation. Et ce, d'autant moins qu'à l'orée du millénaire, sa main se fait plus lourde, sa hargne plus aveugle. Témoin, la réforme agraire lancée dès 1997, intensifiée à compter de février 2000. Projet dicté sur le papier par un souci légitime : deux décennies après la fin de l'ère coloniale, les fermiers blancs monopolisent encore la quasi-totalité des terres fertiles et contrôlent les trois quarts de la production agricole (blé, maïs, coton, thé, tabac). Mais la méthode employée – invasion brutale des domaines, expulsion violente des exploitants, souvent molestés, parfois assassinés – obéit moins à l'impératif d'équité qu'à la soif de vengeance, assortie de la volonté de reconquérir une base partisane rongée par le doute. Sur les *white farms* déferlent des hordes de « vétérans » miséreux de la « guerre de libération », dont certains tétaient encore le lait de leur mère à l'heure de l'indépendance. Un meneur incarne cette imposture : le dénommé Chenjerai « Hitler » Hunzvi, qui, au temps du maquis, étudiait la médecine en Pologne[12]. Au passage, on notera que Mugabe lui-même, provocateur au point de se décerner un « diplôme de violence », revendiqua maintes fois une forme de filiation avec le Führer nazi. « Ce Hitler n'avait qu'un seul objectif, ose-t-il en 2003, la justice pour son peuple, la souveraineté de son peuple, la reconnaissance de l'indépendance de son peuple et son droit à disposer de ses richesses. Si c'est ça être Hitler, eh bien que je sois dix fois Hitler ! » À se demander si le dessin de sa moustache, bref toupet taillé sous l'arête du nez, ne procédait pas d'un mimétisme inconscient…

Haro sur les white farmers

Cette offensive chaotique accouche d'un désolant fiasco : la plupart des fermes ainsi « libérées » échoient à des caciques du régime, plus doués pour jouer les rentiers que pour l'agriculture ou l'élevage. L'auteur de cet essai se souvient d'avoir visité à l'époque plusieurs exploitations en friche, dont les tracteurs rouillaient sous des hangars à l'abandon. Voilà comment le Zimbabwe, longtemps considéré comme le « grenier de l'Afrique australe », en vient à importer massivement des céréales. Le vieux Ian Smith peut déployer à l'entrée de son domaine une banderole ainsi libellée : *« I told you so. »* Je vous l'avais bien dit…

---

12. *L'Express*, 4 mai 2000.

Là encore, face aux vents contraires, le roi Robert a cédé aux démons de la fuite en avant. Le rejet par référendum, en février 2000, d'une réforme constitutionnelle visant à renforcer ses pouvoirs et à autoriser les expropriations sans indemnités l'horripile au plus haut point. Place à la manière forte, au fait accompli et à la « nouvelle Chimurenga » – allusion aux « guerres de résistance » antérieures –, théorisée *a posteriori* par un décret présidentiel de novembre 2001 : les fermiers au teint pâle réfractaires ont quatre-vingt-dix jours pour vider les lieux, sous peine d'emprisonnement. « Instillez la peur dans le cœur de l'homme blanc, notre véritable ennemi », ordonne-t-il aux siens au détour d'un banquet.

« Tu as hérité d'un joyau. Prends-en soin », lui avait enjoint en mars 1980 Julius Nyerere. Comment le chef de l'État tanzanien aurait-il pu imaginer que Mugabe, alchimiste maudit, transformerait l'or en vil plomb ? Entre agriculture moribonde et industrie à l'agonie, chaque mois qui passe enfonce un peu plus le Zimbabwe dans le marasme et la récession. Les salaires s'effondrent et le chômage s'envole, au point d'affecter 90 % de la population active en 2016. Quant à l'inflation, elle atteint des taux stratosphériques. En 2009, lasse d'imprimer des billets de 100 000 milliards de dollars zimbabwéens – il faut une brouette pour s'offrir une baguette –, la Banque centrale saborde la monnaie nationale au profit de la devise américaine. Le système de santé ? En lambeaux. Un indice suffit à donner la mesure du naufrage : dans un pays ravagé par le sida, l'espérance de vie, proche de 60 ans en 1980, plonge en 2006 à 34 ans pour les femmes et 37 pour les hommes. Soit la pire performance de la planète. Les dégâts du VIH enflamment la rhétorique homophobe du pieux

Robert. À ses yeux, les « sodomites » sont « pires que les chiens ou les porcs ». « Dieu, tonne-t-il en 2013, a détruit la Terre à cause de péchés tels que celui-là. » Quant aux lesbiennes, il menace de les expulser du Zimbabwe « si elles ne parviennent pas à se féconder mutuellement ».

Menacé par l'essor du Mouvement pour le changement démocratique (MDC), navire amiral de l'opposition qu'anime le syndicaliste Morgan Tsvangirai[13], le clan Mugabe s'en remet à sa martingale : l'ultra-violence. Au prétexte d'éradiquer trafics et marché noir, il déclenche en mai 2005 l'opération *Murambatsvina* – « Déblayer les ordures ». En clair, il s'agit de démanteler les bidonvilles d'Harare, de Bulawayo et d'ailleurs, acquis pour l'essentiel au camp d'en face, quitte à jeter à la rue 1,5 million de sans-abri.

La campagne de terreur politique atteint son acmé trois ans plus tard. Friands de noms de code évocateurs, les miliciens de la Zanu-PF déploient cette fois le dispositif *Makavhoterapapi* – « Où as-tu mis ton bulletin ? ». Leurs cibles : les militants du MDC, leurs femmes et leurs enfants, qu'ils assassinent, mutilent, violent ou brûlent vifs. Rien de bien nouveau sous le soleil austral. À la fin de la décennie 1980, lorsqu'un dissident fonde le Zimbabwe Unity Movement (ZUM), Mugabe lâche ses nervis et leur garantit l'impunité. Un spot de campagne télévisé achève si besoin de dissiper toute équivoque. Il met en scène un effroyable carambolage ainsi sous-titré : « Voici une façon de mourir. L'autre est de voter pour le ZUM. Ne vous suicidez pas. Votez Zanu-PF et vivez. » Scénario

13. Terrassé par un cancer du côlon, Morgan Tsvangirai est décédé le 14 février 2018 à Johannesburg (Afrique du Sud).

réédité fin 2010, notamment dans la province insoumise du Mashonaland, où l'on somme au porte-à-porte les villageois de «faire le bon choix», sous peine de mort. «Le Zimbabwe m'appartient, claironne leur chef. Dieu seul, qui m'a choisi, peut me destituer.»

Cogner, frauder, piller

Peine perdue : au premier tour de la présidentielle, le 29 mars 2008, Tsvangirai, lui-même roué de coups et laissé pour mort un an plus tôt, devance nettement un sortant pourtant dopé par la fraude. Mais il renonce au ballottage, tant le spectre du bain de sang le hante. À défaut de l'emporter dans les urnes, Mugabe, seul en lice, gagne donc par forfait. Puis, en habile manœuvrier, muselle son challenger, trop candide pour flairer le traquenard que constitue pour lui et les siens la formation d'un «Gouvernement d'union nationale». Un marché de dupes, certes, mais que Mugabe impose au prix d'une cuisante humiliation. Lors de l'ouverture de la session parlementaire, les élus du MDC le sifflent et le huent. Mortifié, le boss encaisse la bronca, mais concocte déjà sa revanche. Chaque lundi, entre thé anglais et scones tièdes, il flatte, charme et ensorcelle son Premier ministre. Entre le Machiavel austral et l'ancien mécano, le match est inégal. Mois après mois, *Comrade Bob* piétine l'accord de coalition. «Je reste aux commandes et détiens le pouvoir exécutif, assène-t-il. Rien n'a donc changé.»

Surtout pas le pillage éhonté du pays par les affairistes de la «mafia Zezuru», le clan shona de *The Old Man* – «le Vieil Homme» – ainsi qu'on le désigne désormais. Corruption éhontée, clientélisme, népotisme, trucage des marchés publics, rien ne manque à leur arsenal. Comme l'attestent les enquêtes de l'ONG Global Witness et divers rapports secrets du Département d'État américain, le magot minier – or, diamants, platine –, privatisé *de facto* et estimé à plusieurs dizaines de millions d'euros, ne garnit que les coffres de la tribu. Fleuron de ce pactole, le site de Marange Fields, dans le Manicaland, au sud-est d'Harare, dûment militarisé[14]. Le patrimoine foncier subit un sort analogue. Les Mugabe et leurs affidés détiennent environ 40 % des terres cultivables. Et, en 2014, Robert et Grace possèdent *a minima* une quinzaine de fermes, couvrant au total 16000 hectares. Où l'on comprend pourquoi la Zanu-PF a renié dès 1991 le marxisme-léninisme pour se convertir à l'économie de marché…

Le scrutin du 31 juillet 2013 enrichit la collection des mascarades électorales. Au fil d'une campagne haineuse, Mugabe bombarde d'imprécations ses adversaires, dépeints en larbins stipendiés par l'Occident. « Après leur mort, éructe-t-il, même les chiens ne voudront pas de leurs cadavres. » Au lendemain de sa réélection, assimilée à un « coup de tonnerre mystique », le sortant ironise sur l'âge du capitaine, tabou suprême, et prédit qu'il fêtera son centenaire à State House. Prophétie relayée par Grace, laquelle annonce le recours si besoin à un fauteuil roulant sur mesure, et suggère que le patriarche pourrait le moment venu régenter le Zimbabwe de l'au-delà. « Je suis frais comme un gardon, lance son époux en bandant les biceps. Les ans ne signifient rien. Ils ne m'ont pas flétri ni rendu sénile. » Est-ce si sûr ? À la fin de l'été 2015, le nonagénaire ressert à des députés médusés un discours

14. *The New York Times*, 16 décembre 2011.

sur l'état de la Nation prononcé mot pour mot un mois plus tôt. Lui ne s'aperçoit de rien ; eux naviguent entre l'embarras et le sarcasme. Impossible désormais de feindre d'ignorer sa propension à s'assoupir en public. On le voit ainsi, en mars 2015, piquer du nez au côté du Premier ministre japonais en pleine conférence de presse. Et quand il trébuche à la descente d'un podium, sa garde rapprochée contraint les photographes présents à effacer séance tenante les images de la chute.

Serait-ce une manière de défier le temps qui passe ? Chaque 21 février, l'anniversaire du vieillard donne lieu à une fiesta extravagante. Le parti convie des milliers de militants à un banquet pantagruélique. On y débite à tour de bras pavés de buffle, cuissots d'antilope ou steaks d'éléphant, tandis que la bière coule à flots. Sur le podium, théâtre d'un grotesque défilé de flatteurs, le président, coiffé tantôt d'une casquette écarlate, tantôt d'un chapeau de cow-boy, foulard rouge autour du cou, attaque au couteau une colossale pièce montée – un kilo par année fêtée – nappée d'ordinaire de crème rosâtre. Et surmontée d'une réplique pâtissière des chutes Victoria, des vestiges du palais de la reine de Saba ou de la limousine favorite du papy gâteau. Coût moyen de ces ripailles télévisées, obscènes dans un pays guetté par la famine : près d'un million de dollars. Mais ni le lâcher de ballons, ni les glapissements anti-impérialistes des « pionniers » de la Zanu-PF, ni les odes flagorneuses au « Moïse africain » n'occultent cette évidence : le crépuscule approche. En 2017, le boss, tassé, absent, fête moins ses 93 printemps que ses 93 hivers. Grace doit l'aider à manier la pelle à tarte et de nombreuses pauses morcellent son discours, marmonné d'une voix chevrotante. Sa rhétorique tourne à vide, ses vieilles ficelles s'effilochent : le magicien arthritique perd la main et n'a plus le moindre lapin dans son chapeau. Il est loin le temps des brûlantes diatribes…

Dire que deux mois auparavant, il a décroché une énième investiture en vue de la présidentielle de 2018. Adoubement trompeur : avec le temps, le vernis de la déférence n'en finit plus de s'écailler. La hiérarchie catholique se range aux côtés d'un peuple tétanisé par la « peur abjecte de la violence et du crime » dès mars 2001, six ans avant de flétrir un pouvoir « raciste, corrompu, sans foi ni loi ». Pour Mugabe, il y a plus grave : voici que les vétérans de la guerre de libération, écœurés par la brutale répression d'une marche contre l'érosion de leur pension, le lâchent. Dérive « dictatoriale et égocentrique », accusent-ils. Au cœur même du parti, la fracture, irréductible, remonte au second semestre 2014, lorsque « Gucci Grace » dévoile son ambition dévorante. Avant même de conquérir à la hussarde la Ligue des femmes de la Zanu-PF, la Messaline d'Harare entreprend de saper l'assise de ses rivales potentielles à coups de réquisitoire venimeux, voire ordurier. Cible prioritaire, la vice-présidente Joice Mujuru, ex-héroïne du maquis, accusée de complot, de corruption et de sorcellerie.

Un tel forcing hérisse l'appareil du parti et envenime la guérilla que se livrent depuis des lustres deux factions : le G-40, alliance de quadras inféodés à Grace, et les anciens du « Team Lacoste », ainsi baptisé en référence à son totem animal, le crocodile. Jeunes loups contre vieille garde. Longtemps, Robert Mugabe a joué en maestro de ces querelles, quitte à les inspirer, pour perpétuer son emprise. Il en est désormais le jouet. Dans les antichambres et les allées du pouvoir, les dagues s'aiguisent et l'arsenic suinte.

Les derniers feux du pyromane

Inconscience ou cabotinage ? *Madala* – « l'Aîné » en shona – s'amuse des rumeurs que suscitent depuis des lustres son âge et sa santé. Dès 2008, dans un câble révélé ultérieurement par WikiLeaks, l'ambassadeur des États-Unis diagnostique un cancer de la prostate et lui donne cinq ans à vivre. « Je suis mort plusieurs fois, avance le miraculé à l'heure de souffler ses 92 bougies. C'est en quoi j'ai battu le Christ. Lui n'a ressuscité qu'une seule fois. Moi, je ne les compte plus. » Ses fréquentes escapades médicales à Singapour, à Dubai – où le fiston Robert Jr étudie l'architecture – et en Malaisie ? Check-up de routine ou traitement d'une tenace cataracte, avance sans convaincre l'entourage. À moins qu'il n'évoque une visite privée. De fait, les absences de Mugabe ne sont pas que mentales. Jusqu'au bout, lui et Grace resteront fidèles à leurs longues vacances asiatiques, s'étirant d'ordinaire de la mi-décembre à la fin-janvier. Le couple infernal ne s'envole jamais les mains vides : il prélève en moyenne un million de dollars en cash dans les coffres de l'État. Quant aux « Zimbos » qu'intrigue la bougeotte du boss, ils en sont réduits à suivre sur les sites spécialisés les mouvements de l'avion présidentiel, *Air Zimbabwe Flight 1*. Bougeotte coûteuse que celle de ce globe-trotteur, surnommé *The Visiting President* – « le Président de passage » : le budget voyages de l'exercice 2017 avoisine les 30 millions d'euros.

Cet attrait pour l'Extrême-Orient doit moins au culte que Mugabe voue à Kim Il-sung et Mao Zedong qu'à la raréfaction des destinations accessibles, rançon des sanctions infligées en 2004 par l'Union européenne (UE) et les États-Unis à un régime kleptocratique perpétué par la fraude électorale et la brutalité. « Nous allons désormais regarder vers l'Asie, où le soleil se lève, riposte le néoparia, et tourner le dos à l'Occident, où le soleil se couche. » Indésirable sur le Vieux Continent, Mugabe se plaît à narguer ses censeurs. Son statut de chef d'État lui autorise des escapades à Copenhague (Danemark), le temps d'un barnum sur le climat, ou à Rome, siège de l'Organisation des Nations unies pour l'agriculture et l'alimentation (FAO). Ce qui, pour un affameur tel que lui, vaut son pesant de biscuits vitaminés. « C'est un peu comme si on conviait Pol Pot à une conférence sur les droits de l'homme », grince alors un ministre anglais. Mieux, l'ancien disciple du père O'Hea a ses entrées au Vatican, État non membre de l'UE. Et il en profite. Reçu par Jean-Paul II, il assistera à ses funérailles, à sa messe de béatification puis à l'installation, le 19 mars 2013, de l'Argentin Jorge Bergoglio, alias François. Alors ambassadeur de France près le Saint-Siège, Bruno Joubert le croise place Saint-Pierre, flanqué d'une Grace en mantille noire, chargée de paquets aux armes de diverses boutiques de luxe romaines. « Il se tenait droit comme un "i" sous le soleil, puis s'agenouillait, perdu dans ses patenôtres, raconte-t-il. Un spectacle aussi étrange que le personnage[15]. »

En 2000, trois ans avant qu'Harare ne claque la porte du Commonwealth, forum des ex-colonies de l'Empire britannique, sa venue au Caire (Égypte), théâtre d'un sommet Europe-Afrique, motive le boycott du Premier ministre Tony Blair. Imité sept ans plus tard à Lisbonne (Portugal) par son successeur Gordon Brown, lequel sera accusé d'œuvrer à la restauration de l'apartheid à la sauce

15. Entretien avec l'auteur, 8 juillet 2019.

Ian Smith. La conférence lisboète offre en outre à Mugabe l'occasion d'exécuter pour la énième fois son numéro favori : celui du pseudo-roupillon. Embarrassé, le Gabonais Omar Bongo Ondimba dépêche sa secrétaire particulière auprès de son homologue. « Va dire à l'Oncle Bob qu'il est filmé, lui enjoint-il. La photo risque de faire le tour du monde. » Discrètement alerté, l'assoupi rassure en ces termes la messagère : « Ne vous inquiétez pas, *Young Lady*, tous ces gens font exactement ce que j'attends d'eux. » Puis il adresse à Bongo un signe de connivence[16].

À lui seul, le travailliste Blair cristallise la rage « anticolonialiste » du vieux comédien. Il faut dire que le vibrionnant Tony, doutant de leur usage, a suspendu les transferts de fonds censés, conformément aux accords de Lancaster House, financer la réforme agraire. Ce qui vaut à ce « nouveau Mussolini », à ce « pauvre mec arrogant » et à sa « bande de gangsters gays » un déluge d'épithètes dégradantes. Lui et le président américain George W. Bush sont, décrète *Comrade Bob* en 2005, les « deux démons du millénaire ». Quant aux Britanniques, indignes de leur monarchie, les voilà réduits à une meute « de menteurs, de scélérats et d'escrocs ». Le courroux du vieux despote n'épargne pas l'Afro-Américaine Condoleezza Rice, secrétaire d'État de Bush Jr, dépeinte en « petite esclave ». Une ministre sud-africaine ose déplorer ses outrances ? « Stupide fille des rues ! », cingle Mugabe, prenant soin de recourir en shona au lexique de la prostitution.

Ce qui étonne, avec le recul, c'est moins l'ostracisme à son endroit que la mansuétude dont il jouit. En 2014,

---

16. Laure Olga Gondjout, avec Djeynab Hane-Diallo, *Instants de vie. Omar Bongo, les miens, et le monde* (Abidjan, Éditions Tabala, 2020).

l'UE suspend l'essentiel des sanctions, jugées inopérantes, et à coup sûr fatales au petit peuple. Et trois ans plus tard, l'Éthiopien Tedros Adhanom Ghebreyesus, tout nouveau directeur général de l'Organisation mondiale de la Santé (OMS), ose élever à la dignité d'ambassadeur de bonne volonté de cette agence onusienne l'homme qui, circonstance aggravante, vient de contribuer activement à son élection. Il le restera cinq jours, pas un de plus, le temps pour son protégé, bombardé de griefs, de mesurer l'indécence d'une telle faveur. Il faut bien en convenir : malgré ses outrances, *The Old Man* sait encore intriguer et séduire. « Il pouvait être délicieux », admet Richard Boidin, ancien ambassadeur de France à Harare[17]. Le diplomate n'oubliera jamais ce 9 février 2017, date de la remise à State House de ses lettres de créance. « Une scène formidable, confie-t-il. Mugabe avait convoqué son gouvernement au grand complet. Lui, affalé dans son fauteuil, me place à ses côtés. Soudain, il se tourne vers moi et me fixe de ses yeux jaunes de python. Un de ces regards magnétiques qui vous hypnotisent instantanément. Le contraste entre ce corps malingre, tordu, et l'esprit vif, fluide, malicieux, avait quelque chose de saisissant. De temps à autre, il se raidissait, se tenait immobile six ou sept secondes, comme assoupi, puis se réveillait, reprenant la phrase ainsi suspendue. »

Mugabe pérore, plaisante, feint de s'emporter, s'empare des mains de son hôte, qu'il garde longuement entre les siennes. Que vaut à l'envoyé de Paris un tel traitement de faveur ? « Avec Jacques Chirac, lui glisse *Madala*, vous

17. Richard Boidin a publié en 2019 aux Presses de la Cité un roman intitulé *D'autres viendront* qui a pour décor les méandres du puissant fleuve Congo.

aviez un grand président. Lui m'a reçu au temps où ce satané Blair militait pour le durcissement des sanctions. Pourquoi ça ne peut pas marcher avec les Anglais ? Ils boivent de l'eau chaude. Vous les Français, vous aimez le vin et les femmes. Je voudrais d'ailleurs que l'on enseigne dans nos écoles votre langue et non la leur. » Quand vient le moment de la photo officielle, les deux hommes sortent main dans la main. « Dès cet instant, tout a changé pour moi, constate Richard Boidin. Tous les ministres ont défilé pour m'abreuver de louanges. Je venais d'être adoubé par un tyran sanguinaire. »

Un patriarche en perdition

Dès lors, l'ambassadeur sera le témoin d'un final crépusculaire. « Shakespearien, résume-t-il. Une histoire de palais, de trahisons et de poisons. Avec, dans l'ombre, un vieillard qui manœuvre. » Au risque de précipiter sa chute. Le 6 novembre 2017, Robert Mugabe commet l'erreur fatale : sur les instances de Grace, il limoge son vice-président Emmerson Mnangagwa, un baron que la *First Lady* voit non sans raison comme une entrave de taille au scénario de la succession conjugale, et qui fuit aussitôt en Afrique du Sud. Elle l'accuse d'avoir tenté de tuer l'un de ses fils ; lui jure que la virago du palais a voulu l'éliminer au moyen d'une glace à la vanille empoisonnée… C'en est trop. L'armée, le parti et la rue se rebellent. Le général Constantino Chiwenga, chef d'état-major, déploie ses blindés dans la capitale, déclenchant ainsi un ersatz de putsch. Les Mugabe sont placés en résidence surveillée. Le 19 novembre, la Zanu-PF exclut Grace et démet Robert de ses fonctions à sa tête.

Le soir même, celui-ci doit rendre les armes à la faveur d'une allocution télévisée. Baroud d'honneur ? Le clap de fin vire à la farce. Au lieu de lire en direct l'acte de démission rédigé par la junte, *Comrade Bob* improvise un monologue confus. Il parle de la pluie et des récoltes, et annonce qu'il présidera en décembre le congrès annuel d'une formation qui vient de le révoquer... Deux jours plus tard, soucieux d'éviter une infamante destitution, le forcené de State House cède enfin. Et le président de l'Assemblée nationale donne lecture de sa reddition. Cet épilogue résulte d'âpres marchandages. Pour prix de son effacement, Mugabe arrache de haute lutte l'immunité et, dit-on, une « retraite-chapeau » de 10 millions de dollars, pour solde de tout mécompte.

Désormais, le roi déchu et sa cour naviguent entre un palace de Singapour et le *Blue Roof*, résidence de 25 pièces aux allures de pagode kitsch située au cœur du quartier chic de Borrowdale. Une retraite offerte par la Chine, ainsi baptisée pour les reflets bleutés des tuiles de sa toiture et protégée en permanence depuis 2006, date de l'emménagement, par une cinquantaine de policiers antiémeutes.

C'est là que le réprouvé, encore incrédule, remâche son amertume. C'est là que, muré dans le déni, il s'épanche parfois auprès de quelques journalistes pour flétrir la félonie de Mnangagwa, ce Brutus qui lui doit tout, la trahison de Pékin ou la tiédeur de Pretoria[18]. « Le peuple me voulait encore, ressasse-t-il. Si je pars, qui donc gardera le parti intact ? » À la veille du scrutin présidentiel du 30 juillet 2018, Mugabe reçoit les médias sous une gloriette de granit, cravaté, tassé dans un fauteuil, calé

18. *Jeune Afrique*, 1er avril 2018.

par des coussins[19]. Une fois encore, il grommelle son dépit d'une voix sourde, ressasse son pathétique plaidoyer *pro domo*, puis, pressé par ses visiteurs, concède qu'il votera par défaut pour l'opposant Nelson Chamisa, candidat du MDC. Aveu d'autant plus étrange que le New Democratic Front, parti fondé avec son aval, a investi un prétendant. En l'occurrence l'ancien ministre de la Jeunesse Ambrose Mutinhiri, qui sera crédité de moins de 0,01 % des voix.

« Le Zimbabwe a tourné la page Mugabe », décrète Emmerson Mnangagwa, proclamé vainqueur dès le premier tour avec 50,8 % des suffrages. Pas si simple. Alors ministre de la Sécurité d'État, l'élu formé en Chine fut dans les années 1980 l'orchestrateur zélé du grand carnage du Matabeleland. Dans la même lignée, le « Crocodile » aura, en sa qualité de stratège de la frénésie affairiste de la Zanu-PF, supervisé lors de la décennie suivante le pillage des ressources minières de la République démocratique du Congo, œuvre du contingent zimbabwéen envoyé combattre la rébellion qui menace alors le pouvoir de Kinshasa. Fils du sérail, Mnangagwa reste l'otage du logiciel répressif du « mugabisme ». Comment riposte-t-il à l'élan protestataire qu'amplifie à l'été 2020 le naufrage socio-économique de son pays, rançon d'une combinaison de fléaux (hyperinflation, pénuries, sécheresse, pandémie) ? L'ancien maquisard jure de « débusquer » ses opposants, ravalés au rang de « pommes pourries », de « forces obscures » et de « terroristes ».

Assigné à résidence, *Madala* ne quitte le *Blue Roof*, ses boiseries précieuses venues de Malaisie et son zoo privé que pour de brefs raids médicaux à l'étranger. Quitte à

19. *Le Monde*, 31 juillet 2018.

réquisitionner vainement – réflexe ? – un appareil d'Air Zimbabwe. « Un jour de mai 2018, raconte Richard Boidin, il m'appelle pour me demander si l'ambassade peut lui procurer de l'eau minérale. J'en réfère au Quai d'Orsay, qui met son veto. Fin de l'opération eau d'Évian[20]... »

« Au soir de sa vie, c'était un homme triste, très triste », avoue son neveu Walter Chidhakwa. « Triste, mais aussi aigri, déçu, frustré, en colère », ajoute le père Kennedy Muguti, vicaire de l'archidiocèse d'Harare. Un autre mal, ancien, le ronge : le cancer. Inefficace, le traitement par chimiothérapie est interrompu. Le vendredi 6 septembre 2019, à 2 h 40 GMT, Robert Gabriel Mugabe, 95 ans, s'éteint au terme d'une pénible agonie dans sa chambre de l'hôpital Gleneagles de Singapour. « Le commandant Mugabe, twitte son successeur Mnangagwa, était une icône de la libération, un panafricain qui a dédié sa vie à l'émancipation de son peuple. »

Dis-moi qui te louange, je te dirai qui tu fus. Pretoria, Pékin et Moscou saluent un « dirigeant exceptionnel ». Ce qu'il fut, pour le meilleur puis pour le pire. Washington enterre sans fleurs ni couronnes celui qui « a trahi les espoirs de son peuple ». Quant aux pensées de Londres, elles vont vers « les Zimbabwéens et leurs trop longues souffrances ».

L'ancienne Rhodésie du Sud en aurait-elle fini avec son idole et son bourreau ? Pas tout à fait. *Post mortem*, celui-ci déchire encore le pays. Autour de sa dépouille s'engage, trois semaines durant, une âpre bagarre. Le pouvoir tient à l'inhumer au *Heroes Acre* d'Harare, le Champ des héros de la Nation, à l'ombre de pesantes statues

20. Entretien avec l'auteur, 28 août 2019.

allégoriques nord-coréennes. La parentèle, en revanche, veut le voir reposer dans les entrailles du village natal de Kutuma, district de Zvimba. L'empoignade accouche d'un compromis. Le défunt a droit à des obsèques nationales dans un stade de la capitale aux deux tiers vide, avant que son cercueil ne soit déposé au fond du caveau familial, sous de lourds blocs de béton. À en croire son neveu Leo, Mugabe craignait la profanation de sa tombe et le vol de ses ossements par des adeptes de rituels occultes.

En décembre 2019, le quotidien local *The Herald* rend public, en l'absence de tout testament, l'inventaire des avoirs du disparu. Celui-ci laisse à ses héritiers – sa fille Bona, ses fils Robert Jr et Bellarmine, son beau-fils Russel, né du premier mariage de Grace – l'équivalent de 9 millions d'euros en devises sur un compte domicilié au Zimbabwe, et lègue à un neveu la seule ferme enregistrée à son nom. Parmi les biens répertoriés, on relève encore deux villas – dont le *Blue Roof* –, une maison à Zvimba, dix voitures et un verger d'une dizaine d'hectares. Patrimoine grossièrement sous-estimé : une dépêche de l'ambassade des États-Unis évalue la fortune de feu le *Comrade Bob* à 1,7 milliard de dollars, soit plus de 1,5 milliard d'euros.

Peut-être l'histoire retiendra-t-elle que Mugabe, enterré deux fois, le sera une troisième. Son ultime mise au tombeau date du 40e anniversaire de l'indépendance, célébré *a minima* – confinement anti-Coronavirus oblige – le 18 avril 2020. Ce jour-là, son successeur rend hommage aux « vaillants combattants de la guerre d'indépendance » sans citer une seule fois le défunt. Sinon innommable, du moins innommé.

Bibliographie

Stephen Cham, *Robert Mugabe, A Life of Power and Violence*, Bloomsbury Academic, 2019 (en anglais).
Heidi Holland, *Dinner with Mugabe, The Untold Story of a Freedom Fighter who Became a Tyrant*, Penguin, 2008 (en anglais).
Vincent Hugeux, *Reines d'Afrique. Le roman vrai des Premières Dames*, Perrin, 2014 ; Perrin, coll. « Tempus », 2016.
Martin Meredith, *Power, Plunder and Tyranny in Zimbabwe*, Jonathan Ball Publishers, 2002 (en anglais).
Yvonne Vera, *Les Vierges de pierre*, Fayard, 2002.

6

Ahmed Sékou Touré, l'icône dévoyée

Il sera entré dans l'Histoire sous les traits de l'homme qui a dit non à l'homme qui a dit non[1]. Ahmed Sékou Touré, maître absolu de la Guinée-Conakry de 1958 à 1984, doit son aura au cinglant camouflet que sa patrie, à rebours de toutes les autres colonies françaises d'Afrique noire, osa infliger à Charles de Gaulle à l'heure de choisir entre l'indépendance immédiate et le maintien au sein d'une « communauté » virtuelle aux contours imprécis. Il doit surtout le culte que lui voue encore, trente-sept ans après sa mort, une intelligentsia oublieuse de ses pulsions tyranniques à cette formule, assénée en présence de l'insoumis du 18-Juin : « Nous préférons la pauvreté dans la liberté à la richesse dans l'esclavage. » L'esclavage ? C'est pourtant à la servitude la plus infâme que cet

1. Allusion au spectacle à la gloire du héros de la France libre intitulé *Celui qui a dit non*, écrit par Alain Peyrefitte et Alain Decaux, mis en scène par Robert Hossein, dont la première fut donnée le 1er octobre 1999 au Palais des Congrès de Paris.

afro-marxiste au verbe incandescent, cible à l'en croire d'un « complot permanent », réduisit ceux qui eurent l'audace de le braver. Un mot, un seul, suffit à glacer d'effroi les rescapés et leurs descendants : Boiro, du nom du camp d'internement, terminus de l'horreur, où sévissaient ses tortionnaires[2]. Combien ont au fil de son règne payé de leur vie la dérive criminelle du contempteur inspiré du joug colonial ? Plus de 50 000 civils et militaires, estiment les études les plus fiables. Jusqu'à 80 000, avance l'ONG Amnesty International. Dire qu'il fut un temps où, pour distinguer son pays des deux autres Guinée – la Bissau et l'Équatoriale –, on le désignait sous l'appellation de « Guinée-Sékou Touré[3] ». Quels autres Timoniers peuvent se prévaloir d'avoir apposé leur sceau baptismal sur le drapeau ?

Toute légende gagne à plonger ses racines dans le mystère. On sait que le petit Ahmed vit le jour à Faranah (Haute-Guinée), en pays malinké, non loin des sources du

2. Connu sous le nom de Camp Camayenne, ce site militaire situé sur une étroite presqu'île, au sud-ouest de Conakry, est rebaptisé ainsi en 1969 en l'honneur du commissaire de police Mamadou Boiro, balancé d'un avion en vol par trois officiers rebelles qu'il escortait vers la capitale.

3. La Guinée-Conakry francophone, la Guinée-Bissau voisine lusophone et, plus au sud, la Guinée équatoriale hispanophone : la coexistence de ces trois nations partageant le même nom reflète l'intense rivalité qui, dès le XVe siècle, mit aux prises les monarchies européennes en quête de têtes de pont sur le flanc ouest de l'Afrique. Si l'étymologie du mot Guinée demeure incertaine, les navigateurs français, portugais, espagnols et britanniques désignaient ainsi de manière générique la côte occidentale du continent noir. Et l'on vit apparaître en 1622 à Londres une pièce de monnaie baptisée *guinea* censée contenir de l'or venu de cette région du monde.

fleuve Niger. Mais quand? Entre 1918 et 1920, soutient l'essayiste Ibrahima Baba Kaké[4]. En 1921, suggèrent d'autres chroniqueurs. Le 9 janvier 1922, tranche la biographie officielle. Une incertitude d'une tout autre portée symbolique flotte sur son ascendance. Fleuron d'une fratrie de sept enfants, le fils d'Alpha Fadiga, paysan, bouvier et boucher, et d'Aminata Touré, originaire de l'ex-Soudan français – l'actuel Mali –, a-t-il pour ancêtre, côté maternel, l'Almamy Samory Touré, héros du combat contre les colons capturé en 1898 en Côte d'Ivoire puis relégué sur une île gabonaise, où il périra deux ans plus tard? En l'absence d'archives incontestables, seule la tradition consacre cette flatteuse hérédité. De même, il y a lieu de douter de l'épopée tragique de Bakari, ce grand-père dont «Sékou» certifiait qu'il mourut en déportation à Madagascar. En revanche, l'état civil atteste qu'Ahmed, initialement prénommé Amadou, a bel et bien adopté le patronyme de sa mère, non celui de son géniteur.

Entre une madrasa – école coranique – de Kankan, la métropole du Centre-Est, et l'école rurale de Faranah, son cursus ne laisse rien présager de la destinée qui l'attend. Même si, indocile et taciturne, le garçon joue les fortes têtes, au point paraît-il de refuser d'apprendre l'histoire en version coloniale, voire de déchirer les pages jugées humiliantes de son manuel de lecture. L'instituteur qui lui barre l'accès au cycle primaire supérieur paiera au prix fort cette brimade: trois décennies plus tard, le très

4. Auteur de *Sékou Touré, le héros et le tyran* (Jeune Afrique Livres, 1987). En septembre 1966, à Paris, un sicaire du régime poignarde par erreur le frère de cet opposant, lequel soutient avoir échappé en septembre 1982 à une tentative d'enlèvement, place de la Madeleine.

rancunier recalé ordonnera l'exécution de l'un de ses fils. À en croire l'ancien archevêque de Conakry Raymond-Marie Tchidimbo, qui fut tour à tour son ami intime puis son souffre-douleur, sa « haine épidermique du Blanc » trouve sa source dans les revers essuyés au sein du système scolaire en vigueur au temps de la servitude. Rancœur, insiste le prélat, dont témoigne la vindicte affichée envers les Guinéens mariés à des Françaises ou passés par une université hexagonale[5]. Orienté vers l'enseignement technique, l'ado rebelle tâte de la menuiserie avant de rallier l'école professionnelle Georges-Poiret de Conakry, section « forge et ajustage ». Il en sera très vite exclu. Sur le motif de son éviction, les versions divergent. Une altercation, avancent les uns ; un rôle de meneur lors d'une grève de la faim visant à dénoncer l'abominable nourriture servie à la cantine, nuancent les autres. Dès lors, l'enfant de Faranah enchaîne les boulots précaires – maçon, ajusteur – tout en poursuivant ses études en autodidacte et par correspondance. Ses amis de l'époque le dépeignent en lecteur boulimique, épris de politique et de philosophie, dévorant avec un égal appétit les prophéties de Nostradamus, *Les Trois Mousquetaires* et le *Kamasutra*.

Le facteur postal

Loin de cet univers sensuel et romanesque, le jeune self-made-man se borne dans l'immédiat à décrocher un emploi de commis aux écritures de la Compagnie du

5. Cité par Abdoulaye Bah dans son blog konakryexpress.org, 21 octobre 2013.

Niger français, filiale du géant Unilever. Au début des années 1940, reçu à l'examen administratif des « Postes & Télégraphes », il gravit un nouvel échelon : le voici employé des services financiers des futures PTT. À l'instar d'autres leaders en devenir, tel le Gabonais Albert-Bernard Bongo, Ahmed doit son initiation au marxisme et au combat syndical à un noyau de postiers et d'enseignants engagés. Ainsi s'ébauche une trajectoire fulgurante, amorcée dans un climat rendu propice par le naufrage des puissances de l'Axe : victorieuses de l'Allemagne nazie et de l'Italie fasciste, les démocraties européennes se doivent, dans leurs empires respectifs, de desserrer l'étau colonial. Dès 1945, l'ancien commis se voit propulsé secrétaire général du Syndicat des travailleurs guinéens des P&T. Et c'est en cette qualité que, promu comptable du Trésor, il assiste l'année suivante à Paris au congrès de la CGT. Nul ne s'étonne donc de le voir figurer parmi les cofondateurs de l'Union syndicale des travailleurs de Guinée, ou USGT, puis, en octobre 1951, du Comité de coordination CGT de l'Afrique-Occidentale française (AOF) et du Togoland, l'actuel Togo.

L'apothéose ? Son accession à la vice-présidence de la Fédération syndicale mondiale. Autant dire que l'activiste, très en vue lors de divers mouvements sociaux des postiers ou des cheminots, passe aux yeux des autorités coloniales pour un « élément subversif ». Ce qui lui vaut un bref passage par la case prison puis une révocation. Dès lors, Ahmed peut investir son énergie dans la création, en avril 1952, d'une gazette intitulée *L'Ouvrier*, qu'il rédige, ronéote et diffuse. Manquait à sa stature une action d'éclat. Ce sera la grève générale de 1953, déclenchée afin d'arracher l'application intégrale du Code du travail sur le territoire guinéen. Après soixante-treize jours de blocage, Paul Béchard, gouverneur général de l'AOF, se voit contraint de céder.

Certes, l'ancien ajusteur, qui a troqué sa vieille bicyclette contre un vélomoteur, prétend alors préférer cette «école de la lutte», vouée à «garnir le grenier, le ventre et le porte-monnaie», aux chimères de la «politicaillerie». Pas au point toutefois de déserter cette autre arène. Il crée ainsi l'Union patriotique, bientôt affiliée au Front national, d'obédience communiste; puis, dès 1947, le Parti démocratique de Guinée (PDG), section locale du Rassemblement démocratique africain, ou RDA. Qu'on ne s'y trompe pas: l'ardent agitateur n'a rien du moine-soldat. Il aime la fête, les filles et les danses venues de loin, de la biguine au fox-trot. On le dit cordial, charmant, charmeur, et il pose volontiers en tenue de gala, nœud papillon sombre et veste claire cintrée. À l'orée de sa carrière, raconte Mgr Tchidimbo, «Sékou vibrait au diapason des autres, dans la joie comme dans l'épreuve». Le dignitaire catholique se souvient de «l'avoir vu passer plusieurs nuits d'affilée au chevet d'un ami comateux», et garde en mémoire ses visites lorsque lui-même fut, à deux reprises, hospitalisé en urgence[6].

Dans les contrées de l'intime, le musulman épicurien mène une vie un rien tumultueuse. Marié dès 1944 à une Malinké prénommée Bintou, répudiée l'année suivante, il épouse ensuite Marie N'Daw, fille d'un postier retraité d'origine sénégalaise, qui lui donne deux garçons. Ce compagnonnage durera trois ans. Lors d'une équipée syndicale, Ahmed s'éprend à Paris de Raymonde,

---

6. *Ibid.*

secrétaire à l'état-major de la CGT. Romance passionnée, mais sans bague au doigt[7]. En troisièmes noces, il lie son destin à celui de la métisse Andrée Kourouma, fille – non reconnue – d'un médecin militaire français et d'une Guinéenne. Clin d'œil du destin ? Le mariage sera scellé le… 18 juin 1953 à la grande mosquée de Kankan, le vicaire apostolique de Conakry ayant refusé de bénir l'union en la cathédrale Sainte-Marie. Et c'est à bord d'une Traction Avant Citroën de location que le couple rejoint la salle du banquet, épilogue d'épousailles chatoyantes. Convertie à l'islam sur le tard, Hadja Andrée Touré se tiendra jusqu'au bout aux côtés de ce conjoint volage, en dépit de ses incartades. La plus connue ? Une liaison amorcée avant même cet échange de consentements avec la protestante Marguerite Colle, assistante à l'Assemblée territoriale de Guinée, mère d'une fille, Aminata, née en 1956 des œuvres du grand homme. Bon sang ne sachant mentir, ladite Aminata règne depuis novembre 2018 sur la mairie de la commune de Kaloum, cœur historique de la capitale[8].

« Un extraordinaire orateur »

Sur l'échiquier politique, l'ex-postier invoque dorénavant plus volontiers le nationalisme africain que le marxisme-léninisme, quitte à dénoncer les outrances de l'aile gauchiste du RDA. À l'automne 1958, il va jusqu'à jurer n'avoir jamais séjourné « au nord ou à l'est de

---

7. Alyou Barry, *La Gloire et les déboires du NON*, Éditions du Panthéon, 2019.

8. *Le Monde*, 16 avril 2020.

Bruxelles[9] ». Mensonge grossier : en 1950, lors d'un congrès tenu à Varsovie, le délégué guinéen a été coopté au sein du présidium du Congrès mondial de la Paix. Mais il s'efforce de déjouer le procès que lui intente alors dans ses colonnes *Le Figaro*, prompt à le vêtir des oripeaux de l'épouvantail prosoviétique[10]. À lire ce quotidien, le trublion est aussi passé par Moscou et par l'Institut d'études économiques de Prague (Tchécoslovaquie).

Dans l'arène électorale, le baptême du feu a un goût de cendres. Certes, Sékou Touré s'adjuge en 1953 un mandat de conseiller territorial de Beyla (Sud). Mais il a été battu, fraudes à l'appui, lors du scrutin législatif de 1951 et le sera à nouveau trois ans plus tard. Il faut attendre 1956 pour que le vent des urnes tourne en sa faveur : cette année-là, ce tribun aussi à l'aise en malinké et en soussou[11] qu'en français conquiert la mairie de Conakry et décroche enfin un fauteuil de député de la Guinée au Palais-Bourbon. Il y siégera en qualité d'apparenté parmi les élus de l'Union démocratique et sociale de la Résistance (UDSR), dont François Mitterrand préside le groupe. Sur ses terres, Sékou Touré accède aux commandes du Conseil de gouvernement instauré par la loi-cadre de Defferre[12].

---

9. *The New York Times*, 19 octobre 1958.

10. *Le Figaro*, 29 septembre 1958.

11. Le soussou est avec le malinké et le peul (ou pulaar) l'une des langues nationales les plus répandues en Guinée. Il est également pratiqué en Sierra Leone.

12. Ébauchée par le ministre de l'Outre-mer Gaston Defferre, avec le concours de Félix Houphouët-Boigny, alors député de Côte d'Ivoire et ministre délégué à la présidence du Conseil, la loi du 23 juin 1956 autorise l'exécutif à réformer le statut des territoires ultra-marins dans le sens d'une plus grande autonomie vis-à-vis de la métropole. Elle crée ainsi des Conseils de gouvernement locaux élus au suffrage universel.

Épris de paraboles, il lâche un épervier dans le stade de la capitale où il vient de présenter à la foule son équipe.

Sur les bords de Seine, le néodéputé impressionne par sa maîtrise des dossiers sociaux et son brio. « Un extraordinaire orateur », s'enthousiasme l'ancien président du Conseil et député du Nord Paul Reynaud. L'élégance et l'entregent du fils de la Haute-Guinée font aussi leur effet. Son penchant pour le costume trois-pièces lui vaut le surnom de « Monsieur TP ». À Paris, il loge rue de la Verrerie, près de l'Hôtel de Ville, dans un studio aménagé par son camarade Fodéba Keïta, fondateur des illustres Ballets africains[13]. Qu'on ne s'y méprenne pas : Sékou ne joue les dandys qu'à temps partiel. Premier ministre *de facto*, il assoit son emprise avec l'obstination dévastatrice du *sily* – l'éléphant en langue soussou –, emblème de son Parti démocratique de Guinée, truffant d'affidés l'administration transitoire. En ligne de mire, les sections réfractaires et les formations rivales. Sous la férule du « général » Momo Jo, des miliciens à sa botte, armés de matraques et de barres de fer, somment le quidam d'adhérer au PDG-RDA. Par un décret en date du 31 décembre 1957, le despote en herbe supprime les chefferies coutumières « corrompues » et instaure 4 000 conseils villageois élus. Dans un courrier adressé à son père Paul, Jean Ramadier, gouverneur

13. Écrivain, musicien, danseur, chorégraphe, dramaturge, Fodéba Keïta devient en 1961 ministre de la Défense et de la Sécurité nationale. Sa mission prioritaire : prévenir les complots réels ou fantasmés ourdis contre Sékou Touré et en châtier les acteurs. Lui-même accusé de conspiration, il sera incarcéré en 1969 au camp Boiro, dont il avait été l'un des concepteurs. Fusillé le 27 mai de cette année-là, il aurait inscrit sur un mur de sa cellule ce testament : « J'étais chargé d'arrêter tous ceux susceptibles d'exprimer la volonté du peuple. »

de la Guinée de 1956 à 1958, se dit « aux prises avec les contradictions internes d'un descendant – qui se prétend direct – de Samory et entend faire la synthèse de l'Empire malinké et de la démocratie populaire, le tout sous l'angle tutélaire tant de la dialectique lénino-stalinienne que de la communauté franco-africaine[14] ».

Pour autant, la conversion tardive de Sékou, réputé réformiste, au dogme de l'indépendance totale et immédiate surprend jusqu'à son entourage. D'autant qu'à l'automne 1957, il plaide encore en faveur du « oui » au référendum du 28 septembre suivant, jugeant prématuré, à l'image de la plupart de ses pairs ouest-africains, le saut dans l'inconnu d'un continent en manque de cadres et d'ossatures administratives[15]. Un an avant l'échéance référendaire, quand sonne à Bamako l'heure du 3e congrès du RDA, le Guinéen fait la grimace. Tracas politique ? Nullement : une côte fracturée, rançon d'une chute dans l'escalier d'hôtel où il coursait une chambrière. Mais au moins se montre-t-il fidèle à ses convictions initiales. « Pas question d'engager l'Afrique noire dans un mouvement

14. Cité par Maurice Jeanjean dans *Sékou Touré, un totalitarisme africain* (L'Harmattan, 2004). Maintes fois ministre sous les IIIe et IVe Républiques, le socialiste Paul Ramadier, député de l'Aveyron, détient alors le portefeuille des Affaires économiques et financières du gouvernement Guy Mollet. Son fils Jean fait référence ici à l'empire du Mali, ou Empire mandingue, puissant État médiéval fondé au XIIIe siècle par le Malinké Soundiata Keïta, converti à l'islam.

15. Convoqué sous la présidence de René Coty, dont Charles de Gaulle dirige alors le gouvernement, le référendum constitutionnel du 28 septembre 1958 a pour objet la ratification du texte instaurant les fondements de la Ve République. Dans les colonies, les électeurs sont invités à approuver la création d'une Communauté française.

d'indépendance, décrète-t-il. Unissons-nous pour la servir et la rendre plus fière de son union avec la France. »

Trois facteurs éclairent sa volte-face. Peut-être le Ghanéen Kwame Nkrumah, ce prophète du panafricanisme rencontré à Abidjan cinq mois auparavant, a-t-il semé dans son esprit les germes de la rébellion. De même, le radicalisme de la mouvance étudiante bouscule ses repères. Mais rien semble-t-il ne l'ébranle davantage que la mise en garde lâchée par Charles de Gaulle à l'adresse du Sénégalais Léopold Sédar Senghor, dont le Parti du rassemblement africain (PRA) rêve de larguer les amarres avec la « métropole ». Si Dakar opte pour la sécession, menace le général-président devant le Comité consultatif constitutionnel, chargé d'examiner la future loi fondamentale du 4 octobre 1958, « la France saura tirer toutes les conséquences de ce choix ». Dès lors, tranche Sékou, la Guinée récusera tout projet qui ne garantirait pas le droit à l'autodétermination et à la souveraineté. Sait-il à cet instant que le rugueux « Charlot » l'a exclu de la liste des personnalités qualifiées appelées à siéger au sein du Comité ? « Dans mon gouvernement, objecte-t-il au ministre de la France d'Outre-mer Bernard Cornut-Gentile, qui se faisait son avocat, ce n'est pas vous le nègre. Alors, foutez-moi la paix ! »

L'affront fait à de Gaulle

Tout est désormais en place pour la grande scène de la rupture. Laquelle aurait pu, aurait dû ne jamais se jouer. Dans sa version initiale, la vaste tournée subsaharienne de l'auteur des *Mémoires de guerre* ne passait pas par Conakry, étape périlleuse aux yeux des cadors locaux du renseignement, qui redoutent le charisme de Sékou et son aptitude à embraser une piétaille envoûtée par son verbe. Et il faut toute l'insistance de Cornut-Gentile, épaulé par le Guinéen Diallo Telli, secrétaire général de l'Afrique-Occidentale française (AOF), pour vaincre les réticences. Le 25 août 1958, le prologue de la pièce leur donne raison. Dûment mobilisés par l'appareil du PDG, les écoliers, ouvriers et fonctionnaires massés sur les bas-côtés entre l'aérodrome et le centre-ville réservent un accueil allègre à l'illustre visiteur, rassuré et confiant jusqu'à l'excès. Rien ne manque au rituel. Ni les chants, ni les danses, ni les boubous colorés, les tam-tams et les balafons. Brièvement reçu au palais du gouverneur Jean Mauberna, Ahmed Sékou Touré lui transmet le texte du discours qu'il prononcera sous peu à la tribune de l'Assemblée territoriale. Tout juste ce credo suscite-t-il quelques froncements de sourcils, sans plus. Lourde erreur de jugement : ce qui importe, ce sont moins les paroles, âpres mais convenues, que la musique ; pas tant les mots que le langage corporel. Le moment venu, l'ancien ajusteur, boubou immaculé et calot de feutre blanc, électrise l'audience. Son laïus, il le scande, il le rugit, martelant le pupitre du poing, tourné vers les siens, non vers son hôte. La véhémence de l'orateur et son port altier muent le plaidoyer en réquisitoire.

Seuls subsistent de cette harangue entrecoupée d'ovations quelques clichés en noir et blanc, les images tremblées et fugaces saisies par une caméra lointaine et un enregistrement audio de qualité médiocre. Mais les craquements de la bande-son n'étouffent en rien son écho. Au contraire. « Il n'y a pas de dignité sans liberté, tonne Sékou Touré, car tout assujettissement, toute contrainte imposée et subie dégrade celui sur qui elle pèse. [...] Nous ne renonçons pas et ne renoncerons jamais à notre droit légitime et naturel à l'indépendance. Nous préférons la pauvreté dans la liberté à la richesse dans l'esclavage ! » Le public exulte ; le Général, en apparence impassible, enrage. Sa riposte sera hautaine : « On a parlé ici d'indépendance, fulmine-t-il de sa voix caverneuse. Eh bien je dis, ici plus haut encore qu'ailleurs, que l'indépendance est à la disposition de la Guinée. Elle peut la prendre en disant "non" à la proposition qui lui est faite et, dans ce cas, je garantis que la métropole n'y fera pas obstacle ! » Le rideau tombe, de Gaulle se retire, ulcéré au point d'en oublier son képi aux deux étoiles. « Messieurs, grince-t-il de retour au gouvernorat, voilà un individu avec lequel nous ne pourrons jamais nous entendre. Nous n'avons plus rien à faire ici. Allons, la chose est claire : le 29 septembre au matin, la France s'en ira. »

L'impromptu guinéen s'achève dans un climat glacial. C'est en vain que Sékou sollicite une audience le soir même. Plus question de la place qui lui avait été offerte à bord de la Caravelle acheminant le lendemain la délégation métropolitaine à Dakar. Et le gouverneur Mauberna doit déployer des trésors de persuasion pour le convaincre de raccompagner Charles de Gaulle à l'aéroport. Effort inutile : sur le trajet, les deux hommes ne desserrent pas les dents. « Dans cette querelle d'un autre âge entre le suzerain âgé et le jeune féal en révolte, écrit Georges Chaffard dans ses *Carnets de la décolonisation* (Calmann-Lévy, 1965 & 1967), le premier a montré trop de rigueur, le second trop de légèreté. » Le poids des mots, le choc des ego. « Ce qui s'est passé à Conakry est insensé, confie le Connétable du 18-Juin au général Raoul Salan, qui l'accueille peu après à Alger. Je ne concevais pas une telle haine envers la France et envers moi-même[16]. »

Dans l'Hexagone, le personnage intrigue et inspire des jugements contrastés. Pour *Le Figaro*, comme on l'a vu, le Guinéen n'a d'autre mission que de « faire de son pays, pour le compte de l'appareil soviétique, un îlot d'agitation au cœur de l'Afrique noire[17] ». Chargé par *Le Monde* de couvrir le périple africain de l'homme de Colombey, Jean Lacouture esquisse un portrait moins manichéen. « Comment ne pas être frappé, écrit-il, par l'impression de puissance contenue dans ce corps replié sur un fauteuil bas, dans ce visage fortement maçonné, aux méplats semblables à des rochers émergeant du Niger, dans ce regard luisant étrangement au creux des orbites plus noires encore que le noir visage – un noir de théâtre, un noir pour jouer Othello ou le Monostatos de *La Flûte enchantée* –, dans cette mâchoire de guerrier malinké ? »

Quand Paris lave plus blanc

La République gaullienne est mauvaise perdante. Sékou Touré nous a défiés ? Il va payer. Et la note sera salée. Pourtant, l'ex-postier, comme effrayé par les effets de son

16. Militaire le plus décoré de France, Raoul Salan, partisan acharné de l'Algérie française, fut l'un des cerveaux du « putsch des généraux » de 1961 et dirigea l'Organisation Armée Secrète (OAS). Condamné à mort par contumace, peine commuée ultérieurement en détention à perpétuité, il est arrêté à Alger en avril 1962, puis libéré sur grâce présidentielle six ans plus tard. Salan, dit « Le Mandarin », meurt en juillet 1984 à Paris.

17. *Le Figaro*, 29 septembre 1958.

audace, n'aura pas été avare de gages de bonne volonté. D'autant que Sékou tend à dédouaner de Gaulle, qu'il veut croire « prisonnier » d'une camarilla colonialiste. À l'approche du scrutin du 28 septembre, il fait part, *via* Mauberna, de son souhait de négocier un accord d'association avec la Communauté naissante, conformément à l'article 88 du projet constitutionnel. L'Élysée ne daigne même pas répondre. Le 30, au surlendemain du triomphe du « non » sur ses terres – 95,2 % des suffrages exprimés –, il rallie l'Assemblée territoriale, théâtre d'une conférence de presse, à bord d'une Buick à cocarde tricolore, et prend place à une tribune drapée de bleu-blanc-rouge. «J'espère, conclut-il, que la France sera la première nation à reconnaître la Guinée indépendante. [...] Vive la Guinée ! Vive la France ! » « Notre indépendance, insiste-t-il dans les colonnes du *Monde*, est la meilleure chance pour les intérêts français dans ce pays[18]. » Peine perdue. Le 13 décembre 1958, lors du vote d'admission à l'ONU, seul le délégué de Paris s'abstient de lever la main. L'unanimité moins une voix. Piètre vengeance...

Au fond, l'insoumis de Conakry ne croit guère aux représailles. Elles seront implacables. Détaillées dans une note qui lui est adressée, les sanctions pleuvent dru : rappel immédiat des enseignants et assistants techniques métropolitains, transférés pour certains à Dakar, suspension des crédits bancaires, de l'aide budgétaire, des investissements ou des pensions dues aux anciens combattants. Plusieurs bateaux chargés de riz, en route pour Conakry, sont détournés vers d'autres ports. Sidéré, Sékou Touré frôle la dépression. Ses visiteurs le découvrent prostré,

18. *Le Monde*, 2 octobre 1958.

fumant des Gitanes à la chaîne. « Mon dernier lien avec la France », soupire-t-il. S'il perd gros en apparence, et à court terme, le rebelle y gagne bien davantage : une stature planétaire. Lui qui passait dans les cercles anticolonialistes radicaux pour un gandin très à son aise sous les lambris du Palais-Bourbon, le voici paré des atours de l'indomptable boutefeu, tandis que Conakry accède au rang de bastion des mouvements de libération nationale. « Ainsi se forgea soudain le mythe du nationaliste intransigeant », écrit Ibrahima Baba Kaké[19]. Héraut ardent de l'émancipation, l'Antillais Aimé Césaire s'émerveille de la « liaison quasi charnelle avec la masse dont [Sékou Touré] parle non seulement la langue, mais le langage[20] ». Promu porte-parole de l'Afrique affranchie, l'ancien syndicaliste sillonne la planète, de Washington à Moscou, de Londres à Prague. Du haut de la tribune de l'ONU, il adresse à l'automne 1960 ce message transparent à la République dont il fut le député : « Ceux qui comptent sur des voix africaines de complaisance pour se maintenir en Algérie seront amèrement déçus. » Suivez son regard...

Dès octobre 1958, Maurice Robert, chef du « secteur Afrique » du Service de documentation extérieure et de contre-espionnage (SDECE), l'appareil de renseignement opérant hors de l'Hexagone, débarque à Conakry muni de faux papiers. Officiellement pour affaires. En réalité pour entraver l'afflux redouté de « coopérants » soviétiques, tchèques, est-allemands ou chinois[21]. Le plan d'action,

---

19. Ibrahima Baba Kaké, *Sékou Touré, le héros et le tyran, op. cit.*
20. *Présence africaine*, décembre 1959.
21. Maurice Robert, *« Ministre » de l'Afrique*, entretiens avec André Renault (Seuil, 2004).

arrêté l'année suivante et supervisé par l'insubmersible Jacques Foccart, vise moins à laver l'affront du « non » qu'à prévenir l'ancrage d'une tête de pont communiste sur le flanc ouest du « pré carré » colonial. Il faut pour cela isoler Sékou, saper son assise, attiser les mécontentements. Le clou de cette stratégie ? L'opération *Persil*, ainsi baptisée en référence à une célèbre marque de lessive en poudre, et qui consiste à noyer une économie fragile sous des torrents de faux billets libellés en francs guinéens, Sékou ayant décidé de battre monnaie pour mieux rompre les amarres avec la zone CFA. Raz-de-marée d'autant plus ravageur qu'avant même le vote fatal, un commando de paras et de marsouins avait vidé les coffres de la Banque centrale.

Avalisé par le Sénégalais Léopold Sédar Senghor et l'Ivoirien Félix Houphouët-Boigny, le dispositif, assorti bien entendu d'un volet militaire, bénéficie semble-t-il d'un *nihil obstat* élyséen. Armé et entraîné au Sénégal par des agents français, un noyau dur d'exilés guinéens, d'ethnie Peul pour la plupart[22], a pour mandat de monter des cellules de maquisards dans la région montagneuse du Fouta-Djalon (Nord), avec le concours de commerçants prospères et de chefs traditionnels influents. La désinvolture de quelques officiers du service Action du SDECE, bien trop bavards, éveille les soupçons. À moins que les scrupules d'un gradé au parfum, relayés par son confesseur, n'aient alerté Maurice Couve de Murville, alors ministre des Affaires étrangères, peu friand d'équipées

22. Majoritairement musulmans et traditionnellement éleveurs, les Peuls, encore appelés Pulaar, Fulani ou Fulbé, sont implantés dans une quinzaine de pays d'Afrique de l'Ouest et de l'aire sahélo-saharienne, dont la Guinée, le Sénégal, la Mauritanie, le Nigeria, le Niger et le Mali. Leur effectif total est estimé à plus de 40 millions.

barbouzardes[23]. Une certitude : la conjuration éventée, une rafle préventive décime les rangs des insurgés de l'ombre et emporte plusieurs ministres, soupçonnés de complicité. Tout comme le sera l'infortuné Pierre Rossignol, pharmacien estimé, accusé à tort et détenu deux années durant dans une geôle immonde.

La théorie des complots

Pour discréditer le malappris, les officines raclent leurs fonds de tiroirs. Pour preuve, les études graphologiques, évidemment accablantes, ou les « révélations » distillées par un bulletin polycopié intitulé *Lettre africaine*[24]. On y détaille les signes cliniques d'une syphilis ancienne et virulente : « excitation psychique avec mégalomanie », « maniaquerie et absurdité », « exaltation génésique », « accès de plus en plus violents de délire subaigu suivis d'accès dépressifs », « affaiblissement intellectuel progressif et diminution accélérée du sens moral et du jugement ». Cousue de fil d'un blanc douteux, cette stratégie de déstabilisation active a deux effets, aussi pervers l'un que l'autre : jeter dans les bras de l'ennemi un Sékou plus que jamais enclin à graviter dans l'orbite de l'astre soviétique, et instiller en lui le virus de la paranoïa. Sa hantise du sabotage est telle que, lorsqu'il voyage par la voie des airs, tous les techniciens chargés de l'entretien de son

23. Hypothèse avancée par Patrick Pesnot dans un ouvrage intitulé *Les Dessous de la Françafrique* (France Inter et Nouveau Monde poche, 2011).

24. *Jeune Afrique*, 16 février 1971.

avion montent à bord à sa suite[25]. Désormais, il imputera tous ses revers aux « monstrueux complots », parfois imaginaires, ourdis par les « agents du colonialisme », les « contre-révolutionnaires profrançais » et les « intellectuels marxistes tarés ».

À l'entendre, Ahmed Sékou Touré a survécu à une dizaine de conspirations en treize ans[26]. Certaines ont le mérite de justifier l'élimination d'un rival politique, tel l'avocat peul Diallo Ibrahima dès 1960. D'autres, par leur ampleur réelle ou supposée, rehaussent la geste du chef d'un éclat tragique. Citons-en cinq. D'abord, en novembre 1961, le fameux « complot des enseignants », ourdi selon lui avec le concours de l'ambassadeur d'URSS, Daniel Solod, et de son homologue français. En fait de trahison, les intéressés, membres de syndicats contestataires gauchistes, avaient osé déclencher une grève, réclamant une revalorisation des traitements et le maintien de la gratuité du logement. Vient ensuite, à l'automne 1965, le « complot des commerçants », imputé à l'homme d'affaires Mamadou Touré, dit « Petit Touré », un lointain cousin, fondateur du Parti de l'union nationale de Guinée, et coupable à ce titre de crime de lèse-majesté. Au dire de la propagande maison, cette nouvelle machination catégorielle, qui précipitera la rupture des relations avec Paris et l'expulsion de l'ambassadeur de France, aurait en outre bénéficié du soutien d'une poignée de chefs d'État subsahariens : Houphouët-Boigny, *usual suspect* favori de Sékou, mais aussi Hamani Diori (Niger) et Maurice Yaméogo (Haute-Volta, le futur Burkina Faso). La tentative de putsch « des officiers félons

25. *L'Express*, 14 décembre 1964.
26. *Africasia*, 7 juin 1971.

et des politiciens véreux», millésime 1969, complète la collection. À la même époque, Sékou échappe de peu à la mort alors qu'il circule à bord d'une voiture découverte aux côtés du président zambien Kenneth Kaunda, en visite à Conakry. Jailli de la foule, un jeune homme armé d'un couteau se jette sur lui, sans parvenir à lui porter de coup mortel. «Mû par un réflexe révolutionnaire, claironne Radio Guinée, le camarade Touré a jeté le scélérat au sol[27].» Quoique vaine, l'agression plonge le «camarade» dans une fureur telle que, à en croire l'un de ses proches, il se cogne la tête contre un mur.

L'année suivante, la République populaire révolutionnaire de Guinée survit à l'«agression portugaise». Rien de fictif cette fois : dans la nuit du 21 au 22 novembre 1970, six navires couleur grisaille, non immatriculés, débarquent un contingent de plus de 400 hommes commandé par des mercenaires lusitaniens. Ainsi commence l'opération *Mar Verde*, orchestrée par un haut gradé venu de Lisbonne, dont la cible est autant Amilcar Cabral, le légendaire leader du Parti africain pour l'indépendance de la Guinée-Bissau et du Cap-Vert, ou PAIGC, établi à Conakry, que Sékou Touré lui-même[28]. Si l'effet de surprise opère, la riposte populaire, galvanisée par l'exhortation radiodiffusée du chef de l'État, contraint les assaillants à battre en retraite. Version un rien enjolivée ? Sans doute. Un autre scénario, moins flatteur, met en scène un Sékou planqué,

---

27. *The Times*, 28 juin 1969.

28. C'est dans la capitale guinéenne qu'Amilcar Cabral périt le 20 janvier 1973, assassiné par un commando composé d'agents de la Pide, la police politique portugaise, et de dissidents de la branche militaire du PAIGC.

tétanisé par l'angoisse. « Tuez-moi mais ne me livrez pas au peuple ! », aurait-il lancé aux gradés en quête de la clé du magasin à munitions, qu'il prend pour des conjurés. Les témoins de l'humiliation, poursuivent les adeptes de cette variante, seront promptement liquidés. Le fiasco de cet assaut d'envergure, avalisé par Washington, Paris, Dakar et Abidjan, aura alimenté d'autres supputations, plus tortueuses encore : et si, informé de ce qui se tramait par son dense réseau d'indicateurs – et d'indicatrices –, le rescapé avait feint l'ignorance, histoire d'enrichir sa geste d'un nouveau mythe fondateur ?

À l'orée de l'exercice 1971, la rhétorique du fauve blessé donne la mesure de sa fureur. L'année qui commence, éructe-t-il à la faveur de ses vœux à la Nation, « doit être le départ de la violence révolutionnaire appuyant une offensive systématique et généralisée contre la mainmise impérialiste, contre ses privilèges illégitimes et ses intérêts égoïstes, en même temps que devront être dénoncés, sinon anéantis par tous les moyens appropriés, les Africains traîtres à la Patrie africaine ». Quelques jours plus tard, devant les députés, les instructions se font plus précises : « Que partout le peuple dépèce, brûle, égorge tous ses ennemis, tous les agents de la cinquième colonne, tous ceux qui bafouent la nation guinéenne. Égorgez l'ennemi, brûlez le mercenaire et rendez compte ensuite[29]. »

À l'ombre de l'« omni-potence »

Il faut, sans retard ni faiblesse, châtier par le fusil et par la corde. Les pendaisons publiques, sous le pont

29. *Combat*, 19 janvier 1971.

Fidel-Castro de Conakry, inspirent à Françoise Giroud, directrice de *L'Express*, un édito glaçant qui s'ouvre sur ces mots: «Depuis que des grappes de pendus balancent au gibet de M. Sékou Touré[30]...» Quant au *Canard enchaîné*, il raille l'«omni-potence» du tyran guinéen. Tandis que la radio diffuse un poème présidentiel intitulé «Adieu aux traîtres», les sections, comités et fédérations du PDG, mués en cours populaires, ratissent large et frappent fort, tout comme l'Assemblée nationale, érigée en Tribunal révolutionnaire suprême. À la barre du méga-procès d'août défilent une quinzaine de ministres, seize officiers, huit gouverneurs de région, vingt-neuf hauts fonctionnaires, deux ambassadeurs, quatre étrangers, dont deux Français, et Mgr Tchidimbo, déjà croisé dans ces pages[31]. Seuls trois des membres du gouvernement arrêtés échappent à la mort, dont le secrétaire d'État Alpha-Abdoulaye Diallo, dit «Porto», auteur d'un récit poignant[32]. La rage épuratrice ne s'arrête pas là: elle balaye l'état-major de l'armée et l'appareil du parti, frappant du sceau d'infamie l'entourage des proscrits. On expulse la famille de son logement, on déclare l'épouse divorcée, on prive les enfants de bourses scolaires. Parmi les accusés, l'actuel président guinéen Alpha Condé, alors assistant à la faculté de droit de Paris, condamné à mort par contumace.

Après l'agresseur colonial et ses féaux, retour à l'ennemi de l'intérieur. En juillet 1976, alors que la famine menace et que gronde le petit peuple, Sékou Touré incrimine à nouveau les commerçants, boucs émissaires

30. *L'Express*, 1er février 1971.

31. *Le Monde*, 1er octobre 1973.

32. Alpha-Abdoulaye Diallo, *La Vérité du ministre. Dix ans dans les geôles de Sékou Touré*, Calmann-Lévy, 1985.

récurrents. Place au «complot peul», révélé en songe par Dieu Lui-même. Le mois suivant, le président prononce trois réquisitoires haineux à l'encontre de cette communauté minée à l'entendre par l'alcoolisme, la débauche et la cupidité. «Ils sont sans patrie, martèle-t-il, ces racistes peuls forcenés, parce qu'ils prétendent ne pas être noirs. Ils sont encore et toujours à la recherche de leur patrie. [...] Aliénés qu'ils sont, ils ne pensent qu'à l'argent. Il faut que la trahison soit extirpée et bannie définitivement de leur comportement[33].» Le cerveau supposé de cette infamie? Le ministre de la Justice Diallo Telli, déjà cité, magistrat de haute volée, artisan de l'adhésion de la Guinée aux Nations unies, puis premier secrétaire général de l'Organisation de l'unité africaine (OUA). Soumis à la «diète noire» – ni boisson ni nourriture – dans un cachot minuscule et fétide du camp Boiro, le goulag guinéen, il y succombe le 1er mars 1977.

Très vite, on l'a vu, le cygne noir de la couvée coloniale riposte aux fourberies françaises par la fuite en avant. À la guerre comme à la guerre. Comment lui faire grief de quitter l'espace CFA pour lancer le franc guinéen, dont les billets sont imprimés à Londres? De même, l'étatisation des échanges extérieurs, puis du commerce de détail, si brutale soit-elle, reflète la volonté légitime d'asseoir une souveraineté embryonnaire. En revanche, rien ne justifie le tropisme totalitaire d'emblée à l'œuvre. Palpables, les réticences de l'élite intellectuelle, des étudiants, des paysans et des commerçants ne font qu'accélérer le basculement dans la dictature, amorcé dès 1962. Au sein même du PDG, Sékou se heurte à l'hostilité de vieux militants que hérisse le concept de Parti-État. Mais face aux vents

---

33. *Politique internationale* n° 130, hiver 2011.

contraires, le capitaine tient son cap, alternant purges brutales et concessions tactiques. Un jour, il lâche du lest sur le négoce privé ; le lendemain, il dégaine la matraque fiscale ou, quand les pénuries vident les étals, somme ses concitoyens de remplacer le sucre par le miel et le café par le *moni*, bouillie de fonio.

« Le Parti, argue son fondateur, impose sa dictature comme le conducteur d'un véhicule impose la sienne aux passagers. Je tiens le volant. » Tout Guinéen âgé de 10 à 25 ans est tenu d'adhérer à la Jeunesse de la Révolution démocratique africaine (JRDA). Au téléphone, le fonctionnaire ou le cadre du PDG se doit de substituer au très conformiste « Allô » un énergique « Prêt pour la Révolution ! » ; ce à quoi il convient de répondre « La Révolution est exigence ». Seul rescapé d'une presse mise au pas, le quotidien *Horoya* (« Liberté ») s'acquitte avec zèle de sa mission de porte-voix servile du régime, dictant la liturgie d'un culte de la personnalité frénétique. Honneur au bosseur infatigable rivé à son bureau dès l'aube, à l'orateur envoûtant capable de discourir huit heures d'affilée, au pédagogue craie en main, toujours prêt à aligner les chiffres au tableau noir. Les courriers adressés à Son Excellence doivent mentionner explicitement une brochette de titres ronflants : Responsable Suprême de la Révolution, Fidèle et Suprême Serviteur du Peuple, Commandant Suprême des Forces armées révolutionnaires, Secrétaire Général du Parti démocratique de Guinée[34]. Les « mécréants », eux, détournent insolemment les initiales du nom sacré. Dans leur lexique imagé, Ahmed Sékou Touré devient l'Animal Sans Tête ou *Ammè, Sonkhoi, Torè* (AST), ce qui, en soussou, signifie angoisse, cris, misère.

34. *Jeune Afrique*, 30 mars 1974.

Les élections, dans un tel contexte, s'apparentent à des mascarades répétitives. Entre janvier 1961 et mai 1982, « AST » recueille selon les décomptes officiels entre 98,82 et 99,99 % des suffrages. Aucun domaine n'échappe à son implacable vigilance, pas même le football. En décembre 1976, en finale du championnat d'Afrique des clubs, le Mouloudia d'Alger terrasse *in extremis* le Hafia FC de Conakry, tenant du titre, qui l'avait pourtant emporté 3-0 au match aller. Sékou, furieux, limoge le ministre des Sports, l'encadrement du club et deux des joueurs vaincus. Et le quotidien *Horoya* consacre dix-neuf pages à cette débâcle, dont dix-sept sous la forme d'autocritiques des traîtres à la patrie.

À l'échelon régional, le franc-tireur tente de conjurer le spectre de l'isolement en forgeant dès décembre 1958 une Union Guinée-Ghana, élargie deux ans plus tard au Mali. Mariage éphémère et largement fictif, même si le Ghanéen Kwame Nkrumah, hébergé par Sékou au lendemain du coup d'État militaire qui abrège brutalement son mandat, hérite d'un titre de « coprésident » de la République. « Nous vivons ensemble et nous mourrons ensemble, jure son hôte. Parce qu'il a incarné la dignité de l'Afrique[35]. » Prophétie hasardeuse : c'est dans un hôpital de Bucarest, où règne alors le tyran roumain Nicolae Ceausescu, que succombera en avril 1972 le prophète du panafricanisme, rongé par un cancer de l'estomac. Soucieux d'asseoir son autorité, son émule guinéen enfile parfois le boubou du médiateur. En 1975, lorsqu'un conflit frontalier met aux prises le Mali et la Haute-Volta, il reçoit les présidents Moussa Traoré et Sangoulé Lamizana et fait venir son griot

35. *Jeune Afrique*, 23 février 1973.

favori. Lequel psalmodie les ascendances des deux rivaux, histoire de montrer combien leurs lignées furent intimement liées. Bel exercice de diplomatie généalogique : les frères ennemis se serrent la main et se donnent l'accolade.

Un envoyé très spécial

Persuadé de mériter une place de choix au banquet des pionniers de la pensée politique, le despote exalte au fil de ses écrits théoriques le « génie inépuisable » et l'infaillibilité d'une « classe-peuple » sacralisée. En 1967, au fil d'un traité idéologique grandiloquent, intitulé *L'Afrique et la Révolution* et publié chez Présence Africaine, l'autodidacte s'emploie à légitimer la dictature et le parti unique, rebaptisé « unité populaire », établissant un distinguo spécieux entre le « bon » coup d'État, d'inspiration progressiste, et le « mauvais », d'essence réactionnaire. Truffée de concepts abscons, sa logorrhée prend parfois un tour parodique. Tel est le cas en mars 1968, à la tribune du 5e congrès du RDA, lorsqu'il dépeint la « double action dialectique du temps et de l'espace en tant que cadre apodictique [qui revêt une évidence de droit et pas seulement de fait] où se réalise la Révolution, et celle de la Révolution qui réduit le temps et l'espace en facteurs de son propre accomplissement ».

Plus que sa doctrine, l'ardeur et l'intransigeance du Guinéen séduisent. Pour preuve, le long récit publié en janvier 1962 dans *L'Express* par un envoyé très spécial, François Mitterrand, alors sénateur de la Nièvre[36]. Intitulé « Sékou Touré m'a dit... », ce reportage s'apparente au

36. *L'Express*, 25 janvier 1962.

duel à fleurets très mouchetés que se livreraient deux bretteurs qui s'estiment. Effleuré çà et là par le doute, celui qui fut ministre de la France d'Outre-mer, de l'Intérieur puis de la Justice, semble néanmoins sous le charme. Il ne décèle « ni arbitraire ni cruauté » dans la gouvernance de son hôte, « habité par la passion du bien public, l'amour ardent du peuple et une vive intelligence ». Un hôte qui le gratifie, au volant de sa Mercury, de longues excursions, propices à d'insistantes oraisons *pro domo*. Tout y passe. Les visées subversives de l'URSS, les vertus de la « non-ingérence », les complots, les mérites de la « justice populaire », l'agitation lycéenne, imputable à ses yeux à l'« appel du chahut » et aux rancœurs d'une caste de notables privée de ses privilèges. « Nous avons deux sortes d'adversaires, soutient Sékou. Les notables qui ne nous ont pas pardonné la suppression de la chefferie traditionnelle et les démagogues qui n'aiment que l'agitation et sont toujours mécontents de tout. »

À l'évidence, le plaidoyer convainc l'ancien avocat, impressionné par « la foi, l'énergie et l'esprit de sacrifice » de son interlocuteur. « La petite Guinée, note Mitterrand, avec un courage et une ténacité étonnants, ne veut perdre aucun des attributs de l'indépendance acquise à ses risques et périls. [...] Pour maintenir, selon sa propre expression, l'intégrité de la conscience populaire, Sékou Touré n'y va pas de main morte. Mais rien ne permet de déceler dans ses décisions rapides et implacables une partialité, un préjugé contre tel ou tel pays, telle ou telle idéologie. Son neutralisme positif lui fait expulser la même semaine un ambassadeur soviétique, un équipage tchèque, deux techniciens polonais, quelques marins américains, un envoyé de l'Unesco. Il a rembarqué un archevêque français et fermé les écoles catholiques, mais il a supprimé les écoles coraniques et mis au travail les imams et les sorciers. » Dans la même veine, le futur locataire de l'Élysée et auteur en devenir du *Coup d'État permanent* se fait l'écho de la simplicité affichée par ce président qui visite chantiers, magasins et villages ou fait halte dans les bals publics. « Et la France ? », s'enquiert le reporter de luxe. « La France ? Qu'elle nous traite en pays libre, totalement libre, qu'elle cesse enfin les tracasseries et les discriminations et nous retrouverons son peuple avec joie. De quoi son gouvernement veut-il nous punir ? D'avoir choisi la liberté ? »

Dix ans plus tard, le même visiteur, devenu premier secrétaire du parti socialiste, reprend – discrètement – le chemin de Conakry. Il s'agit cette fois de solliciter la libération d'une trentaine de citoyens français incriminés dans diverses conspirations. Seuls trois d'entre eux, deux femmes et un homme, s'évaderont à la faveur de cette intercession de l'enfer de Boiro. Peut-être la tonalité incisive de la tribune publiée l'année précédente dans *France-Soir* par Mitterrand, sur fond de procès iniques et expéditifs, explique-t-elle cet insuccès[37].

On connaît la boutade : « Ce n'est pas parce que je suis parano que je n'ai pas d'ennemis. » S'il s'en invente, s'il s'en crée à foison, jamais Ahmed Sékou Touré n'en aura manqué. Au palmarès de ses exécrations, Jacques Foccart, « criminel » et « flibustier » – à qui il offrira paradoxalement au soir de sa vie un poste de conseiller –, devance de peu Félix Houphouët-Boigny, son rival dans les hautes sphères du RDA, et Léopold Sédar Senghor. *Horoya* traîne ainsi dans la fange l'Ivoirien, « fantoche archi-traître et

37. *France-Soir*, 31 janvier 1971.

archi-aliéné qui ampuante [*sic*] l'Afrique[38] ». Quant au chantre de la négritude – concept récusé par le Guinéen, qui l'assimile à un fantasme tendant à entériner la « dépossession infligée par l'idéologie mystificatrice de l'impérialisme » –, il n'est guère mieux traité. « Radio Guinée déversait sur lui des tombereaux d'insanités, raconte son successeur à la présidence du Sénégal Abdou Diouf. D'autant que Sékou a cru un temps que notre pays basculerait dans le camp du "non". Un jour, l'opposant Siradiou Diallo est venu nous "vendre" un projet de complot. Senghor, tenté par l'aventure, s'est pourtant rallié à mes objections. Sous mes deux mandats [1983-2000], les rapports avec mon homologue guinéen, devenu plus mesuré, plus responsable, se sont assainis. Au sein de l'OUA, nous avons souvent agi de concert, y compris contre les visées du Libyen Muammar Kadhafi[39]. »

« Cabine technique » et « diète noire »

À chaque déboire, Sékou Touré répond par un nouveau tour d'écrou. En 1967 apparaissent ainsi les « pouvoirs locaux révolutionnaires », cellules militantes censées quadriller le pays. Le 1er mai de cette année-là, le « Prési »

38. *Horoya*, 1er novembre 1973.

39. Entretien avec l'auteur, 11 juin 2019. Figure connue de la diaspora guinéenne en exil, Siradiou Diallo a été condamné à mort par contumace pour son implication alléguée dans le « complot des Portugais » de 1970. Journaliste, un temps rédacteur en chef au magazine *Jeune Afrique*, ce Peul natif de Labé sera député et candidat aux scrutins présidentiels de 1993, 1998 et 2003. Il meurt l'année suivante dans un hôpital d'Aulnay-sous-Bois (Seine-Saint-Denis).

donne aux Églises chrétiennes un mois pour africaniser leur clergé, les prêtres et pasteurs européens étant assimilés à des « apprentis espions ». Pas de quoi troubler les zélotes tiers-mondistes, tel le Suisse Jean Ziegler, ébloui par le « charme » de ce personnage doté d'un « tempérament à arracher les étoiles » et d'un brio tel qu'il peut « parler cinq heures de suite dans une petite pièce étouffante de chaleur, sans jamais perdre haleine ni se redire une seule fois »[40]. Son aura rayonne jusqu'aux États-Unis. En 1969, le militant panafricaniste Stokely Carmichael et son épouse d'alors, l'illustre chanteuse sud-africaine Miriam Makeba, s'installent en Guinée en qualité de conseillers du président. Membre de la mouvance des Black Panthers, Carmichael adopte neuf ans plus tard le nom de Kwame Ture, en hommage au tandem Nkrumah-Sékou Touré.

À l'évidence, le « charme » chanté par Ziegler opérait encore l'année suivante dans les colonnes de *Jeune Afrique*, dont les envoyés spéciaux ont alors l'insigne privilège de se glisser quinze jours durant dans le sillage de ce guide à la « belle stature de boxeur sous le boubou blanc », un « homme séduisant, toutes les femmes de Conakry vous le diront ». « Nous l'avons vu, lit-on ensuite, prendre des bains de foule, piloter sa DS 21 noire, enregistrer au magnétophone les spectacles du festival culturel, danser allègrement, siroter du thé au citron, griller sans arrêt des [cigarettes] Milo, plaisanter avec ses hôtes[41]. » Dans l'arène de la complaisance, les médias panafricains se livrent à l'époque une bataille acharnée, que remporte haut la plume le magazine *Africasia*. Au gré d'une interview-fleuve, son

40. *La Tribune de Genève*, 22 février 1967.
41. *Jeune Afrique*, 14 avril 1970.

directeur Simon Malley entérine avec une piété touchante le satisfecit que se décerne le satrape guinéen[42]. Hommage à l'« enthousiasme extraordinaire » du peuple en armes. Haro sur les « agents apatrides de la cinquième colonne », la « bourgeoisie tarée » et les « fantoches prêts à livrer nos richesses naturelles à l'exploitation néocolonialiste des capitalistes étrangers avides de bauxite, de fer, de diamant et de manganèse ». Nulle allusion, en revanche, au calvaire des morts vivants de Boiro.

Et pourtant… Le régime carcéral de ce mouroir en bord de mer, que dérobent à la vue de hautes murailles coiffées de barbelés, est d'une ignoble barbarie. Que l'on songe à la « cabine technique », atelier de tortures conçu avec le concours d'experts est-allemands et tchécoslovaques ; ou à la « diète noire », déjà évoquée. Combien de suppliciés ont péri là, de faim, de soif, de maladie, d'épuisement ou sous les coups ? Dix mille, 20000, davantage ? Souvent, brisé par la douleur, le détenu avoue tout et le reste. Oui, il a œuvré, au choix, pour le réseau Foccart, la CIA américaine, le MI6 britannique, le Mossad israélien ou un gang de comploteurs SS… Ainsi craque Jean-Paul Alata, ex-directeur général des Affaires économiques et financières à la Présidence, qui livrera lui aussi un témoignage saisissant[43]. L'« Auschwitz guinéen » est une affaire de famille. À sa tête, le capitaine Siaka Touré, neveu du président. Parmi les bourreaux les plus zélés, trois

42. *Africasia*, 7 juin 1971.

43. *Prison d'Afrique*, Seuil, 1976. Ce récit sera un temps censuré sur ordre de Michel Poniatowski, ministre de l'Intérieur de Valéry Giscard d'Estaing, sa parution étant jugée susceptible d'entraver le dégel amorcé avec Conakry. Dégel que consacre la visite officielle de VGE, en décembre 1978.

beaux-frères et deux demi-frères : Amara l'analphabète sadique, doyen du clan, et Ismaël, météorologue de formation et tortionnaire par vocation. Manquait à ce casting clanique l'intello de service : il surgit sous les traits d'un parent réputé cérébral, ancien élève des philosophes Jean Guitton et Vladimir Jankélévitch.

« La Guinée, accuse Alpha Condé, alors président de la Fédération des étudiants d'Afrique noire en France, est devenue un immense camp de concentration et M. Sékou Touré se comporte comme un dictateur nazi. » Irascible, colérique, l'ancien ajusteur semble tiraillé entre des pulsions contradictoires. Sujet à des accès de narcissisme aigu, il affiche au quotidien des goûts simples, préférant aux mets raffinés la cuisine du pays et les plats à base de riz et de légumes. Au dire de ses proches, Sékou fume beaucoup, boit peu, et consacre ses heures perdues à l'écoute de radios étrangères, au visionnage de classiques du cinéma, au jeu de dames, voire, en fin de journée, au volley-ball. Lui qui se prévaut d'avoir, en bon rationaliste, éradiqué le fétichisme laisse pourtant graviter dans son orbite marabouts, griots et astrologues. On le dit perméable à la magie des rites sacrificiels et de l'art divinatoire. Duplicité ? Il peut fort bien alterner bienveillance et cruauté. Un ministre se souvient d'avoir été jeté au cachot quelques heures après avoir pris congé de lui pourvu de ce viatique : « Que Dieu te protège. » Et garde en mémoire l'appel reçu, une décennie plus tard, à la sortie du bagne : « Ne t'en fais pas mon cher, je te sortirai de ce mauvais pas. » Condamné aux travaux forcés, puis à la peine capitale, sentence commuée en détention à perpétuité, libéré en 1979, Mgr Raymond-Marie Tchidimbo reçoit alors un complet blanc et un épais recueil des discours du phare de la Guinée. Ce qui ne vaut pas pour autant à son «bienfaiteur» indulgence plénière... Sékou, assène l'Excellence, «était un grand malade psychique qui s'ignore, un authentique paranoïaque qui savait donner le change», un velléitaire «cherchant dans la raideur un substitut à la force d'âme», doté d'une «aisance quasi démoniaque à manier les contrevérités». «Il aimait, insiste le premier archevêque autochtone de Guinée, s'écouter et se regarder vouloir[44].»

«Personne n'aura fait plus que Touré pour la promotion du droit de la femme dans son pays», écrit l'universitaire américain Mike McGovern, ancien directeur Afrique de l'Ouest de l'International Crisis Group[45]. Soit. C'est pourtant une révolte de commerçantes, excédées par la mainmise des coopératives d'État sur la production agricole et le caporalisme de la «police économique», qui fissure au mitan des années 1970 la statue du commandeur. En août 1977, défié par les rebelles du marché Madina, Sékou leur inflige lors d'un meeting improvisé au Palais du Peuple une diatribe révolutionnaire. Mais le mouchoir blanc agité, signe de ralliement rituel, ne rallie plus personne, et les slogans tombés de son balcon sonnent creux. «Nous ne sommes pas venues pour entendre ça», rétorquent les insurgées. Les anathèmes fusent. «C'est toi, la cinquième colonne, l'impérialiste, le raciste», «Vingt ans de crimes, ça suffit! Tu dois partir!». Les plus audacieuses menacent de lui ôter son pantalon pour en faire un chapeau. Coursé par un trio de matrones en furie, le despote doit fuir par les sous-sols. Humilié, il se terre dix jours durant. Sa riposte, là encore, sera ambivalente. Il ordonne la liquidation en catimini des meneuses, mais réhabilite le petit commerce

44. Cité par Abdoulaye Bah, konakryexpress.org, 21 octobre 2013.
45. *Politique africaine*, janvier 2007.

privé et instaure, pour commémorer ce soulèvement qui a gagné la province et coûté la vie à plusieurs gouverneurs, une « fête des Femmes » annuelle. Le roi serait-il moins vêtu qu'on le dit ? L'onde de choc de cet affront franchit les frontières. Et le coup de semonce incite Sékou Touré à intensifier les efforts de rapprochement avec la France. Voilà dix ans que, de congrès en discours, il manifeste son désir de renouer les fils d'une coopération « honnête, fructueuse, profonde et permanente ». Message reçu : le 20 décembre 1978, Valéry Giscard d'Estaing atterrit à Conakry. On le verra, le cou ceint du foulard rouge des jeunes « pionniers » du cru, inviter la foule à louanger son hôte. « Allez, avec moi, lance un VGE au phrasé d'instit paternaliste : Vive-le-président-Ahmed-Sékou-Touré ! ». Vu de Paris comme de Washington, les multiples rapports dénonçant l'effroyable mépris du régime pour les droits humains ne pèsent guère au regard des richesses naturelles de la Guinée et de sa volonté, en ces temps de guerre froide, d'échapper à l'étouffante sollicitude soviétique.

Tardive et vaine conversion

Quatre ans plus tard, à la veille de son unique visite officielle dans l'Hexagone, Sékou plaide l'implaidable avec un aplomb phénoménal. « Notre système démocratique, assène-t-il au micro d'Ivan Levaï (Europe 1), est le plus avancé dans le domaine des droits de l'homme. » « La démocratie guinéenne, insiste-t-il auprès des envoyés spéciaux d'Antenne 2, est en avance sur la plupart des démocraties européennes. » Cet entretien avec le « président de la République populaire et révolutionnaire de Guinée » mérite le détour. Question : « Ceux qui vous traitent de dictateur n'ont rien compris ? » Réponse : « Ils n'ont rien compris car M. Sékou Touré n'a jamais mis en avant ni sa personne ni ses intérêts. Mais il entend demeurer la fidèle incarnation de son peuple. » Les milliers de prisonniers politiques ? Pure invention. « On en veut à la Guinée pour avoir dit non au général de Gaulle. » Les huit Franco-Guinéens disparus au gré des rafles et des purges ? « Je ne connais aucun Français qui ait perdu la vie en Guinée. Je connais des ministres, des ambassadeurs qui se sont vendus à des puissances étrangères. Pour moi, ce sont des Guinéens, pas des Français. Huit Guinéens condamnés par le peuple et exécutés. »

Quinze mois s'écoulent avant que l'ennemi juré de l'impérialisme ne parachève une volte-face idéologique dictée par l'instinct de survie, à la faveur du 12e congrès du PDG. Adieu au marxisme et cap à l'Ouest. Même si, au risque du torticolis, le Malinké se tourne aussi vers La Mecque. Il s'y rend en pèlerinage, élève l'islam au rang de religion d'État et invite son épouse Andrée à se convertir. Comme il paraît loin le temps où, dans une interview au magazine *Time*, il se posait en champion du syncrétisme… « Je suis, prêchait-il alors, protestant, catholique, musulman et fétichiste. De toutes les fois. En tant que président, je suis tout le monde[46]. »

« Monsieur Tout-le-monde » sent-il venu le moment d'apurer son lourd passif ? Il mise sur le 20e sommet de l'OUA, programmé en mai 1984 à Conakry, pour accéder au statut de sage continental adoubé par ses pairs. Las !, deux mois avant l'échéance, au retour d'une tournée maghrébine et alors qu'il participe au congrès des syndicats ouest-africains, un malaise cardiaque – anévrisme de l'aorte – le terrasse. Aussitôt, le roi Fahd d'Arabie saoudite envoie en

46. *Time*, 16 février 1959.

Guinée un avion médicalisé. Mais voilà : aucun appareil ne pouvant atterrir sans l'aval express du président, dont l'état de santé est tenu secret, le contrôle aérien déroute l'hôpital volant vers Dakar. Et ce n'est que le lendemain que celui-ci vient cueillir le malade sur instruction du Premier ministre, médecin de formation. Autant dire que lorsqu'il décolle enfin pour Cleveland (Ohio), où l'attendent les chirurgiens d'une clinique de pointe alertés par le souverain marocain Hassan II, un temps précieux a été gâché. Retard fatal : le 26 mars, Sékou gît depuis quatre heures sur la table d'opération quand son cœur lâche. Il est 15 h 23 en heure locale, 22 h 23 au pays. Bientôt, la radio nationale diffuse un communiqué qui commence ainsi : « Peuple de Guinée, le géant dont l'ombre planétaire te protégeait t'a quitté en pleine gloire. » Rapatriée, sa dépouille sera exposée durant deux jours à la Présidence, avant l'inhumation au mausolée des Héros de la Nation de Camayenne. Mais le mythe, lui, a la vie dure : nombre de Guinéens se disent convaincus que l'on vient de porter en terre un cercueil vide.

« Le régime, écrit Mike McGovern, déjà cité, a survécu au plan rhétorique et symbolique bien après la mort de son fondateur. » Lequel « resterait pour les années à venir une figure absente mais centrale du discours politique dans le pays qu'il avait forgé grâce à son charisme, son charme et sa violence[47] ». Bien vu. En novembre 2010, lorsqu'il accède par les urnes à la magistrature suprême, Alpha Condé prend ses quartiers dans un palais présidentiel baptisé « Sekhoutouréya » – « chez Sékou Touré » en soussou – en hommage à celui qui, quarante ans plus tôt, le destinait à la potence ou au peloton. Malédiction ? Élu au prix d'une campagne attisant sans vergogne les

47. *Politique africaine*, janvier 2007.

antagonismes ethniques, réélu en 2015, l'ex-dissident s'est octroyé en octobre 2020 un troisième mandat, et ce au prix d'une révision constitutionnelle taillée sur mesure et d'une sanglante fuite en avant répressive. C'est ainsi : l'ombre portée du disparu assombrit encore l'arène guinéenne. Chef de file de l'opposition, le Peul Cellou Dalein Diallo, rival malheureux de Condé en 2010 comme l'an dernier, se souvient de la mise en garde de ses alliés malinkés : « Si tu veux être élu, n'attaque pas Sékou ! » « Avec le recul, poursuit le patron de l'Union des forces démocratiques de Guinée (UFDG), je le vois à la fois comme le panafricain audacieux, courageux, qui a défié le joug colonial, et comme l'autocrate arc-bouté sur son idéologie révolutionnaire. Bien sûr, il a réhabilité l'homme noir, la culture et l'art africains. Bien sûr, il a contribué à la décolonisation du continent et des esprits. Mais on ne saurait pour autant occulter Boiro ni ses crimes. Héros et tyran, il fut bien l'un puis l'autre[48]. »

À l'heure du bilan, comment ne pas souscrire au verdict de l'ethnologue et sociologue Georges Balandier, disparu en octobre 2016 ? Dans un entretien avec Pierre Nora, paru dans la revue *Le Débat*, cet érudit revisite le parcours du défunt, le « naufrage de son exceptionnel charisme » et la destinée d'une « Guinée où Sékou Touré était apparu comme celui qui entretenait la ferveur d'un messianisme marxisant », avant de se muer en un « pays où le pouvoir invente des complots afin de se consolider », de glisser vers la « prédation népotique », puis vers une « forme de totalitarisme tropical »[49].

---

48. Entretien avec l'auteur, 13 mai 2019.
49. *Le Débat*, janvier-février 2002.

Bibliographie

Pascal Airault et Jean-Pierre Bat, *Françafrique. Opérations secrètes et affaires d'État*, Tallandier, 2016.

Jean-Paul Alata, *Prison d'Afrique*, Seuil, 1976.

Ibrahima Baba Kaké, *Sékou Touré, le héros et le tyran*, Jeune Afrique Livres, 1987.

Alyou Barry, *La Gloire et les déboires du NON, L'arbre ébranché*, Éditions du Panthéon, 2019.

Georges Chaffard, *Les Carnets secrets de la décolonisation*, t. 1 et 2, Calmann-Lévy, 1965 & 1967.

Alpha-Abdoulaye Diallo, *La Vérité du ministre. Dix ans dans les geôles de Sékou Touré*, Calmann-Lévy, 1985 et L'Harmattan, 2004.

Amadou Diallo, *La Mort de Diallo Telli*, Karthala, 1983.

Maurice Jeanjean, *Sékou Touré, un totalitarisme africain*, L'Harmattan, 2004.

Jean Lacouture, *Cinq hommes et la France*, Seuil, 1961.

Patrick Pesnot, *Les Dessous de la Françafrique*, France Inter et Nouveau Monde poche, 2014.

Maurice Robert, *«Ministre» de l'Afrique*, entretiens avec André Renault, Seuil, 2004.

Ahmed Sékou Touré, *L'Afrique et la Révolution*, Présence africaine, 1967.

Mémoire collective, une histoire plurielle des violences politiques en Guinée, ouvrage collectif, RFI/FIDH, 2019.

7

Issayas Afeworki : les mythes de l'ermite

On peut être le tyran mystérieux d'un pays méconnu et rivaliser, en férocité, avec les stars incontestées du despotisme africain. On peut même, pourvu d'un tel profil, disputer au Nord-Coréen Kim Jong-un le titre de champion poids lourds des autocrates en activité à l'échelle planétaire. On peut enfin se moquer comme de sa première kalach de son aura hors frontières, voire s'ingénier à cultiver une image de caïd à l'austérité ostentatoire, taciturne, impénétrable et anachronique. Seul maître à bord de l'Érythrée depuis 1993, le ténébreux Issayas Afeworki, 75 ans, coche toutes les cases d'un tel portrait-robot.

Bien sûr, il lui arrive de troquer son treillis, sa chemisette vert olive et ses sandales de cuir contre un costume bleu pétrole et une paire de mocassins. Mais quand le « Frère-Président » sacrifie à de tels usages vestimentaires, il arbore volontiers une cravate frappée d'un chameau, l'emblème animal de sa jeune nation. Logique : du « vaisseau du désert », il a la frugalité, le caractère et les accès de colère. Mais pas vraiment la sobriété : diplomates et ex-compagnons raillent la propension d'Afeworki à noyer ses tourments ou sa morosité dans le whisky. Quant à son faciès, il demeure, du moins en public, invariablement hostile. Front dégarni, moustache broussailleuse, regard fixe et froid.

Si sa haute stature – 1,90 mètre sous la toise – et la raideur de son maintien impressionnent encore, l'ancien maquisard ne règne plus que par la terreur sur une principauté de 5,2 millions d'âmes encasernées, nichée sur le flanc est de la Corne de l'Afrique, baignée par la mer Rouge et saignée par la fuite de sa jeunesse et de ses élites. Comme il paraît loin le temps où l'on surnommait *Tesfom* – « le donneur d'espoir », en langue amharique – cet habile orateur qui, après avoir contribué à détrôner le « Négus rouge » Mengistu Hailé Mariam[1], affranchit sa petite patrie de l'étouffante tutelle éthiopienne... Quel sobriquet le poursuit désormais ? *Eta Tsl'lti Sebay*, « le Fou ».

L'échiquier de ce dingue-là n'a ni constitution ni parlement, mais un parti unique, un appareil sécuritaire orwellien et des bagnes à foison. Les dissidents ont le

1. Le colonel Mengistu Hailé Mariam est la figure de proue de la junte qui renverse en 1974 l'empereur Hailé Sélassié, assassiné l'année suivante sur ses instructions, voire étouffé par ses soins sous un oreiller. Dissimulée dans le sous-sol des toilettes du palais, la dépouille du défunt « Roi des Rois » ne sera exhumée qu'en 1992. Bientôt seul aux commandes, Mengistu instaure une dictature marxiste-léniniste teintée de nationalisme. Délogé par la guérilla du Front démocratique révolutionnaire du peuple éthiopien en mai 1991, il trouve refuge au Zimbabwe, où il coule toujours vingt ans plus tard des jours paisibles, à l'abri de la peine de mort par contumace prononcée à son encontre en 2008.

choix entre le silence, l'exil et le cachot, fût-ce en lisière d'Asmara, une capitale qui donne si bien le change. Quiconque parcourt ses avenues frangées de palmiers tombe immanquablement sous le charme de la *piccola Roma*, la « petite Rome », hier joyau de l'empire colonial italien. Églises baroques, cafés Art déco où l'on vous sert le *mocha*, expresso coiffé d'un soupçon de mousse de lait : les vestiges de l'occupation, dont le joug pesa si lourd entre 1890 et 1918 puis de 1935 à 1941, peuvent abuser le naïf de passage. De même, le touriste lettré voit flotter sur l'Érythrée le fantôme d'Arthur Rimbaud, en route pour le Yémen, ou celui de Dino Buzatti, l'auteur du *Désert des Tartares*. Risque-t-il d'être troublé par les indices d'un obsédant culte de la personnalité ? Peu probable : il lui faudrait les dénicher à la une du trihebdomadaire gouvernemental *Haddas Ertra* (« Érythrée nouvelle ») ou au fil des journaux d'Eri-TV, la chaîne du régime. Ici, point de statue en pied et de portraits géants d'Afeworki, mais des effigies épinglées derrière les comptoirs des arrière-boutiques[2].

Le pichet du petit brasseur

Le 2 février 1946, lorsque Issayas pousse à Asmara son premier cri – bien d'autres suivront –, voilà cinq ans que l'Éthiopie et son satellite érythréen, arrachés à l'Afrique

2. Au fil des ans, cette apparente retenue souffrira néanmoins de spectaculaires entorses. En 2013, à l'occasion du 20e anniversaire de l'indépendance, le chef de l'État rayonne sur les affiches en « berger du peuple ». Cinq ans plus tard apparaîtra une effigie ressemblant à s'y méprendre à celle d'un Christ libérateur.

orientale italienne, ont basculé dans l'orbite britannique. Quand les Nations unies fondent à la hussarde les deux territoires en une Fédération bancale, confiée *de facto* à l'empereur Hailé Sélassié, il vient de fêter son sixième anniversaire. Et c'est en jeune patriote meurtri qu'il vit, une décennie plus tard, l'annexion de sa terre natale par le chétif « Roi des Rois ». Entre-temps, sa fibre nationaliste aura vibré, tant lors des grèves générales d'Asmara et de la cité portuaire de Massaoua en 1958, durement réprimées, qu'à l'occasion de la création au Caire, deux ans après, du Front de libération érythréen (FLE) ; ou encore à l'évocation de l'épopée d'Hamid Idriss Awate, héros en 1961 de la bataille du mont Adal, joute fondatrice de l'élan émancipateur de son peuple[3].

Guère de certitudes et des énigmes à profusion : incertaines, les origines et la filiation du seul Timonier qu'ait connu à ce jour l'Érythrée souveraine tissent le voile de doute qui sied au despote revêche et secret. Tout juste sait-on que, cadet d'une fratrie pléthorique, Issayas Afeworki naquit au sein d'une famille protestante et que rien, au vu de son pedigree, ne le prédisposait à enfourcher le fougueux étalon de la lutte contre l'emprise du Négus ; même si ses biographes les plus obligeants lui attribuent un aïeul illustre en la personne d'un seigneur tigréen insoumis.

Son enfance s'écoule semble-t-il dans une terne banlieue d'Asmara, entre une église luthérienne et un dépôt ferroviaire. Venu de Tselot, village haut perché des environs de

3. Fer de lance du combat pour l'indépendance, le Front de libération de l'Érythrée a été créé en juillet 1960 dans la capitale égyptienne par un noyau d'intellectuels et d'étudiants exilés.

la capitale, son père supposé, prénommé Abraha ou Ato selon les versions, brille d'emblée par son absence. Agent du ministère impérial de la Réforme agraire, propriétaire d'une plantation de café, il vit pour l'essentiel à Mekele, chef-lieu de la province septentrionale du Tigré[4]. Quant à sa mère Woizero, elle aussi d'origine tigréenne, elle passe selon certains auteurs pour la petite-nièce de Yohannes IV, empereur d'Éthiopie de 1872 à 1889. Ascendance prestigieuse, certes, mais qui ne la dispense pas d'élever seule ses enfants ni de trimer dur. Woizero subvient aux besoins du foyer en fabriquant la *sewa*, bière traditionnelle. Issayas, qui l'aide parfois à vendre le breuvage fait maison, doit à cet emploi précoce le sobriquet de *golay*, nom donné au pichet de céramique en usage[5].

En 1965, au sortir du lycée Prince-Makonnen d'Asmara, où il fréquente la jeune garde du patriotisme érythréen, le fiston modèle entreprend des études d'ingénieur à l'université Hailé-Sélassié d'Addis-Abeba. Une couverture ou peu s'en faut : les cours de technologie le motivent moins que les discrets conciliabules entre camarades résolus à faire choir de son trône l'empereur honni. Dès la rentrée 1966, il s'éclipse nuitamment du dortoir et file avec deux amis à Kassala (Soudan), base arrière et sanctuaire du FLE. Dans cette faculté-là, notre étudiant en rupture de ban s'initie à la guérilla – embuscades, sabotages, assauts éclairs, détournements –, avant de s'adonner avec zèle aux travaux pratiques.

---

4. À en croire une variante peu flatteuse, Issayas Afeworki serait né de père inconnu, à moins que, autre hypothèse, son géniteur ne fût en réalité un Éthiopien partisan de l'union léonine imposée à l'Érythrée…

5. Léonard Vincent, *Les Érythréens*, Rivages poche, 2016.

Las !, bisbilles stratégiques et querelles d'ego provoquent un schisme entre le leadership du mouvement, établi en Égypte, et le commandement des maquis soudanais. D'autant que les fantasmes conspirationnistes – on voit des espions éthiopiens dans le moindre recoin – empoisonnent l'atmosphère. Écœuré, plus avide d'action que de verbiage, Issayas fonde une cellule clandestine avec deux autres réfractaires, son copain de lycée Hailé Woldetensae, alias « Durue », et Mussie Tesfamikael. Désormais, un pacte de sang soude le trio : chacun se grave au couteau, sur l'épaule droite, le É – pour Érythrée – de l'alphabet amharique[6]. Manière de donner chair à cette obsession : l'indépendance, quoi qu'il en coûte. « Je suis le produit de cette lutte, confiera bien plus tard le meneur. Ma façon de penser, ma capacité à résister aux tentations et à faire face aux défis ont fabriqué l'être humain que je suis aujourd'hui[7]. »

Chez Mao

À l'automne 1966, l'ardent guérillero s'envole pour la Chine de Mao Zedong. Une année durant, il parfait sa formation au sein de la fameuse Académie militaire de Nankin. Mais sans doute ses chefs ont-ils aussi voulu éloigner ainsi un cadet turbulent, que certains soupçonnent d'œuvrer en sous-main pour les services éthiopiens. Quand le jeune camarade Afeworki, 22 ans, débarque au royaume du *Petit Livre rouge*, voilà trois mois que les furieuses bourrasques de la Révolution culturelle balaient

6. *Le Nouvel Observateur*, 9 août 2012.
7. Franck Gouéry et Jean-Baptiste Jeangène Vilmer, *Éthiopie, un naufrage totalitaire*, PUF, 2015.

l'empire du Milieu. Autant dire qu'il plonge d'emblée dans un bain bouillonnant de maoïsme radical. Au menu, maniement d'armes, tactiques insurrectionnelles et pensums doctrinaux infligés à des amphis cosmopolites de 800 stagiaires… Cette immersion aurait-elle précipité une irréversible conversion idéologique ? Pas si simple, objecte le journaliste Jean-Louis Peninou, qui fut témoin de l'embarras que suscitait chez l'intéressé l'évocation de cet épisode. À en croire l'ancien directeur général du quotidien *Libération*, l'allégeance chinoise d'Afeworki, « c'était largement du pipeau[8] ».

De fait, dès 1972, Pékin suspend son soutien – plus rhétorique que matériel au demeurant – pour se ranger aux côtés du Négus. Au géant communiste asiatique, l'Érythréen empruntera néanmoins le centralisme autoritaire, le caporalisme politique, les implacables séances d'autocritique et l'ultranationalisme ; en revanche, son adhésion au credo collectiviste n'aura qu'un temps. Il ira jusqu'à afficher, en 1991, sa foi libérale, puis à tenter – en vain –, une décennie plus tard, d'attirer sur ses terres l'aigle américain, résolu à se bâtir une aire militarisée au cœur de la Corne. De là à défier les héritiers du Grand Timonier, le vrai, l'unique… En 2005, lors d'une visite d'État en République populaire, le maître d'Asmara s'offre un pèlerinage à Nankin. « C'est bon de revenir chez soi », confie-t-il alors à ses hôtes, ravis.

Quatre décennies auparavant, l'encadrement du Front de libération, qui espérait des fonds et de l'armement *made in China*, n'avait pas masqué son dépit. Qu'importe,

8. *Libération*, 9 juillet 2015.

l'heure n'est pas aux griefs. En butte à une vaste offensive des forces d'Addis, les stratèges de la rébellion placent Afeworki le revenant à la tête de la division d'Asmara. Peine perdue. Ébranlé, miné par ses dissensions internes, le FLE implose. Issayas le chrétien, qui juge sa hiérarchie trop favorable à la communauté musulmane, se replie avec ses fidèles dans une vallée encaissée, au sud de la capitale, puis scelle avec deux autres factions dissidentes une alliance qui adoptera le nom de Front populaire de libération de l'Érythrée (FPLE). Retranché dans un refuge d'altitude, le franc-tireur moustachu, armé d'une vieille machine à écrire, rédige son manifeste, intitulé « Notre lutte et nos buts ». Son ambition ? Transcender les divergences ethniques et confessionnelles et forger une identité érythréenne affranchie du tribalisme et des influences de l'impérieux voisin du sud. Dessein louable, mais entravé à ce stade par les impératifs de la « double guerre civile », l'une livrée aux forces impériales, l'autre aux rivaux du FLE. Front contre front…

Dans ce duel fratricide, notre moine-soldat doit son ascendant à la discipline de fer qu'il impose à ses *tegadelti* (« combattants »), dont il étoffe si besoin les rangs au moyen de recrutements forcés. Chacun d'entre eux se doit de glisser dans son paquetage un *Manuel d'éducation politique générale* d'une cinquantaine de pages, qui régente la moindre facette du quotidien. Y compris la consommation de tabac, rationnée, les loisirs, la tenue, l'usage des contraceptifs et les épousailles, soumises à l'aval de la hiérarchie. Les relations sexuelles hors mariage ? Prohibées. Les nouveau-nés ? Pris en charge au sein d'une crèche collective, tandis que la maman rejoint son unité.

Au détour d'un film de propagande *vintage*, entrelardé de vignettes dactylographiées, on aperçoit l'ancien livreur de *sewa*, en version escogriffe, chèche à carreaux sur les épaules, asséner à un parterre d'insurgés en treillis sable un sermon marxisant ; à l'évidence, la volonté inflexible de ce chef instruit et polyglotte – il pratique l'anglais, l'arabe et le tigrinya, langue parlée en Érythrée et dans le nord de l'Éthiopie – lui confère une autorité indiscutée. Puis on découvre un commando embusqué, occupé à guetter l'approche d'une patrouille de l'armée ennemie. Suivent d'autres scènes de la vie maquisarde. Celui-ci pétrit la pâte à pain, celui-là répare une radio, tandis qu'un troisième laisse courir ses doigts sur les cordes d'une lyre. À en croire les rares récits d'époque, Issayas Afeworki peut revêtir, selon l'humeur du moment, deux costumes. Celui du gourou irascible d'une secte belliqueuse où l'humour n'aurait pas droit de cité, et celui du commandant valeureux et fraternel, enclin à partager la pitance de ses hommes et acquis à l'idéal égalitaire, au point d'abolir le salut aux supérieurs et le rituel du garde-à-vous[9]. La logomachie en vigueur est celle de l'extrême gauche laïque. Quant à la tactique militaire et au catéchisme révolutionnaire, ils s'inspirent de deux autres « fronts de libération », le FLN algérien et le FPLP palestinien. L'aide extérieure ? Elle vient pour l'essentiel de Chine, de la Syrie d'Hafez al-Assad, du Yémen et d'une poignée de régimes communistes.

9. Léonard Vincent, *Les Érythréens*, *op. cit.*

Une alliance contre nature

Pour les *tegadelti*, chaussés de sandales taillées dans des pneus et abreuvés de slogans exaltant l'autosuffisance, la conscientisation des masses et la synergie ouvriers-paysans, les lendemains ne chantent encore que *mezza voce*. Mais le vent tourne. Au fil des mois, la rébellion grignote les contreforts montagneux et conquiert le district de Nafka (Nord-Est). Une administration parallèle, dirigée par des chefs de brigade, régente les territoires « libérés », où fleurissent bientôt écoles et dispensaires. Sous la férule d'Afeworki, cette nation virtuelle se dote aussi d'un embryon d'armée, qu'équipent les tanks, les canons et la poignée de Mig pris à l'ennemi. Sur chacun de ses 37 secteurs règne un commandement tricéphale – un chef militaire, flanqué d'un commissaire politique et de son adjoint. Encore faut-il veiller à l'édification du peuple, mission dévolue à la troupe culturelle que toute unité du FLE se doit de monter, histoire de mettre en scène la geste héroïque des patriotes en armes. Au sommet de l'appareil, un politburo de treize membres dont la composition restera secrète jusqu'en 1994. Tout relève de cet organe exécutif omnipotent : les promotions et les disgrâces certes, mais aussi le sort des félons et des « déviants ». Tel Mussie Tesfamikael, l'un des trois conjurés de la première heure, liquidé en 1974 pour avoir osé dénoncer l'absence de débats au sein de l'appareil.

Cette année-là, la cible change de nom et de visage. Hailé Sélassié détrôné[10], haro sur son tombeur Mengistu,

10. À partir de février 1974, sur fond d'intenses troubles sociaux et de paralysie du pays – transports, industrie, administration, universités –, l'armée s'empare des leviers du pouvoir, tout en affirmant sa

qui s'échine à briser le *statu quo*. En février 1982, résolu à en finir avec les insoumis du Nord, celui-ci lance, avec le concours de ses alliés cubains, soviétiques, est-allemands et sud-yéménites, l'opération *Étoile rouge*, qui se solde par un échec. S'il contient l'« agression », Afeworki sent se lever sur le front intérieur un vent de fronde, rançon des travers totalitaires de sa gouvernance. Pour l'étouffer, il déclenche en 1986 une « croisade morale ». Sus aux ravages des « trois privilèges », à savoir l'alcool, le luxe et les femmes. Honneur au purisme du « leader authentiquement révolutionnaire, honnête, incorruptible et talentueux ». Lequel s'adjuge l'année suivante, à la faveur du deuxième congrès du FPLE, le secrétariat général du parti et renie le marxisme-léninisme.

Une autre apostasie se profile. En 1989, tandis que se fissure l'assise de Mengistu, Issayas pactise avec le Tigréen Meles Zenawi, patron du Front démocratique révolutionnaire du peuple éthiopien (FDRPE) et futur Premier ministre. Alliance de circonstance, dictée par la nécessité de déloger le « Négus rouge ». Le 21 mai 1991, à la tête de ses troupes, le maquisard quadragénaire entre en vainqueur dans Asmara. Ainsi s'achève une « guerre de Trente Ans » qui a coûté la vie à 300 000 combattants et civils. Deux ans plus tard, au lendemain d'un référendum joué d'avance, l'Érythrée nouvelle proclame son indépendance. Héros de la libération, Afeworki accède

---

loyauté envers Hailé Sélassié. Simple stratagème tactique : le Comité national militaire, ou Derg, d'obédience marxiste-léniniste, destitue le Premier ministre et déclenche une campagne de dénigrement contre le Négus, accusé d'indifférence quant au sort des déshérités et des régions accablées par la sécheresse et formellement destitué le 12 septembre de la même année.

au perchoir d'une Assemblée nationale qui lui confère aussitôt la dignité de chef de l'État, tout en gardant les rênes de l'état-major et celles du FPLE, parti unique rebaptisé l'année suivante, avec un sens aigu du paradoxe, Front populaire pour la démocratie et la justice (FPDJ). Quand on lui demande quand seront convoquées les premières élections nationales, sa réponse gicle en un adverbe : « Jamais ! » Et il tiendra parole, abolissant d'un trait de plume la présidentielle de 1997, puis enterrant sans fleurs ni couronnes la constitution ratifiée cette année-là. C'est à la même époque que se dissipe l'illusion de la concorde censée régner avec Zenawi. Rongé par les suspicions réciproques, le couple improbable que ce dernier forme avec le conquérant d'Asmara n'a cessé de se déliter ; d'autant que l'Éthiopien fait à peine mystère de son intention de maintenir sous tutelle l'allié du Nord. En 1996, Afeworki impute à son hôte le crash de l'avion qui le ramène d'Addis, et dont il sort indemne. Deux ans plus tard, une guerre dévastatrice, dont il sera question sous peu, éclate entre les associés d'hier.

Parvenu à ses fins, l'Érythréen revient de loin. En janvier 1993, quatre mois avant de cueillir les lauriers de l'indépendance, il réchappe *in extremis* à une crise aiguë de paludisme cérébral, mal contracté lors d'une tournée dans des régions infestées par la malaria. Plongé dans le coma, le futur président doit la vie aux médecins américains et israéliens d'une clinique de Shaba, près de Tel-Aviv, où il a été acheminé en urgence. Et où il recevra, une fois sorti d'affaire, la visite de Shimon Peres, alors ministre des Affaires étrangères de l'État hébreu. Lequel sera le premier à reconnaître l'Érythrée émancipée. Cet empressement l'atteste : le guérillero anglophone séduit, y compris en

Occident, où l'on tend à le dépeindre en crypto-maoïste repenti, voire en social-démocrate abrupt mais pragmatique. Avec une candeur confondante, l'administration américaine accroche son portrait dans la galerie des *new leaders* et des « dirigeants de la renaissance africaine ». À Washington, Bill Clinton l'adoube ; et à Paris, Bernard Kouchner plaide la cause de « [son] ami Issayas ».

Mortels « moustiques »

Certes, la patrie naissante, souveraine mais exsangue, anémiée par un exode massif, se range d'emblée parmi les pays les plus pauvres du globe. L'espérance de vie n'y excède pas 46 ans, elle ne détient ni pétrole ni gaz, et les terres cultivables ne couvrent qu'un dixième de sa superficie. Pour autant, avec ses 350 îles, ses 1 150 kilomètres de côtes et ses gisements de potasse, Asmara ne manque pas d'atouts. Le constat vaut sur le front économique : point de dette extérieure, guère d'inflation, une croissance portée par l'afflux d'investissements étrangers, notamment dans le secteur du BTP, et des services sociaux plus ou moins fonctionnels. On voit ainsi fleurir hôtels, routes, ports, écoles et centres de santé, éclosion que favorisent le desserrement du carcan administratif et fiscal comme l'allégement, au profit des règles du marché, de l'emprise étatique. Ce qui vaut à Asmara les satisfecit de la Banque mondiale et du Fonds monétaire international (FMI). Reste que la richesse la plus inestimable de l'Érythrée, hâtivement propulsée au rang de « futur Singapour de l'Afrique de l'Est », est d'ordre géostratégique : son statut de mirador avec vue imprenable sur le détroit de Bab el-Mandeb, cette passe maritime qui, aux confins de la mer Rouge et de l'océan Indien, voit transiter près de 20 % du pétrole mondial.

Si relative et trompeuse soit-elle, l'embellie perdure jusqu'en 1996. Au-delà, le vernis craque et le régime dévoile sa vraie nature, de purges en procès staliniens, de rafles en séances de tortures, d'exécutions nocturnes en liquidations ciblées d'opposants exilés, traqués jusqu'à Londres et New York, sinon en terre d'Afrique, au détour des allées de tel camp de réfugiés. Fer de lance de l'appareil sécuritaire et répressif, le corps des *Halewa Sewra*, ou « Gardiens de la Révolution », dénomination bizarrement empruntée au lexique de la République islamique iranienne. À l'échelon local, un dense réseau de « moustiques », nom donné aux mouchards et autres indics, guette le moindre accès d'insoumission.

Dès l'enfance, on apprend à marcher droit, et au pas. À compter de l'âge de 6 ans, nul ne peut quitter le pays sans un sauf-conduit des autorités. Lycéennes et lycéens bouclent leur cycle secondaire sur l'ex-base militaire de Sawa, symbole d'un système éducatif dévoyé. L'ordinaire, fait de thé et de légumes bouillis, y est ascétique ; le rire en est banni. Quiconque tente de se soustraire aux séances d'entraînement – tir, marche forcée et chants martiaux – ou d'endoctrinement s'expose à de cuisantes punitions, et il arrive que le cadavre de l'insoumis soit exposé à la vue de tous. Quant aux jeunes femmes, elles risquent à chaque instant de tomber entre les griffes de prédateurs sexuels. La terreur qu'inspire cette épreuve est telle que certains élèves « décrochent » volontairement ou s'échinent à redoubler, dans l'espoir de différer l'échéance. Ceux qui s'y soumettent reçoivent le moment venu une affectation dictée par les seuls besoins de l'État à l'instant T.

Pour l'équivalent de 27 euros mensuels, il leur faut trimer en qualité de serveur, de prof, de comptable ou de cantonnier, le plus souvent au profit de la Red Sea Corporation, société contrôlée par le parti et qui détient le monopole des importations[11].

Depuis 1996, le régime impose chaque année à 400000 jeunes un mode de conscription inédit : le service national à durée indéterminée. On sait à peu près quand il commence, jamais quand sonne l'heure de la quille. Mieux, ou pis, tout adulte demeure mobilisable sans préavis entre 18 et 50 ans. Au demeurant, l'Érythréen « libéré » de ses obligations n'est nullement maître de son destin. Il ne choisit ni sa filière de formation, ni sa future profession. Son inscription dans l'un des instituts d'enseignement supérieur du pays relève du seul arbitraire de l'État. L'université d'Asmara ? Elle a été fermée en 2007 puis ressuscitée sous la forme d'un ersatz dont le chancelier n'est autre qu'Afeworki soi-même… L'étudiant prometteur peut ainsi se voir affecté dans l'une des sociétés du Hidri Trust Fund, conglomérat contrôlé par le Frère-Président et ses hommes liges. Dès lors, comment s'étonner que la relève cherche le salut dans l'exil ? Depuis 2004, un million d'Érythréens, soit près du cinquième de la population, auraient ainsi déserté la terre natale, prison à ciel ouvert. Bravant au passage les no man's lands minés, les tirs à vue des gardes-frontières, la vénalité et la cruauté des passeurs, la suffocante aridité du désert soudanais comme du Sinaï égyptien et les pièges de la Méditerranée, vaste cimetière marin. En 2016, environ 12 % des réfugiés parvenus en Italie venaient d'Érythrée…

11. *La Croix*, 2 avril 2016.

Le traitement réservé aux expatriés suffit à éclairer l'impasse dans laquelle le système Afeworki s'est engouffré. On méprise les renégats, mais on a tant besoin de devises fortes qu'il faut bien tolérer leur retour, quitte à éliminer en temps opportun les moins dociles. En 2015, soucieux d'enrayer l'hémorragie de bras et de cerveaux, le pouvoir ira jusqu'à promettre d'absoudre les réfractaires disposés à signer une lettre d'excuses. Procédé trop grossier pour abuser qui que ce soit. Étroitement surveillés par des agents infiltrés, les Érythréens de la diaspora sont censés céder 2 % de leurs revenus. Prélèvement analogue à celui opéré sur les transferts d'argent au profit des familles restées au pays. Mieux vaut, pour éviter les représailles, adhérer au parti et suivre ses consignes. Voilà quelques années, les exilés établis en Arabie saoudite furent ainsi fermement invités à signer la pétition exigeant la levée de sanctions onusiennes, sous peine d'exposer leurs parents « consignés » au pays à des brimades punitives. Pour acheter un téléphone portable et souscrire un forfait, chaque citoyen doit obtenir au préalable une autorisation administrative. Et il lui est en théorie interdit d'expédier un texto hors frontières.

Issayas l'enragé

Bien loin des rigueurs monacales du maquis, les égarements du tyran d'Asmara reflètent cette dérive. « Une brute alcoolisée et paranoïaque », avance Léonard Vincent, fin connaisseur de la scène érythréenne. À jeun, le « Pharaon » – ainsi le surnomme-t-on jusque dans les rangs du parti – se montre affable, sinon blagueur, et aime à ranimer les sagas ancestrales qui bercèrent son enfance. Mais la nuit venue, il arrive que ses escapades arrosées virent à la rixe[12]. À en croire les anecdotes que distillent – c'est bien le moins – nombre d'opposants en exil, l'homme a le bourbon mauvais ; au point de cogner les subordonnés qui lui résistent ou le déçoivent et d'avoir paraît-il séjourné au Qatar pour y soigner un foie mal en point. « Ne faites jamais confiance à Issayas, lâche un jour son cadet Amanuel, un rustaud connu pour voguer entre campus et cafés. Enfant déjà, il prétendait commander ses frères et sœurs et piquait des colères terribles si on ne cédait pas. » Fatalité ou châtiment ? Le frangin aurait péri noyé dans la mer Rouge au milieu de la décennie 1990. En 2008, en marge d'un dîner officiel, Afeworki apostrophe un de ses conseillers, sommé d'expliquer pourquoi les plants de tomates cerises offerts à son épouse ne produisent que des fruits de taille modeste. Lui objecte-t-on que c'est le propre de cette variété ? Il entre dans une fureur noire qui laisse pantois les témoins de la scène, gardes du corps compris. Au gré de télégrammes dont le contenu fut révélé par le réseau WikiLeaks, Ronald McMullen, ambassadeur des États-Unis à Asmara de 2007 à 2010, brosse le portrait d'un dictateur narcissique, sujet à de brusques accès de rage. Selon le diplomate, Afeworki a gardé ses réflexes de « dirigeant d'une guérilla révolutionnaire » et persiste à « idolâtrer Mao ».

Dans la sphère publique, l'autocrate cultive sa légende de fils du peuple guidé par ce triple précepte : austérité, simplicité, normalité. Il fut un temps où les clients du marché couvert d'Asmara pouvaient le croiser au détour d'un étal. La première dame, une ex-maquisarde

12. *Le Nouvel Observateur*, 9 août 2012.

prénommée Saba, paraît de temps à autre à ses côtés. Quant aux trois enfants du couple, deux garçons et une fille, ils suivent des cursus pour le moins contrastés. Abraham, l'aîné, ingénieur aéronautique de formation, a exercé des fonctions administratives au sein de l'Eritrean Air Force, avant que son géniteur ne l'appelle à ses côtés en qualité de conseiller spécial sur les enjeux stratégiques[13]. Songerait-il à lui confier sa succession ? Le scénario dynastique semble d'autant moins fantaisiste que le fils premier-né se glisse dans son sillage lors de sorties solennelles, telle la cérémonie de signature, le 16 septembre 2018 à Djeddah (Arabie saoudite), de l'accord de paix scellé par Asmara et Addis-Abeba ; accord dont il superviserait, côté érythréen, la très laborieuse mise en œuvre. Elsa, de cinq ans sa cadette, aperçue jadis lors d'un défilé militaire, fusil automatique à l'épaule, a rallié pour sa part dès son retour à la vie civile la rédaction de la chaîne Eri-TV, vecteur n° 1 de la propagande officielle. Reste le mouton noir de la fratrie, prénommé Berhane. À en croire une source diplomatique, ce benjamin en rupture de ban aurait été arrêté en 2015 alors qu'il tentait de fuir le pays...

Conformément à l'image pieuse véhiculée, le Frère-Président a longtemps circulé seul au volant de sa modeste Toyota Corolla, avant de céder aux attraits de modèles plus prisés. Au gré de ses interviews, il revendique volontiers le titre de « chef d'État le moins payé au monde » ou évoque sa passion pour les cultures expérimentales de céréales, la sculpture sur bois et le travail du métal,

13. *Africa Intelligence*, 28 septembre 2018.

fer à souder en main[14]. À moins que ce fan des Gunners d'Arsenal ne disserte sur les aléas du football anglais.

Pour tout reporter de passage, l'entretien avec Son Excellence constitue une expérience déroutante, tantôt exotique, tantôt angoissante. Il y a chez lui un mélange de grandiloquence et de mépris à peine dissimulé pour les médias, note l'universitaire et essayiste sud-africain Martin Plaut, qui a pratiqué le personnage dès l'époque du maquis[15]. Les mauvais jours, Afeworki peut se pointer au palais – l'ancienne résidence du gouverneur italien – avec plusieurs heures de retard et, pour peu qu'une question l'irrite, traiter son interlocuteur de « laquais de la CIA ». En 2009, il cueille ainsi à froid un confrère venu de Stockholm : « La Suède, qui n'est pas une démocratie, n'a aucun intérêt. Les Érythréens sont plus libres que vos compatriotes. Quant à notre système politique et économique, il est le meilleur au monde[16]. »

Le plus souvent, cet hôte atrabilaire se borne pourtant à aligner, en pilotage automatique, raccourcis péremptoires et dénis acerbes, dont il est aisé de dresser l'inventaire. L'aide alimentaire internationale ? Un « déjeuner gratuit », dont le peuple, sommé de vanter les vertus de l'autarcie, peut fort bien se passer. Encore faudrait-il solliciter l'avis de celles et ceux dont le quotidien est assombri par les pénuries d'essence, les coupures d'électricité, le rationnement des denrées alimentaires de base, la perpétuelle flambée des prix et la faim. Selon l'Unicef, l'agence onusienne

14. *Le Nouvel Observateur*, 9 août 2012.

15. Martin Plaut, *Understanding Eritrea : Inside Africa's Most Repressive State*, Oxford University Press, 2016.

16. Reuters, 21 octobre 2009.

vouée à l'enfance, le quart de la population, relégué sous le seuil de pauvreté, souffre de malnutrition. En 2018, l'Érythrée pointait au 179e rang – sur 189 – du palmarès de l'indice du développement humain calculé par les experts des Nations unies. Question suivante. Les prisonniers politiques ? Une fiction malveillante. Des alliés ? À quoi bon ? En avoir est un signe de faiblesse. Le soutien fourni aux insurgés islamistes *shebab* de Somalie[17] ? Il n'en existe aucune preuve. Des élections libres ? Pas avant quatre ou cinq décennies ; d'ailleurs, martèle le maître de céans, je suis aux commandes pour une quarantaine d'années au moins.

L'aplomb du soldat de plomb

Dans le genre, l'échange publié dans *Le Monde* au printemps 2008 fait figure de modèle. On y apprend que les États-Unis sont la cause de tous les maux dans la Corne de l'Afrique et au-delà, que l'exode d'une jeunesse avide de fuir les affres de la conscription à durée indéfinie n'est qu'une fable et que les journalistes embastillés ne sont pas des journalistes. Pourquoi ne pas les traduire en justice ?, s'enquiert alors Jean-Pierre Tuquoi, l'envoyé spécial du

17. Le *Harakat al-Shabab al-Moudjahidin* (Mouvement des jeunes combattants) est un groupe terroriste islamiste d'inspiration salafiste créé en 2006 en riposte à l'incursion de l'armée éthiopienne en Somalie. Aux prises avec les 20 000 hommes de l'Amisom, la force de l'Union africaine, les *shebab*, affiliés à la nébuleuse al-Qaida, ont été chassés à partir de 2011 de la capitale Mogadiscio et de leurs bastions portuaires. Cette puissante milice contrôlait encore néanmoins en mars 2021 de vastes territoires ruraux, d'où elle lance des opérations de guérilla et des attentats-suicides extrêmement meurtriers.

quotidien. « Nous avons d'autres priorités et n'avons de leçon à recevoir de personne. » Quant à l'évocation d'une hypothétique démocratisation, elle vaut au visiteur ce rappel au règlement : « Nous sommes en Afrique et le pluralisme politique, la liberté de la presse ne se posent pas dans les mêmes termes que chez vous[18]. » Sur ce registre, son répertoire semble inépuisable : « Ceux qui espèrent l'avènement chez nous d'une démocratie multipartite, lâche-t-il en février 2014 sur Eri-TV, peuvent aller sur la lune. » Douze ans après, Tuquoi garde de son tête-à-tête un souvenir précis. « Le président m'a reçu dans une immense salle quasiment vide, raconte-t-il. Une grande table, deux chaises, deux caméras et rien d'autre. Il m'a infligé en anglais d'interminables tirades. De la pure langue de bois anti-impérialiste. L'exercice, qui sera d'ailleurs diffusé intégralement à la télévision le soir même, a duré plus de deux heures et j'ai eu toutes les peines du monde à y mettre un terme. On aurait pu y passer la nuit[19]. » Grand reporter au *Figaro*, Pierre Prier avait quant à lui eu droit, dès 1996, à un présent révélateur des marottes de son hôte : la déclinaison asiatique d'un best-seller de l'essayiste américain John Naisbitt intitulé *Megatrends, Ten New Directions Transforming Our Lives* (Warner Books, 1982). « C'était alors son livre de chevet, précise Prier. À l'évidence fasciné par l'avenir radieux de Singapour et autres "tigres" d'Asie, Afeworki l'avait brandi à la fin de notre entretien et me l'avait dédicacé[20]. »

---

18. *Le Monde*, 25 mai 2008.
19. Entretien avec l'auteur, 7 mai 2019.
20. Entretien avec l'auteur, 7 octobre 2020.

Pour étouffer les foyers de contestation et raviver la flamme patriotique, le Pharaon souffle sur toutes les braises, quitte à s'inventer de nouveaux ennemis. Témoin le conflit éclair déclenché en décembre 1995 contre le Yémen pour le contrôle d'une île stratégique de la mer Rouge[21] et, treize ans plus tard, l'accrochage frontalier meurtrier qui l'oppose à Djibouti[22]. Simples péripéties au regard de l'antagonisme avec le grand voisin éthiopien. Le 14 mai 1998, l'occupation par les forces érythréennes du village disputé de Badmé déclenche une guerre inepte et ruineuse, fatale à plusieurs dizaines de milliers de soldats et de civils. Vingt-cinq mois durant, on s'entretue pour une poignée de hameaux et quelques arpents de caillasse. « Deux chauves qui se battent pour un peigne », soupire-t-on dans les chancelleries. Certes, l'accord de cessation des hostilités signé à Alger en juin 2000, alors que l'armée d'Addis campe dans les faubourgs d'Asmara, met fin au carnage. Mais il ne solde en rien le vieux et lourd contentieux bilatéral. Publié en 2011, le rapport d'un groupe d'experts de l'ONU détaille l'ambitieux dispositif – livraisons d'armes, entraînement, financement, renseignement – déployé par l'Érythrée pour fragiliser l'ancien royaume de la reine de Saba. Le cas d'école le plus éloquent ? L'appui, déjà évoqué, aux *shebab* somaliens que combat, sous l'étendard de l'Union africaine (UA),

---

21. *Libération*, 21 décembre 1995.

22. Survenu en juin 2008, le conflit porte sur le statut du cap Douméra, position littorale djiboutienne que revendique l'Érythrée, objet de tensions récurrentes. Le Conseil de sécurité des Nations unies adopte des sanctions contre Asmara en janvier 2009, soit dix-huit mois avant le déploiement sur place d'une force d'interposition qatarie.

un contingent éthiopien. La même année, les enquêteurs onusiens accusent Asmara d'avoir, en vain au demeurant, « conçu, préparé, organisé et dirigé une tentative de sabotage » d'un sommet de l'UA convoqué à Addis-Abeba, siège de l'instance panafricaine, « au moyen d'attentats à la bombe contre un certain nombre d'objectifs civils et gouvernementaux ».

Longtemps résolu à saper l'Éthiopie, géant fédéral aux prises avec maintes pulsions irrédentistes, le camarade Issayas épaule aussi la plupart des factions rebelles qui, de l'Ogaden au Tigré, *via* l'Oromia, défient les autorités d'Addis. Ses démentis hargneux ne trompent personne : le dossier d'accusation s'avère suffisamment étayé pour que le Conseil de sécurité des Nations unies inflige au clan Afeworki des sanctions qui ne seront levées qu'en novembre 2018, à l'heure de l'ébauche de rapprochement des deux belligérants.

Troublantes indulgences

Négligé par la Chine populaire, oublié par la Russie et les vestiges du bloc soviétique, snobé par la plupart des pouvoirs nationalistes arabes, le Pharaon n'en finit plus de se claquemurer dans sa tour d'ivoire. Tout juste peut-il compter sur l'active bienveillance de Cuba et de l'Iran des mollahs, cet allié à qui, relève Léonard Vincent, « il a offert une porte d'entrée en Afrique », mais aussi sur la candeur de la vieille Europe. Pour preuve l'accueil chaleureux que lui réserve en mai 2007 à Bruxelles le truculent Louis Michel, alors commissaire au Développement et à l'Aide humanitaire. Deux ans plus tard, l'ancien ministre belge des Affaires étrangères, appâté par la promesse de la libération imminente du journaliste érythréo-suédois Dawit Isaak, embastillé depuis 2001 et jamais jugé, se rend à Asmara où l'attend une humiliante déconvenue : il n'obtient même pas le droit de rendre visite au détenu, qui ne sera nullement élargi et se morfondait toujours dans sa cellule en janvier 2021[23]. Soit trois mois après que la section suédoise de Reporters sans Frontières (RSF) eut porté plainte contre Afeworki et six de ses sbires. Qu'à cela ne tienne : au fil des ans, Afeworki parvient non sans habileté à se défaire de ses oripeaux de paria. Comme on le verra, deux facteurs géopolitiques lui facilitent la tâche : la réconciliation amorcée avec Addis et ses offres de médiation sur le dossier de l'accès aux eaux du Nil, aigre pomme de discorde entre l'Éthiopie et l'Égypte du maréchal-président Abdelfattah al-Sissi, parrain empressé – quoi de plus naturel ? – du Pharaon d'Asmara, dont le pays siège depuis 2003 en qualité d'observateur au sein de la Ligue arabe. Le Caire, il est vrai, a tout intérêt à choyer son improbable Monsieur Bons Offices : ses stratèges rêvent d'établir une tête de pont sur l'une des îles érythréennes de la mer Rouge. Quant au Frère-Président, pourvu d'un ego démesuré, il se sent trop à l'étroit dans sa petite patrie pour ne pas prétendre exercer une forme de magistère régional.

Après avoir menacé, sous George W. Bush, d'inscrire l'Érythrée sur la liste des « États soutenant le terrorisme », l'administration américaine, consciente de la valeur stratégique de la Corne, tend elle aussi à ménager un acteur prompt à emboucher la trompette du combat contre le djihadisme et qui, de plus, aura eu la sagesse de rallier la coalition forgée, sur le front yéménite, contre les rebelles

23. *The Guardian*, 13 décembre 2016.

pro-iraniens houthis[24]. Laborieusement emmenée par le royaume saoudien, cette alliance compte d'ailleurs, parmi ses points d'appui, l'emprise militaire dont les Émirats arabes unis disposent depuis 2015 dans le port érythréen d'Assab. Les enjeux miniers stimulent aussi la propension de l'Occident à la mansuétude. Plusieurs sociétés canadiennes et australiennes ont investi dans divers gisements de potasse, de zinc, d'or et d'argent.

Il manque à ce tableau la figure récurrente de l'idiot – ou de l'idiote – utile. La voici : directrice adjointe de l'Africa Center de l'Atlantic Council, célèbre *think tank* américain, Bronwyn Bruton se fend en juin 2016 dans les colonnes du *New York Times* d'une tribune flétrissant les outrances supposées d'un rapport onusien fraîchement paru. À la lire, il est absurde de reléguer l'Érythrée au rang de « Corée du Nord d'Afrique ». On y capte télévisions satellitaires et radios étrangères. En dépit de la lenteur du débit, l'Internet y est accessible. L'État y prodigue une éducation et des soins de qualité et la corruption n'y aurait pas droit de cité. Quant aux exactions relatées – en l'occurrence, les violences sexuelles perpétrées par

24. Issus d'une tribu qui s'estime marginalisée depuis la réunification des deux Yémen (1990), les Houthis, de confession zaïdite – branche dissidente du chiisme –, ont intensifié leur lutte contre le pouvoir central en 2004. Dix ans plus tard, l'aile militaire de la mouvance déclenche une insurrection et parvient à s'emparer de la capitale Sanaa. Soutenus par l'Iran, les rebelles sont combattus par une coalition que dirige l'Arabie saoudite. Laquelle ne parvient pas à les neutraliser en dépit des moyens colossaux engagés et de campagnes de bombardements parfois aveugles. À la clé, plus de 100 000 morts depuis 2015, dont au moins 12 000 civils, et la « pire crise humanitaire en cours de la planète », *dixit* l'ONU.

des militaires –, elles seraient anecdotiques, et non systémiques[25]. À se demander si l'intéressée a pris la peine de parcourir le document de 500 pages rédigé l'année précédente par les enquêteurs des Nations unies. « Notre commission, écrivaient alors ceux-ci, a de bonnes raisons de croire que des crimes contre l'humanité tels que l'esclavage, l'emprisonnement, la disparition forcée, la torture, la persécution, le viol, le meurtre et d'autres actes inhumains ont été commis en Érythrée depuis 1991[26]. » Les auteurs, qui recommandent la saisie de la procureure de la Cour pénale internationale de La Haye, dénoncent le « contrôle omniprésent utilisé avec un arbitraire absolu pour maintenir la population dans un état d'anxiété permanent ». « Ce n'est pas la loi qui régit la vie des Érythréens, lit-on plus loin, c'est la peur. » En guise de riposte, Asmara se borne à fustiger « une agression et une farce politique cynique » dirigées contre « un peuple et une société civilisés qui chérissent les humanistes et la dignité »[27].

On l'aura compris : dans l'enclave de Sa Majesté Issayas Ier, la mission de diplomate n'a rien d'une sinécure. « Notre président larguait une charge explosive sous nos yeux, et c'était à nous d'éteindre l'incendie », témoigne Petros Salomon, titulaire des portefeuilles de la Défense puis des Affaires étrangères entre 1994 et 1997[28]. Ce maquisard émérite, héros de la lutte de libération et ancien patron du renseignement militaire, incarne le processus

25. *The New York Times*, 23 juin 2016.

26. *Le Monde*, 10 juin 2016.

27. *The Washington Post*, 12 juin 2016.

28. Cité par le chercheur Dan Connell, in *Erythrée, un naufrage totalitaire*, *op. cit.*

de liquidation des complices d'antan gagnés par le doute. En dépit – ou à cause ? – de son pedigree, il sera lui aussi pris dans la rafle de 2001, année charnière de la fuite en avant totalitaire du Pharaon.

Tout commence lorsqu'une douzaine d'intellectuels érythréens, réunis en Allemagne, rédigent et diffusent sur la Toile un cahier de doléances connu sous le nom de « Manifeste de Berlin ». Bientôt, quinze notables réformistes du parti unique, généraux, anciens ministres et hauts fonctionnaires, leur emboîtent le pas, au point de rendre publique en mai une lettre ouverte dénonçant la dérive dictatoriale « illégale » et « inconstitutionnelle » du pouvoir, réquisitoire relayé par divers médias, dont le journal *Setit*. Pour Afeworki, le coup est d'autant plus rude que figurent parmi ses procureurs du G-15 d'éminents compagnons des temps héroïques. À commencer par Mahmoud Ahmed Sherifo, hier assez loyal pour s'être vu confier l'intérim lors d'une convalescence du chef, Mesfin Hagos, l'un des cofondateurs du FPLE, ou son vieux compère « Durue ». La riposte sera à la hauteur de l'affront.

Sus aux « traîtres » !

Le 18 septembre 2001, alors que l'opinion mondiale, tétanisée, contemple encore les ruines fumantes des tours jumelles de New York, onze des « conjurés » sont arrêtés et entassés dans un cachot du « commissariat n° 1 » d'Asmara[29]. Suivra une seconde chasse à l'homme. En ligne de

29. Quatre des signataires échappent à la rafle : les trois qui séjournent alors à l'étranger et celui qui, au prix du reniement, a fait acte de contrition.

mire cette fois, les directeurs de journaux coupables d'avoir publié le brûlot ou de s'y être associés. L'ambassadeur d'Italie ose protester par lettre contre cette atteinte à la liberté de la presse ? Il est aussitôt expulsé[30].

Au printemps 2002, on perd la trace des captifs. Sans doute ont-ils été transférés vers une prison isolée, sur la route de Massaoua, avant d'échouer dans le pénitencier secret d'Eiraeiro, bagne surgi *ex nihilo* au cœur d'une région aride piquée de cactus et de caféiers[31]. Selon les témoignages recueillis par Léonard Vincent, chacun des détenus, désigné par un numéro et menotté jour et nuit, végète dans le silence absolu d'une cellule éclairée vingt-quatre heures sur vingt-quatre. Il a droit, en guise de repas quotidien, à six morceaux de pain et à un bol de bouillon de lentilles, d'épinards ou de pommes de terre. Une certitude : neuf des onze proscrits périssent dans les mois qui suivent leur escamotage. Parmi eux, le vieux général Ogbe Abraha, vétéran du FPLE, qui se tranche la gorge avec l'éclat d'un miroir brisé, et Fessehaye Johannes, dit « Joshua », lequel se serait suicidé par pendaison. Personnage attachant que cet ancien officier de la guérilla, tout à la fois journaliste, poète, dramaturge, conteur et fondateur d'un théâtre ambulant, le Circus Eritrea[32]. Un autre acteur, méprisable celui-là, aura joué un rôle discret mais crucial dans la purge de 2001 : Naizghi Kiflu, qui fut le ministre de l'Information et l'éminence grise du Pharaon. L'épilogue

30. *The Guardian*, 13 décembre 2016. Au palmarès des « prédateurs de la liberté de la presse », établi chaque année par l'ONG Reporters sans Frontières (RSF), Issayas Afeworki campe à la première place.

31. *Le Nouvel Observateur*, 9 août 2012.

32. Léonard Vincent, *Les Érythréens*, *op. cit.*

de son parcours illustre s'il en était besoin la précarité de toute carrière sous un régime paranoïaque. Pressenti pour la fonction d'ambassadeur d'Érythrée au Royaume-Uni – qu'il n'exercera jamais –, le fidèle conseiller s'installe en 2005 à Londres, dans une coquette maison du quartier de Haringey, et y soigne en toute quiétude une affection rénale. Sept ans plus tard, lorsque son mal le terrasse, Afeworki refuse que sa dépouille soit rapatriée pour être inhumée au pays. Pourquoi ? Mystère[33].

Deux décennies après la rafle, les « disparus du 18 septembre 2001 », morts ou vifs, hantaient encore les jours et les nuits des francs-tireurs de la dissidence. Parmi eux, le journaliste Ahmed Raji, qui, en son exil new-yorkais, orchestre la confection d'un « mémorial en ligne » d'une cinquantaine de pages, publié en août 2020 sur le site de *Setit*. Des noms, de vieilles photos d'identité, quelques brèves notices biographiques, la date approximative de l'arrestation de l'un, le lieu de détention supposé de l'autre, comme autant d'antidotes à l'amnésie décrétée en haut lieu. « Se souvenir, lit-on sur l'écran d'accueil, est un acte de défiance. »

Le goulag d'Eiraeiro et ses oubliettes ne sont que les « joyaux » de l'enfer carcéral érythréen. Citons les commissariats 1 et 2 d'Asmara, l'ancien garage Agip, en plein centre-ville, la prison de Karchele, les hangars d'Abi Abeito ou le centre de torture insulaire de Dahlak Kebir. Cellules aveugles ou souterraines, chaleur suffocante le jour, froid glacial la nuit, silence obsédant, isolement total : tel est le lot commun des réprouvés. La chanteuse de

33. Reporters sans Frontières a consacré en mai 2008 un rapport à la trajectoire de Naizghi Kiflu, consultable sur www.rsf.org.

gospel Helen Berhane croupira ainsi trente mois durant dans un conteneur métallique fétide et bondé[34]. Les supplices endurés semblent tout droit sortis d'un manuel de sadisme médiéval. Le bourreau adepte de l'« hélicoptère » suspend sa proie à un arbre, pieds et mains attachés derrière le dos sous le cagnard. D'autres tortionnaires préfèrent enduire de lait et de sucre le corps du détenu entravé, livré aux insectes. « Les droits de l'homme, concède le ministre des Affaires étrangères Omar Saleh au printemps 2016, ne sont pas notre priorité », à l'heure où « le pays doit faire face au fanatisme, au terrorisme et à la piraterie maritime »[35]. Dévoilée par WikiLeaks, une note de l'ambassade des États-Unis livre en peu de mots un diagnostic laconique à la fin des années 2000. « Les jeunes Érythréens, lit-on, fuient le pays en masse, l'économie semble engagée dans une spirale mortelle, les prisons débordent et le dictateur dérangé demeure cruel et provocateur. Le régime d'Issayas excelle dans le contrôle de presque tous les aspects de la société. »

Nul doute qu'il y a excellé. Mais ses stratèges perdent la main. En août 2009, un lieutenant, vétéran de l'École des cadres du FPLE, suspendu quelques mois auparavant pour propos subversifs, se poste sur le bas-côté de la route qui relie Massaoua à la capitale et ouvre le feu au passage du convoi du Frère-Président. Lui manque sa cible, mais les anges gardiens d'Afeworki ne le loupent pas. S'il échoue, l'attentat dope la parano ambiante. Sombre année pour l'ermite d'Asmara. En décembre, la quasi-totalité de l'équipe nationale de football profite d'un tournoi régional

---

34. Emmanuelle Raimondi, *Profession dictateur*, L'Archipel, 2019.
35. *Jeune Afrique*, 2 juin 2016.

pour demander l'asile politique au Kenya, dupliquant ainsi le scénario inauguré dès 2007 en Angola par six de leurs aînés. Le stratagème resservira : quatorze « footeux » rebelles font défection en Ouganda en 2012, une dizaine les imitent au Botswana en 2015, soit quatre ans avant que cinq nouvelles stars du ballon rond ne trouvent refuge à leur tour chez l'hôte ougandais. La hantise de la fugue parasite aussi quelque peu les prouesses des coureurs cyclistes érythréens, pourtant traités avec les égards que l'on prodigue d'ordinaire aux ambassadeurs plénipotentiaires, sinon aux héros nationaux. Afeworki honore ainsi volontiers les idoles d'un sport légué par l'occupant italien puis proscrit jusqu'à l'indépendance. D'où viennent les deux premiers forçats de la route africains alignés en 2015 au départ d'un Tour de France ? D'Asmara. Pour avoir porté un temps le maillot à pois du meilleur grimpeur, l'un d'eux, Daniel Teklehaimanot, sera d'ailleurs gratifié d'un appartement, cadeau de Son Excellence. Si les pros de la petite reine ont droit à un traitement de faveur, le pouvoir n'octroie que chichement l'indispensable visa de sortie aux amateurs désireux de concourir à l'étranger, tant il redoute les désertions. Non sans raison : sélectionné en 2013 pour les Championnats du monde espoirs de Florence, un certain Awet Andemeskel s'offre une échappée en solitaire qui le conduit des rives de l'Arno à celles de la Baltique, la mer qui baigne le flanc est de son pays d'élection, la Suède[36].

---

36. *L'Équipe*, 22 juillet 2020. Le quotidien sportif a consacré à cette époque une série aux « vélocrates », ces despotes enclins à exploiter à leur profit la passion qu'inspire le sport cycliste.

Fêlures et fractures

Les rats quitteraient-ils le navire ? D'autres « trahisons », plus alarmantes, ébranlent le capitaine. Telle celle, en novembre 2012, de son très zélé ministre de l'Information Ali Abdu Ahmed. S'il obtient l'asile politique en Australie, l'ex-dignitaire paye au prix fort sa défection : aucune nouvelle depuis lors de son père, de son frère et de sa fille Ciham, native de Los Angeles et détentrice de la citoyenneté américaine, interceptés à la frontière soudanaise. Le phénomène n'épargne pas l'appareil militaire. En avril 2013, une capitaine de l'armée de l'air fausse ainsi compagnie à ses chaperons en Arabie saoudite, où elle avait été dépêchée pour rapatrier le jet présidentiel aux commandes duquel deux pilotes s'étaient éclipsés quelques mois auparavant. Et il arrive – suprême infamie – que des gradés fuient chez l'ennemi éthiopien, à l'instar de deux officiers échappés à l'automne 2016 à bord d'un avion d'entraînement. Pourtant exposée à de fréquentes disgrâces, la haute hiérarchie elle-même se rebiffe. Après une altercation avec plusieurs généraux, las d'envoyer au casse-pipe des conscrits mal nourris et piètrement équipés, le Pharaon disparaît près d'un mois des écrans radar, avant d'être acheminé en urgence dans un hôpital saoudien pour y soigner un accès de diabète, puis de réapparaître à la télévision, blême et le souffle court[37]. Le 21 janvier 2013, nouveau coup de semonce. Une centaine de jeunes officiers et de soldats s'emparent brièvement du Forto, le bâtiment qui abrite notamment la télévision d'État. À entendre le bref communiqué dont

37. *Le Nouvel Observateur*, 9 août 2012.

ils donnent lecture sur les ondes, les mutins n'exigent pas le départ d'Issayas Afeworki, mais réclament l'application de la constitution mort-née de 1997 et la libération des opposants détenus[38]. Putsch avorté ou montage ? Chez les vieux routiers des intrigues érythréennes, les lectures divergent. Certains attribuent la paternité de l'assaut à des vétérans galonnés hostiles à la distribution d'armes à des milices civiles, ordonnée à leur insu ; d'autres penchent pour une mascarade appelée à justifier les épurations à venir[39].

Quoique assourdi, l'écho de tels soubresauts franchit les frontières du pays-caserne. Amnesty International estime à l'époque à 10000 l'effectif total des prisonniers de conscience, déserteurs et réfractaires compris, incarcérés au fil des deux décennies écoulées au hasard des 300 centres de détention répertoriés. Quant à l'International Crisis Group, il assimile l'Érythrée à un *one-man state*. L'État d'un seul homme. Et, chaque jour davantage, celui d'un homme seul[40]. À en croire la rumeur, Issayas, pourvu qu'il dorme, dort rarement deux nuits de suite au même endroit. Il tend à bouder le palais d'Asmara, lui préférant la résidence panoramique bâtie un peu à l'écart de la capitale, sa villa nichée dans un quartier ultra-sécurisé de Massaoua, sur la mer Rouge, voire la base navale militaire de Gedem. À table, le Frère-Président, hanté par le spectre de l'empoisonnement, a dit-on pour habitude d'échanger son plat contre celui d'un de ses commensaux.

38. *La Croix*, 9 septembre 2015.
39. *Time*, 27 janvier 2013.
40. *The Economist*, 12 octobre 2013.

Moins touché par la grâce qu'aiguillonné par l'instinct de survie, Issayas Afeworki se résout à l'été 2018 à saisir la main tendue par le jeune Premier ministre éthiopien Abiy Ahmed. Lequel a annoncé quelques semaines plus tôt sa décision d'appliquer l'accord de paix scellé en 2000, mais resté lettre morte depuis lors. Le 9 juillet, au lendemain de retrouvailles « historiques », le satrape vieillissant et son fringant cadet signent à Asmara un accord supposé normaliser les relations bilatérales. Il y est question d'échange d'ambassadeurs, de réouverture des frontières et de rétablissement des liaisons aériennes. Judicieux calcul : dès la mi-novembre, le Conseil de sécurité des Nations unies lève l'arsenal de sanctions – embargo sur les ventes d'armes, interdiction de voyages et gel d'avoirs financiers – infligé neuf ans auparavant à l'Érythrée.

Une paix a minima

D'autres rencontres suivront, en Éthiopie, en Arabie saoudite ou au Soudan du Sud. Sans pour autant dissiper l'épais brouillard qui nimbe un rabibochage en trompe l'œil. Bien sûr, fin décembre 2018, les deux hommes posent côte à côte devant la future ambassade d'Érythrée, élevée à la dignité de « cadeau de Noël ». Bien sûr, Afeworki abreuve son homologue de gages rhétoriques. « Vous êtes notre leader », lance-t-il ainsi à l'adresse de celui à qui il prétend avoir « confié toute la responsabilité du leadership et du pouvoir ». Nos deux nations, claironne l'Érythréen, « forment un seul peuple ». Sur le terrain, en revanche, le tsunami diplomatique accouche d'un clapotis. Brièvement entrebâillé, le poste frontalier de Zalambessa renoue très vite avec sa vocation de cul-de-sac. Qu'il s'agisse de la mise en œuvre de la constitution de 1997 ou de l'instauration du multipartisme, l'ancien rebelle reste droit dans ses rangers : c'est niet. Deux ans après la divine surprise d'Asmara, le bilan frappe par sa maigreur.

Au rayon des libertés, pas la moindre avancée décelable. À Genève, devant le Conseil des droits de l'homme de l'ONU, l'experte Daniela Kravetz livre dès l'été 2019 un constat désolant : « Aucun signe d'amélioration », souligne-t-elle, l'exécutif érythréen étant « resté sourd à toute expression de contestation ». « Pas l'ombre d'un changement, lâche en écho un chauffeur de taxi désenchanté, cité par l'AFP. Les gens sont toujours en prison et la vie reste la même. » Logique : Afeworki sait bien que tout régime totalitaire qui consent à lâcher du lest signe son arrêt de mort. Si la levée de l'état de belligérance lui procure d'enviables dividendes, elle risque de saper l'assise de son pouvoir. Comment, dès lors que l'ennemi juré devient l'ami, justifier la conscription illimitée ? Comment, si chacun peut s'aventurer hors du territoire national, entraver un exode massif ?

Loin de desserrer l'étau, le clan Afeworki étouffe avec un zèle accru les voix discordantes. En juin 2019, deux mois après la parution d'une lettre dénonçant l'absence de réformes, œuvre d'activistes catholiques, il s'empare d'une vingtaine de centres de santé ruraux financés et animés par l'Église romaine. Il est vrai que l'aversion de l'ex-maquisard maoïste, chantre de la laïcité, pour les autorités spirituelles vient de loin. Officiellement, quatre confessions sont tolérées : l'islam, l'orthodoxie dite *tewahedo,* que professe une Église autocéphale locale, le protestantisme et le catholicisme. Dans les faits, les persécutions religieuses occupent une place de choix dans la panoplie répressive. Pour preuve, la fermeture brutale, en mai 2002, de temples pentecôtistes, assortie de la nationalisation des biens de leurs communautés. Il arrive que l'on arrête prêtres et fidèles, femmes et enfants compris, au beau milieu d'une séance de prière, ou que l'on enferme les plus récalcitrants dans des conteneurs jusqu'à ce qu'ils abjurent leur foi.

Nul doute que l'attribution du prix Nobel de la paix millésime 2018 au seul Abiy Ahmed aura égratigné l'ego de son... alter ego. Certes, le comité éponyme salue alors la contribution de l'Érythréen. Certes, à la faveur de la cérémonie de remise du trophée, le 10 octobre, le lauréat éthiopien prend soin de louanger son « partenaire et camarade », dont « la bonne volonté, l'engagement et la confiance ont été déterminants pour mettre fin à des décennies d'impasse ». Mais rien n'adoucit une amertume que trahit le mutisme total des officiels d'Asmara.

Depuis, le Nobel et le Pharaon dansent un étrange tango. Un peu comme s'il leur fallait sauver les apparences d'une concorde en cale sèche. Le 3 mai 2020, Issayas Afeworki débarque ainsi à Addis pour une visite surprise. Au programme, du classique : un déjeuner avec la présidente Sahle-Work Zewde, détentrice d'un magistère pour l'essentiel honorifique, et son Premier ministre, suivi de la visite de projets agricoles dans l'État d'Oromia. Mais à en croire les « issayasologues » les plus affûtés, il s'agit avant tout pour Afeworki de déjouer les prophéties de ses procureurs et d'endiguer le torrent de rumeurs que déversent depuis un mois la diaspora et les réseaux sociaux. Les unes le disent affaibli par un infarctus, sinon passé de vie à trépas ; les autres prédisent pour la énième fois son éviction imminente.

Dix semaines plus tard, Abiy Ahmed reprend le chemin d'Asmara, où il n'avait plus mis les pieds depuis l'impromptu mémorable de juillet 2018. Là encore, gare aux illusions d'optique. Gageons que, fidèle à sa stratégie dissymétrique – ouverture mesurée vers l'extérieur, immobilisme à l'intérieur –, son hôte s'est alors montré plus prolixe sur l'épineux litige égypto-éthiopien, évoqué précédemment, que sur les couacs de la normalisation bilatérale. Au fond, tout se passe comme si le tyran Afeworki voyait dans ce rapprochement aléatoire non une fin en soi, mais l'instrument le plus efficace de la réintégration de sa principauté dans le concert régional. Baraka des autocrates ? L'assaut massif ordonné en novembre 2020 par la « colombe » Abiy Ahmed sur la province sécessionniste du Tigré, frontalière de l'Érythrée, s'apparente pour lui à un coup de pouce providentiel. Asmara fournit alors un précieux appui à l'armée fédérale éthiopienne, dont les chasseurs-bombardiers et les soldats, parfois épaulés au front par les cousins du Nord, transitent sans entraves sur son territoire. Manière, pour le Pharaon, de régler au passage ses comptes avec les chefs exécrés du *Tigray's People Liberation Front* (TPLF), au pouvoir à Addis quand éclata le conflit bilatéral de 1998-2000. Cerise sur cet amer gâteau : à la faveur de leur incursion en terre tigréenne, les soldats d'Afeworki auraient raflé maints dissidents y ayant cherché refuge, rapatriés *manu militari* à Asmara.

Pas de quoi, bien entendu, enrayer l'exode des sujets de ce vieux monarque bougon et vindicatif. Qui risque de régner sous peu sur un royaume à demi désert.

Au cœur de la capitale se dresse un monument insolite que n'auraient renié ni Marcel Duchamp ni les précurseurs du dadaïsme : une paire de sandales géantes, emblème de la rude épopée des maquisards d'hier et fleuron de l'art du comique involontaire. Comment imaginer hommage plus éloquent aux Érythréens, qui, à défaut de goûter aux charmes de l'isoloir, en sont réduits à voter avec les pieds ?

Bibliographie

Franck Gouéry et Jean-Baptiste Jeangène Vilmer, *Éthiopie, un naufrage totalitaire*, PUF, 2015.

—, *Érythrée, entre splendeur et isolement*, Non Lieu éditions, 2015.

Antoinette Jeanson-Martin et Paul-Antoine Martin, *Asmara, la Petite Rome africaine. Balades dans la capitale de l'Érythrée*, L'Harmattan, 2015.

Martin Plaut, *Understanding Eritrea : Inside Africa's Most Repressive State*, Oxford University Press, 2016 (en anglais).

Emmanuelle Raimondi, *Profession dictateur*, L'Archipel, 2019.

Léonard Vincent, *Les Érythréens*, Rivages poche, 2016.

Plusieurs rapports fournissent de précieuses informations et analyses sur les réalités érythréennes. Citons-en deux : celui de l'International Crisis Group, *Eritrea, Scenarios for Future Transition*, publié le 28 mars 2013 et accessible sur le site www.refworld.org ; et celui de Human Rights Watch, *Ten Long Years, A Briefing on Eritrea's Missing Political Prisoners*, paru le 22 septembre 2011, disponible sur www.hrw.org. Au rayon des documentaires, mention spéciale à *Voyage en barbarie*, de Cécile Allegra et Delphine Deloget, lauréates en 2015 du prix Albert-Londres.

8

Teodoro Obiang, l'émir de Malabo

Y a-t-il des putschs vertueux, des coups d'État salvateurs, des pronunciamientos providentiels ? Après tout, l'officier mutin qui, à la tête d'une escouade d'insurgés, détrône l'autocrate sadique ou désaxé peut se prévaloir d'avoir abrégé le calvaire de ses compatriotes. À une nuance près : fort de cette légitimité et sauf exception, il instaure une tyrannie à sa main. Moins démente, moins sanguinaire peut-être, mais tout aussi étouffante. Maître de la Guinée équatoriale, minuscule émirat pétrolier d'Afrique centrale, depuis plus de quatre décennies – ce qui fait de lui, hors monarchies, le détenteur du record mondial de longévité au pouvoir –, Teodoro Obiang Nguema Mbasogo, 78 ans, incarne à la perfection cet archétype. Et tant pis si le patriarche placide au sourire figé et à la mise soignée mais convenue n'a pas le physique de l'emploi.

Tu quoque, mi fratris fili. « Toi aussi, mon neveu... » Lorsque, le 3 août 1979, le trentenaire galonné, alors vice-ministre de la Défense, renverse son oncle et mentor Francisco Macias Nguema, il met fin à une longue et cruelle bacchanale. À la barre du radeau équato-guinéen depuis l'indépendance, octroyée onze ans plus tôt par l'Espagne franquiste[1], le ci-devant «Tigre de Malabo» aura rivalisé, au palmarès de la terreur d'État, avec son contemporain cambodgien Pol Pot, gourou des Khmers rouges.

Un chiffre : sous son règne, on aura recensé *a minima* 40 000 assassinats – ceux notamment de citoyens de l'ethnie minoritaire Bubi –, soit environ 13 % d'une population dont un bon tiers chercha le salut dans l'exil. Enclin à pendre aux réverbères ses dissidents réels ou supposés, le Fang Macias Nguema[2] dispose en outre en lisière de sa villa de Nzengayong d'une prison privée dont les détenus, soumis à d'atroces tortures, sont achevés à coups de gourdin, le cas échéant par le maître des lieux. Les cadavres ? Ils vont garnir l'un de ses charniers tout proches. Le 5 juin, jour de son anniversaire, celui qui revendique le

1. Laborieusement conquis par des navigateurs portugais au XVe siècle, les satellites insulaires de l'actuelle *Guinea ecuatorial*, convoités par les Français et les Hollandais, sont cédés à l'Espagne dans les années 1770, en échange de territoires détenus dans l'espace latino-américain. Confrontés à une forte résistance autochtone, les nouveaux colons se bornent à faire de ces îles des escales où se ravitaillent les flottes croisant dans les parages. Après une parenthèse britannique, Madrid amorce son retour et fonde en 1856 la Guinée espagnole, bientôt «élevée» au rang de colonie. Au grand dam des Bourbons, la conférence de Berlin (1885) réduit toutefois leur possession à la portion congrue. Et il faut attendre juin 1900 pour que la France concède à Alphonse XIII la partie continentale d'un territoire qui sera doté d'un gouvernement autonome en 1958, dix ans avant d'accéder à l'indépendance pleine et entière.

2. La communauté Fang, groupe ethnique bantou d'Afrique centrale, est implantée notamment en Guinée équatoriale, au Gabon et dans le sud du Cameroun.

titre d'« unique miracle de la *Guinea Ecuatorial* », flanqué de ses anges gardiens nord-coréens, fait fusiller un lot de prisonniers au stade de Malabo ; en public et aux accents de *Those Were the Days*, rengaine nostalgique inspirée du folklore tzigane, propulsée en 1968 au rang de tube planétaire par la chanteuse britannique Mary Hopkin.

À en croire la rumeur, il tient à la disposition de ses fidèles un harem d'épouses et compagnes de dignitaires en disgrâce, ravalées au rang d'esclaves sexuelles[3]. Au gré de ses lubies, le psychopathe, qui ne se sépare jamais de son exemplaire de *Mein Kampf*, le manifeste hitlérien, peut bannir le port des chaussures, persécuter médecins et enseignants, proscrire l'usage du mot « intellectuel » ou interdire toute référence au Christ, ravalé au rang de « fils bâtard d'une pute blanche[4] ».

Otage de son délire exterminateur, Francisco Macias Nguema commet une gaffe fatale : la liquidation de plusieurs membres de sa propre famille, dont un de ses neveux, frère du lieutenant-colonel Teodoro Obiang. Ainsi sonne l'heure du *Golpe de Libertad*, le « Coup d'État de la Liberté ». Jugé par un tribunal militaire pour génocide, trahison et détournement de fonds, condamné à la peine capitale, le tonton enragé tombe le 29 septembre 1979 sous les balles d'un peloton d'exécution marocain recruté pour l'occasion. Épilogue incongru ? Pas vraiment : même déchu, Macias le Maudit inspire une telle terreur qu'aucun soldat du cru ne consent alors à pointer son fusil sur sa poitrine.

---

3. *Jeune Afrique*, 7 octobre 2018.

4. O *Observador*, 19 juillet 2014, cité par *Courrier international*, 21 août 2014.

Une ascension au pas cadencé

D'un félin l'autre. Après le Tigre, la Panthère. Figure de proue d'un Conseil militaire suprême et président de la République, *Zé Bere Ekum* – « la Panthère aux aguets » en langue fang – hérite alors d'un micro-État hispanophone, le seul d'Afrique. Un confetti d'à peine 750 000 âmes – 1,3 million aujourd'hui –, mi-insulaire, mi-continental. Au large, l'île de Bioko et la capitale Malabo, l'ancienne Santa Isabel ; sur la terre ferme, coincé entre le Cameroun et le Gabon, un rectangle pourvu, côté ouest, d'une façade atlantique et d'un pôle portuaire et commercial, Bata.

S'il évince un empereur dément, moins Jules César que Caligula d'ailleurs, Teodoro-Brutus n'a rien du rebelle-né, lui qui, au fil d'une carrière sans accroc, a servi loyalement un régime abject. Troisième d'une fratrie de dix, il voit le jour le 5 juin 1942 à Akoakan Esangui, un village du district de Mongomo (Extrême-Est), à la lisière de la frontière gabonaise. Scolarisé à Mongomo puis à Ebebiyin, le gamin rallie ensuite le collège missionnaire de Bata, tenu par des Pères claretains, membres de l'ordre des Fils du Cœur immaculé de Marie. Plus sensible à l'appel des armes qu'à celui du Très-Haut, Teodoro rejoint en juin 1963 la Garde territoriale en qualité de cadet pour filer aussitôt à Saragosse, en Aragon, siège de l'Académie Francisco-Franco. Deux ans plus tard, il en sort avec des galons de lieutenant. Sa spécialité ? La conduite de véhicules militaires.

Point d'embardée dans son cursus : affecté à Mikomeseng (Nord) puis à Bata, le jeune officier traverse ensuite le détroit pour veiller sur la sécurité de la zone de Malabo. Une ascension à marche forcée qui le mène dès le mitan de la décennie 1970 au sommet de la hiérarchie : le voici tour à tour, précise la biographie accessible sur le site officiel de la Présidence équato-guinéenne, chef de la planification et des approvisionnements, commandant des forces armées dès décembre 1975, secrétaire général du ministère de la Défense l'année suivante, puis, comme on l'a vu, titulaire d'un maroquin de vice-ministre.

El Presidente, qui attendra 1981 pour s'octroyer le grade de colonel et 1989 pour solliciter l'onction des urnes, règne alors sur une patrie indigente, laquelle n'exporte – chichement – que du café et du cacao. Du moins le peu de grains et de fèves que produisent des plantations quasiment laissées en friche depuis le départ des colons espagnols, à l'automne 1968. Seules les aumônes des puissances voisines et les largesses du roi Hassan II du Maroc sauvent le pays de l'asphyxie.

Tout change brusquement, à l'orée des années 1990, avec la découverte dans les eaux territoriales de gisements pétroliers et gaziers offshore prometteurs, à commencer par les champs d'Alba et de Zafiro, au large de l'île de Bioko. L'or noir, jailli en 1995 des entrailles de l'océan, propulse la principauté chétive et miséreuse au rang de pétromonarchie. « Un Koweït africain », s'émerveillent les uns ; « un Qatar tropical », abondent les autres. De fait, la Guinée équatoriale accède bientôt au rang de troisième producteur de naphte de l'aire subsaharienne, derrière les deux mastodontes que sont le Nigeria et l'Angola. Mieux, en 2010, elle peut se prévaloir du statut de quatrième fournisseur des États-Unis.

Qui l'eût cru ? Cette manne, siphonnée par la caste au pouvoir, enrichit le pays, mais pas ses habitants. Elle garnit les caisses du souverain, non les poches de ses sujets, réduits à vivoter, pour les deux tiers sinon les trois quarts d'entre eux, sous le seuil de pauvreté, soit l'équivalent de 1,50 euro par jour. L'espérance de vie ? 58 ans. Le système scolaire ? Défaillant. L'accès à l'eau potable ? Aléatoire. Les infrastructures sanitaires ? Plus que déficientes, à en juger par les taux de mortalité infantile et de malnutrition, effarants pour un pays nanti, ou par les ravages du paludisme et des infections respiratoires aiguës. À l'indice de développement humain des Nations unies, Malabo végétait en 2018 à la 144e place sur 189. Cherchez l'erreur...

Le même travers prébendier régit le négoce de bois précieux, autre vache à lait du régime, dont l'un des fistons du *Caudillo* de Malabo, titulaire du portefeuille de l'Agriculture et des Forêts dès 1998, assure la traite. Que le lecteur patiente un peu : les frasques de ce bambochard impénitent prénommé Teodorin, désormais vice-président et prince héritier, ne tarderont pas à pimenter notre récit. Un indice suffit à illustrer les pulsions kleptocratiques de l'« Obiangistan » : le produit intérieur brut (PIB) pondéré par tête. À cette aune-là, l'ex-colonie espagnole dominait en 2017 le palmarès africain, figurant au classement mondial entre la République tchèque et la Slovénie, mais devant le Portugal ou la Pologne. Depuis lors, il est vrai, l'affaissement des cours du brut a quelque peu enrayé la machine à sous du casino national. Splendeur et misère de la mono-activité rentière : les hydrocarbures fournissent la quasi-totalité des recettes d'exportation et près des neuf dixièmes du PIB.

Il n'empêche. Miracle ou malédiction, le pétrole surgi des fonds marins a pour Obiang la saveur intense de la revanche. Fini le temps de la condescendance, voire du mépris, qu'affichaient ses pairs à son égard. Il quémandait ?

On le flatte et le courtise. Il empruntait à l'occasion un Boeing de la flotte du Camerounais Paul Biya ? Ses obligés volent en cas de besoin à bord d'un de ses jets luxueux. Ses compatriotes émigraient pour trimer à Yaoundé, Douala ou Libreville, femme de ménage ici, gardien de nuit là ? Sa nomenklatura s'offre désormais les services de domestiques venus d'ailleurs. David le nécessiteux peut enfin narguer tous les Goliath des environs.

Et il ne s'en prive pas, quitte à céder à la folie des grandeurs. Témoin, la station balnéaire ultra-chic de Sipopo, dans la banlieue de Malabo, bâtie *ex nihilo* afin d'accueillir fastueusement le 17e sommet de l'Union africaine au début de l'été 2011. Au prix de deux ans de travaux, d'une implacable campagne de déforestation et de 600 millions d'euros de dépenses surgissent alors 52 villas avec piscine – une par chef d'État ou de gouvernement attendu –, un Palais des Congrès XXL, tout de marbre et de verre, un hôtel de luxe flanqué d'un parcours de golf, le tout desservi par une autoroute à péage éclairée nuit et jour, jalonnée de ministères futuristes, de sculptures monumentales et de « logements sociaux ». Suivront un centre commercial, un bowling, deux salles de cinéma et un restaurant haut de gamme, propriété, murmure-t-on, de la très influente première dame, Constancia Mangue de Obiang[5].

Le site, jure alors *El Presidente*, a vocation à devenir une « importante destination touristique ». Neuf ans plus tard restait de cette chimère une cité fantôme clinquante, déserte et silencieuse. Même si, entre-temps, sa léthargie fut brièvement troublée par un concert du vieux crooner ibérique Julio Iglesias puis par le passage de diverses

5. Un chapitre de l'ouvrage de l'auteur intitulé *Reines d'Afrique*, *op. cit.*, est consacré à doña Constancia.

sélections nationales en lice pour la Coupe d'Afrique des nations de football (CAN), édition 2015.

Complots, comploteurs, complotisme

Pas de quoi vacciner Teodoro-le-Bâtisseur contre ses fantasmes d'urbaniste. Bienvenue à Oyala – ou Djibloho ou encore, depuis 2017, la *Ciudad de la Paz* (« Ville de la Paix ») –, nouvelle capitale administrative et universitaire, aménagée au cœur de la forêt du versant continental, à 135 kilomètres à l'est de la frange littorale. Encore inachevé, le chantier a englouti la moitié du budget 2016. Le moment venu, Oyala, doté d'un palais présidentiel, d'un parlement, d'un opéra, d'un campus calibré pour 10 000 étudiants et d'un palace de 400 chambres, devrait héberger 200 000 Équato-Guinéens. Au fait, pourquoi avoir choisi ce site enclavé à l'intérieur des terres ? C'est que le scénario d'un assaut venu de la mer hante Sa Majesté Teodoro Ier. Logique : de son propre aveu, l'ancien putschiste aurait échappé à une dizaine de tentatives d'assassinat et de coups d'État.

Arrêtons-nous un instant sur l'épisode le plus rocambolesque, survenu en 2004. Certes, l'attaque programmée le 8 mars, déjouée à temps, n'eut jamais lieu. Reste que son casting séduirait le plus blasé des producteurs de *thrillers* hollywoodiens. Dans le rôle de l'instigateur supposé, un opposant exilé en Espagne, Severo Moto Nsa. À la manœuvre, un trio de mercenaires *vintage*. D'abord le Sud-Africain Nick du Toit, ex-officier et trafiquant d'armes. Arrêté, jugé à Malabo, il se voit infliger trente-quatre ans de prison ferme, et échoue dans une cellule du sinistre pénitencier de Black Beach, ou Playa Negra, qu'il quitte dès mars 2009, quand Obiang lui accorde sa grâce. Ensuite, Simon Mann, citoyen de la Nation arc-en-ciel lui aussi, naguère capitaine du Special Air Service (SAS) britannique, prestigieuse unité spéciale de la British Army. Intercepté lors d'une escale à Harare (Zimbabwe) en compagnie d'une cohorte de « chiens de guerre », il écope sur place d'une peine de sept ans de détention, mais sera extradé en catimini vers Malabo, contre l'octroi d'une copieuse cargaison de pétrole.

Dans un entretien diffusé par la chaîne anglaise Channel 4, Mann incrimine d'éminents officiels londoniens, ministres compris. Sans doute cet aveu fracassant, fondé ou pas, lui vaut-il la mansuétude de la Panthère, qui ordonne sa libération en novembre 2009. Troisième larron de la bande, un certain Mark Thatcher, fils de la Dame de fer Margaret Thatcher, Première ministre du Royaume-Uni de mai 1979 à novembre 1990. Affairiste, mercenaire et marchand d'engins de mort lui aussi, Mark est soupçonné d'avoir orchestré le financement de l'opération avec le courtier en hydrocarbures anglo-libanais Élie Khalil. Cueilli en Afrique du Sud, l'unique garçon de l'*Iron Lady*, condamné à une lourde amende et à une peine de prison avec sursis par un tribunal du Cap, s'éclipse dès son élargissement. Et persiste depuis lors à défier le mandat d'arrêt international émis par Malabo en mars 2008. Comme s'il en était besoin, ce mémorable ratage envenime un peu plus les relations entre l'Espagne et son ancienne colonie. Invoquant les mouvements suspects de deux bâtiments de guerre de l'armada du royaume dans le golfe de Guinée, l'entourage d'Obiang accuse de complicité le gouvernement du conservateur José María Aznar.

D'autres vains complots, plus récents, auront contribué à entretenir la paranoïa ambiante. Confus, mal ficelé, le premier, tué dans l'œuf, date de décembre 2017. Il met notamment en scène une trentaine de mercenaires tchadiens et centrafricains, interpellés dans le sud du Cameroun alors qu'ils s'apprêtent à franchir la frontière pour opérer une jonction avec un commando de rebelles équato-guinéens. Leur cible : le majestueux palais de Koete, à Mongomo, où Obiang et les siens fêtent alors Noël. Cette péripétie avortée ravive au passage le contentieux frontalier entre Malabo et Yaoundé, contentieux attisé à l'été 2019 lorsque le pouvoir équato-guinéen entreprend la construction d'un mur et de miradors, chantier suspendu un an plus tard, en amont de la signature d'un accord de sécurité bilatéral. Cela posé, moins que le fiasco opérationnel en soi, le méga-procès que déclenche l'incursion avortée, ouvert le 22 mars 2019 devant la cour provinciale de Bata, retient l'attention.

Une mascarade. Sur les 130 accusés, dont 55 jugés par contumace, 112 seront reconnus coupables le 31 mai suivant. L'échelle des peines s'étend de trois à quatre-vingt-seize ans de réclusion. Les cerveaux présumés, en exil en Espagne ou à Londres, ont droit à la sentence maximale. Tel est le cas de l'« opposant historique » Severo Moto Nsa, déjà cité, qui double ainsi quasiment le siècle de prison qui lui fut infligé au lendemain du coup avorté de 2004. Parmi les condamnés, un ex-diplomate équato-guinéen en poste à N'Djamena, un gradé radié de la garde présidentielle tchadienne, l'ancien directeur de la sécurité rapprochée du *Caudillo* équato-guinéen et un officier centrafricain. Mais aussi, *in absentia*, cinq ressortissants français, dont le pittoresque et déroutant Dominique Calace de Ferluc, 72 ans[6].

6. *Le Monde*, 15 mars 2018.

Avant de tourner casaque, cet ancien ingénieur du son de la Maison de la Radio fut un compagnon de route zélé du régime, au point d'endosser quatre années durant le costume de rédacteur en chef du magazine de l'ambassade de Guinée équatoriale à Paris, où il officiait aussi en qualité de conseiller médias. Dans la même veine, Ferluc publia en mars 2018 dans la revue d'un institut à l'audience confidentielle, fondé par ses soins, un publireportage à l'ancienne chantant les louanges de sa seconde patrie. Las !, au lieu de retourner les « obiangophobes » de la diaspora, il basculera de leur côté…

Il y a moins anecdotique. Selon l'ONG Human Rights Watch, ce procès aura bafoué tous les principes d'équité, à commencer par les droits de la défense : aveux extorqués sous la torture, interdiction de soumettre les preuves des mauvais traitements infligés aux prévenus – dont deux succombent en détention –, entraves aux échanges entre avocats et clients, faiblesse insigne des éléments à charge. Et que dire, s'agissant d'une juridiction civile, de la nomination par décret présidentiel, en cours de procédure, de deux juges et de deux procureurs militaires ?

Surveiller et punir

Les chroniqueurs judiciaires locaux ne manquent pas d'ouvrage. En mars 2020, retour dans le prétoire, mais à huis clos. Il s'agit cette fois de juger huit Équato-Guinéens – dont deux exilés récidivistes – et deux Tchadiens, censés avoir trempé au printemps précédent dans une énième conspiration. À en croire l'instruction, trois d'entre eux ont été arrêtés au Soudan du Sud, où ils s'efforçaient d'acheter de l'armement et d'enrôler des mercenaires. Verdict ?

De soixante à quatre-vingt-dix ans de détention, pour «trahison, injures au chef de l'État et au vice-président, action contre le gouvernement et espionnage». Là encore, un Français, accusé d'avoir financé l'équipée, apparaît au générique du feuilleton: Norbert Gazier, directeur général d'une agence de communication de Yaoundé (Cameroun), dont Malabo exige l'extradition. Loin de la calmer, procès et sentences entretiennent la psychose du *golpe*. Le 23 novembre 2019, le pouvoir décrète ainsi *ex abrupto* l'«état d'alerte maximal», au prétexte de «sauver les valeurs suprêmes de la patrie». Qui les menace? Comment? Mystère. «Le président, psalmodiait déjà un de ses conseillers en 2003, est comme Dieu dans les cieux qui a pouvoir sur tout et tous. Il peut décider de tuer qui il veut sans rendre de comptes ni aller en enfer car c'est le Créateur lui-même, avec qui il est en contact permanent, qui lui donne sa force.»

Si la «personne du roi» est sacrée, sa sécurité ne l'est pas moins. En janvier 2016, divers médias du Zimbabwe révèlent qu'à la faveur de sa visite à Harare, Teodoro Obiang vient de prier son hôte Robert Mugabe de lui fournir une cinquantaine de militaires aguerris afin d'étoffer sa garde prétorienne en amont du scrutin présidentiel d'avril. «Ma sécurité personnelle me regarde et, sur ce point, je n'ai de comptes à rendre à personne, argue-t-il peu après. Je peux recruter qui je veux. J'avais une sécurité marocaine, maintenant elle est israélienne. Les renforts zimbabwéens sont là le temps de l'élection. Un acte terroriste est toujours possible[7].» Volontiers ulcéré par la tiédeur du soutien de ses pairs africains dans l'épreuve, *El Presidente* n'a pas à se

7. *Jeune Afrique*, 17 avril 2016.

plaindre de *Comrade Bob*, dont il récompense la loyauté en or noir. Fidèle en amitié, il assistera en septembre 2019 aux obsèques du despote détrôné[8].

Sur le front des libertés, Obiang promet beaucoup mais ne tient guère. Promulguée en 2006, la loi bannissant l'usage de la torture relève de la fiction. Joaquin Elo Ayeto peut en témoigner. Accusé en février 2019 de « tentative d'assassinat du chef de l'État » – charge abandonnée ultérieurement –, ce dissident sera pendu par les mains et battu comme plâtre dans un commissariat de police. Le *Caudillo* a la rancune tenace et le bras long. Réfugié politique en Belgique depuis 2012, l'un de ses cousins éloignés commet l'erreur de séjourner l'année suivante au Nigeria. Il y est interpellé, rapatrié à bord d'un jet présidentiel et aussitôt embastillé à Malabo. Peut-être échoue-t-il alors dans les geôles infâmes de Playa Negra. « Aujourd'hui, objecte Son Excellence avec un aplomb d'acier trempé, cette prison ressemble à un hôtel cinq étoiles[9]. » Un palace surnommé « Guantanamo », dont tâteront en février 2015 quelques-uns des 600 « hooligans » raflés après les émeutes survenues au sortir d'une demi-finale chaotique de la CAN perdue face au Ghana[10].

Au printemps 2019, nouveau serment : Son Excellence s'engage cette fois à abolir la peine de mort, ainsi que l'exige la Communauté des pays de langue portugaise (CPLP), rejointe cinq ans plus tôt[11]. Mais le passé ne plaide pas en

8. Lire le chapitre consacré au défunt tyran zimbabwéen, p. 195.

9. *Jeune Afrique*, 8 octobre 2006.

10. *Jeune Afrique*, 15 février 2015.

11. La Comunidade dos Paises de Lingua Portuguesa a été créée en juillet 1996 par sept pays lusophones – Angola, Brésil, Cap-Vert, Guinée-Bissau, Mozambique, Portugal, Sao Tomé-et-Principe –, rejoints ultérieurement par la Guinée équatoriale puis le Timor oriental.

sa faveur : selon Amnesty International, l'intéressé avait en 2014 ordonné l'exécution de neuf condamnés, deux semaines à peine avant l'entrée en vigueur d'un moratoire. Au passage, comment ne pas relever l'incongruité de l'adhésion à la CPLP de la *Guinea Ecuatorial*, familière de la langue de Cervantès mais certes pas de celle de Fernando Pessoa ? Ce ralliement obéit à un impératif très prosaïque : jeter une passerelle vers le marché lusophone, quitte à élever le portugais au rang de troisième langue officielle, après l'espagnol et le français et, paraît-il, pour Teodoro Obiang à s'offrir quelques cours particuliers.

Un atelier « Droit de la presse et liberté d'expression » lui aurait été tout aussi profitable. Car le félin aux aguets ne tolère que les plumes serves et les micros souples d'échine. Au palmarès 2019 de Reporters sans Frontières (RSF), son pays occupe le 165e rang sur 180. Guère mieux du côté de l'ONG américaine Freedom House : Malabo figure au sein du peloton des « pires des pires » de son classement, aux côtés de la Corée du Nord, du Turkménistan, du Belarus et de la Syrie. Avec un zèle ravageur, les censeurs du régime traquent le moindre soupçon d'irrévérence. Témoin, le dessinateur et blogueur Ramon Nse Esono Ebalé, alias Jamon y Queso. Contraint de rentrer au pays à l'automne 2017 pour y renouveler son passeport, cet insoumis est aussitôt arrêté, interné au pénitencier de Playa Negra puis traduit en justice sur la base d'un dossier d'une inconsistance risible. À l'audience, l'unique témoin à charge, capitaine de police, admet avoir déposé sous la dictée.

Travailler pour un média détenu par le vice-président Teodorin Obiang, fils de son père, ne vous prémunit en rien contre les foudres de la caste. Pour avoir interviewé un juge d'instruction de Bata fraîchement suspendu, deux membres de la rédaction de la télévision privée Asonga sont interpellés en août 2019. Peu enclines à délivrer des visas aux journalistes occidentaux, les autorités sanctionnent les incartades alléguées des rares privilégiés. Pour preuve, l'expulsion d'une équipe de la chaîne allemande ZDF en juin 2011 ou celle d'un tandem d'envoyés spéciaux du quotidien britannique *The Financial Times* en janvier 2014.

Jeune Afrique, vieilles ficelles

Par chance, la complaisance d'une poignée de poètes de cour éclipse les méfaits de ces insolents. Une fois l'an, en moyenne, *Jeune Afrique* ouvre avec déférence ses colonnes au *Presidente*, comme l'attestent, à dix ans d'intervalle, ces deux morceaux de bravoure. À l'automne 2006, François Soudan brosse le portrait d'un catholique fervent, « un brin prêcheur », prompt à fustiger l'oisiveté, la corruption et l'alcoolisme. « En bon père de famille, écrit le patron de la rédaction de l'hebdo panafricain, Obiang investit. Logements sociaux, routes à péages, relance spectaculaire des cultures vivrières, méga-port à Malabo, mais aussi démocratisation contrôlée et libertés encadrées : ce n'est certes pas le paradis, mais ce n'est pas du tout l'enfer que certains ont décrit. [...] Cap sur la bonne gouvernance. » Mieux, « une puissance régionale est en train de naître au creux du golfe de Guinée »[12].

Une décennie plus tard, place à l'interview indolore. On y apprend que l'intéressé trottine 14 kilomètres par jour – c'est bien le moins pour une Panthère si « longiligne » –,

12. *Jeune Afrique*, 8 octobre 2006.

se lève dès 4 heures du matin et ne prend qu'un repas par jour. On y découvre aussi qu'aucun prisonnier politique ne croupit dans les cachots du pays. « Aucun, martèle-t-il. Tout au plus des bandits qui se font passer pour des opposants », voire des « mauvais perdants ». C'est pourtant lorsqu'il s'épanche sur ses élans démocratiques que l'ex-putschiste tutoie les sommets. « Cela fait trop longtemps que je suis au pouvoir et je me sens vieux, croyez-moi ! Mais le peuple veut encore que je sois son président. [...] C'est en tout cas la dernière fois que je me présente. Cette fois, je ne le voulais pas, mais le parti en a décidé autrement. Je ne peux ni me défiler ni montrer au peuple que je suis fatigué[13]. » Allusion au Partido Democratico de Guinea Ecuatorial (PDGE), formation à sa dévotion exclusive créée dès 1987. Nulle surprise pour le lecteur : vingt mois plus tôt, l'inusable félin avait eu droit à un papier audacieusement intitulé « La deuxième jeunesse d'*El Presidente*[14] ».

Ritournelle récurrente, comme l'atteste l'entretien d'une servilité navrante pieusement recueilli par le magazine *New African* au lendemain du coup d'État avorté de 2004[15]. « La seule chose qui m'importe vraiment, soutient alors Teodoro Obiang, c'est de voir la démocratie s'enraciner profondément dans mon pays. Je vais vous livrer un secret : j'aimerais que l'opposition remporte davantage de sièges. » « Ce serait le gage d'un meilleur équilibre au Parlement », poursuit celui qui se prévaut d'avoir instauré le multipartisme, « en dépit des interférences extérieures venues pour l'essentiel d'Espagne ». Pour un peu, on en

---

13. *Jeune Afrique*, 17 avril 2016.
14. *Jeune Afrique*, 15 février 2015.
15. *New African*, 1er mai 2004.

oublierait qu'à l'automne 2018, l'unique député d'opposition, Jesus Mitogo, tout juste libéré de prison, tenta vainement de récupérer son siège. Prétexte invoqué : sa formation, baptisée Citoyens pour l'innovation, avait été dissoute en février de la même année.

Pour donner le change, il arrive au régime – tel fut le cas en novembre 2014 – d'ouvrir à son de trompe un « dialogue inclusif » assorti d'une offre d'amnistie moins « générale » qu'il n'y paraît. Peine perdue : la main ainsi tendue ne palpe alors que le vide. Faute de garanties de sécurité jugées suffisantes, les figures de proue de la dissidence en exil boudent le happening. Reste, faute de mieux, une martingale éprouvée : la conversion monnayée d'adversaires las de ferrailler en vain, gratifiés d'ordinaire d'un portefeuille ministériel.

Dans un tel contexte, le passage par les urnes s'apparente à une formalité. *El Presidente* rafle 99 % des suffrages en 1989, 98 % en 1996, 97 % en 2002, plus de 95 % sept ans plus tard et – légère défaillance ? – 93,5 % le 24 avril 2016. « Chez nous, confie-t-il à l'époque à l'ambassadeur de France Christian Bader, une élection n'est pas une élection, c'est une fête[16]. » Pas pour tout le monde. En tout cas pas pour les citoyens réfractaires à son aura. « Je suis le candidat du peuple, tonne le sortant lors d'un meeting. Quiconque ne vote pas pour moi rejette la paix et choisit le désordre[17]. »

À vaincre sans péril… Ses triomphes romains ne suffisent pas au bonheur de la Panthère, en butte à des procès qu'elle juge inique. Sur l'échiquier mondial, son

16. Entretien avec l'auteur, 29 mai 2019.
17. *The Washington Post*, 26 avril 2016.

activisme brouillon balise les étapes d'une quête éperdue de respectabilité. Éperdue, sinon pathétique, à l'image du piteux feuilleton du « Prix international Unesco-Teodoro Obiang pour la recherche en sciences de la vie ». La lubie date de 2008. Le *Caudillo* veut à tout prix – 3 millions de dollars en l'occurrence – arrimer son nom à un trophée prestigieux, pourvu d'une caution onusienne. Prétention neutralisée trois années de suite par la Bulgare Irina Bokova, directrice générale de l'Organisation des Nations unies pour l'éducation, la science et la culture, avec le concours d'une poignée d'États influents et le soutien d'un commando de Prix Nobel, dont le Nigérian Wole Soyinka et l'Hispano-Péruvien Mario Vargas Llosa.

Rien n'y fait, car l'envahissant mécène ne lâche pas l'affaire. En 2011, fort de son statut de président en exercice de l'Union africaine et de l'appui de ses pairs continentaux, il repart à l'assaut, non sans lâcher une concession tactique, substituant à son patronyme le nom de sa patrie. Bingo. En mars 2012, le conseil exécutif de l'Unesco entérine la tocade par 33 voix sur 58. Parmi les « pour », une quinzaine de pays africains, la Russie, la Chine et la Syrie. Et le 17 juillet suivant, trois chercheurs – un Égyptien, un Sud-Africain et une Mexicaine – se partagent le pactole à Paris, siège de l'organisation. Pour Obiang, absent de la cérémonie, une victoire à la Pyrrhus : imitée entre autres par la France, Bokova boycotte la remise du prix[18].

Il en faudrait davantage pour désarmer l'ex-cadet de l'Académie Francisco-Franco. Un mois plus tard, Malabo accueille le 9e Sullivan Summit, forum orchestré par une fondation américaine d'obédience libérale, création d'un

18. *Le Monde*, 27 août 2012.

compagnon de route de Martin Luther King[19]. Certes, le casting politico-people de ce barnum, présidé par l'ancien président du Ghana John Kufuor, n'a pas l'éclat espéré. Il n'empêche : l'hôte équato-guinéen prononce devant un millier de délégués le discours d'ouverture. L'occasion pour lui d'exalter la lutte héroïque de l'Afrique pour l'autonomie, l'indépendance, le développement et la liberté d'expression. Même si, déplore l'orateur, « certains » n'invoquent cette dernière que pour saper la souveraineté du continent.

Les méfaits du prince

Où qu'ils règnent, les émirs cousus de pétrodollars le savent bien : tout s'achète, ou peu s'en faut. Y compris, en juillet 2014, un fauteuil dans la loge VIP du stade Maracaña de Rio de Janeiro, théâtre de la finale du Mondial de football, entre le Russe Vladimir Poutine, l'Allemande Angela Merkel et le prince Albert de Monaco. Fasciné par le Brésil, ses rythmes et ses fiestas, l'austère et pieux Teodoro s'encanaille volontiers au carnaval de Rio. Familier du Sambodrome, l'avenue où les chars fleuris rivalisent d'extravagance, il loge tantôt dans un appartement de luxe du quartier chic d'Ipanema, tantôt dans la suite la plus onéreuse du Copacabana Palace, bâtisse massive à la façade ivoire et au luxe insolent.

Mieux, en 2015, *Zé Bere Ekum* parraine au prix fort – 10 millions de reals, soit 3 millions d'euros – la sulfureuse école de samba Beija-Flor de Nilopolis, dont les

19. *The Independent*, 3 août 2012.

danseuses, sacrées cette année-là pour la treizième fois, sont invitées en contrepartie à chanter les louanges de leur bienfaiteur et de son royaume. Et tant pis si l'école carioca ainsi choyée, connue pour avoir magnifié jadis les « grandes réalisations » de la dictature militaire brésilienne[20], a pour protecteurs d'éminents *bicheiros*, caïds de la mafia des jeux clandestins.

Tout s'achète, donc, même les services de *spin doctors* – stratèges de la communication – aux tarifs prohibitifs. Dès 2010, le malabar de Malabo, désireux de redorer son blason, de se concilier les bonnes grâces de Washington tout en cultivant ses liens privilégiés avec les *majors* pétrolières américaines, confie son image à Lanny J. Davis, ancien conseiller spécial du président démocrate Bill Clinton. Le tarif ? Un million de dollars US par an, soit presque autant d'euros[21]. Le « sorcier blanc » a du pain – brioché – sur la planche : pour cause d'opacité chronique, la Guinée équatoriale vient d'être exclue de l'Initiative pour la transparence des industries extractives (ITIE), instance non lucrative fondée par l'ex-Premier ministre britannique Tony Blair. Inspiré en cela par son nouveau cicerone, Obiang promet alors de puiser dans son magot de quoi adoucir le sort des humbles, financer des programmes sociaux, investir dans la santé et l'éducation.

---

20. Le 31 mars 1964, un coup d'État orchestré par le maréchal Castelo Branco évince le président social-démocrate João Goulart. Soutenue par Washington, obsédée par le péril communiste, la junte instaure une impitoyable tyrannie qui asservira le Brésil deux décennies durant. Escadrons de la mort, assassinats, internements arbitraires, tortures, censure : rien ne manque à leur panoplie, pas même la persécution des Indiens d'Amazonie, déportés ou tués par milliers.

21. *The New York Times*, 28 juin 2010.

Dans son élan, il invite la Croix-Rouge internationale à enquêter sur les violations des droits humains perpétrés chez lui et claironne son attachement à l'État de droit. Incantations sans lendemain. De même, tout indique que Davis ne le convainc guère lorsqu'il soutient qu'à l'heure du rituel électoral, mieux vaut l'emporter avec 51 % des voix qu'avec 98 %.

Il fut un temps, pas si lointain, où le scénario de la succession dynastique au profit de l'aîné Teodorin inspirait aux diplomates, aux barons du PDGE ou aux cadors du négoce pétrolier moues incrédules et haussements d'épaules. « Un noceur abruti, mais pas bien méchant », lâche un diplomate passé par Malabo. Tous lui préféraient son cadet Gabriel Lima, le puissant ministre des Mines et des Hydrocarbures, jugé plus fiable et moins bohème. À ceci près que le frérot pâtit d'un handicap majeur. Il a pour génitrice non la très impérieuse première dame Constancia Mangue de Obiang, mais une certaine Celestina Lima Vieira, originaire de Sao Tomé, arrachée à son fiancé – qui périra en captivité – après qu'*El Presidente* se fut toqué d'elle.

Obiang Senior lui-même doutait de la stature du fiston né coiffé au cheveu gominé, flambeur frénétique épris de berlines hors de prix, de costards moirés, de tocantes ruineuses, de folles fiestas, de bimbos lascives, de virées en yacht et de villas californiennes[22]. Tout juste avait-il concédé, comme on l'a vu, à l'enfant gâté, alors pas même trentenaire, le maroquin de l'Agriculture et des Forêts ; donc la mainmise, *via* la société Somagui Forestal, sur le juteux commerce des grumes. « Mais doña Constancia,

22. *L'Express*, 4 avril 2012.

qui exerce sur son mari un réel ascendant, a imposé son chouchou à l'usure », relève Christian Bader[23]. De fait, la *madre* lui pardonne toutes ses frasques.

Un ex-ambassadeur se souvient encore de l'arrivée tonitruante de l'héritier, attendu à une cérémonie œcuménique en l'église de Mikomeseng, en août 2011. « Très en retard, il a débarqué en hélico, raconte le témoin. Exaspéré au plus haut point, Obiang serrait les dents à s'en faire péter les mâchoires. En revanche, son épouse a adressé au fiston un sourire bienveillant et un coucou complice. » Trois ans auparavant, une suite du Plaza-Athénée, palace parisien, fut le théâtre d'une scène de genre tout aussi révélatrice. Alors que le chef de l'État, en visite en France, s'apprête à répondre aux questions d'une équipe de télévision, des éclats de voix et un fracas de verre brisé, venus du salon voisin, électrisent l'atmosphère. « Oh, je crois que Teodorin se chamaille avec sa mère », esquive-t-il, gêné. Bien vu : le fils chéri, qui vient d'emboutir sa Lamborghini, exige de quoi s'offrir séance tenante un autre bolide. Et il l'obtient…

Avec le zèle des convertis, le *pater familias* orchestre désormais l'ascension du favori. En sa qualité de second vice-président, celui-ci apparaît le 30 septembre 2015 à la tribune de l'ONU, à la faveur de l'Assemblée générale annuelle. En juin suivant, le voici propulsé dans le fauteuil de *Vicepresidente*, en charge de la Défense et de la Sécurité nationale. Prérogatives renforcées deux ans plus tard lorsque papa l'élève au grade de général de division des forces armées terrestres. Un mois s'écoule, et celui qui fréquenta en touriste l'école des Roches, institution

23. Entretien avec l'auteur, 29 mai 2019.

normande prisée des puissants, puis Paris-Dauphine et l'université de Malibu, dirige son premier Conseil des ministres. « La Guinée équatoriale, plaide la Panthère, n'est pas une monarchie, mais un État démocratique. Mon fils, *aficionado* de la politique, a du savoir-faire et, s'il réussit, je n'y peux rien. La majorité des jeunes le soutiennent et, là encore, je n'y suis pour rien. En revanche, il serait injuste que son talent ne soit pas récompensé[24]. » Pour qu'il le soit vraiment, sans doute le dauphin devra-t-il patienter un peu : en théorie, la révision de la constitution ratifiée par référendum en 2011 permet au paternel de trôner jusqu'en 2030.

Racket en famille

S'il est une scène sur laquelle le clan familial accorde aisément ses violons, c'est bien celle de la captation des richesses et du racket institutionnel. « Obiang décide de tout et supervise personnellement les passations de marchés », confirme l'ancien ambassadeur Christian Bader[25]. « Le président attribue oralement les contrats, témoignait déjà huit ans plus tôt un entrepreneur étranger cité par *Le Monde*. Il tient parole mais, autour de lui, des gens viennent directement demander des valises d'argent. Il faut une bonne protection[26]. » À commencer par celle de Madame, qui reçoit volontiers les investisseurs en quête de contrats et leurs cadeaux de valeur.

24. *Jeune Afrique*, 17 avril 2016.
25. Entretien avec l'auteur, 29 mai 2019.
26. *Le Monde*, 8 août 2011.

Malheur à celui qui rechigne à jouer le jeu des dessous-de-table. Persécuté par sa cliente Genoveva, l'une des filles du couple Obiang, le fabricant de hangars valencien Roberto Cubria, privé de son passeport et menacé d'arrestation, trouve refuge dans l'enceinte de l'ambassade d'Espagne à Malabo, où il campe deux mois durant. Et il lui faudra, pour rentrer au pays, lâcher 50 000 euros de matériel. « Une corruption totale, brutale, endémique », soupire le réfractaire[27]. Interpellé à l'aube, son confrère catalan Felipe Martin, courtier en bois, atterrit quant à lui sur le béton nu d'une cellule immonde de Playa Negra où, sans soins ni vivres, il contracte la malaria et croit sa dernière heure venue.

Un autre forestier ibérique voit un jour débarquer en bermuda Teodorin, connu pour astreindre ses infortunés partenaires à un « impôt révolutionnaire » oscillant entre 10 % et 20 % des recettes. « Ou tu payes, lui intime le prince héritier, ou je confisque tes engins et je file ta concession aux Chinois. » Et que dire de ce patron du BTP qui, craignant pour sa vie, fuit les appétits de Ruslan Obiang, frère du précédent, secrétaire d'État aux Sports et fan de foot[28] ? Dès lors, nul ne s'étonnera de voir la *Guinea Ecuatorial*, royaume de l'extorsion, pointer au 173e rang – sur 180 – du classement 2019 de l'indice de perception de la corruption tel que calculé par l'ONG Transparency International.

Au long d'enquêtes fouillées, le quotidien madrilène *El País* décrit en 2013 l'écheveau touffu des sociétés écrans, logées dans des paradis fiscaux et téléguidées depuis

27. *El País*, 24 mars 2013.
28. *Ibid.*

l'Espagne par des aigrefins russes, vouées à blanchir l'argent sale du « clan de Mongomo ». Parmi leurs agents traitants au palais, un gendre d'*El Presidente*, ministre de l'Aviation civile, et l'un de ses neveux, ex-détenteur du portefeuille des Finances. Au total, le parquet de Madrid retrace alors treize transferts d'un compte détenu à New York par la société pétrolière nationale vers une banque de Las Palmas (îles Canaries). Montant total : l'équivalent de 24 millions d'euros. D'autres mouvements transatlantiques, suspects eux aussi, aboutissent aux Baléares. Vu de Malabo, tout est offshore : les placements comme l'or noir. « Sans la signature du dictateur, précise un limier, impossible de déplacer un seul dollar[29]. » Dévoilé par le *New York Times*, un rapport interne du Département de la Justice américain corrobore le constat : la caste équato-guinéenne, conclut-il, doit l'essentiel sinon la totalité de sa fortune aux commissions perçues sur les *deals* régissant l'exploitation des hydrocarbures. Lorsque le Fonds monétaire international enjoint à Obiang père de renoncer à son statut d'« unique ordonnateur » des dépenses de l'État et des sorties du Trésor, lui invoque, pour mieux se dérober, la nécessité d'aider ses subordonnés à résister aux attraits vénéneux de la corruption. « Le meilleur moyen de se libérer d'une tentation, disait Oscar Wilde, c'est d'y céder. »

Sans doute ces acrobaties financières expliquent-elles, au même titre que la lassitude suscitée par les vaines promesses de démocratisation, les fréquents accrocs entre l'ex-« Guinée espagnole » et Madrid. À l'été 2008, *El Presidente* doit ainsi renoncer la mort dans l'âme à une visite officielle au palais de la Zarzuela puis à la Moncloa,

---

29. *El País*, 1er décembre 2013.

siège de la primature : ni le roi Juan Carlos ni le chef du gouvernement José Luis Rodriguez Zapatero ne jugent sa venue opportune[30].

Entre autres effets collatéraux, la voracité des Obiang aura pour conséquence d'empoisonner les relations Paris-Malabo. D'autant que le patriarche Teodoro forme avec le Congolais Denis Sassou Nguesso et le – défunt – Gabonais Omar Bongo Ondimba le trio des potentats subsahariens épinglés par la justice hexagonale au chapitre des « biens mal acquis », ou BMA. En clair, le patrimoine mobilier et immobilier acquis sur le territoire français au moyen de fortunes indûment accaparées.

Francophone et francophile, *El Presidente*, qui « aime tant déambuler sur les artères chics » de la Ville lumière[31], impute au choix cette infamante « persécution » à un acharnement incompréhensible ou à une entreprise de déstabilisation[32]. Et récuse l'argument de l'indépendance de la justice, concept il est vrai exotique à ses yeux. En 2015, quand il reçoit les lettres de créance du nouvel ambassadeur Christian Bader, son aigreur affleure. « Il était effondré et amer, se souvient son visiteur. Je vous ai tout donné, répétait-il. J'ai introduit ici votre langue, j'ai adopté le franc CFA, j'ai choyé vos investisseurs. Si votre président voulait vraiment... » Précise-t-il alors qu'il lui arriva aussi, à la faveur d'un dîner parisien, de glisser une mallette de cash à un impétueux bretteur de la Chiraquie ? Allez savoir... Une certitude : le diplomate porte sur la Panthère, ce « monarque médiéval », un regard acéré, mais

30. *El País*, 22 juillet 2008.
31. *Jeune Afrique*, 15 février 2015.
32. *Jeune Afrique*, 17 avril 2016.

nuancé. «Lui n'a tué personne, soutient-il, sauf son oncle. La Guinée équatoriale, ce n'est pas la Corée du Nord, mais un sultanat africain, une pétromonarchie verrouillée aux mains d'une mafia clanique et paranoïaque, le théâtre d'un hold-up permanent, avec ses nouveaux riches d'une insupportable vulgarité[33].»

Obiang à la barre

Il y a toujours, dans le dépit amoureux, moins de dépit que d'amour. Avec l'Élysée, le Carioca d'adoption n'en finit plus de danser une samba déroutante et syncopée, alternance d'œillades et d'anathèmes. Où fonce-t-il en juillet 2004, au lendemain du coup d'État manqué? À Paris, histoire de «briefer» Jacques Chirac, qu'il tient pour un «ami sûr[34]». Sous Nicolas Sarkozy, nouveau flirt. «Je l'ai croisé à la Présidence, confie Bruno Joubert, alors conseiller Afrique de Sarko. On sentait chez lui un attachement sincère et profond pour la France et sa culture, énoncé avec trémolos et regard embué, ce qui le rendait presque touchant. Humainement, je garde l'image d'un type bien, genre grand seigneur, mais sans l'arrogance et l'ostentation tapageuse de certains de ses homologues d'Afrique centrale[35].»

Pour laver son honneur dans les prétoires, Obiang recrute une cohorte de ténors du barreau, quitte à les congédier brusquement en cas d'insuccès. Tour à tour, Olivier Metzner – disparu en 2013 –, Emmanuel Marsigny,

---

33. Entretien avec l'auteur, 29 mai 2019.
34. *Jeune Afrique*, 1er août 2004.
35. Entretien avec l'auteur, 8 juillet 2019.

Francis Szpiner et Olivier Pardo plaident en sa faveur. Sans grand succès au demeurant. En avril 2013, la cour d'appel de Paris le déboute des poursuites en diffamation engagées contre le Comité catholique contre la faim et pour le développement (CCFD-Terre solidaire), maître d'œuvre d'un rapport publié quatre ans auparavant et intitulé « BMA, à qui profite le crime ? ». « Une ingérence inacceptable, tempête alors l'ambassadeur équato-guinéen à Paris. Un complot d'ONG nuisibles portant atteinte à la souveraineté de notre État[36]. »

D'autres contentieux mettront plus d'un cabinet d'avocats à l'abri du besoin. Citons le statut de l'hôtel particulier aux 101 pièces du 42, avenue Foch, acheté en décembre 2004, rénové et meublé à coups de millions par le jeune Teodorin, puis saisi en août 2012 à la demande des juges d'instruction René Grouman et Roger Le Loire. Lesquels avaient déjà quelques mois plus tôt ordonné la confiscation de tableaux de maîtres, de grands crus, mais aussi d'une douzaine de carrosses vrombissants, Bugatti, Porsche ou Ferrari. Théâtre des folles soirées du fiston, l'immeuble parisien, arguent Malabo et ses conseils, a vocation à abriter la future ambassade de Guinée équatoriale. Quant à l'héritier, il jouirait de par ses fonctions de l'immunité diplomatique.

Thèse friable : le 10 février 2020, la cour d'appel de Paris condamne l'intéressé à 30 millions d'euros d'amende et à trois ans de prison avec sursis, pour avoir blanchi entre 1997 et 2011 une somme estimée à 150 millions d'euros. Les juges aggravent ainsi la peine prononcée en première instance, à l'automne 2017 : d'hypothétique, la lourde

36. *Le Monde*, 30 octobre 2010.

contredanse devient en théorie exécutoire. À deux détails près. D'abord, Me Marsigny introduit aussitôt un pourvoi en cassation. Ensuite, fustigeant le « comportement arbitraire et discriminatoire » de la France, Malabo saisit avec un égal empressement la Cour internationale de justice de La Haye (Pays-Bas), plus haute juridiction onusienne. Laquelle se déclare incompétente sur l'immunité du dauphin Teodorin, mais pas sur la nature juridique de l'immeuble de l'avenue Foch. Encore loupé : le 11 décembre 2020, la Cour déboute le plaignant, arguant que jamais le fameux « 42 » n'a acquis le statut de mission diplomatique. Ainsi se dessine le énième avatar du « Je t'aime, moi non plus » que fredonnent depuis des lustres les deux capitales. Dire que, un an auparavant, *El Presidente* trônait en bonne place parmi les chefs d'État conviés à la cérémonie d'ouverture du Forum de Paris pour la Paix, et qu'on le vit alors applaudir le one-man-show d'un Emmanuel Macron arpentant la scène avec l'ardeur d'un télévangéliste… Bien sûr, les rides se sont creusées et le regard a perdu de son acuité. Bien sûr, les épaules s'affaissent un peu. Mais sous la chevelure d'un noir de jais que pas un fil gris ne vieillit flotte toujours un mince sourire, énigmatique et inaltérable.

Dans l'Hexagone, Teodoro Obiang peut, faute de mieux, compter sur une fidélité embarrassante : celle de Jean-Marie Le Pen, invité le 20 mai 2016 aux festivités d'investiture de la Panthère, fraîchement réélue. La veille au soir, flanqué de son épouse Jany, le cofondateur du Front national, alors député européen, s'était attablé à la faveur d'un dîner de gala non loin du maître de céans. Introduit au palais par l'entremise de l'avocat corse Marcel Ceccaldi, le héraut déchu de l'extrême droite aura droit à un traitement VIP, de la visite privée du chantier d'Oyala, la future capitale, au tête-à-tête avec son hôte. Toujours en quête d'agents d'influence, celui-ci les déniche où il peut, sans trop se soucier de leur pedigree. Pour preuve, l'audience accordée en avril 2015 au « journaliste » complotiste belge Luc Michel. Il faut dire que cet ancien de la Fédération d'action nationale et européenne, groupuscule néonazi, s'échine au nom d'un panafricanisme dévoyé à chanter les louanges d'une poignée de dictateurs subsahariens.

Sur un registre moins anecdotique, Malabo bénéficie de la bienveillance des superpuissances de la planète. Celle de la Chine, bien sûr, qui a l'inestimable mérite de promouvoir une « coopération gagnant-gagnant, sans aucune ingérence politique ni aucune contrepartie diplomatique[37] ». Mais aussi celle, plus ambiguë, des États-Unis, enclins à traiter la Guinée équatoriale avec les égards dus à l'une des pétromonarchies préférées de leurs *majors*. À Washington, Obiang peut être dépeint selon les circonstances comme un « bon ami » – *dixit* la secrétaire d'État Condoleezza Rice en 2006 –, ou comme le « chef d'une conspiration criminelle familiale », à en croire les limiers du FBI.

Soixante-dix-huit ans, dont plus de la moitié à la barre : malgré le jogging quotidien et la pratique occasionnelle du tennis, le vieux despote fait son âge. En mai 2019, son absence soudaine emballe le moulin à rumeurs. Un sérieux pépin de santé l'a conduit dans une clinique suisse jure-t-on alors dans les cénacles de l'opposition en exil. Faux, rétorque le palais : Son Excellence séjourne dans un pays ami pour se remettre du décès de son demi-frère Antonio Mba Nguema, l'un des piliers du régime. De fait, il fêtera un trimestre plus tard avec éclat et en trois dimensions

---

37. *Jeune Afrique*, 8 octobre 2006.

– Bata, Mongomo, Oyala – le quarantième anniversaire de sa prise de pouvoir. En attendant de céder le sceptre et la couronne au fils premier-né, c'est donc à lui qu'échoit l'ultime mission de sortir de l'ornière un pays asphyxié par la dégringolade des cours de l'or noir. Mais voilà : on peut avoir excellé sous l'uniforme dans la conduite des véhicules militaires et mener au fossé le char de l'État.

Bibliographie

Xavier Harel et Thomas Hofnung, *Le Scandale des biens mal acquis*, La Découverte, 2011.

Xavier Harel et Julien Solé, *L'Argent fou de la Françafrique* (bande dessinée), Glénat, 2018.

Vincent Hugeux, *Reines d'Afrique. Le roman vrai des Premières Dames*, Perrin, 2014 ; Perrin, coll. « Tempus », 2016.

Max Liniger-Goumaz, *Guinée équatoriale, un demi-siècle de terreur et de pillage*, L'Harmattan, 2013.

Teodoro Obiang, *Ma vie pour mon peuple*, Éditions du Jaguar, 2002.

James Oto, *Le Drame d'un pays, la Guinée équatoriale*, Éditions Clé et Nouvelles Éditions numériques africaines, 2014.

Emmanuelle Raimondi, *Profession dictateur. Ces despotes qui nous gouvernent*, L'Archipel, 2019.

Adjo Saabie, *Épouses et concubines de chefs d'État africains*, L'Harmattan, 2008.

9

Gambie : jamais plus Jammeh

À l'instar des voies du Seigneur, les lois de la notoriété sont impénétrables. Exilé depuis janvier 2017 en Guinée équatoriale, l'ex-président gambien Yahya Jammeh apparaît comme l'un des tyrans subsahariens les plus méconnus, du moins hors d'Afrique. Sort injuste, tant cet ex-officier putschiste hargneux et fantasque, au pouvoir vingt-deux années durant, aura mis d'ardeur à épuiser le catalogue des clichés du despotisme. La cruauté, l'arrogance, la paranoïa bien sûr. Mais ses autres travers lui confèrent en prime une aura aussi sépulcrale que romanesque. Le prédateur sexuel aurait pu naître sous la plume de Gabriel García Márquez ; le charlatan, souverain thaumaturge de pacotille, sous celle d'Ismaïl Kadaré ou du Graham Greene des *Comédiens*.

À quoi tient le renom d'un chef ? Quelles règles, à l'inverse, le relèguent malgré ses outrances et son équipage – l'ample boubou d'un blanc virginal, le calot immaculé, le sceptre ouvragé, les lunettes noires, le Coran et le lourd *tasbih*, chapelet musulman – dans la grisaille d'un anonymat relatif ? Peut-être Jammeh doit-il cette infortune à l'étroitesse de son improbable royaume ouest-africain. Un tout petit pays, la Gambie, enchâssé en doigt de gant dans le flanc du grand Sénégal et qu'irrigue de part en part un fleuve éponyme. Une ancienne colonie britannique, principauté d'à peine 2 millions d'âmes que l'on croirait surgie de l'imaginaire d'un fabuliste. Une enclave orwellienne dont les Européens ne connaissent, au mieux, que les plages paradisiaques.

Le futur tyran voit le jour le 25 mai 1965, soit trois mois après la proclamation de l'indépendance de cette languette de terre natale. Venus de la région méridionale sénégalaise de la Casamance, ses grands-parents ont fait souche à Kanilai, à une centaine de kilomètres à l'est de Banjul. Yahya a 9 ans lorsque disparaît son père Abdul Aziz, paysan et lutteur réputé d'ethnie Diola. Sa mère, Adja Fatou, partage son temps entre son commerce de détail et la tenue du foyer. Les rares témoignages parvenus jusqu'à nous esquissent le portrait d'un garçon doux et timide, d'un élève assez studieux pour se voir offrir la bourse qu'exige la poursuite dans un lycée de la capitale d'une scolarité honorable. Honorable mais sans lendemain : l'ado préfère le métier des armes à une carrière tranquille et terne de fonctionnaire ou d'enseignant.

Un putsch à contre-courant

À 19 ans à peine, il entre à l'École nationale de gendarmerie. Son zèle lui vaut de gravir les échelons au pas de charge. Promu sergent en avril 1986, élève officier à la fin de l'année suivante, l'enfant de Kanilai conquiert ses galons d'officier dès 1989. Parcours exemplaire, à une nuance près : très tôt affleurent l'obsession clanique du jeune Diola et son aversion viscérale pour ses compatriotes mandingues[1]. Un compagnon de chambrée se souvient de l'avoir vu, au détour d'une querelle de clocher, ou de minaret, braquer son pistolet sur un capitaine issu de cette communauté, majoritaire en Gambie.

L'incartade n'entrave nullement son avancement. Sa spécialité ? La protection rapprochée de hautes personnalités. On le verra un temps diriger l'escorte présidentielle, puis, en février 1992, orchestrer la sécurité du pape Jean-Paul II, de passage à Banjul. Tour à tour commandant de la gendarmerie mobile puis de la police militaire, le lieutenant Jammeh enrichit sa formation à l'académie de Fort McClellan (Alabama), où il suit un semestre durant le *Military Police Officers Basic Course*.

Manque néanmoins à ce programme un séminaire sur le respect des institutions : le 22 juillet 1994, six mois après son retour au pays, Jammeh, à la tête d'un quatuor d'officiers mutins, renverse Dawda Jawara, porté à la présidence en avril 1970[2]. Putsch sans effusion de sang, certes, mais doublement paradoxal, tant il paraît

---

1. Implantés en Afrique de l'Ouest, les peuples Diola et Mandingue se côtoient notamment dans l'espace sénégambien. Vivant pour l'essentiel de l'agriculture, de l'élevage et de la pêche, la communauté Diola a fait souche en Gambie, en Casamance (frange sud du Sénégal) et en Guinée-Bissau. Quant aux Mandingues, ils sont établis dans toute l'aire ouest-africaine sous différentes dénominations : Malinkés au Mali, en Guinée-Conakry ou au Sénégal, Dioulas en Côte d'Ivoire et au Burkina Faso.

2. D'ethnie mandingue, vétérinaire de formation, Sir Dawda Jawara – il fut anobli par Elizabeth II – s'est éteint le 27 août 2019, à l'âge de 95 ans. Exilé, condamné puis amnistié, il rentre au pays en 2010. En gage de respect, Yahya Jammeh lui offre la main de sa mère Adja Fatou. Laquelle mourra en exil en juillet 2018.

à contretemps et à contre-courant. *Primo*, ce coup d'État militaire survient alors même que, depuis le début de la décennie, une effervescence démocratique, si pagailleuse et ambiguë soit-elle, bouscule les satrapies subsahariennes. *Secundo*, il détrône un « père de la Nation » unanimement loué, y compris par le souverain pontife lors de sa visite, pour ses efforts en faveur du multipartisme. Les Nations unies condamnent ? L'Union européenne suspend son aide ? « Néocolonialisme ! », riposte comme il se doit le meneur de la junte.

Fidèle en cela à la loi du genre, l'ancien gendarme, désormais à la tête d'un « Conseil exécutif provisoire des Forces armées », promet la restauration du pouvoir civil « dès que nous aurons remis les choses en ordre », puis clarifie son agenda. À la clé, une transition de quatre ans, délai réduit de moitié au lendemain d'une vaine tentative de « contre-coup » ourdie par des officiers rebelles dès novembre 1994. Soit deux mois avant une nouvelle conjuration, tout aussi infructueuse, œuvre cette fois de deux des associés du quartet initial. Autant dire qu'une telle adversité conforte le penchant absolutiste du rescapé. Lequel gouverne par décret et proscrit toute activité politique.

Reste à parer cette mise au pas des atours de la volonté populaire. En l'espace de huit semaines, Yahya Jammeh promulgue une nouvelle constitution ratifiée par référendum, s'octroie le grade de colonel, démissionne de l'armée, puis, crédité de 56 % des suffrages, s'adjuge le scrutin présidentiel du 29 septembre 1996. À la faveur des législatives de janvier suivant, son parti, l'Alliance patriotique pour la réorientation et la construction (APRC), rafle 33 des 45 sièges à pourvoir. Avec le concours actif, il est vrai, de ses *Green Boys*, jeunes miliciens rompus aux techniques de l'intimidation. Les réfractaires ont bien du mérite : le *Big Man* – « Grand Monsieur » – menace de châtier, en les privant de subsides, les villes et les régions coupables de « mal voter ». Et il tient parole. En revanche, le maître de State House, fière bâtisse blanche à colonnes doriques, ex-résidence du gouverneur britannique et siège de la Présidence, bafoue d'autres serments. À commencer par celui de vaincre la corruption. Cinq des 35 millions de dollars prêtés par Taïwan en 1995 s'évaporent, atterrissant non dans les caisses de l'État, mais sur un compte bancaire opportunément domicilié en Suisse.

À sa décharge, le tombeur de Jawara hérite d'une mini-patrie aux infrastructures embryonnaires et d'une capitale aux allures de bourgade assoupie. Ni université – celle de Brikama décernera ses premières maîtrises en 2004 –, ni télévision, deux hôpitaux, sept kilomètres de route bitumée et, en guise d'aéroport, une piste flanquée d'un hangar[3]. Ses premiers pas éveillent de réelles espérances. Son volontarisme sur le front de l'éducation dope le taux de scolarisation dans le primaire. À en croire son entourage, ce pieux musulman resté fidèle aux usages militaires se lève avant l'aurore et bivouaque dans son bureau de 8 heures à 20 heures. Logique : au faîte de sa gloire, il cumulera les portefeuilles de la Défense, des Affaires étrangères, de l'Agriculture, des Travaux publics et du Développement.

3. *Jeune Afrique*, 23 septembre 2007.

Titres ronflants et trophées bidon

Les tyrans, on le sait, collectionnent les rimes en « O ». Parano, mytho, mégalo. Si le colonel à la retraite paraît si corpulent sous sa toge blanche, suggère une note des services britanniques, c'est qu'il porte en permanence un gilet pare-balles ; selon une version plus couleur locale, ce corset maison aurait vocation à déjouer les malédictions mystiques... Son titre officiel ? *His Excellency Sheikh Professor Alhadji Dr Yahya Abdul-Aziz Jemus Junkung Babili Mansa. Babili Mansa* signifiant au choix, en langue mandingue, « Bâtisseur de ponts en chef » ou « Conquérant des fleuves ». Un intitulé ronflant sujet à quelques variantes, son titulaire retranchant ou restaurant, selon l'humeur du moment, la dignité de *Naasiru Deen*, ou « Défenseur de la Foi ». Avide d'honneurs, Son Excellence se ceint à l'occasion le front de lauriers en toc. En 2010, un quotidien à sa botte lui attribue quatre trophées décernés par un « Parlement international pour la Sécurité et la Paix » inconnu au bataillon, ainsi qu'un *Platinum Award* – « prix de platine » – dont l'aurait prétendument gratifié le président américain Barack Obama. L'ex-officier revendiquera aussi des épaulettes d'amiral de la flotte du Nebraska, s'attirant un démenti cinglant du cabinet du gouverneur de cet État enclavé, dépourvu d'accès à la mer. Autre indice de ces pulsions narcissiques, le protocole monarchique en vigueur : quand il s'adresse au « Grand Monsieur », tout sujet doit s'incliner avec révérence, voire, mieux, s'agenouiller.

De telles bouffonneries prêteraient à sourire si elles n'éclipsaient pas le cynisme et la cruauté du personnage. Rien ne rend mieux compte de l'ampleur de ses crimes que les dépositions et les témoignages recueillis depuis janvier 2019 par la Commission Vérité, Réconciliation et Réparations (TRRC, selon le sigle anglais). Laquelle peut, en vertu de son mandat, recommander le déclenchement de poursuites et l'octroi d'indemnités, mais en aucun cas prononcer de condamnations. Sidérés, horrifiés, incrédules, les Gambiens voient défiler sous les néons d'une salle d'audience sinistre et basse de plafond les démons et les fantômes de l'ère Jammeh. Mais aussi, en rangs serrés, la cohorte des témoins et des rescapés, barons et « gens de peu » mêlés, les uns déposant dans un anglais châtié en treillis ou en costume-cravate, les autres bafouillant leur cauchemar en langue locale, vêtus d'une robe élimée ou d'un blouson informe. Rien ne manque à l'inventaire. Ni les exécutions sommaires, ni les disparitions inexpliquées, les tortures, les détentions arbitraires et les persécutions de dissidents réels ou fantasmés. Pour leur extorquer les aveux escomptés, les bourreaux puisaient dans l'arsenal en usage sous toutes les latitudes : coups, chocs électriques, suffocation, brûlures à l'acide ou au plastique en fusion.

La palme des aveux les plus glaçants revient sans conteste aux *junglers*, membres des escadrons de la mort à la dévotion du *Big Man*. Trois d'entre eux confessent ainsi avoir commis sur ordre des dizaines d'assassinats[4]. Citons le massacre, en juillet 2005, d'une cinquantaine de migrants ouest-africains, dont 44 Ghanéens, échoués sur une plage peu après avoir entrepris une périlleuse traversée vers l'illusoire eldorado européen. Chargés comme du bétail dans des camions, ces naufragés, pris à tort pour

4. Le trio évoqué ici a été libéré en août 2019. Décision très controversée, motivée par le souci d'encourager d'autres confessions.

des mercenaires putschistes, seront acheminés à Kanilai, le fief présidentiel, puis fusillés un à un, avant que l'on n'entasse au fond d'un puits leurs dépouilles. Dont celle d'un homme qui avait payé 100 dollars le droit de réciter une ultime prière. Huit ans plus tard, deux hommes d'affaires américano-gambiens paieront eux aussi de leur vie cette hantise perpétuelle du coup d'État. Arrêtés par des agents de la très redoutée Agence nationale du renseignement (NIA), emmenés au fond du jardin d'une résidence de Kanilai, Alhajie Ceesay et Ebou Jobe y seront étouffés, décapités et enterrés. « Le président, avoue un *jungler*, nous avait ordonné de les découper en morceaux. » « Nous étions l'équipe de choc de Yahya Jammeh, admet en écho un de ses compagnons. Nous avions une confiance aveugle en lui. »

La jungle des junglers

Au fil des audiences, d'autres cadavres remontent à la surface. Celui du ministre des Finances Ousman Ceesay, retrouvé carbonisé dans sa voiture en juin 1995. Ceux du général Ndure Cham, un chef d'état-major déchu suspecté de félonie, et d'Haruna Jammeh, cousin du chef de l'État, achevé par le bourreau en chef du régime, Sanna Majang, là encore dans une forêt voisine du mouroir si cher au « Grand Monsieur ». Lequel, il va de soi, réserve aux « traîtres » – tels les cerveaux du putsch raté de l'automne 1994, évoqué précédemment – un traitement de choix. À en croire un repenti, onze officiers soupçonnés d'avoir trempé dans le complot ont alors été abattus sur-le-champ. Consigne du « boss » : « Pas de prisonniers. » À deux exceptions près : ex-titulaire du portefeuille de l'Intérieur et porte-parole du gouvernement, Sadibou Hydara trépasse l'année suivante dans les bras de son codétenu Sana Sabally, ancien n° 2 des forces armées, lui-même soumis à d'atroces sévices. Quand vient le moment de vider les cachots, Son Excellence le fait à sa manière : en 2012, il ordonne l'exécution de tous les condamnés à mort, bafouant ainsi un moratoire implicite. Dire que l'ex-Bathurst[5] héberge depuis 1989 le secrétariat de la Commission africaine des droits de l'homme et des peuples...

Vindicatif, sanguin, Jammeh peut aussi se montrer mesquin. Un ex-employé de la Présidence se souvient du courroux suscité par le rendement financier, jugé médiocre, d'une revente de véhicules de l'État. Dix-sept des 28 fonctionnaires incriminés et reclus deux semaines durant dans les geôles de la NIA seront acquittés ; quant aux onze autres, ils sont à jamais portés disparus.

Les récits égrenés devant la TRRC éclairent aussi d'un jour cruel les circonstances de l'assassinat, le 16 décembre 2004, de Deyda Hydara. C'est bien Jammeh qui a commandité la liquidation de ce journaliste respecté, correspondant à Banjul de l'AFP et de l'ONG Reporters sans Frontières, mais aussi cofondateur du magazine *The Point*[6]. Ce jeudi-là, à la nuit tombée, trois taxis Mercedes

5. Cédée en 1816 par un monarque local à l'officier britannique Alexander Grant, Banjul est alors rebaptisée Bathurst en hommage au comte Bathurst, secrétaire d'État à la Guerre et aux Colonies. Ce n'est qu'en 1973 que la capitale gambienne retrouve son appellation antérieure.

6. Le 16 décembre 2019, à l'occasion du 15e anniversaire de l'assassinat, RFI a consacré son « Grand Reportage » à Deyda Hydara. Émission accessible sur le site www.rfi.fr

prennent en chasse *Magic Pen* – le « Stylo magique », nom de code de la cible –, qui vient de raccompagner deux de ses employées. On retrouvera son cadavre, lesté de trois balles, une dans la tête, une dans la poitrine, une dans le ventre. Pendant la traque, l'un des spadassins du commando entend son supérieur, le capitaine Tumbul Tamba, converser par téléphone ; échange déférent émaillé de « Oui, Votre Excellence ! ». Le lendemain de l'exécution, le même officier remet aux exécutants, dont Sanna Majang, déjà cité, une enveloppe bourrée de dollars, « en gage de gratitude du *Big Man* ».

Quel crime paye donc le quinquagénaire, ancien animateur radio et ex-DJ réputé ? Sa liberté de ton, bien sûr. Ses éditoriaux, ironiques et allusifs, publiés dans des rubriques intitulées « The Bite » (« La Morsure ») ou « Good Morning, Mr President ». Mais aussi les écrits incisifs que lui inspire une loi récente visant à bâillonner la presse. Huit mois avant de signer son arrêt de mort, Yahya Jammeh avait enjoint aux professionnels des médias, ces « fils illégitimes de l'Afrique », « d'obéir aux autorités ou d'aller au diable ». Injonction bravée par une poignée d'insoumis, dont Ebrima Manneh, plume du quotidien *The Daily Observer*. Sa disparition, à l'été 2006, n'a jamais été élucidée.

Les larmes des femmes-proies

Programmées jusqu'à la fin du premier semestre 2021, les auditions de la Commission auront enfin dissipé les doutes, bien minces au demeurant, quant à cet autre avatar du seigneur détrôné de State House : le prédateur sexuel ; et donné une voix et un visage à quelques-unes de ses victimes. En la matière, comment ne pas relever les troublantes analogies entre le *modus operandi* de Jammeh et celui du défunt Muammar Kadhafi[7] ? Comme le Guide libyen, le gourou gambien affiche sa volonté d'affranchir le statut de la femme des usages rétrogrades et de la sujétion patriarcale légués par la tradition. Ainsi bannit-il en 2015 les mutilations génitales féminines, « qui n'ont leur place ni dans l'islam ni dans une société moderne », avancée assortie de l'interdiction des mariages précoces. Comme Kadhafi, le Gambien dispose pour étoffer son harem d'un réseau de rabatteurs censés repérer et livrer à ses appétits les proies choisies. Comme le « bouillant colonel », il recourt aux promesses, aux largesses, au chantage, aux menaces et au viol, quitte à réduire les récalcitrantes au rang d'esclaves. Et comme le Bédouin des Syrtes, *His Excellency* cultive les apparences d'une forme de normalité conjugale. Certes, en 1998, il répudie élégamment sa première épouse, d'origine mauritanienne, alors même qu'elle suit en Arabie saoudite un traitement contre l'infertilité. Mais le mari en mal d'héritier convole l'année suivante avec la jeune Zineb Soumah, de mère marocaine et de père guinéen, qui lui donnera une fille, Mariam, puis un fils, Mohammed. Et sauvera son titre de *First Lady* malgré l'irruption, en 2010, d'une éphémère rivale, quitte à signifier son dépit par de longs séjours aux États-Unis que pimentent d'intenses séances de shopping. À la mi-septembre 2020, le Département du Trésor américain parviendra à troubler la quiétude de la tenace première dame, cible, en son exil équato-guinéen, de sanctions financières. On la soupçonne outre-Atlantique d'avoir, par le truchement de la

---

7. Dimension explorée par l'auteur de ses lignes dans *Kadhafi* (Perrin, 2017), au fil d'un chapitre intitulé « Ton corps m'appartient ».

fondation pour la protection de l'enfance qu'elle présidait, machine à cash du couple, « facilité le transfert illicite de fonds vers son mari ». Deux mois plus tôt, le ministère de la Justice avait quant à lui préconisé la saisie de la villa de Potomac (Maryland) achetée jadis par Monsieur à un basketteur en vue de la NBA. Là encore, tout porte à croire que la transaction doit beaucoup aux acrobaties comptables de Madame…

Au printemps 2019, l'ONG Human Rights Watch publie un rapport accablant, étayé par les récits détaillés de femmes-proies meurtries mais assez indomptables pour en confirmer le moment venu la teneur à la barre, au fil d'éprouvantes dépositions. Voici Fatou Jallow, alias « Toufah ». En 2015, cette étudiante en art dramatique, alors âgée de 18 ans, remporte un concours de beauté parrainé par le ministère de l'Éducation nationale. Enjoué et paternel, Yahya Jammeh reçoit lauréate et dauphines à State House, leur enjoint de prendre leur destinée en main, leur conseille de ne pas s'enfermer trop tôt dans le rôle d'épouses et mères et les couvre de présents, ordinateurs portables, Smartphones et liasses de cash. Très vite, le conte de fées vire à l'aigre. Invitée à présenter un projet de théâtre populaire qui lui tient à cœur, Fatou subit les avances de plus en plus pressantes du « Grand Monsieur ». Tout y passe : le collier en or, l'installation de l'eau courante dans la modeste maison familiale et un emploi au protocole de la Présidence. La jeune Miss se dérobe ? Son hôte insiste. Il est désormais question d'une voiture, d'une villa, puis d'épousailles en bonne et due forme. Peine perdue, là encore. Bientôt, le piège se referme. Au prétexte de l'associer à une session de récitation du Coran, Jammeh convoque la jeune femme au palais et l'enferme dans une pièce exiguë. « Tu te prends pour qui ?, éructe-t-il. Jamais aucune femme ne m'a résisté. On va bien voir si tu es vierge. » Elle résiste, il la gifle, menace de la tuer, lui injecte une substance mystérieuse dans le bras puis la viole, tandis que dans le salon voisin, des haut-parleurs diffusent les psalmodies coraniques. « Ce qu'il voulait, témoigne Fatou entre sanglots et silences, ce n'était pas du plaisir avec moi, mais me faire mal, m'infliger une leçon, me punir, combler son ego. »

D'ordinaire, l'ancien colonel, réfractaire au préservatif, puise dans son vivier de *protocol girls*, que supervise sa cousine Jimbee. Appâtées par la promesse d'un salaire ou d'une bourse d'études, les favorites sont tenues de résider à proximité de State House, de rompre avec leur *boy friend* éventuel et d'accompagner Son Excellence lorsqu'il se retire à Kanilai ou voyage à l'étranger. Hier si prévenant, le patron vire celles qui tombent enceintes et confisque les cadeaux des filles dont il se lasse. Quand une prénommée Bintu, que Jammeh somme de se dévêtir afin de l'« enduire d'eau spirituelle », se cabre, il résilie son contrat, annule la bourse appelée à financer son cursus dans une université américaine et lui interdit de se rendre à l'ambassade des États-Unis pour l'entretien préalable à la délivrance d'un visa.

Renonce-t-il parfois à ses fins ? Quelques rebelles lui ont tenu tête. Telle la chanteuse Fatoumatta Sandeng, fille d'un opposant qui succomba en 2016 aux exactions infligées durant sa garde à vue. Recluse trois jours durant dans une chambre de l'hôtel Sindola de Kanilai, l'insoumise arrache à l'usure un sauf-conduit et s'éclipse.

En matière de mœurs, une autre obsession taraude Jammeh : l'homosexualité. Dès le printemps 2008, il sonne la charge, promettant une loi « plus stricte qu'en Iran », et lance aux rares gays et lesbiennes du pays un « ultimatum final » : ils et elles ont quelques mois pour quitter le pays. Vaine injonction, à en juger par la mise en garde lancée cinq ans plus tard : « Si l'on vous chope, vous regretterez d'être né. J'ai des buffles venus d'Afrique du Sud et du Brésil, et ils ne fricotent jamais ensemble. [...] Tolérer ce vice reviendrait à autoriser le satanisme. » En février 2014, nouvel assaut homophobe. « Nous combattons cette vermine de la même manière que nous combattons les moustiques vecteurs de la malaria », martèle-t-il alors. Au détour d'un discours télévisé, le *Big Man* réitère une menace récurrente : émasculer ou égorger lui-même les LGBT. Friand de métaphores médicales, il assimile désormais l'attrait pour le même genre à la lèpre et à la blennorragie. Bientôt, le « crime d'homosexualité aggravée » devient passible de la peine de mort. La frénésie homophobe perdrait-elle de sa vigueur au fil des ans ? Certes non. « L'homosexualité, insiste-t-il au printemps 2016, n'est pas humaine, elle va à l'encontre de la loi de Dieu ! Lui a créé Adam et Ève, pas Adam et Adam[8]. »

Un Diafoirus tropical

En 2007, l'ex-gendarme enrichit sa garde-robe d'un nouveau costume : le boubou du marabout. Dès janvier, devant un parterre de diplomates médusés, il dévoile ses dons de guérisseur traditionnel omniscient. À l'en croire,

8. *Jeune Afrique*, 29 mai 2016.

les talents qu'il tient d'Allah et de son défunt père lui permettent de traiter le sida – lundi et jeudi –, l'asthme – vendredi et samedi –, le virus Ebola, la tuberculose, le diabète, l'obésité, le cancer, l'hypertension, la stérilité féminine et les troubles érectiles masculins. « Je ne détiens pas de pouvoirs mystiques, nuance le Dr Jammeh, mais j'ai reçu la baraka [au sens de bénédiction du Tout-Puissant]. Tout ce que je fais, je le fais au nom de Dieu. Si je parle ne serait-ce qu'une minute à un fou, je vous assure qu'il repartira chez lui dans un état normal. Si je soigne un homme atteint du VIH, soyez assuré que, trois jours après, il sera testé négatif. » Sa panacée ? Un onguent verdâtre, mixture de son cru à base de sept plantes mentionnées dans le Coran. Il arrive à la télé gambienne de diffuser en soirée une *healing session* – « séance de guérison » – de l'herboriste suprême. On l'y voit imposer les mains sur le torse d'un malade puis l'enduire de son remède miracle tout en récitant des versets coraniques, à moins qu'il ne promène le Saint Livre à l'aplomb du corps endolori.

Tourné à la même époque au sein de la clinique privée du rebouteux, logée dans l'enceinte même de State House, un documentaire de la chaîne qatarie Al Jazeera vaut lui aussi son pesant de baume universel. Tandis qu'au-dehors, sous une chaleur écrasante, la foule des patients grossit, Yahya Jammeh, radieux, enfile ses gants chirurgicaux, bénit un plateau d'herbes, d'arachides et de bananes, puis extrait de sa mallette de cuir un flacon de poudre. De quoi s'agit-il ?, s'enquiert le reporter. « Jamais, même dans un million d'années, je ne dévoilerai le secret à quiconque, qu'il soit africain, asiatique ou extraterrestre, rétorque le Diafoirus tropical. Coca-Cola ne révèle pas sa recette. » Sur un ton plus grave, le maître des lieux confie combien il sent le poids du « fardeau, moral, spirituel et philosophique » pesant sur ses épaules. « Ces pauvres gens, admet-il, placent tous leurs espoirs en moi. » Comment les en blâmer ? Sa mission accomplie, Jammeh se penche sur un gisant aux côtes saillantes. « Respirez profondément. Comment ça va ? La douleur faiblit ? — Elle est partie, Monsieur. »

Malheur aux incrédules. Pour avoir osé émettre des doutes sur l'efficacité et la pertinence d'un procédé susceptible non d'enrayer, mais au contraire de favoriser la propagation du sida, la Zimbabwéenne Fadzai Gwaradzimba, coordonnatrice des Nations unies à Banjul, sera expulsée. « Une illettrée qui ne connaît rien à la médecine », assène le ministre de la Santé de Jammeh. Quant à ce ponte sud-africain, atterré par l'injonction criminelle adressée aux sidéens, sommés de cesser toute thérapie antirétrovirale, il s'attire les foudres du Mabuse gambien : « Je ne dois aucune explication à cet imbécile. Peut-être est-il l'un de ceux qui ont inventé le fléau. »

Deux ans plus tard, la chasse aux boucs émissaires prend un tour névrotique. Ébranlé par le décès d'une tante, victime selon lui d'un sortilège, le président ordonne à ses gangs de *Green Boys* de rafler dans les campagnes un millier de sorciers, dont certains seront contraints d'ingurgiter une décoction nauséabonde et toxique. Selon un rapport d'Amnesty International, au moins six d'entre eux succombent à l'épreuve[9]. À l'évidence, les préceptes de l'islam n'ont pas éclipsé chez Jammeh les croyances ancestrales. En 2003, un communiqué officiel de State House accuse une bande d'opposants d'avoir placé une carcasse

9. *Le Monde*, 28 février 2017.

de lion et des gourdes de vin de palme à un carrefour pour saper l'économie nationale.

Laquelle n'a nul besoin de tels maléfices pour sombrer. Si Jammeh et les siens régentent à leur profit l'agriculture, l'élevage, l'énergie, la boulangerie, le commerce du bois et les importations de denrées de première nécessité, la Gambie végète dans le peloton de queue des palmarès mondiaux, oscillant entre la 165e et la 172e place – sur 187 – au classement de l'indice de développement humain des Nations unies. Quant au produit intérieur brut (PIB), il aura régressé de 30 % entre 1994 et 2015, tandis que le quart de la population cherchait le salut dans l'exil. À sa décharge, Jammeh pourra invoquer sur la fin de son règne les effets conjugués de deux calamités. La sécheresse, fatale aux rendements agricoles ; et la menace de l'épidémie d'Ebola, rédhibitoire pour les touristes britanniques ou scandinaves.

Complots à double fond

Dans l'arène diplomatique, les foucades de l'ancien putschiste ont tôt fait d'irriter son voisinage. Si la Gambie et le Sénégal ont lié un temps leurs destinées au sein d'une Confédération sénégambienne (1982-1989), un dossier empoisonne les relations bilatérales : le soutien actif, trafics d'armes et de drogue compris, que Banjul procure à la guérilla séparatiste casamançaise. « Au début, souligne Abdou Diouf, à la tête du pays de la Teranga de 1981 à 2000, la coopération avec Jammeh a été fructueuse ; bien plus qu'avec son prédécesseur. Nous l'avons aidé à créer une armée, une police et des services de sécurité dignes de ce nom. À cette époque, pas de double jeu : il avait le mérite d'éconduire les insurgés diolas de Casamance en quête de soutien. Puis l'atmosphère s'est détraquée au fil des ans. Lui bloquait tout et se prenait pour le Christ[10]. » Tendu au temps d'Abdoulaye Wade (2000-2012), le climat vire à l'exécrable sous son successeur Macky Sall, que le Gambien accuse de protéger « tous ceux qui complotent contre [son] pays ».

Au-delà, le *Big Man* s'enferme dans un isolement moins superbe que mortifère. Il rompt en 2013 avec le Commonwealth, « vestige du colonialisme », puis, en juin 2015, expulse la représentante de l'Union européenne, institution coupable d'avoir gelé une aide de 13 millions d'euros. Entre-temps, ses pairs régionaux, las de ses ruades, l'ont privé de son mandat de président en exercice de la Communauté économique des États de l'Afrique de l'Ouest (Cedeao). À l'automne 2016, Banjul rompt avec la Cour pénale internationale, ou CPI, logée à La Haye (Pays-Bas), et qui a pour procureure générale Fatou Bensouda, ministre de la Justice de Jammeh entre 1998 et 2000. Une embellie passagère dans ce ciel morose : la brève réception dans le mythique Bureau ovale de la Maison-Blanche, le 5 août 2014, dont subsiste une photo-souvenir au côté du couple Obama. Égard d'autant plus inattendu que le visiteur gambien courtise alors l'Iran chiite, Cuba ou le Venezuela. Et se rapproche du Führer zimbabwéen Robert Mugabe.

Peu sectaire en l'espèce, le musulman diola se montre tout aussi réceptif aux chants des sirènes saoudiennes. Après avoir élevé l'arabe à la dignité de langue officielle – et ce, au détriment de l'anglais –, il confère en

10. Entretien avec l'auteur, 11 juin 2019.

décembre 2015 à la Gambie le statut de République islamique. À la grande joie du pouvoir wahhabite de Riyad, qui l'abreuve de dollars et de corans. Désormais, tout le pays devra s'astreindre aux rudes prescriptions du ramadan et sacrifier la musique comme la danse, perverses futilités. Accès de rigorisme éphémère. Très vite, Jammeh renonce à imposer aux femmes le port du voile, au prix d'une acrobatie de casuiste. Si le président a invité ses « sœurs » à attacher ou à couvrir leur chevelure, c'est qu'il déteste ces mèches et autres extensions capillaires « venues d'Inde ou du Brésil », dont on trouve des reliquats au creux des dossiers administratifs... Quant à l'interdit musical, il ne résistera pas davantage aux coupables faiblesses du *Big Man*, amateur de soul, de rap ou de reggae, fan impénitent de l'icône pop Beyoncé et, paraît-il, ami de Germaine Jackson, l'un des aînés de Michael, pilier des Jackson Five[11].

Sous une dictature, le putsch manqué est presque aussi ravageur que le complot réussi. Il dope la paranoïa du tyran et lui offre le prétexte d'éliminer les féaux jugés douteux ou de resserrer un peu plus le garrot. Tel est le cas au lendemain du putsch avorté de mars 2006. « Aucune élection, aucun coup d'État ne peut mettre fin à mon règne, tonne alors Jammeh. Je suis prédestiné à diriger la Gambie. » Huit ans plus tard, l'ancien gendarme, en visite à Dubai, sent à nouveau le vent du boulet. Même si l'assaut sur State House, lancé dans la nuit du 29 au 30 décembre 2014 par un commando infiltré, vire très vite au fiasco[12]. Cet abordage, mélange d'amateurisme et de

11. *Valeurs actuelles*, 23 juin 2016.
12. *The Washington Post*, 31 mai 2015.

pensée magique, a germé au sein de la diaspora gambienne du Minnesota et du Maryland. Dans leur sillage, les putschistes ont semé les indices. Au domicile de l'un d'eux, les agents du FBI découvrent un dossier barré de la mention « Top Secret ». Chez un autre, un manuel intitulé *Comment mener un coup d'État militaire : de la planification à l'exécution*. Le mécène ? Un agent immobilier installé au Texas. Les « cerveaux » ? Une poignée d'ex-officiers exilés, dont deux ont servi en Irak ou en Afghanistan sous la bannière de l'US Army, et un dénommé Papa Faal, neveu du président déposé Dawda Jawara. Las !, le régime, tuyauté par un indicateur, a renforcé la protection du palais. Cuisante débâcle : quatre des conjurés sont abattus, dont l'ancien capitaine de la garde présidentielle Lamin Sanneh, tandis que les rescapés détalent en un sauve-qui-peut éperdu. Informé, « Chuck » – nom de code donné au président par les conspirateurs – précipite son retour et déclenche, comme il se doit, une purge implacable. « Je les aurai un par un, jusqu'au dernier, jure-t-il. Cette fois, c'est œil pour œil. » Cette fois, comme toutes les autres...

« Dictateur du développement »

En Gambie, la démocratie est un jeu d'enfants. La preuve : on y vote au moyen de billes qu'il convient de glisser dans un fût scellé de couleur. Vert pour Yahya Jammeh, qui se pare ainsi de la couleur de l'islam, mauve ou gris pour ses rivaux. Instauré en 1965, à l'époque où le pays comptait 75 % d'analphabètes, le procédé a traversé les décennies. Urnes-barils pour élections bidon ? Lors de la campagne présidentielle de 2011, le sortant est tellement sûr de son succès qu'il autorise – largesse inédite – le passage de ses challengers sur les ondes de la radio d'État et se retire sur ses terres. Il est vrai qu'à l'en croire, le Très-Haut l'a assuré en songe d'un triomphe éclatant. Raté. La Cedeao refuse d'avaliser un scrutin des plus douteux. « Si Allah le veut, claironne-t-il à l'époque au micro de la BBC, je gouvernerai un milliard d'années. » Allah ne l'a pas voulu.

Le 1er décembre 2016, le tyran thaumaturge brigue un cinquième mandat. Joué d'avance, chantent en chœur les experts. D'autant que le scrutin à un seul tour fait d'ordinaire les affaires du tenant du titre. Si, là encore, Jammeh bat mollement la campagne, son *People's Tour*, moins périple électoral que tournée de rock star ou de télévangéliste, inspire à l'envoyée spéciale de *Jeune Afrique* un récit tragi-comique intitulé « Bienvenue à Paranoland[13] ». Entouré d'un essaim de gardes du corps fébriles et suspicieux, la star descendue de son Hummer blindé noir, pas lent et gestuelle théâtrale, se plaît à cabotiner sur scène au gré de meetings interminables. Passons sur les odes et poèmes à sa gloire, les prêches de l'imam et les oraisons chrétiennes, préludes à un discours-fleuve prononcé d'ordinaire entre chien et loup. Le clou du monologue ? Un quiz. L'orateur promet 2000 dalasis – soit l'équivalent d'une quarantaine d'euros – à quiconque connaît le prénom du mari de Beyoncé. Facile. Question suivante : « Qui est le ministre gambien de l'Éducation ? » Lourd silence. « Combien fait le quart d'un dollar ? » « Où se trouve l'abdomen ? » Tant pis pour celui ou celle qui, grimpé sur l'estrade, livre une réponse erronée. « Tu n'as pas honte ? », s'agace le prof d'un soir. « Tu es sourd ? » Puis tombe des

13. *Jeune Afrique*, 29 mai 2016.

augustes lèvres ce constat dépité : « L'enseignement dans ce pays est un désastre. » À qui le dites-vous, Excellence…

Dans le même numéro du magazine panafricain paraît une interview déconcertante, recueillie sur le coup de 3 heures du matin, au sortir d'un Conseil des ministres improvisé. Le lecteur y apprend que Yahya Jammeh n'a guère besoin de plus d'une heure de sommeil par nuit, qu'il ignore l'âge limite des candidats à la présidence tel que fixé par la constitution et que ses contradicteurs ne sont que des « tribalistes ». L'interroge-t-on sur les propos du secrétaire général de l'ONU de l'époque, partisan de l'ouverture d'une enquête sur le décès suspect de l'opposant Solo Sandeng, déjà évoqué ? « Ban Ki-moon et Amnesty International peuvent aller en enfer !, s'emporte-t-il. Où est le problème ? Des gens qui meurent en détention ou durant des interrogatoires, c'est très commun. » Quant au diplomate coréen, à la tête des Nations unies de 2007 à 2016, il ne serait qu'un « raciste » doublé d'un ingrat, oublieux du rôle décisif joué par Banjul lors de son élection… Plus loin, le putschiste dit sa fierté d'être qualifié de dictateur. « Je ne suis qu'un dictateur du développement, se rengorge-t-il. Je n'y peux rien si les Occidentaux sont habitués à ce que les chefs d'État africains ne soient que des béni-oui-oui, sans plus d'indépendance que Mickey Mouse. Moi, je ne suis pas un suiveur. Je dirige. »

Plus pour très longtemps. Au soir de ce jeudi de décembre, le sortant, qui prophétisait un « raz-de-marée historique », se voit devancé de 19 221 voix par le novice Adama Barrow, candidat d'une coalition de partis d'opposition. Cet agent immobilier, qui fut dans une vie antérieure vigile dans un centre commercial londonien, doit à son manque de charisme patent le surnom peu flatteur de

Mr Nobody. Il n'empêche : « Monsieur Personne » bénéficie d'une abstention massive et du vote sanction de l'électorat mandingue, las du mépris et des brimades de l'élite diola. « Je sais que vous ne m'aimez pas, avait un jour lancé le *Big Man* à l'adresse de cette communauté. Résignez-vous : aucun d'entre vous n'accédera jamais au pouvoir. »

Volte-face

Le visionnaire à la vue basse aura donc tout raté, y compris sa sortie. Dans un premier temps, et à la stupéfaction générale, il reconnaît sa défaite. On le voit même, devant les caméras, féliciter son tombeur par téléphone, mi-goguenard, mi-magnanime. « Le pays sera entre vos mains dès janvier prochain et je vous propose mon aide pour la transition, rassure-t-il. Mais vous devez travailler avec moi le temps que je déménage et vous laisse la Présidence. Je n'ai aucune arrière-pensée et vous souhaite le meilleur. » Mieux, le vaincu, qui a toujours revendiqué son identité paysanne, précise qu'il se consacrera désormais à sa ferme de Kanilai.

Pure galéjade. Tout indique que ce revers le laisse K.-O. debout, dépité et amer. Les faucons de son entourage le pressent de passer en force. Mais plusieurs des cadors de l'appareil sécuritaire, sondés par ses soins, se montrent réticents. Qu'importe. Une semaine plus tard, l'ancien gendarme récuse le verdict des urnes, dénonçant des « anomalies inacceptables » imputées à la Commission électorale indépendante. Volte-face brouillonne : tour à tour, le mauvais perdant suggère qu'une vice-présidente assure l'intérim jusqu'en mai, décrète l'état d'urgence puis obtient d'un Parlement aux ordres une prorogation de trois mois de son mandat, sans omettre de promouvoir à la hâte une cinquantaine d'officiers et de limoger, à une exception près, tous les magistrats de la Cour suprême, plus haute juridiction du pays. « Nul ne peut me priver de ma victoire, martèle-t-il, hormis Allah Tout-Puissant. »

Autant dire que les appels à la raison du chef d'État nigérian Muhammadu Buhari et de son homologue libérienne Ellen Johnson Sirleaf sont voués à l'échec. Pis, l'avion de la présidente en exercice de la Cedeao, interdit d'atterrissage à Banjul, doit rebrousser chemin. Camouflet suicidaire. Tandis que, réfugié à Dakar, Barrow prête serment dans les locaux de l'ambassade de Gambie, l'instance ouest-africaine ébauche l'opération *Restaurer la démocratie*, confiée à un contingent emmené par les forces sénégalaises, aussitôt positionné à la frontière. Il y a de la débâcle dans l'air. Les défections pleuvent, à commencer par celles d'une demi-douzaine de ministres. Tumulte propice à de pittoresques reniements, tel celui du chef d'état-major Ousman Badjie. Le haut gradé prête allégeance au challenger élu puis épingle au revers de sa veste d'apparat un badge à l'effigie de Jammeh, invoquant cet argument imparable : « C'est lui qui me paye ; c'est donc à lui que j'obéis. » À quelques heures du terme officiel du mandat du sortant, nouveau demi-tour. « Je ne vais pas engager mes soldats dans un combat stupide, argue alors le patron de l'armée. J'aime mes hommes[14]. » Mieux, on verra Badjie, sandales aux pieds, promettre des crèmes glacées aux soldats sénégalais tout en esquissant quelques pas de danse aux accents d'un assommant tube coréen, *Gangnam Style*[15].

---

14. *The Financial Times*, 19 janvier 2017.
15. *Le Monde*, 24 janvier 2017.

Le 20 janvier 2017, le Guinéen Alpha Condé et le Mauritanien Mohammed Ould Abdel Aziz entreprennent la mission de la dernière chance[16]. Les palabres, qui dureront une douzaine d'heures, achoppent sur les modalités de l'effacement de Jammeh et l'immunité qu'il réclame. Lui exige de se retirer sur ses terres avec sa garde prétorienne et d'échapper à d'éventuelles poursuites de la Cour pénale internationale de La Haye. L'heure de la reddition sonnerait-elle enfin ? Le soir venu, le despote aux abois apparaît à la télévision. « J'ai décidé aujourd'hui en conscience, annonce-t-il sur un ton solennel, de quitter la direction de cette grande nation. » Par ici la sortie. Vers 21 heures, sur le tarmac de l'aéroport international de Yundum, sa lourde silhouette glisse vers le Falcon d'Alpha Condé. Il monte à bord après avoir brandi son coran. Cap sur Conakry. De là, un autre jet, affrété par le président équato-guinéen Teodoro Obiang, l'achemine jusqu'à Malabo[17]. Part-il les mains vides ? Pas tout à fait : deux Rolls-Royce, une Mercedes-Benz et des mallettes de devises le suivront dans l'exil. Jammeh emporte aussi une manière de sauf-conduit. Pour prix de sa reddition, la Cedeao, l'Union africaine et l'ONU se sont engagées à lui épargner la saisie de ses biens et à le prémunir de toute « chasse aux sorcières ». Garantie paradoxale, s'agissant de l'homme qui déclencha huit ans plus tôt une féroce traque antisorciers…

Remis en mars 2019, un pavé de 1 600 pages, œuvre d'une commission d'experts présidée par un juriste, accuse le chef d'État déchu d'avoir détourné 360 millions

---

16. *L'Opinion*, 10 août 2018.

17. Voir le chapitre consacré au maître de la Guinée équatoriale, p. 308.

de dollars, soit environ 335 millions d'euros. Pactole amplement sous-évalué, objecte un diplomate cité par le quotidien britannique *The Guardian*, qui estime sa fortune à 3 milliards de dollars[18]. Une certitude : les témoignages livrés par les cadres de la Banque centrale et de la société pétrolière nationale, pompes à cash du pouvoir, et l'enquête du consortium international de journalistes d'investigation OCCRP – *Organized Crime and Corruption Reporting Project* – dessinent les contours d'une machinerie kleptocratique bien huilée, puisant allègrement dans les coffres de la Sécurité sociale, de la caisse de retraite, de l'autorité portuaire et des télécoms d'État. À en croire une étude gouvernementale, le *Big Man*, désormais interdit d'entrée aux États-Unis, se serait approprié 281 biens publics, résidences, propriétés foncières, entreprises, îlots, massifs forestiers ou réserves naturelles.

À quand la création d'une ONG baptisée « Despotes sans Frontières » ? Choyé par son hôte Obiang, qui a mis à sa disposition un de ses palais de Mongomo – son fief natal – et un vaste domaine agro-pastoral, Yahya Jammeh joue les *gentlemen farmers*, entouré par ses intimes et le noyau dur de ses fidèles. Les cinq prières quotidiennes et la lecture du Coran balisent ses journées de proscrit plein aux as. Mais il lui arrive d'endosser un autre rôle : celui d'invité d'honneur de son bienfaiteur, à la faveur de banquets ou de cérémonies[19].

---

18. *The Guardian*, 23 février 2017.
19. *L'Opinion*, 10 août 2018.

Rêves de revanche

Au-delà de la prodigalité de son Timonier, la Guinée équatoriale a le mérite de n'avoir jamais ratifié le statut de Rome, traité fondateur de la CPI. Ce qui, en théorie, éloigne le spectre du transfert vers La Haye et le centre pénitentiaire de Scheveningen. De même, on voit mal Obiang avaliser l'extradition que, selon toute vraisemblance, Banjul demandera au lendemain de la publication du rapport final de la Commission Vérité, Réconciliation et Réparations. Dès 2017, la fille de Solo Sandeng et le fils de Deyda Hydara – deux des martyrs les plus illustres de l'ancien régime – ont lancé sous le slogan *« Jammeh2Justice »* une campagne contre l'impunité. À la même époque, l'avocat américain Reed Brody, inlassable procureur des tyrannies africaines et figure de proue de Human Rights Watch, invitait les rescapés du Tchadien Hissène Habré à prodiguer leurs conseils aux frères et sœurs gambiens[20].

À en juger par la teneur de quelques messages audio diffusés par ses disciples *via* les réseaux sociaux, le réprouvé n'exclut pas de rentrer au pays. Non pour y comparaître à la barre, bien sûr, mais pour en reprendre les rênes. Le moindre accrochage lui offre le prétexte de raviver l'ardeur des nostalgiques. Tel est le cas en mai 2019, lorsqu'un soldat de l'armée nouvelle blesse un ex-militaire à Kanilai. Conservatoire des chimères restauratrices, le bastion diola perpétue le culte du « Grand Monsieur » « si gentil », qui distribuait de l'argent, saluait les enfants, prenait part aux

---

20. Le dixième et dernier chapitre de cet essai, p. 368, est consacré à l'ex-dictateur tchadien.

travaux des champs et fournissait aux villageois l'eau et l'électricité. On y croise des gaillards vêtus d'un tee-shirt à la gloire de l'« homme de paix et d'amour[21] ». La voie goudronnée qui y mène porte le nom de Zineb Jammeh, la *First Lady* boudeuse, l'hôpital celui du père de Yahya. Parmi les vestiges d'une splendeur révolue, des carcasses de tanks, un centre de lutte traditionnelle, un zoo à l'abandon que hantent crocodiles et hyènes efflanquées. Sans oublier cette dépendance d'une des villas du maître, là où il concoctait ses remèdes miracles.

Le médiocre bilan et les errements de son successeur, qui s'agrippe à son fauteuil après avoir juré de s'éclipser au bout de trois ans, entretiennent eux aussi la flamme des militants de l'APRC. À la mi-janvier 2020, ils ont défilé par milliers dans les avenues de Banjul, notamment pour exiger le respect du droit au retour de leur champion. « S'il rentre, réplique alors le ministre de la Justice Abubacarr Tambadou, l'un des pères fondateurs de la TRRC, il sera immédiatement arrêté et traduit pour ses crimes les plus graves. » Cinq mois plus tard, le même garde des Sceaux rendra son tablier… Depuis lors, pourtant, la traque des exécutants et des exécuteurs continue, au pays comme ailleurs. À l'été 2020, on apprendra ainsi coup sur coup l'arrestation d'un *jungler* planqué à Denver (Colorado), aussitôt inculpé pour des actes de torture commis en 2006, puis celle de sept demandeurs d'asile gambiens installés en Allemagne, cibles d'une enquête pour crimes contre l'humanité.

21. *Libération*, 22 mai 2018.

Persistance rétinienne ? Même défunt, même exilé, le tyran perpétue son emprise mentale sur ses anciens sujets. D'autant plus aisément qu'il aura longtemps sommeillé dans les poches ou circulé de main en main : l'effigie de Yahya Jammeh, monarque dévalué, n'a disparu des billets de banque qu'en août 2019.

Bibliographie

Vincent Hugeux, *Afrique : le mirage démocratique*, CNRS Éditions, 2012.

Pa Nderry M'Bai, *The Gambia : The Untold Dictator Yahya Jammeh's Story*, iUniverse, 2012 (en anglais).

Sur les crimes et exactions commis par le régime Jammeh, voir les rapports de Human Rights Watch (www.hrw.org) et d'Amnesty International (www.amnesty.fr).

10

Hissène Habré : la méprise et le mépris

Dans le box, il se fige en une pose étudiée, tel qu'en lui-même. Arrogant, hautain, dédaigneux. Un bloc de suffisance noyé dans un ample boubou blanc, drapé dans les plis et les replis virginaux d'une dignité injustement bafouée. Seuls émergent de cette cascade de cotonnade, derrière les lunettes cerclées que dévoile la fente du chèche, le regard tout en froideur et en mépris ou, parfois, les mains osseuses croisées sur les cuisses, posées sur les accoudoirs du fauteuil de cuir, voire occupées à égrener le *tasbih*, chapelet musulman. Ce 20 juillet 2015, l'ancien président du Tchad Hissène Habré, au pouvoir de juin 1982 à décembre 1990, comparaît pour la première fois devant les Chambres africaines extraordinaires, ou CAE, juridiction *ad hoc* siégeant à Dakar (Sénégal).

Jamais jusqu'alors un chef d'État du continent n'avait été jugé en Afrique par une cour *sui generis*. Bien d'autres tyrans mériteraient un tel sort. Mais qui, hormis lui-même et son clan, peut douter que le fils du grand Nord tchadien, mi-intello, mi-chef de guerre, occupe dans cette salle d'audience n° 4 du Palais de Justice dakarois la place qui lui revient ? Certes, l'ancien rebelle issu de l'ethnie Daza – ou Gorane –, l'une des planètes de la galaxie Toubou, n'aura régné que huit ans. Trop peu à son goût mais assez longtemps toutefois pour que périssent sous sa férule, entre massacres aveugles, tortures barbares et cachots putrides, 30 000 à 40 000 de ses concitoyens. Et ce, sans qu'aucun de ses parrains occidentaux, États-Unis et France en tête, ni de ses pairs du « pré carré » françafricain ne cille. Il faut dire qu'Habré, passé par Sciences Po et la faculté de droit d'Assas, sut tirer lui aussi le meilleur parti de sa rente de situation géopolitique : vu de Washington comme de Paris, son régime paranoïaque fournissait au « monde libre » le rempart rêvé face aux appétits hégémoniques du Libyen Muammar Kadhafi, bienfaiteur des terroristes de tout poil et incarnation providentielle du mal absolu ; ce Guide honni que, à l'orée du millénaire, les mêmes censeurs courtiseront assidûment, le traitant avec les égards dus à son pactole pétrolier et à sa capacité de nuisance[1].

Ni regrets ni remords. Pourquoi d'ailleurs faire acte de contrition à la barre d'un tribunal « illégal et illégitime », fruit d'un compromis entre l'Union africaine (UA) et l'État sénégalais ? Muré dans le silence, l'ancien guérillero diplômé récuse tout et tout le monde : la cour, les magistrats, ses propres avocats et, plus que tout, les faits, indubitables, et les preuves, accablantes. Il arrive pourtant que l'armure de la morgue se fendille. Le prévenu, que l'on croyait assoupi, bondit et vocifère. « À bas l'impérialisme ! À bas le colonialisme ! », hurle-t-il alors à l'adresse de la poignée de fidèles qui squattent les premiers rangs.

1. Vincent Hugeux, *Kadhafi, op. cit.*

Sus aux « bandits », aux « vassaux de l'Amérique », éructe l'ex-protégé de Ronald Reagan, bientôt exfiltré hors du prétoire[2]. Le 7 septembre suivant, même décor et même casting, mais scénario inédit. Cette fois, il faudra que trois molosses cagoulés traînent le locataire de la prison de Rebeuss[3] et le tiennent plaqué sur son siège près d'une heure durant, tandis qu'on donne lecture des 190 pages de l'acte d'accusation. Au début, Habré résiste, se débat. « Taisez-vous ! », intime-t-il au président des CAE, le Burkinabé Gustave Kam. Puis il rend les armes, se tenant coi sans pour autant prêter la moindre attention à la litanie des crimes qui lui sont imputés, pas plus qu'aux larmes ou aux questions vertigineuses des rescapés.

Un sous-préfet à Sciences Po

À force de brasser documents, récits et témoignages, il arrive au biographe aux prises avec les bassesses d'un autocrate de céder à la tentation de l'indulgence, pour peu qu'il déniche dans un recoin de l'enfance, dans les épreuves endurées ou les traquenards du legs colonial matière à plaider les circonstances atténuantes. Bien sûr, Untel fut un cruel despote, mais au moins a-t-il brisé les chaînes

2. *Jeune Afrique*, 26 juillet 2015.

3. Située au centre de Dakar, la maison d'arrêt de Rebeuss, vestige de l'architecture pénitentiaire coloniale, a vu passer dans ses murs de prestigieux détenus. Dont l'ancien président sénégalais Abdoulaye Wade, son fils Karim, et l'ancien maire de la capitale Khalifa Sall. Survenu en août 2019, le décès accidentel de deux détenus, consécutif à un mouvement de panique, a relancé une polémique récurrente portant sur la vétusté de l'établissement et la surpopulation carcérale.

de la servitude/unifié une patrie déchirée/bâti *ex nihilo* ou presque un État/vaincu le fléau de la misère (rayer les mentions inutiles). Mais que sauver du règne d'Habré, cauchemar éveillé coincé entre deux rébellions – l'une victorieuse, l'autre fatale –, sinon ses talents de stratège du désert, capable d'infliger, avec le concours de ses mentors, une humiliante raclée au gourou de la Jamahiriya ?

Si les détails manquent, nul traumatisme connu n'a assombri la prime jeunesse d'Hissène, né officiellement le 13 août 1942 à Faya-Largeau, préfecture de la région septentrionale du Borkou-Ennedi-Tibesti[4]. Date approximative, sinon fantaisiste. Sur la carte d'identité de l'intéressé, délivrée le 12 décembre 1961, comme dans le dossier conservé aux archives de Sciences Po Paris, figure à la rubrique date de naissance la mention « vers 1939 ». À en juger par les mêmes documents, son père, Habré Michilami, est éleveur de profession. Sans doute les parents du garçon, des pasteurs toubou du clan Anakaza, nomades et islamisés, lui inculquent-ils très tôt une intense aversion envers les Libyens, ces voisins du Nord suspectés, non sans raison, de pulsions expansionnistes. Son décor ? La frange méridionale du Borkou, la palmeraie de Faya et les étendues arides du désert du Djourab, là où, à l'été 2001, une mission franco-tchadienne découvrira le crâne fossile de Toumaï – « espoir de vie » en langue gorane –, vieux de sept millions d'années et considéré comme l'ancêtre le plus vénérable de l'espèce humaine.

---

4. Le Borkou-Ennedi-Tibesti, ou BET, qui couvre un bon tiers nord du Tchad, est une ancienne unité administrative. En février 2008, l'actuel chef de l'État, Idriss Déby Itno, décide de démembrer ce vaste ensemble et de rétablir la division en trois régions distinctes.

L'enfant aurait-il souffert des rudesses de la vie scolaire ? Pas davantage. D'emblée, entre « Faya » et Fort-Lamy, la future N'Djamena, ses instituteurs puis les profs de l'école missionnaire qu'il fréquente décèlent sa vivacité d'esprit. Curieux, précoce, le fils de berger apprend vite et bien. Ce qui lui vaut d'empocher aisément son certificat d'études. De tels atouts n'échappent pas à ses supérieurs quand Hissène décroche un emploi de magasinier à la section du matériel de la garnison française de sa ville natale. Préfet du BET de 1958 à 1961, le colonel Jean Chapelle, un saint-cyrien fondu d'ethnologie, suit d'un regard bienveillant le parcours du jeune homme, promu dès l'indépendance – proclamée en août 1960 – au poste d'adjoint des services préfectoraux du Borkou. Quand sonne l'heure de l'« africanisation des cadres », le futur président se voit brièvement propulsé dans le fauteuil de sous-préfet de Moussoro puis, pourvu d'une bourse d'État, s'aventure dès octobre 1963 jusqu'aux rives de la Seine pour y enrichir son cursus, notamment sur les bancs de l'Institut des hautes études d'outre-mer, qui lui décerne son prestigieux parchemin en septembre 1965, et sur ceux de la faculté de droit d'Assas, où il décroche un « diplôme d'études juridiques générales », assorti en première comme en deuxième année de la mention bien.

À son retour à Fort-Lamy, le prometteur fonctionnaire atterrit au ministère des Affaires étrangères. Simple intermède : très vite, il remet le cap sur Paris. Au programme, cette fois, un DESS de droit public et, surtout, l'Institut d'études politiques de Paris, section des Relations internationales. Sur la photo d'identité agrafée à sa fiche d'inscription apparaît le visage rond d'un jeune homme grave et dûment cravaté. Le passage rue Saint-Guillaume du Tchadien, lecteur assidu de Raymond Aron, Frantz Fanon, Che Guevara ou du Vietnamien Hô Chi Minh, éclaire le cadran de sa boussole intellectuelle, magnétisée par le communisme et l'Asie. Au rayon des « enseignements complémentaires », l'étudiant Hissein – ainsi son prénom est-il orthographié – Habré, admis en octobre 1968 et diplômé le 10 juillet 1970, choisit notamment les cours consacrés au marxisme et à la Chine (« L'œuvre écrite de Mao Zedong »). Parmi ses profs, François Goguel, éminent pionnier de la géographie et de la sociologie électorales, l'historien Jean-Baptiste Duroselle et, au chapitre « Questions économiques », un certain Lionel Jospin, jeune maître de conférences, futur patron du parti socialiste puis Premier ministre de Jacques Chirac. À Sciences Po, l'enfant du Borkou accomplit un cursus honorable, comme l'atteste son dossier. Certes, la copie de l'examen d'entrée, sanctionnée d'un 9/20 – réhaussé à 10 à l'encre rouge –, laisse à désirer. « Vraiment insuffisant », « hors sujet », « maladroit », lit-on en marge. Qu'importe. Au fil des deux années suivantes, les notes du Tchadien, qui sollicite et obtient une dispense pour les épreuves de langue, s'inscrivent dans une fourchette allant de 8,5 à 17. Quant aux commentaires, ils peuvent prendre un tour très élogieux. « Excellent, précis et mesuré », lit-on en tête d'une composition de droit international public. « Exposé ordonné, nourri, bien conduit et bien rédigé », abonde le correcteur d'une dissertation sur « La politique des États-Unis depuis la Seconde Guerre mondiale ». À l'inverse, le jugement inspiré par l'oral de fin d'études, qui porte sur les conséquences de la guerre de Corée, n'a rien de mirobolant. « Le jury, écrit son président Alfred Grosser, a été fort indulgent » au regard d'une « mauvaise interprétation du sujet». Résultat, un très «passable» 10/20. Il y a pis : pour avoir rendu quasiment vierge un fond de carte nord-américain lors d'une «épreuve de questions», l'élève Habré s'attire un cinglant «Nul !».

Maquisard et geôlier

Aux yeux de ses condisciples européens, le longiligne natif de Faya-Largeau passe pour énigmatique, méfiant, taiseux, déterminé et à l'évidence sûr de son destin. «Hissène, avance l'un d'eux, brûlait déjà d'un feu intérieur.» Selon la biographie succincte accessible sur son site officiel[5], le «libérateur, sauveur et bâtisseur de la République du Tchad» enrichira sa collection d'un autre titre universitaire, délivré par le Collège d'études fédéralistes de la Vallée d'Aoste, enclave francophone nichée dans l'extrême nord-ouest de la botte italienne. Selon toute vraisemblance, un simple certificat, fruit d'une session estivale.

Muni de ce robuste CV, celui qui revendique le titre de «révolutionnaire tchadien» rentre au pays, pour de bon cette fois, et rallie les rangs du Front de libération nationale du Tchad, ou Frolinat. Dans la ligne de mire de ce mouvement rebelle créé en 1966 au Soudan voisin, le protestant sudiste François Tombalbaye, titulaire de la présidence depuis l'indépendance, accusé d'ostracisme à l'encontre des musulmans du Nord[6]. En désaccord

5. www.hisseinhabre.com.

6. Chrétien d'ethnie Sara, François Tombalbaye, qui adopte en 1969 au nom de l'«authenticité africaine» le prénom Ngarta, sera assassiné le 13 avril 1975 par des officiers qui lui reprochent d'avoir avalisé

avec Abba Siddick, le secrétaire général du Frolinat, Habré répond à l'appel d'un autre dissident, Goukouni Weddeye, lequel l'invite à rejoindre sa « 2e armée », qui, forte d'un demi-millier de maquisards, contrôle le Tibesti et l'essentiel du Borkou. Mieux, Weddeye lui offre les rênes du Conseil de commandement des Forces armées du Nord (CCFAN). Las !, l'exaltation cède bientôt le pas au doute. Isolé, le nationaliste ombrageux ne tarde pas à épuiser les charmes austères de la clandestinité et des grottes volcaniques. Lui et son allié Goukouni vont jusqu'à suggérer à Tombalbaye, en vain d'ailleurs, d'ébaucher un compromis politique. Comment sortir de l'impasse dans laquelle ils se morfondent ? Comment acquérir l'argent et l'audience dont la guérilla manque si cruellement ? C'est alors que germe l'idée d'un coup d'éclat retentissant : le kidnapping d'expatriés européens appelés à servir, le moment venu, de monnaie d'échange. Ainsi commence l'« affaire Claustre », du nom de cette ethnologue et archéologue française, prénommée Françoise, enlevée le 21 avril 1974 et qui ne recouvrera la liberté que trente-trois mois plus tard.

Attachée de recherche au CNRS, l'épouse de Pierre Claustre, chef de la Mission de réforme administrative (MRA) imposée à Fort-Lamy par l'Élysée, connaît alors le Tchad depuis une décennie. Quand survient le rapt,

---

l'occupation de la bande d'Aozou (Extrême-Nord) par la Libye de Muammar Kadhafi. Selon Éric Denécé, directeur du Centre français de recherche sur le renseignement (CF2R), le Service de documentation extérieure et de contre-espionnage, ou SDECE, ne serait pas étranger au putsch. Si l'on en croit les confidences recueillies sur l'oreiller par des call-girls du réseau de l'illustre « Madame Claude », Tombalbaye envisageait alors de rompre avec l'ancienne puissance coloniale.

elle mène une campagne de fouilles sur trois tombes préislamiques de la palmeraie de Bardaï. Mais celle qui passe chez les diplomates pour une aventurière tiers-mondiste n'est pas la cible prioritaire des ravisseurs. Le commando que dirige Hissène Habré attaque d'abord la maison du médecin allemand Christoph Staewen et abat son épouse Gertrud, ainsi que les deux officiers tchadiens que le couple recevait à dîner ce soir-là. Puis il s'empare, dans un logement voisin, de la chercheuse et de Marc Combe, membre lui aussi de la MRA. Le chef de la bande, qui masque dans un premier temps son identité sous un nom d'emprunt – « Mahamat » –, ordonne au Dr Staewen de charger son émetteur radio ainsi que des fûts de carburant à l'arrière de sa Land Rover et de mettre le cap au nord. Direction Aozou. À la faveur d'une première liaison avec Pierre Claustre, « Mahamat » donne lecture d'un communiqué grandiloquent : « Les Forces armées révolutionnaires tchadiennes, claironne-t-il, ont attaqué dans la nuit du 21 avril la garnison de Bardaï, au BET. » Puis Habré prend soin de déplorer la mort « accidentelle » de l'infortunée Gertrud et de certifier que ses captifs sont « bien traités[7] ». Ses exigences ? Une fortune en cash, la libération d'une trentaine de compagnons emprisonnés et la diffusion, sur les ondes françaises et allemandes, du manifeste de la rébellion nordiste.

Bonn ayant versé sans barguigner la rançon exigée, Christoph Staewen est libéré dès le 11 juin. Côté français, une rumeur rôde dans les antichambres et les rédactions : l'ethnologue avait rencontré son geôlier à Paris, voire partagé un temps sa chambre. « Fables ignobles », réplique

7. Pierre Claustre, *L'Affaire Claustre, autopsie d'une prise d'otages*, Karthala, 1990.

Pierre, colportées par ignorance ou par malveillance[8]. Tout juste élu, Valéry Giscard d'Estaing dépêche sur place un émissaire, en la personne du commandant Pierre Galopin, ancien officier méhariste et vétéran de l'« Indo ». Choix pour le moins hasardeux : les rebelles toubou soupçonnent ce saint-cyrien, qui fut détaché auprès de la Garde nationale tchadienne puis des services de renseignements de Tombalbaye, d'avoir orchestré un raid fatal à plusieurs intimes de Weddeye. Peu de temps avant son départ, avalisé par Pierre Messmer, l'ultime chef de gouvernement de l'ère Pompidou, Galopin sollicite le feu vert du ministère de la Coopération. « N'y allez pas, il va vous tuer », lui objecte Jean-Paul Benoit, alors directeur de cabinet du ministre. « Mais lui n'y croyait pas, précise ce dernier. Il misait sur le code d'honneur des soldats, sur le respect entre les ennemis d'hier[9]. » Lorsque Paris refuse de livrer, en plus de la somme convenue, de l'armement, les preneurs d'otages traduisent l'officier devant un « tribunal révolutionnaire », que préside Habré, le torturent puis le pendent, l'achevant d'une balle dans la tempe.

Le cauchemar de Kadhafi

D'autres aléas, certes moins tragiques, jalonnent ce long psychodrame. À commencer par un raid avorté de mercenaires partis de Saint-Brieuc (Côtes-d'Armor). Le 23 mai

8. Démenti que contestent plusieurs témoins de l'époque, dont l'avocat Jean-Paul Benoit, alors directeur de cabinet du ministre de la Coopération. Selon lui, Françoise Claustre, alertée sur les périls de son expédition archéologique, aurait répondu ceci : « Habré, je le connais ; il ne me fera rien. » (Entretien avec l'auteur, 21 mai 2019.)

9. *Ibid.*

1975, Marc Combe parvient à s'évader. En juillet de la même année, l'accord conclu par Hissène Habré et Stéphane Hessel, alors chargé de mission à la « Coopé », se perd dans les sables, à moins qu'il n'ait été sciemment saboté. Le 2 septembre suivant, Pierre Claustre, venu négocier *in situ*, est enlevé à son tour. Trois semaines après, Paris envoie au Tibesti le préfet des Vosges Louis Morel – lequel avait croisé le chef rebelle au temps où celui-ci accomplissait un stage à la sous-préfecture de Sedan –, muni de 4 millions de francs, soit environ 600 000 euros, et d'une promesse de parachutage de matériel militaire, armes de guerre exceptées. Une restriction qui suffit à torpiller l'échange. « Morel était mort de peur, se souvient Jean-Paul Benoit. Il a laissé le fric sans récupérer les Claustre. Habré voulait tout – l'argent, les armes, l'accès à la télé et le lâchage de Tombalbaye – avant de les rendre. Tandis que Paris faisait de leur libération un préalable[10]. »

À l'automne 1976, énième péripétie. Pierre et Françoise tentent de fuir à pied. Mais l'escapade tourne court. Qu'importe : entre-temps, la donne a changé. Le photographe et documentariste Raymond Depardon obtient l'autorisation de filmer et d'interviewer la captive. Les mots et les silences de la « prisonnière du désert », queue de cheval et chemisier à carreaux, son regard las, son désarroi, son amertume bouleversent l'opinion hexagonale. La France cède à son tour au chantage. Mais la rupture, brutale, entre Habré et Weddeye, devenu le protégé de Kadhafi, retarde le dénouement. Premier ministre, Jacques Chirac s'envole pour Tripoli, où il vient quémander l'aide du « bouillant colonel ». Neuf mois plus

10. *Ibid.*

tard, le 31 janvier 1977, c'est dans la capitale libyenne que s'achève pour la chercheuse un calvaire de mille jours[11].

Habré, lui, a réussi son pari : le voilà affranchi à jamais des servitudes de l'anonymat. Tout le monde connaît désormais sa raideur ascétique, son visage émacié, son regard pénétrant, ses Ray-Ban teintées, son treillis trop ample et sa casquette de *barbudo* castriste. On l'a vu manger du cabri au manioc et crapahuter dans la rocaille, la mitraillette chinoise à l'épaule ou le colt à la ceinture. On l'a aperçu, assis en tailleur, martelant les touches de sa machine à écrire ou, le stylo à la main, noircissant un bloc-notes posé sur son attaché-case[12]. On a entendu, enfin, ce lecteur friand de biographies, de traités d'économie ou de droit public citer le Timonier révéré Mao Zedong. « Grand, sec, avare de mots, entouré de types plutôt brillants, précise Depardon, qui a vécu huit mois dans son royaume famélique. Je dois avouer qu'il m'impressionnait et me foutait un peu la trouille. » Et de relever son « français parfait » et sa « culture révolutionnaire radicale, très antilibyenne ». Il n'empêche : plus encore que l'enlèvement, l'assassinat du commandant Galopin rompt les liens tissés avec les services français. « Le péché originel, note l'ex-diplomate Jean-Marc Simon, premier conseiller

11. Vaincue par le cancer, Françoise Claustre, qui aspirait plus que tout à retrouver l'anonymat et la tranquillité, est décédée le 3 septembre 2006 à Montauriol (Pyrénées-Orientales). En feuilletant l'envoûtant recueil de photos de Raymond Depardon intitulé *Afriques* (Hazan, 2005), le lecteur découvre un cliché de la chercheuse sur le seuil de sa « case » de captive à ciel ouvert, ainsi qu'un portrait d'Habré, assis en tailleur à l'entrée d'une grotte, occupé à écrire, un fusil automatique à portée de la main. Les deux images ont été prises à Modra (Tibesti).

12. *Jeune Afrique*, 9 octobre 2005.

à l'ambassade de France à N'Djamena de 1984 à 1986. Chirac en a fait une obsession. Quand les restes de l'officier ont été rapatriés, il a tenu à assister à l'hommage organisé dans l'enceinte de l'École militaire. Jamais son hostilité envers Habré n'a faibli. Et j'ai la conviction que cet épisode a pesé en 1990, à l'heure de l'abandon à son sort du président tchadien[13]. »

Pour rester dans la lumière, l'insurgé est prêt à tous les reniements comme à toutes les alliances. D'autant qu'entre Hissène, le fils de berger daza, et Goukouni, rejeton de l'aristocratie teda, autre clan de la famille Toubou, la complicité n'est qu'apparente. En 1978, le premier pactise secrètement avec le sudiste chrétien Félix Malloum, successeur de Tombalbaye à la magistrature suprême, qui lui offre la primature. Excès de confiance ? Habré le trahit l'année suivante, le chasse de la capitale et renoue avec Goukouni. Lequel, porté à la tête d'un éphémère gouvernement d'union nationale, lui octroie le portefeuille de la Défense. Rabibochage illusoire cette fois encore. En mars 1980, le maquisard diplômé assiège le palais présidentiel, noyé sous une pluie de roquettes Katioucha. Abrégés par l'irruption d'un contingent libyen, venu sauver le soldat Weddeye, les combats auront duré neuf mois. Bilan : 5 000 morts, une capitale fracturée et, pour l'assaillant, un revers moins coûteux qu'il n'y paraît. Certes, les vainqueurs découvrent aux abords de sa résidence désertée un charnier où s'entassent les cadavres de captifs aux pieds et aux mains entravés, tous tués par balle. Mais s'il se voit contraint de replier ses troupes au Soudan et au Cameroun, Habré apparaît désormais aux

13. Entretien avec l'auteur, 4 juillet 2019.

yeux de l'administration Reagan et de l'Élysée comme l'allié objectif le mieux à même de freiner les desseins expansionnistes de Kadhafi. D'autant que celui-ci envisage une fusion pure et simple entre la Jamahiriya et le Tchad ; en clair, une annexion du voisin du Sud[14]. Voilà pourquoi le chef de station de la CIA à Khartoum approche le maquisard exilé, bientôt nanti d'un camp d'entraînement à la frontière soudano-tchadienne. Côté français, le socialiste François Mitterrand, fraîchement élu, décrète la suspension de l'aide fournie à cet impétueux allié au lourd passé de ravisseur et bourreau. Simple effet de manche : avec l'accord tacite du SDECE, le mercenaire Bob Denard dépêche auprès d'Habré la fine fleur de ses « Affreux ».

Retour à la case N'Djamena

Dès lors, que lui importe cette condamnation à mort par contumace prononcée à N'Djamena en 1981, rançon des crimes commis sous Malloum ? Rapatrié discrètement avec le concours des services français, équipé, ravitaillé et renseigné par ses parrains occidentaux, Hissène Habré peut préparer la reconquête de la capitale. Le 7 juin 1982, à la tête de 2 000 maquisards des Forces armées du Nord qu'encadrent une poignée de « chiens de guerre », il entre dans l'ex-Fort-Lamy, en chasse Goukouni et proclame l'instauration d'une République nouvelle. Mais l'agenda du Gorane, moins soucieux d'ouvrir une ère nouvelle que de régler de vieux comptes, tient en trois verbes : liquider, purger, venger. Il ordonne l'exécution de centaines de

14. Vincent Hugeux, *Kadhafi*, *op. cit.*

prisonniers de guerre avant de s'en prendre aux ethnies du Sud, animistes et chrétiennes, et à quiconque passe, à tort ou à raison, pour réfractaire à son *imperium*. Sans omettre la mise à mort de deux des magistrats qui lui avaient infligé l'année précédente la peine capitale.

Cruel, ce prologue répressif annonce la couleur, rouge sang, du règne d'Habré. Pour preuve, le guet-apens tendu aux insurgés sudistes « Codos » – abréviation de comités d'autodéfense – du général Wadal Abdelkader Kamougué. Appâtés par une promesse de cessez-le-feu, les lieutenants de ce dernier consentent à déposer les armes et rallient la ferme expérimentale où ils doivent discuter des modalités de leur reddition. Là, les sicaires du nouveau régime les massacrent. Suit une longue campagne de terreur qui, de carnages aveugles en villages incendiés et en exodes affolés, endeuille le Tchad méridional. À la tête de cette opération *Septembre noir*, déclenchée en 1984, un certain Idriss Déby, commandant en chef des forces armées, déjà à la manœuvre lors de la conquête de N'Djamena. Celui-là même qui, seize ans plus tard, délogera par les armes le tyran.

Dans l'immédiat, Habré bénéficie d'une sidérante mansuétude. Amnesty International dénonce dès 1983 les assassinats politiques? Après un survol des zones dévastées, à l'automne suivant, l'ambassadeur de France Claude Soubeste alerte sa hiérarchie[15]? Paris ne bronche pas.

15. Au soir de sa vie, le diplomate affirme dans un entretien au *Monde* avoir été tenu à l'écart de toutes les décisions cruciales. « Gagné par la lassitude, confesse-t-il, j'ai demandé mon rappel. » Par ailleurs, Soubeste jure avoir tout ignoré de l'ampleur des crimes du régime Habré et du recours à la torture (*Le Monde*, 31 mai 2016).

Ou si peu. « Il serait grave, écrit François Mitterrand en décembre 1984, que nous semblions, de quelque manière que ce fût, associés à des excès commis par des troupes régulières tchadiennes que nous équipons et dont nous entraînons les cadres[16]. » Défausse alambiquée, révélatrice de l'immunité que vaut à Habré son statut de fer de lance du combat contre Kadhafi. Militaires et politiques occidentaux semblent envoûtés par le stratège toubou. « La quintessence du guerrier du désert », résume dès 1981 une note des services secrets américains. L'État hébreu lui-même épaule ce dur à cuire qui, au temps du maquis, avait prié Pierre Claustre de l'aider à établir le contact avec l'ambassade d'Israël à Paris[17]. Habré croisera d'ailleurs au Zaïre Ariel Sharon, alors ministre de la Défense, avant de le recevoir en 1983 à N'Djamena.

On le dit brillant, vif, persuasif, insatiable. « Avec lui, vous rentriez avec vos idées et vous ressortiez avec les siennes », concède Michel Froud, ancien secrétaire général du ministère tchadien des Affaires étrangères[18]. « Même quand il sourit, renchérit un mercenaire français, Habré donne l'impression de vouloir dévorer son vis-à-vis. » Le dévorer, le soumettre ou l'ensorceler. À l'instar du Zaïrois Mobutu, son parrain le plus attentionné, l'ancien de Sciences Po met en scène sa prétention messianique, recourant pour ce faire aux instruments les mieux éprouvés : le parti unique, baptisé Union nationale pour l'indépendance et la République (Unir), et le culte du chef. En ouverture des bulletins d'information radiodiffusés, l'auditeur a droit

16. Courrier cité dans *Le Monde*, 1er juin 2016.
17. Pierre Claustre, *L'Affaire Claustre*, *op. cit.*
18. Cité dans *Jeune Afrique*, 12 juillet 2015.

aux harangues du « Camarade Hissène Habré ». Tout y passe : les timbres postaux à son effigie, le recueil de « citations et pensées » de cet « espoir de la Nation, digne fils de l'Afrique combattante », et les tubes à sa gloire. « Habré est ici, Habré est là, Habré est partout » fredonne avec entrain le chanteur du groupe Choc.

Partout, y compris dans les petits papiers de l'ancien tuteur colonial, qui persiste à user jusqu'à la trame la défroque de la duplicité, confiant à René Dulac, un disciple de Denard, la supervision de missions barbouzardes. Se succèdent ainsi, à l'été 1983, les expéditions *Saxo* et *Omega*. En clair, l'envoi d'une trentaine de mercenaires formés au maniement du lance-missiles par des agents de la Direction générale de la sécurité extérieure (DGSE), qui a succédé l'année précédente au SDECE[19]. Le tout supervisé à distance par Guy Penne, conseiller Afrique de l'Élysée, François de Grossouvre, l'intendant des secrets de la Mitterrandie, et le cabinet du ministre de la Défense Charles Hernu. À la clé, un fiasco tel que la France se voit contrainte de lancer, le 9 août, l'opération *Manta*, forte de 3 500 hommes. Il faut dire que la contre-offensive menée par Goukouni et ses protecteurs libyens, couronnée par la reprise de Faya-Largeau, rebat les cartes. « La seule fois où j'ai vu Hissène terrassé par l'angoisse », avoue un de ses proches.

19. Pratique détaillée dans un rapport publié le 28 juin 2016 par l'ONG Human Rights Watch (HRW) sous le titre *Allié de la France, condamné par l'Afrique. Les relations entre la France et le régime tchadien de Hissène Habré (1982-1990)*.

Sous les ailes de l'Épervier

Désarroi de courte durée : en réponse à son SOS, Paris et Washington déversent *via* le Soudan un arsenal impressionnant : chasseurs F-15, missiles sol-air et pick-up équipés de mitrailleuses, l'arme favorite des amateurs de rezzous mécanisés ; le tout complété par la couverture que procurent deux avions-radars américains Awacs. À ce prix, Habré s'en tire, reconquiert Faya et Abéché et s'empresse de liquider des centaines de prisonniers ennemis, dont certains traînés dans le désert à l'arrière de 4x4. Certes, la France a dessiné dans le sable une ligne rouge qui épouse le tracé du 16e parallèle[20]. Il n'empêche : 10000 Libyens bivouaquent désormais dans le Nord tchadien, où ils rénovent et allongent la piste de l'aérodrome de Ouadi-Doum. En février 1986, après que les assaillants ont franchi la « frontière » réputée infranchissable, Paris hausse la mire d'un cran : place au dispositif *Épervier*, le plus ambitieux hors Hexagone depuis la guerre d'Algérie. Et le plus persistant : il ne sera démantelé qu'en 2014, lorsque viendra le moment du déploiement dans l'aire sahélienne de l'opération antidjihadiste *Barkhane*. Entre-temps, Habré a échappé à un attentat à la mallette piégée, concocté par les services de la Jamahiriya. De quoi aiguiser sa propension naturelle à la paranoïa.

Pourquoi se gêner ? Couvert d'égards, fort de l'impunité que l'Occident lui octroie, le Tchadien ose tout. Reçu

20. Ce cercle géographique imaginaire est alors censé constituer la ligne de démarcation entre le nord du Tchad, sous influence libyenne, et le sud, que contrôlent les autorités de N'Djamena. Lorsque, sourd aux objurgations de Paris, Habré franchit en décembre 1986 à la tête de ses troupes cette pseudo-frontière, il anéantit une fiction géopolitique.

à l'Élysée en octobre 1984, puis en décembre de l'année suivante, à la faveur d'un sommet franco-africain, il adopte les codes vestimentaires de ses hôtes, costume cintré et cravate rayée. Et c'est dans cet équipage qu'on le verra plastronner à la tribune officielle le 14 juillet 1987, jour de défilé sur les Champs-Élysées, tout à côté de François Mitterrand. Un mois plus tôt à peine, Ronald Reagan avait accueilli dans le Bureau ovale de la Maison-Blanche le fier patriote dont les victoires balisaient à coup sûr le chemin vers « la paix et la stabilité en Afrique ». « Les États-Unis, insiste à cet instant l'ancien acteur, sont prêts à fournir tous les moyens nécessaires à la République du Tchad. » Promesse tenue, comme on le verra bientôt.

Le maquisard aux traits hâves s'empâte, tandis que s'épaissit sa barbiche poivre et sel. Hier creuses, ses joues rebondies luisent au soleil comme sous les néons. Et quand il revêt la tenue traditionnelle, des touffes grises s'échappent de part et d'autre de son calot brodé. Il ne faut jamais juger le tyran sur sa mine. Même s'il se plaît à présenter à ses visiteurs son lionceau apprivoisé, Hissène Habré ne s'est ni adouci ni assagi. Il reste à cet instant l'ingénieur pointilleux d'une infernale machinerie punitive qui a vocation à broyer le moindre embryon de dissidence. « On me dit autoritaire, dictateur sanguinaire, finasse-t-il en février 1987 au détour d'un entretien accordé à *Jeune Afrique*. Moi, je suis pour l'ordre et la sécurité. Nos sociétés sont volatiles. Alors, il faut lutter pour que l'anarchie ne s'installe pas. » Trois décennies plus tard, les témoins de l'époque plaident l'ignorance. « Nous n'étions au courant de rien », avancent les uns. « L'essentiel nous échappait », nuancent à peine les autres. « J'étais loin de tout savoir », esquive Jean-Christophe Mitterrand, n° 2 puis patron de la cellule africaine de l'Élysée[21]. Cette myopie a de beaux restes. « Un homme intègre, austère, structuré, doté d'un réel sens de l'État », soutient aujourd'hui l'ex-diplomate Jean-Marc Simon[22].

Bien sûr, on se gardera ici de brandir le glaive de la lucidité rétrospective. Mais comment croire à de telles plaidoiries ? Des avions Transall frappés de la cocarde tricolore convoient des prisonniers de guerre raflés par les forces d'Habré. À peine ont-ils décollé que des hélicos français survolent la « Plaine des Morts », ce terrain vague où l'on enterre à la chaîne les captifs défunts[23]. Comme le précise une étude de l'ONG Human Rights Watch (HRW), soldats, instructeurs, mercenaires, espions, coopérants civils et militaires gravitent dans l'orbite du régime. De l'aveu même de vétérans du renseignement, une équipe du service Action de la DGSE prodigue conseils et formations aux cadres de la Direction de la documentation et de la sécurité, ou DDS, le cœur du réacteur de la répression. Plus stupéfiant encore, il arrive que la fine fleur de cette police politique, créée dès janvier 1983 et pourvue de 1 500 agents en uniforme ou en civil et d'une cohorte d'indicateurs, soit accueillie en stage dans la « patrie des droits de l'homme ». Lors d'un procès tenu à N'Djamena en 2014, le sinistre Saleh Younous, premier patron de la DDS, confesse avoir été en « relation étroite » avec la DGSE, mais aussi avec le Mossad israélien, les services soudanais et la CIA, dont un officier occupe le bureau voisin du sien. Quant aux locaux de l'antenne locale de

21. *Le Monde*, 1er juin 2016.
22. Entretien avec l'auteur, 4 juillet 2019.
23. *Le Monde*, 3 juillet 2006.

l'USAID, l'agence de développement des États-Unis, ils font face à l'un des sept centres de détention et de torture de la capitale[24]. L'ambassadeur américain voit trois ou quatre fois par semaine le président, qui réclame avec insistance missiles sol-air de type Stinger et roquettes antichars. Et les obtient. À l'heure de la débâcle, le sort d'une douzaine de ces fameux Stinger vaudra aux cerveaux de l'US Army d'obsédantes sueurs froides : qu'adviendra-t-il si les pro-Libyens, de retour dans la capitale, s'emparent de cette arme redoutable, cauchemar des pilotes d'aéronefs ? En fait, le lot, intact, sera déniché *in extremis* sous un escalier du ministère de la Défense[25]... Les armements, d'où qu'ils viennent, transitent pour l'essentiel par l'Égypte et le Soudan. L'Irakien Saddam Hussein, alors allié de Washington contre la République islamique d'Iran, apporte lui aussi son écot, sous forme de missiles soviétiques SA-2 ou d'une allocation annuelle d'un million de dollars en cash.

Sur le continent africain, Habré peut compter parmi ses pairs sur tous ceux qu'affolent la voracité ou l'écrasante sollicitude de Muammar Kadhafi, tels le Marocain Hassan II, l'Égyptien Hosni Moubarak, le Soudanais Gaafar Nimeiry, le Gabonais Omar Bongo ou le Togolais Gnassingbé Eyadéma. Mobutu, lui, joint le geste à la parole. En 1983, il dépêche ainsi à N'Djamena paras et fantassins par centaines et met à la disposition de son cadet trois Mirage et deux avions de transport Hercules C-130. Quant au Sénégalais Abdou Diouf, il confesse avoir entretenu de « très bons rapports » avec son homologue tchadien,

24. *Le Monde*, 10 février 2016.
25. *Foreign Policy*, 1er janvier 2014.

quitte à réfréner parfois ses élans. « En 1985, à l'époque où je présidais l'OUA [Organisation de l'unité africaine, ancêtre de l'UA], raconte le successeur de Senghor, il est venu me demander de lui donner la bande d'Aozou, convoitée par les Libyens. J'ai alors dû lui expliquer que je n'en avais pas le pouvoir et l'inviter à se tourner vers la CIJ, la Cour internationale de justice de La Haye[26]. »

La Piscine de l'horreur

Dans toute dictature, il est des sigles et des mots, anodins en apparence, dont le seul énoncé suscite l'effroi. Au Tchad, tel est le cas de la DDS, bien sûr, mais aussi de son bras armé, la BSIR, Brigade spéciale d'intervention rapide, connue pour patrouiller à bord de Peugeot 404 break. Et que dire de la Piscine ? À Paris, on surnomme ainsi le siège de la DGSE, logée boulevard Mortier, dans le XXe arrondissement. Mais à N'Djamena, ce vocable désigne un ancien établissement de bains de l'ère coloniale – la piscine Leclerc –, réservé aux militaires et à leurs familles, recouvert d'une chape de béton et transformé en 1987 en mouroir aux dix cellules exiguës et fétides. On s'y entasse et on y crève, vaincu par la torture, la dysenterie ou la « diète noire » – ni boisson ni nourriture –, et on y laisse parfois les dépouilles des suppliciés se décomposer au milieu des vivants. On vient aussi y chercher les « fichés E » ; E pour exécution.

En mai 2001, l'avocat américain Reed Brody, conseiller juridique et porte-parole de Human Rights Watch, obtient

26. Entretien avec l'auteur, 11 juin 2019.

l'autorisation d'explorer, en compagnie du Français Olivier Bercault et de collègues tchadiens, ce cloaque laissé à l'abandon. Ébahis, l'ancien procureur adjoint de New York et ses acolytes pataugent de pièce en pièce jusqu'aux chevilles dans un épais fatras d'archives. Des milliers de rapports frappés du sceau « Secret-Confidentiel », de procès-verbaux d'interrogatoires et de certificats de décès. Bref, une mine pour quiconque tente de retracer les crimes de l'ère Habré et un nouveau gage, après tant d'autres, de cette propension démente des pouvoirs totalitaires à consigner méticuleusement leurs atrocités, en livrant ainsi les minutes à la postérité. À l'évidence, tout remonte jusqu'au chef. Chaque matin, le directeur d'une DDS qui se veut « l'œil et l'oreille du président » lui rend compte des hauts faits de ses services. Dans une note datée du 26 août 1987, il vante ainsi l'efficacité de la « toile d'araignée tissée sur toute l'étendue du territoire national ». L'équipe Brody relève 1 208 noms de détenus exécutés ou décédés en captivité et recense 1 265 notes portant sur 898 prisonniers, toutes adressées à Hissène Habré en personne.

S'ils puisent d'ordinaire dans le registre de la trahison, du complot et de la rébellion, les gardes-chiourmes graphomanes invoquent parfois des motifs dérisoires. Un détenu « s'apprêtait à prendre l'avion pour le pèlerinage » ; un autre s'est rendu coupable de « maraboutage pour le compte de l'ennemi » ; un troisième, de nationalité centrafricaine, « a été trouvé en possession d'une photo de Gadafi [Kadhafi] au bord du fleuve Chari[27] ». Un document émerge de ce fouillis : une liste de douze cadres de l'appareil sécuritaire envoyés en 1985 *via* Paris dans un centre d'entraînement

27. *Le Monde*, 15 juillet 2015.

secret proche de Washington, théâtre d'une session de dix semaines de « formation spéciale » à l'antiterrorisme. Parmi eux, un certain Bandjim Bandoum, dont la rondeur affable, l'humilité et la discrétion n'effacent en rien le lourd passé. À l'entendre, ce sudiste, exilé en France depuis 1989, ne fut qu'un bureaucrate voué à rédiger des synthèses à partir de renseignements glanés çà et là, un rouage mineur de la mécanique criminelle. Trop modeste : selon les conclusions rendues en 1992 par la commission d'enquête tchadienne, il servit en qualité de chef du « service exploitation » puis de la cellule antiterroriste de la Direction et figurait parmi les tortionnaires les plus redoutés pour « leur cruauté, leur sadisme et leur inhumanité[28] ». « Un menteur, assénera au palais de justice de Dakar une survivante prénommée Ginette. Il connaissait mieux la DDS que sa mère. » Quête de rédemption ? Aujourd'hui gardien d'immeubles dans une cité de la banlieue francilienne, ce sexagénaire aurait travaillé un temps pour le Secours catholique et la Fondation Abbé-Pierre…

À putschiste, putschiste et demi

Une certitude : par-delà les esquives et les non-dits, son témoignage aura été précieux. Tant pour Reed Brody que devant les Chambres africaines extraordinaires. De même, le récit de sa défection reflète la frénésie complotiste d'un système obsédé par les forfaits d'une « cinquième colonne » libyenne. Dépressif, suspecté de duplicité, Bandjim Bandoum échoue à son tour dans un cachot du Camp 13,

28. *Jeune Afrique*, 26 juillet et 27 septembre 2015.

autre îlot carcéral. Condamné à mort, gracié *in extremis* puis réintégré, il alerte les services français, lesquels orchestrent son exfiltration. De fait, Paris semble – enfin – douter quelque peu des vertus de son poulain. Patron de la DGSE, Claude Silberzahn file à N'Djamena, histoire de « recadrer » l'ex-maquisard, sourd aux objurgations de l'Élysée, où l'on prône l'ouverture et le multipartisme[29]. Peine perdue : Hissène Habré le reçoit avec trente minutes de retard et lui signifie qu'en cas de désaveu, il se trouvera aisément d'autres parrains. Erreur fatale. En défiant de la sorte la France officielle, l'orgueilleux Gorane signe son arrêt de mort politique, ouvrant un boulevard à son ancien chef d'état-major adjoint, commandant en chef puis conseiller à la Sécurité et à la Défense, le Zaghawa Idriss Déby.

Certes, en avril 1989, le complot imaginé par celui-ci échoue. Mais ce n'est que partie remise : Déby fuit au Darfour, fédère diverses factions dissidentes et fonce à Tripoli pour y prêter allégeance au Guide libyen. Le second assaut, lancé à l'automne 1990, sera le bon. Alors que les colonnes rebelles pénètrent dans les faubourgs de N'Djamena, l'ambassadeur américain Richard Bogosian envoie à Washington un ultime SOS : « Habré vaut d'être sauvé. Il nous a aidés comme personne. » Trop tard. Reste à exfiltrer le chef aux abois, mission dont s'acquitte la CIA avec le concours de la DGSE. Dans la nuit du 30 novembre au 1er décembre, le Tchadien rallie l'aéroport au volant de sa Mercedes et s'engouffre dans la soute d'un Hercules L-100 à hélices. Au moins ne s'éclipse-t-il pas les mains

29. Directeur de la DGSE de 1989 à 1993, Claude Silberzahn est décédé en avril 2020.

vides. Le président déchu a pris soin d'assécher les coffres de la Banque centrale, comme l'atteste un chèque à l'ordre de « moi-même » d'un montant de 3,5 milliards de francs CFA, soit plus de 5,3 millions d'euros. Dans son sillage, des malles bourrées de cash, dont il fera le meilleur usage à l'heure de tisser, en son exil dakarois, un dense réseau d'obligés.

Première étape, Maroua, dans l'extrême-nord du Cameroun, où son frère Abdelkrim et le directeur général du Trésor acheminent le pactole confisqué. À la nuit tombée, le Sénégalais Abdou Diouf reçoit un coup de fil de son homologue Paul Biya : « Habré est là, et je ne sais qu'en faire. Il m'est impossible de le garder et personne n'en veut. Peux-tu l'accueillir ? — Soit, mais quand ? — Il sera chez toi demain à 6 heures du matin. » « Quand j'ai accordé l'asile à Habré, insiste aujourd'hui l'ancien secrétaire général de la Francophonie, je n'étais pas informé de ses exactions. Peu après son arrivée, Idriss Déby m'appelle et me prie de le priver de son téléphone satellitaire, puis de renvoyer à N'Djamena l'avion de la fuite. Je dépêche donc auprès de lui mon ministre des Forces armées, qu'il éconduit en ces termes : "Cet appareil m'appartient, Kadhafi me l'a donné[30]." » Kadhafi ? Pas si sûr. Selon d'autres versions, c'est à Saddam Hussein, voire aux États-Unis, qu'il doit ce cadeau. Quoi qu'il en soit, le nouveau maître du pays n'a pas tort de se méfier : en octobre 1991 puis au début de l'exercice 1992, Habré et ses fidèles ébauchent deux conspirations, vouées l'une comme l'autre à l'échec.

30. Entretien avec l'auteur, 11 juin 2019.

Ainsi commence un exil doré de plus de vingt-deux ans, peuplé de protecteurs influents, d'avocats empressés et de laudateurs serviles, les uns fascinés, les autres vénaux. Pour le fils de Faya, le pays de la Teranga – « hospitalité » en langue wolof – n'usurpe en aucune façon sa réputation. Président du Conseil constitutionnel sénégalais, Kéba Mbaye lui dédicace en ces termes l'ouvrage qu'il consacre en 1993 aux « Droits de l'homme en Afrique » : « Au président Hissène Habré, toujours prêt à défendre la dignité de l'homme africain, au besoin jusqu'au sacrifice de sa personne[31]. » Quant à Abdoul Mbaye, fils du précédent, ex-Premier ministre, propriétaire d'un groupe de presse et banquier, il héberge dans l'une de ses agences une partie de sa fortune. Patron du Conseil national de régulation de l'audiovisuel, Babacar Touré revendique le titre d'« ami personnel » de l'expatrié, lequel l'invite volontiers à prendre le thé[32]. Naguère procureur sourcilleux des abus de pouvoir d'Abdoulaye Wade, successeur d'Abdou Diouf, l'ancien journaliste et futur ministre de la Bonne Gouvernance Abdou Latif Coulibaly joue les porte-parole officieux. N'Djamena exige, fût-ce pour la galerie, l'extradition du proscrit ? Le même Wade s'ingénie à enrayer le processus, invoque l'incompétence de la justice de son pays et se défausse, en appelant à l'arbitrage d'instances panafricaines ou planétaires. Tandis que plusieurs de ses proches, juristes éminents, défendent en qualité d'avocats

31. *Jeune Afrique*, 13 septembre 2015.

32. Terrassé par la Covid-19, Babacar Touré, alias « BT », est décédé le 26 juillet 2020. Fondateur du groupe de médias Sud Communication, ex-président du Conseil national de régulation de l'audiovisuel, ce panafricaniste était l'une des figures tutélaires de la presse privée sénégalaise.

les intérêts de l'illustre réfugié. Tel est le cas de Madické Niang, futur garde des Sceaux puis ministre des Affaires étrangères, comme de Souleymane Ndéné Ndiaye, promis au destin d'ultime chef de gouvernement du *Gorgui* – le « Vieux », surnom usuel d'« Ablaye » Wade.

Le VIP et les survivants

À Dakar, Hissène Habré navigue entre sa résidence du quartier de Ouakam, fief des Lébous, communauté de pêcheurs de la presqu'île du Cap-Vert, et sa villa de l'enclave huppée des Almadies ; en clair, il fait la navette derrière les vitres teintées de sa limousine entre ses deux épouses reconnues. Habile, méthodique, le despote détrôné se fond dans le tissu local, tricotant au fil des mois une cotte protectrice au maillage serré, cultivant en généreux mécène la loyauté de dignitaires des très influentes confréries maraboutiques tidiane, mouride et layène[33], d'élus, de magistrats et de médias souples d'échine. Réputé pieux, discret et courtois, le bienfaiteur finance ici la construction d'une mosquée ou d'une école coranique, offre aux nécessiteux des moutons à la veille de la *tabaski* – l'Aïd du calendrier musulman ou « fête du sacrifice » –, ou renfloue là les caisses d'une section sportive. Quand, en 2011, son club de football d'adoption s'adjuge le titre

33. Au Sénégal, pays musulman à 94 %, plusieurs confréries d'inspiration soufie structurent traditionnellement l'islam. Les Layènes ont pour berceau Yoff, village absorbé par la métropole dakaroise. Les Mourides ont pour ville sainte Touba, située à moins de 200 kilomètres à l'est de la capitale. Quant au fief de la mouvance tidiane, il se situe à Tivaoune, au nord-est de Dakar.

national, ses supporters déploient le long de la tribune officielle une banderole ainsi libellée : « Président Habré, l'US Ouakam vous remercie. » Plus prosaïquement, le Tchadien investit dans les assurances, les télécoms et l'immobilier, quitte à s'effacer pour la forme derrière ses conjointes ou ses enfants.

Même si, à l'abri de sa cuirasse politico-médiatique, l'ancien maquisard se croit intouchable, une première alerte vient troubler sa tranquillité dès février 2000. Sur la base de plaintes émanant de sept rescapés, un juge dakarois l'inculpe pour « complicité d'actes de torture ». Un coup de semonce suffisamment sérieux pour l'inciter à déserter l'espace public. Fini l'escapade du vendredi à la grande mosquée de Dakar. Désormais, Habré prie près de chez lui, lit, écrit et campe devant son téléviseur grand écran, zappant entre chaînes francophones et arabophones. D'autant que l'étau se resserre : le 15 novembre 2005, il est brièvement incarcéré ; et l'année suivante, Abdoulaye Wade consent, sur les instances de l'UA, à le juger sur ses terres « au nom de l'Afrique ». Engagement aussitôt sabordé à coups d'arguties juridiques. Qu'importe, le long travail de sape finira par fissurer la muraille des faux-semblants.

Une poignée de pionniers incarnent ce combat patient, ingrat, voire périlleux. Témoin Jacqueline Moudeina, la coordinatrice du Collectif des avocats des victimes du régime d'Hissène Habré, visée en juin 2001 à N'Djamena par un attentat à la grenade, au cœur d'une manifestation contre l'impunité, et sérieusement blessée à la jambe. Les proies de la DDS peuvent aussi miser sur l'activisme de deux inlassables figures de proue. D'abord, Clément Abaifouta, fossoyeur malgré lui. Alors étudiant en lettres, ce natif du Mayo-Kebbi (Sud-Ouest) fut arrêté en juillet 1985. Accusé de vouloir rallier la rébellion, il erre quatre années durant entre sa cellule et la « Plaine des Morts » où, la nuit venue, on ensevelit à la hâte les détenus décédés. Combien a-t-il enterré de compagnons défunts ? Environ un millier, estime celui qui préside aujourd'hui l'Association des victimes des crimes d'Habré[34]. Ensuite, Souleymane Guengueng, à la tête d'un autre collectif de plaignants. Comptable de formation, lui a émergé tel un spectre, famélique et à demi-aveugle, d'une des geôles du régime à l'heure de la déroute. Si j'en sors vivant, s'était juré Souleymane du fond de sa détresse, je consacrerai toute mon énergie à faire éclater la vérité. Et il a tenu parole, réunissant près de 800 témoignages.

Le reclus de Dakar, quant à lui, ne rompt son vœu de silence qu'à l'été 2011, lorsque le *Gorgui* envisage, après mille palinodies, de le renvoyer au Tchad où il a été condamné à mort par contumace trois ans plus tôt. Mieux, le Sénégalais au crâne poli adresse à Idriss Déby un courrier en ce sens. « M. Hissène Habré, écrit-il, sera donc à N'Djamena le lundi 11 juillet par un vol spécial affrété par le Sénégal. » Devant un trio de journalistes du quotidien dakarois *La Gazette*, l'intéressé fustige une « cabale » ourdie par six chefs d'État, pas un de moins, dont Muammar Kadhafi, François Mitterrand, Jacques Chirac et Nicolas Sarkozy. « Si Wade veut faire couler le sang, prévient-il, le sang coulera jusqu'à la dernière goutte de mes veines[35]. » Ouakam gronde et Paris dénonce une « mauvaise idée ». Une fois encore, l'encombrant VIP sera sauvé par le gong, mais aussi par le Haut-Commissariat de l'ONU aux droits

34. *Jeune Afrique*, 17 juillet 2011 et *Le Monde*, 8 septembre 2015.
35. *Jeune Afrique*, 10 juillet 2013.

de l'homme, qui dénonce une « violation du droit international ». À moins que ce énième rebondissement ne relève d'un simulacre : même si, à l'en croire, une douzaine de ses intimes ont péri dans les geôles d'Habré, son tombeur et ex-complice Déby n'a nulle envie de débusquer des placards de l'Histoire d'embarrassants cadavres. Or, l'article 10 des statuts des Cours africaines extraordinaires permet d'engager des poursuites contre les complices et les subordonnés de l'accusé. Voilà sans doute pourquoi, en mars 2015, la Cour criminelle spéciale de N'Djamena s'empresse de condamner 24 agents de la Direction de la documentation et de la sécurité. Ainsi soustraits à la juridiction spéciale, deux de ses chefs, Saleh Younous, déjà cité, et Mahamat Djibrine, dit El Djonto, écopent des travaux forcés à perpétuité pour « assassinats, tortures et détentions arbitraires ». « Tout porte à croire qu'ils ont été depuis lors libérés en catimini », glisse un initié. Et tout indique que plus d'un vétéran de la DDS a recyclé son funeste savoir-faire au sein de l'Agence nationale de sécurité (ANS), fer de lance de l'appareil de renseignement d'Idriss Déby. Lequel, promu maréchal le 11 août 2020, soit le jour du 60e anniversaire de l'indépendance du Tchad, peut tabler de la part de la France sur une magnanimité analogue, même si, au rayon des assurances-vie géostratégiques, le fléau djihadiste a supplanté la menace libyenne.

Suicide, mode d'emploi

À propos de placards, l'armoire aux astuces a livré toutes ses martingales. Saisie par la Belgique en vertu du principe contesté de la « compétence universelle », la CIJ de La Haye somme en juillet 2015 le Sénégal de juger ou d'extrader son hôte. Pour celui-ci, la débâcle électorale de Wade, balayé par Macky Sall, sonne le glas de l'immunité. Appréhendé le 30 juin 2015, Hissène Habré est conduit dans un confortable pavillon de la prison du Cap Manuel, après un crochet par l'unité carcérale du CHU Aristide-Le Dantec. Sent-il alors que sa cavale immobile touche à sa fin ? Pas sûr. À l'instant de quitter son logis des Almadies, il salue ses voisins, souriant et serein.

Insouciance de façade. Quand sonne enfin l'heure de comparaître, Habré adopte une stratégie suicidaire, entre morgue, déni et obstruction. Son avocat français, Me François Serres, boycotte la procédure puis les débats. Lui récuse les trois conseils commis d'office que lui attribue la cour, ne daignant pas même les recevoir en ses quartiers de la prison Rebeuss. Il faut parfois, ainsi qu'on l'a vu, l'extraire de force de sa cellule pour le traîner jusqu'au prétoire où siègent les Chambres extraordinaires. Dérobade compréhensible : les 90 témoins qui défilent à la barre brossent moins le portrait d'un despote que celui d'un bourreau qui assiste, voire participe, le briquet à la main, aux séances de torture. Nul besoin pour ce faire de traverser la capitale : l'un des centres d'interrogatoires était logé à la Présidence. Voici Khadija, arrêtée en représailles de l'évasion d'un frère, brutalisée, violée à quatre reprises par celui qui, dans son box, feint d'être ailleurs. Souhaiterait-elle le huis clos ? « Non, je ne vais rien cacher. Je peux même me déshabiller, vous montrer mes cicatrices[36]. » Voici Khatouma, une hôtesse d'Air Afrique, Haoua, réduite à 14 ans à l'état d'esclave sexuelle,

36. *Libération*, 9 novembre 2015.

Merami, dont la fille à peine adolescente fut elle aussi avilie. À cet accablant défilé, la défense oppose, *via* ses communiqués, des démentis misérables, quitte à ravaler une accusatrice au rang de « prostituée nymphomane ». Vieux réflexe : des années plus tôt, un avocat sénégalais ironisait face caméra sur les « pseudo-victimes », dépeintes en « agitateurs » stipendiés par Kadhafi… Dans ce camp-là, l'obscénité le dispute à la hargne. Le 13 octobre 2015, au sortir de la salle d'audience, Fatimé Raymonne Habré, ex-présentatrice à la télévision nationale et première épouse du prévenu mutique, apostrophe Me Moudeina à propos des témoins. « C'est toi qui les as ramenés, menace-t-elle, tu vas le payer[37] ! » Madame dénonce sans désemparer un « complot » et un « crime médiatique » ; tandis que Monsieur assigne en diffamation *Jeune Afrique*, réclamant – en vain – 800 000 euros de dommages et intérêts au magazine panafricain.

Au fil des jours, d'autres épisodes remontent à la surface. Et tous attestent l'implication directe d'Habré dans les horreurs commises. Ainsi en va-t-il des châtiments collectifs infligés aux Hadjaraï des massifs du Guéra (Centre) en 1987, ou aux Zaghawa deux ans plus tard, au lendemain du complot avorté d'Idriss Déby. Ancien conseiller en rupture de ban, soumis à la question à la Piscine puis dans un cul-de-basse-fosse de la gendarmerie, le député Gali Gatta N'Gothé jure quant à lui que son tortionnaire, un cador de la DDS, recevait en direct par talkie-walkie ses instructions du chef de l'État. Récit après récit, le sinistre ballet des rescapés ébauche aussi un inventaire des sévices les plus en vogue, du supplice de la baignoire à l'asphyxie

37. www.jeuneafrique.com, 14 octobre 2015.

au gaz d'échappement, *via* cette infinité de postures qui, cordes à l'appui, disloquent dans d'atroces souffrances le corps suspendu ou entravé.

Le 27 avril 2017, la cour d'appel des Chambres africaines extraordinaires confirme le verdict rendu onze mois plus tôt, désormais définitif : la perpétuité pour « crimes contre l'humanité, crimes de guerre et crimes de torture ». Et ce, en l'absence de l'intéressé, acquitté cette fois de l'accusation de viol, qui s'est à nouveau dérobé. On ne le verra donc pas, comme il le fit en mai 2016, brandir le poing à l'énoncé du jugement en vouant aux gémonies une « Françafrique » dont il fut l'acteur zélé et le client assidu.

Justice a-t-elle été rendue ? Pas tout à fait. Pour les victimes et leurs ayants droit, le combat continue sur le front des réparations. Le condamné est censé verser aux 396 plaignants éligibles l'équivalent de 125 millions d'euros, sans compter les 114 millions dus aux parties civiles du procès de N'Djamena. Le barème ? Vingt millions de francs CFA – soit environ 30 500 euros – pour qui a subi viol ou servitude sexuelle ; 15 millions en cas de torture ou de détention arbitraire et autant pour les prisonniers de guerre. Quant aux 3 500 rescapés qui ne peuvent étayer factuellement leur requête, il leur est suggéré de solliciter le fonds d'indemnisation promis par l'Union africaine. Reste qu'à ce jour, pas un survivant n'a perçu le moindre centime. Certes, la maison de Ouakam paraît promise à la saisie, mais l'homme qui a siphonné les caisses de l'État et détient, *via* des prête-noms, plusieurs comptes bancaires et portefeuilles d'actions en France comme à Monaco aura eu tout loisir d'organiser son insolvabilité. Ultime SOS ? Le 20 janvier 2021, huit ONG vouées à la défense des droits humains ont adressé une supplique écrite à Moussa

Faki Mahamat, le président – tchadien – de la Commission de l'UA.

Le virus de la vanité

N'en doutons pas : s'il persiste, au risque du paradoxe, à traîner en justice quiconque attente à son honneur, c'est mû par l'orgueil, non par le dénuement. Pour preuve, la procédure en diffamation et injures publiques intentée à l'automne 2019 à l'encontre de l'essayiste Marcel Mendy, ancien coordinateur de la cellule de communication des CAE, auteur aux éditions Mamelles d'Afrique d'un ouvrage intitulé *Affaire Habré : entre ombres, silences et non-dits*. Débouté l'année précédente d'une action visant à interdire la diffusion du brûlot, son antihéros exige désormais réparation à hauteur de 300 000 euros. À l'origine de son courroux, deux passages jugés infamants. L'un fait mention d'une fille, aujourd'hui étudiante en France, née de sa liaison avec une voisine de Ouakam ; l'autre évoque les largesses dont il aurait gratifié le Parti socialiste sénégalais.

À la même époque, l'entourage du Tchadien entreprend de distiller des rumeurs alarmantes. Dans les colonnes du quotidien *Vox Populi*, Fatimé Raymonne Habré prétend que l'état de santé de son mari serait « incompatible avec son maintien en détention ». La ficelle, un peu épaisse, a déjà beaucoup servi : cinq semaines avant l'ouverture de son procès, l'époux incarcéré avait paraît-il réchappé à une « double crise cardiaque ». Flairant une ruse grossière, les associations de plaignants rappellent alors sobrement que dans les cachots de la DDS, où il n'y avait ni médecins ni médicaments et pas d'autre traitement que la torture, le taux de mortalité était 90 à 400 fois supérieur à la moyenne nationale.

Qu'à cela ne tienne. La pandémie de Covid-19 offre au captif un sursis providentiel. Le 7 avril 2020, un juge d'application des peines dakarois accorde à Hissène Habré, considéré à 78 ans comme « particulièrement vulnérable », un congé pénitentiaire de soixante jours. D'autant qu'il est urgent de libérer de l'espace pour les nouveaux détenus placés en quarantaine. Réplique de Clément Abaifouta, l'ancien fossoyeur : « Pendant ce temps, ses victimes meurent une à une des séquelles de sa dictature sans être indemnisées. Habré a été un coronavirus pour le peuple tchadien. » « Une insulte aux victimes et un affront à l'État de droit, soupire en écho Jacqueline Moudeina au micro de Radio France internationale (RFI). Le temps joue contre nous. »

Exact. Mais il a aussi cessé de jouer en faveur du Gorane formé à l'école de la préfectorale et du maquis. La vaillante avocate et ses amis redoutaient une « libération déguisée ». Il n'en sera rien. Le 7 juin, au terme de cette parenthèse sanitaire, sonne pour Habré l'heure du retour à la case prison. Libre à lui de méditer à l'ombre sur son statut de seul potentat africain jugé à ce jour en Afrique par un tribunal africain. Le premier, mais pas le dernier. Pour peu qu'il y ait une justice ici-bas et un peu de place dans l'aile VIP des pénitenciers du continent.

Bibliographie

Michael Bronner, « Habré, Our Man in Africa », *Foreign Policy*, 24 janvier 2014. Une enquête fouillée, publiée le 11 avril de la même année en version française sur Slate.fr, sous le titre « Hissène Habré, l'homme de l'Occident en Afrique ».

Pierre Claustre, *L'Affaire Claustre, autopsie d'une prise d'otages*, Karthala, 1990.

Marielle Debos et Nathalie Powell, « L'autre pays des “guerres sans fin”, une histoire de la France militaire au Tchad (1960-2016) », *Les Temps modernes*, n° 693-694, 2017.

Khidir Zakaria Fadoul, *Les Moments difficiles. Dans les prisons d'Hissène Habré en 1989*, Sépia, 1998.

Celeste Hicks, *The Trial of Hissène Habré : How the People of Chad Brought a Tyrant to Justice*, Zed Books, 2018 (en anglais).

Vincent Hugeux, *Kadhafi*, Perrin, 2017.

Roland Marchal, *Petites et Grandes Controverses de la politique française au Tchad*, étude accessible sur le site ccfd-terresolidaire.org.

Patrick Pesnot, *Les Dessous de la Françafrique*, France Inter et Nouveau Monde poche, 2014.

Emmanuelle Raimondi, *Profession dictateur*, L'Archipel, 2019.

Claude Soubeste, *Une saison au Tchad*, L'Harmattan, 2013.

Allié de la France, condamné par l'Afrique, Les relations entre la France et le régime tchadien de Hissène Habré (1982-1990), rapport de Human Rights Watch, disponible *via* le site www.hrw.org.

Vidéothèque

Parmi les nombreux documentaires consacrés au dictateur tchadien, à ses crimes et à son procès, citons ceux de Pierre Hazan (*Chasseur de dictateurs*), de Magali Serre (*Hissène Habré, le procès d'un allié encombrant*), de Florent Chevolleau et Hervé Bouchaud (*Traque d'un dictateur*). De même, le film du cinéaste Mahamat Saleh Haroun (*Hissein Habré, une tragédie tchadienne*) mérite une mention spéciale.

Remerciements

Je tiens à dire ma reconnaissance aux dizaines d'acteurs et témoins – hommes et femmes d'État, diplomates, chercheurs ou citoyens –, dont les confidences et les analyses ont nourri ce « portrait de groupe avec drames ». De même, grâce soit rendue à Anne Marion, documentaliste à *L'Express*, pour m'avoir facilité l'accès aux précieuses archives de l'hebdomadaire au sein duquel j'ai sévi trois décennies durant.

En revanche, je ne remercie pas le coronavirus. Certes, les impératifs du confinement ont eu pour effet de m'arrimer solidement à mon écritoire. Mais cette sournoise pandémie aura fauché bien trop de vies pour mériter la moindre indulgence. Mes pensées vont ici, notamment, à deux de mes guides, Henri Tincq et le P. Henri Madelin.

Merci, évidemment, à Benoît Yvert, directeur des éditions Perrin, qui sait si bien marier, en un alliage inaltérable, exigence et bienveillance. Merci à son assistante Céline Poiteaux, à Delphine Wojciek pour ses relectures au laser, à Marguerite de Marcillac pour ses trouvailles iconographiques, à Marie de Lattre pour sa percutante couverture, à Jean-Benoît Vassogne pour ses conseils de juriste avisé, à Marlène Teyssedou pour son labeur auprès des médias. Bref à celles et ceux sans lesquels un essai ne serait qu'une ébauche.

Mon ultime témoignage de gratitude revient à Claire, dont j'ai le privilège de partager la vie et qui sait mieux que personne ce qu'écrire veut dire.

Table

Imprimé en France par CPI
en mai 2021

pour le compte des Éditions Perrin

N° d'impression : 164186
K07666E/02